物権法

松岡 久和

法学叢書 9

成文堂

はしがき

　本書は、民法の「第2編　物権」のうちの担保物権法を除く狭義の物権法 (175条-294条) および関連する特別法に規定された制度やルールがどういう目的で作られ、具体的にどういう形で機能しているかについて、判例・学説の現状を概説し、私なりに批判的な考察を行うものである。本書は、京都大学法学部での2009年度後期及び2010年度後期の民法第2部の講義を基礎として連載した「物権法講義1〜42」法学セミナー670号〜714号 (2010年10月〜2014年7月) の狭義の物権法の部分を、さらに2014年度後期の講義と共同研究を踏まえて、加筆修正して出来上がった。担保物権法部分は、ほぼ同時に日本評論社から刊行され、本書の姉妹編となる。

　2社から分けて出版するという異例の形になったのは次のような経緯による。日本評論社の法学セミナー編集部からは、2010年よりずっと前から民法の講義の連載を打診されていたが、私はお引き受けすることを渋り続けていた。常に目先の仕事に追われていて定期的な長期連載をする自信がなかったことが最大の理由であったが、もうひとつ、成文堂の土子三男さんからそれ以前に民法の各編の教科書の執筆依頼を受けていて、そちらの目処もまったく立たない状況で連載してそれを教科書にまとめるのが信義に反するように感じていたことも理由であった。しかし、鄭鍾休さん、高橋眞さん、中田邦博さんら畏友から私の考え方をまとめた本を早く出版するべきであるという強いお勧めがあり、私自身もその責任を強く感じるようになってきた。そこで、法学セミナーの当時の編集長の上村真勝さんから何度目かの連載の打診をいただいた際に、事情をお話しし、連載とその後の出版とを切り離して考えてよいのであれば、思い切ってお引き受けすると申し上げた (つもりであった)。ただ、医者の不養生、紺屋の白袴の類で、明確な合意として記録しなかったために、後に両社にたいへんご迷惑をおかけしてしまった。それにもかかわらず、両社が寛容にも私の思いを尊重して下さったので、こういう形で出版することができた。何よりもまず、成文堂社長・阿部成一さん、土子三男さん、飯村晃弘さん、日本評論社社長・串崎浩さん、法学セミナー前編

集長（法律時報編集長）・上村さん、現編集長・柴田英輔さんには、心より御礼を申し上げる。最初の企画段階からお世話になった土子さんは、2014年5月に逝去された。本書をお見せすることができなかったのが悔やまれる。

本書の元となる連載は、毎回時間に追われて入稿がいつも締切の限界時点に近く、海外の空港から原稿や校正をメールで送ったこともある。学期初めの4月に講義と会議で時間がとれず2回原稿を書けなかったこともある。くじけそうになる私に有益な指摘や助言をいただいた法学セミナー前・現両編集長の上村さんと柴田さんの励ましがなければ、本書の刊行は実現できなかった。重ねてお礼を申し上げる。

また、連載では誤記なども少なくなく、読者にもご迷惑をおかけしてしまった。連載の途中から、妻の昌子や当時私のところで研究をしていた中塚敏光さん（現弁護士）、堀竹学さん（現大阪経済大学准教授）、和田勝行さん（現京都大学准教授）、吉原知志さん（現京都大学大学院博士課程院生）に、原稿を適宜チェックしていただくことでミスが減った。また、本書をまとめるに際しては、堀竹さん、和田さん、吉原さんと大槻健介さん（弁護士）に全体を読み直してコメントをしていただくという手間のかかる作業をしていただいた。お忙しい中で、非常に細かい点にまで丁寧で的確なコメントをくださったお陰で、完成度が著しく向上した。お力添えをいただいた皆さんに心より御礼を申し上げる。

2015年5月に病気で長期休むという初めての経験をした。幸い、同僚の皆さんや家族の支えによって1か月で復帰できたが、連載を見直して本にまとめる作業が中断し、著しく遅延してしまった。見直すたびに不完全なところが目について、本にまとめること自体に自信をなくしかけたこともあった。大学のゼミ以来の恩師である前田達明先生に強く励ましていただいたお陰で、刊行することができた。最後に厚く御礼を申し上げる。

本書が多少とも今後の議論の発展に寄与できれば幸いである。

2016年11月

松岡　久和

＊本書は、科学研究費基盤研究（A）「財産権の現代化と財産法制の再編」（研究代表者：潮見佳男、課題番号24243014）の研究成果の一部である。

本書の特徴と参考文献

　法学セミナーでの連載の初回には、次のようなことを標榜して自分を鼓舞した。その部分を若干の補正・修正を行って再録する。

この連載の特徴としたいこと

　物権法については、すでに定評のある体系書がいくつもあり、また、とりわけ法科大学院の開設以降、基本を丁寧に説くなど、読者に親切な工夫を盛り込んだ優れた教科書も数多く出版されている（後で紹介する）。また、本誌でも、河上正二先生が、うんちくに富む物権法講義を連載されている（本誌640号（2008年）66頁以下。後に後掲の本にまとめられた）。そうした中でこの連載の機会をいただいたので、私らしい個性の反映するものにしたい。そこで、今の時点で考えていることをあえて書いて、長期連載する自分を叱咤激励することにしたい。

　第1に、私は、これまで物権法を中心にかなりの数の論文を書き、教科書等も分担執筆しており、ホームページ（http://www.matsuokaoncivillaw.private.cocan.jp/）の「業績一覧」には、要旨付で主要著書・論文のリストを掲載している（その物権法の項を参照）。しかし、物権法全体を見渡す形で見解を述べたことはなかった。研究書や論文集の企画を友人から勧められ、「そろそろまとめをして君の考えの到達点を示すべきだ」と言われることが多い年齢となってしまった。これを機会に、これまでの考え方を再検討し、詰めて考えてこなかったことを新たに考え、わかりやすくそれを伝えることに挑戦しようと思う。目標として、物権法の諸問題全般について私の考えていることを明快に示し、読者が「目から鱗が落ちる」と実感できる機会を増やすように努めたい。

　第2に、教育的な観点から、講義で取り上げる順序は、民法の条文順とは異なる。通常の教科書や講義は、物権法全体に関する総論的な論述から始

め、おおむね民法の条文の順序に沿って説明を進めている。このような説明の順序は、民法典制定直後の啓蒙的で逐条解釈的な体系書・教科書の名残であろう。しかし、各種の権利の内容を理解する前に、それらを抽象化した概念や諸原則の説明を受けても、初学者の頭には定着しない。もちろん最低限の前提知識は最初に説明しておく必要があるが、学習の順序としては、具体的な制度やルールがどういう目的で設けられ、それが実際どのような紛争でどのように争われるのかを先に学習し、その蓄積を基に定義や原則に抽象化していく方がよいと思う。また、原則には、通常、多くの例外が伴う。例外まで含めて最初にまとめて説明しても理解が困難で、むしろ、加賀山茂『現代民法　担保法』(信山社、2009年)が各所で強調するように、よく考える者ほど前後の記述の矛盾に悩むことになる。例外にはそれを必要とする特定の場面と理由があり、そのような具体的場面で原則との関係を説明する方が適切である。

　さらに、私は、物権法は財貨帰属法の最も重要であるがその一部でしかなく、物権に属しない権利についても第三者に対する一定の効力(通常、物権的効力とされる)を一定の要件の下に認めるべきではないか、という考えを持っている。これは私の講義の中心的なモチーフの1つであり、読者の皆さんにも一緒に考えてもらいたいと思うが、そのためには、具体的な制度や各物権の内容の理解が前提となる。

　以上の理由から、この講義では、物権の典型である所有権についてまず説明を行い、それに続いて、それ以外の物権の特徴と、所有権との違いに基づく例外の必要性を検討し、最後に、講義のまとめの段階で、学習したことを振り返りながら、原理・原則について考えてみる、という構成を採る。また、担保物権法の部分では、実際上の重要度を考慮して、約定担保物権の中で抵当権・質権の順に説明し、次いで非典型担保、最後に約定による担保物権の設定に困難がある場合をカバーする法定担保物権を取り上げる(担保物権法の講義の順序は連載中に典型担保を先にまとめて取り上げるように変更した)。このような教育的考慮は、鈴木禄弥『物権法講義』(創文社、初版は1964年、現在は著者の死去後に刊行された2007年の5訂版)が先駆的に試みている。私は、その教育的配慮や、機能を重視した(かといって概念や理論構成を軽視しているわけではない)考え方に、強い影響を受けており、永田眞三郎ほか『物権　エッセン

シャル民法＊2』（有斐閣、2005年）でも同様の叙述順序の配慮を試みた。ただ、そこには入門書であり共著であるという制約があったので、この連載ではもう1歩踏み込んでみたい。

なお特徴として言うほどではないが、教育的観点からは、親切がすぎないようにし、読者に自分で作業をしてもらうことも一定程度必要である。私の文章を読んで、重要な概念にマークを付けたり、要旨をまとめるのは、考える端緒として読者自身が行うべき作業である。重要な概念のゴシック表示や内容の要約は、原則として、意識的に行わないことにしている。

第3に、基本設例により、読者に具体的なイメージを持っていただくとともに、時に、考え方によって答えが分かれる少し難しい試験問題のような応用設例によって読者自身に考えてもらうようにする。スポーツは、観戦したり本で練習法を読んでも、実際に練習を重ねなければちっとも上達しない。技術は反復練習によって体に覚え込ませないと身につかない。私は、法も社会統制の道具・技術であり、法の理解の深さは法をめぐる様々な知識や認識の量や自分の頭で考えた経験値の量に比例する、と思う。問題の社会的・歴史的背景を理解して、きちんと理屈の筋道を立てて考えることが大事で、大量の情報を効率的に「覚える」努力をするより、「理解すれば必要な知識は自然と身に付く」というのが理想である。事例を検討するには、後に紹介する演習書等も活用するとよい。

> **法の道具性・技術性**
> 　法の道具性や技術性を強調すると、試験対策を連想させ、安直・浅薄な技術論につながらないかとの懸念もあろう。しかし、逆である。道具には道具に内在する論理がある。法における制度やルールは、古くはローマ法に由来する2000年以上の歴史のある人間の叡智の結晶であり、そうした歴史的背景を持った独自の概念と論理によって構成される。概念や論理の持つ歴史の重みは簡単には無視できない。法の解釈は、そうした制約の中で、その時々の社会の需要をどのように実現し、対立する利害をどう調整するか、という課題を負っている。それまでの考え方で対応できないときには、立法による新たな制度や考え方の導入や、既存の考え方の転用（ときに誤用）などが行われ、伝統の承継と断絶が微妙に入り交じる。法や判例・学説の変遷を知ることで、そうした対応の妙を実

> 感できる。また、歴史・社会・政治・経済・思想・哲学・心理など、法と関わる領域の知識も、法のより深い理解に役立つ。
> 　法律を深く学んだ者ほど、概念や結論に至る論理の一般性・整合性にこだわりを持つようになる。概念や論理の整合性は、法適用結果の予測可能性と公平性を高め、国家権力の恣意的な行使を縛る役割を果しているほか、価値観や利害の相違を超えて冷静で合理的な議論が成立するための共通の土俵を提供しているからである。
> 　よい職人は、よい道具をその目的に適う合理的な方法で巧みに使いこなす。法という道具の使い方に習熟することは、リーガル・マインドや法的センスを身につけることであり、法学が「大人の学問」と呼ばれるのは、習得にこのような知の深さや総合性および人間としての成熟を要するからであろう。

　第4に、判例は、紙面の制約から重要なものに限られるが、事実と争点との関係や訴訟の帰趨を説明するように努める。判例の作り出すルール（最近では判例準則とよぶことが多い）は、法律の規定とは異なる。判例準則には、あくまで当該具体的な事件の解決を正当化するものとしての制約があり、その射程がどこまで及ぶかを考えるうえで、事実と争点との関係や訴訟の帰趨には常に留意する必要がある。

　第5に、学説については、登場してきた時間的な先後関係や議論の展開に意を用いたい。平板に並べると、なぜそうした対立があるのかが理解にしくい。どういう紛争を想定し、なぜその点が争われるのか、それは他に波及する大きな問題かそれともその場面だけの小さな問題かなどの視点で、重要性の大小や議論の意味を意識する叙述を心がけたい。つねになぜという疑問をもってのぞむことや、他の問題との関連性を意識することが、深い理解と応用力に結実するだろう。

　第6に、面白い視点、新しい問題の指摘、うんちくなども補足やコラムの形で加え、読者に知的刺激を与えるように努めたい。真面目なだけでは退屈であろう。私自身は、ホームページの「自己紹介」をご覧いただくとわかるように、多趣味で好奇心旺盛のつもりだが、講義では時間に追われてこうした余裕が欠けがちだと反省している。

第7に、読者の意見を講義内容にフィードバックしたい。上記の6点を書いている間に、すでに、私はどこまで実現できるか心許ない気分になっている。批判や積極的な要望・提案を編集部に届けていただければ、それを反映するよう心がける。

　今読み返すと汗顔の至りであるが、このうちかなりの部分は実現しているように思う。ただ、最初はかなり大胆な省略をしたが、連載を続けるほどに細かい点も気になるようになって、叙述が膨らみ、当初予定より毎回の頁数が1-2頁増え、連載回数も4割増になってしまった。参考文献の引用の体裁も少しずつ変化して統一性を欠いた。そこで、本書をまとめる際には、前半部分について叙述を補充し、後半部分を少し圧縮してバランスが取れるように努めた。

主要な参考書
　講義で疑問を抱いた点をはっきりさせたい場合や民法のゼミや勉強会で報告をする場合など、さらに一歩進んだ検討をする際に、どういう本を参考にするとよいかを簡単に紹介しよう。個別のテーマについての研究書や論文の代表的なものは、必要な箇所で比較的新しいものを数点に絞って紹介する。ここでは、体系書・教科書（両者の違いについては次頁の補足＊を参照）・注釈書・演習書などを中心に、略語を付して50音順に列挙する。3名以上の共著の場合には1名のみを代表として表示している。次頁以下のリストは、おおむね2004年の民法の現代用語化の改正以降にそれを反映する形で出版された比較的新しいもの（同一著者の複数の教科書は原則として新しい方）を中心とし、それ以前に出版されたものの中から、現在の通説の形成に大きな影響を与えている体系書や研究書をいくつか加えた。

　また、教科書には担保物権法を含んで1冊の物権法の本とするものが多い。しかし、狭義の物権法と担保物権法とでは、同じ物権法といってもかなり性質が異なり、詳細な体系書や教科書は、両者を別の巻で扱っている。本書は、狭義の物権法を扱うので、担保物権法のみの参考書の紹介は、姉妹編の『担保物権法』に譲る。

＊体系書と教科書　体系書は学問的考察に重点を置いた網羅的で詳細なもの、教科書は教育目的に重点を置き、判例・学説の引用・検討もその目的に沿って取捨選択されたもの、という一応の基準があると思われる。物権法と担保物権法が1冊になっている本は、通常、体系書とは呼ばれないが、両者の違いは相対的なものである。たとえば、今では最も詳細な体系書の1つと評価されている我妻栄（有泉亨補訂）『新訂物権法（民法講義Ⅱ）』（岩波書店、1983年）の序には同書が講義用テキスト・ブックとして書かれたとある。他方、教科書の中にも判例・学説状況の客観的な整理・紹介にとどまらず、詳細な考察や新たな解釈提言を多数含むものもある。本書は基本的には教育目的の教科書であるが、独自の視点での問題の考察などをできるだけ織り込むことをこころがけた。

淡路ほか	淡路剛久ほか『民法Ⅱ　物権〔第3版補訂〕』（有斐閣、2010年）
石口	石口修『物権法』（信山社、2015年）
石口・要論	石口修『民法要論Ⅱ　物権法』（成文堂、2017年）
石田	石田穣『物権法』（信山社、2008年）
生熊	生熊長幸『物権法』（三省堂、2013年）
稲本	稲本洋之助『民法Ⅱ（物権）』（青林書院新社、1983年）
内田	内田貴『民法Ⅰ総則・物権総論〔第4版〕』（東京大学出版会、2008年）
近江	近江幸治『民法講義Ⅱ　物権法〔第3版〕』（成文堂、2006年）
大村	大村敦志『新基本民法2　物権編』（有斐閣、2015年）
大場	大場浩之『物権法講義案〔第2版〕』（成文堂、2013年）
奥田＝鎌田	奥田昌道＝鎌田薫編『法学講義民法2　物権』（悠々社、2005年）
加藤	加藤雅信『物権法（新民法大系Ⅱ）〔第2版〕』（有斐閣、2005年）
鎌田	鎌田薫『民法ノート物権法①〔第3版〕』（日本評論社、2007年）
川井	川井健『民法概論2　物権〔第2版〕』（有斐閣、2005年）
川島	川島武宜『所有権法の理論〔新版〕』（岩波書店、1987年。初版1949年）
河上	河上正二『物権法講義』（日本評論社、2012年）
北川	北川善太郎『物権（民法講要Ⅱ）〔第3版〕』（有斐閣、2004年）
基本	遠藤浩＝鎌田薫編『基本法コンメンタール物権〔第5版新条文対照補訂版〕』（日本評論社、2005年）
講座	星野英一編『民法講座』（有斐閣、1984年-1990年）、別巻を含め全9巻あり、引用する場合、巻を(2)・(5)・別巻(1)のように略記
コンメ	我妻栄ほか『我妻・有泉コンメンタール民法：総則・物権・債権

	〔第 4 版〕』（日本評論社、2016年）
佐久間	佐久間毅『民法の基礎 2　物権〔補訂 2 版〕』（有斐閣、2006年）
七戸	七戸克彦『物権法(1)』（新世社、2013年）
清水	清水元『プログレッシブ民法　物権法〔第 2 版〕』（成文堂、2010年）
清水ほか	清水元ほか『新・民法学(2)物権法〔第 4 版〕』（成文堂、2011年）
新注民(6)	舟橋諄一＝徳本鎮編『新版注釈民法(6)　物権(1)〔補訂版〕』（有斐閣、2009年）
新注民(7)	川島武宜＝川井健編『新版注釈民法(7)　物権(2)』（有斐閣、2007年）
鈴木	鈴木禄弥『物権法講義〔5 訂版〕』（創文社、2007年）
争点	内田貴＝大村敦志編『民法の争点』（有斐閣、2007年）
田井ほか	田井義信ほか『新　物権・担保物権法〔第 2 版〕』（法律文化社、2005年）
滝沢	滝沢聿代『物権法』（三省堂、2013年）
田髙	田髙寛貴『クロススタディ物権法』（日本評論社、2008年）
田山・旧	田山輝明『物権法〔第 3 版〕』（弘文堂、2008年）
田山	田山輝明『物権法』（成文堂、2012年）
『担保物権法』	松岡久和『担保物権法』（日本評論社、2017年）
千葉ほか	千葉恵美子ほか『民法 2　物権〔第 2 版補訂版〕』（有斐閣、2008年）
注民(6)	舟橋諄一編『注釈民法(6)　物権(1)』（有斐閣、1967年）
注民(7)	川島武宜編『注釈民法(7)　物権(2)』（有斐閣、1968年）
永田ほか	永田眞三郎ほか『物権　エッセンシャル民法＊2』（有斐閣、2005年）
能見＝加藤	能見善久＝加藤新太郎編『論点体系判例民法　物権〔第 2 版〕』（第一法規、2013年）
野村	野村豊弘『民法Ⅱ　物権〔第 2 版〕』（有斐閣、2009年）
百選Ⅰ	潮見佳男＝道垣内弘人編『民法判例百選Ⅰ〔第 7 版〕』（有斐閣、2015年）
百年Ⅱ	広中俊雄＝星野英一編『民法典の百年　第 2 巻　個別的考察(1)　総則編・物権編』（有斐閣、1998年）
百年史	加藤雅信ほか編『民法学説百年史』（三省堂、1999年）
平野	平野裕之『物権法』（日本評論社、2016年）
広中	広中俊雄『物権法〔第 2 版増補〕』（青林書院、1987年）
舟橋	舟橋諄一『物権法』（有斐閣、1960年）
本田ほか	本田純一ほか『物権・担保物権法』（法律文化社、2007年）

松尾=古積	松尾弘=古積健三郎『物権・担保物権法〔第2版〕』(弘文堂、2008年)
村田=山野目	村田渉=山野目章夫編『要件事実論30講〔第3版〕』(弘文堂、2012年)
安永	安永正昭『講義 物権・担保物権法〔第2版〕』(有斐閣、2014年)
山川	山川一陽『物権法講義〔第3版〕』(日本評論社、2012年)
山野目	山野目章夫『物権法〔第5版〕』(日本評論社、2012年)
吉田	吉田邦彦『所有法(物権法)・担保物権法講義録』(信山社、2010年)
ロープラ	千葉恵美子ほか編『Law Practice 民法Ⅰ 総則・物権編〔第2版〕』(商事法務、2014年)
我妻=有泉	我妻栄(有泉亨補訂)『新訂物権法(民法講義Ⅱ)』(岩波書店、1983年)

(1) 判 例 本書で多数引用している判例について、事案の詳細には立ち入れないので、重要とされているものや読者が興味をもったものは、直接原文で読むことを強くお勧めする。ただ、大審院の漢文カタカナ混じりの文語文は読者の手に余るかもしれないし、たくさんの判例の内容を知るには、ダイジェストや解説付のものを参考にしていただければよい。潮見佳男=松本恒雄編『判例プラクティス民法Ⅰ 総則・物権』(信山社、2010年)、内田貴ほか編『民法判例集 総則・物権〔第2版〕』(有斐閣、2014年)、奥田昌道ほか編『判例講義民法Ⅰ 総則・物権〔第2版〕』(悠々社、2014年)、上記の百選Ⅰ、松岡久和=山野目章夫編『新・判例ハンドブック 物権法』(日本評論社、2015年) などがある。

ある判決をさらに深く理解するためには、その判決についての詳しい判例解説や判例評釈を読むとよい(表題を引用すると長くなるので、判例批評という言葉をさらに縮めた「判批」と略記する)。それまでの判例および学説での当該問題の位置づけのほか、その判決の問題点や射程など、それまで十分に論じられていないことが、非常に深くまで掘り下げて論じられていることが多い。判例時報(別冊の判例評論)、判例タイムズ、金融法務事情、金融・商事判例、NBL、ジュリスト、法律時報、民商法雑誌などの雑誌や各大学の紀要に掲載されるもののほか、とくに最高裁判決については、その判決の事前調査を担当した最高裁調査官の解説(法曹時報に掲載後に『最高裁判所判例解説』に収録)

ジュリストの「時の判例」はそのダイジェスト速報とみうる）が重要である。各種の判例データベースでは、検索結果に判例批評の書誌情報が付加され、最近では内容そのものが pdf で入手できる場合が多い。紙媒体では、法律時報誌の巻末の「判例評釈」が毎月新しくでたものを紹介しており、データベースよりも情報が早い。

(2) **教科書・体系書**　体系書のみを簡単に紹介しておきたい。**我妻＝有泉**は、深く広い学識と緻密な解釈論により、現在も多くの点で通説的見解の基礎を構成している。**舟橋**は、これと並んで長く標準と評価された体系書で、解釈論の精細さに特徴があり、たとえば背信的悪意者排除説に見られるように通説的見解を決定づけた。**広中・稲本**の両著は、歴史・イデオロギー・法と社会の関係という視点での叙述に特色がある。これらは、この講義では紙数の制約もあって不十分になりがちな視点であり、必要に応じて指示するので参照していただきたい。**広中**は、判例・裁判例の緻密な分析と独自の解釈を多数示している。**石田・石口**の両著は、久々に登場した本格的な体系書で、学問的な一貫性を重視して概念定義の厳密さを追求し、それぞれに独自の主張を展開している。

(3) **演習書**　演習書など設例や特定の論点について一歩深めた議論をするものには、前掲の**鎌田・田髙・ロープラ**に加えて、山田卓生ほか『分析と展開Ⅰ　総則・物権〔第3版〕』（弘文堂、2004年）、山野目章夫『初歩からはじめる物権法〔第5版〕』（日本評論社、2007年）、鎌田薫ほか編『民事法1　総則・物権〔第2版〕』（日本評論社、2010年）、法科大学院の教材である松岡久和＝潮見佳男＝山本敬三『民法総合・事例演習〔第2版〕』（有斐閣、2009年）などがある。

(4) **注釈書・講座等**　条文毎に解説を加える注釈書（コンメンタール）や特定の論点について研究を掘り下げた論文や解説を集めたものがある。まず、一般的なものとして、前掲の**講座**や**百年**は、立法の沿革や趣旨の確認から、以後の判例・学説の歴史的展開を客観的に整理する。判例・学説につき最も詳細に議論を整理している前掲の新旧『注釈民法』シリーズ（とりわけ新版）とともに、深い検討を行う際には必ず出発点とするべきものである。体系書もこれらの文献も分量が多く内容も高度なので、初学者には手に余るかもしれないが、憶せず挑戦してみて欲しい。

(5) **その他**　**百年史**は、民法学史上で画期的な意味のある著書や論文の概要を紹介し、現在の目から見た意義を論じており、学説史の基礎知識を得ることができる。古典的名著の読書の手引きとして使える。**争点**は、民法の主要な論点に関する判例・学説の現在の状況を簡潔に要約しているので、概観を得るのに適している。池田真朗編『民法 Visual Materials』（有斐閣、2008年）は、登記簿・内容証明郵便・各種書式・申請書・判決書など民法に関係する書類や、著名判決に関する写真・資料などを簡潔な解説付きで収録している補助教材である。

目　次

はしがき　*i*
本書の特徴と参考文献　*iii*

第1章　物権法全体の概観

第1節　民法上の物権の分類と体系 …………………………… *1*
- Ⅰ　物権の総則と各則 ……………………………………… *1*
- Ⅱ　10種の物権 ……………………………………………… *1*
    1　所有権　*1*
    2　制限物権　*2*
        (1) 用益物権　*2*　　(2) 担保物権　*3*
    3　占有権　*4*

第2節　物権の定義と機能 ……………………………………… *5*
- Ⅰ　物権の定義 ……………………………………………… *5*
- Ⅱ　物権の機能 ……………………………………………… *5*
    1　資本主義経済社会の基本としての2つの仕組み　*5*
    2　有体物支配権としての物権　*6*
    3　無体物の帰属決定と保護の必要性　*7*

第2章　所有権

第1節　所有権の内容 …………………………………………… *10*
- Ⅰ　所有権の意義と特徴 …………………………………… *10*
    1　所有権の意義　*10*
        (1) 民法の規定　*10*　　(2) 独占的・全面的支配権　*11*
    2　所有権の特徴　*11*

　　　　(1) 直接支配性・譲渡性　12　　(2) 絶対性　13　　(3) 排他性　13
　　　　(4) 優先的効力　13
　Ⅱ　所有権の対象 ··· 14
　　1　有体物（85条）　14
　　2　不動産と動産　15
　　　　(1) 不動産　15　　(2) 動　産　17
　　3　一物一権主義と物の単位・個数　18
　　　　(1) 一物一権主義の3つの意味　18　　(2) 物の単位と個数　18
　Ⅲ　所有権の歴史性と制限 ··· 19
　　1　近代的所有権と現代的所有権　19
　　　　(1) 近代的所有権概念の誕生　19
　　　　(2) 現代的所有権概念への変化　20
　　　　(3) 土地の特殊性　20
　　2　法令による所有権の制限　22
　Ⅳ　相隣関係 ·· 23
　　1　概　観　23
　　2　相隣関係規定の全体的な特徴　23
　　3　2つの重要問題　24
　　　　(1) 囲繞地通行権と通行地役権・債権的通行権　24
　　　　(2) 234条と建築基準法65条の関係　26

第2節　所有権を保護する制度 ·· 26
　Ⅰ　所有権に基づく請求権の意義と根拠 ·································· 27
　　1　所有権に基づく請求権の意義　27
　　2　所有権に基づく請求権の根拠　27
　Ⅱ　所有権に基づく請求権の種類と要件・共通の特徴 ············ 28
　　1　所有権に基づく請求権の種類　28
　　　　(1) 返還請求権　28　　(2) 妨害排除請求権　30
　　　　(3) 妨害予防請求権　32
　　2　所有権に基づく請求権に共通する特徴　33
　Ⅲ　所有権に基づく請求権の効力 ·· 35
　　1　所有権に基づく請求権の性質と権利内容　35
　　　　(1) 請求権一般　35　　(2) 請求権の類型毎に注意するべき効力　38

2　返還義務を負う占有者の保護　*39*
　　　　　(1) 果実と使用利益　*39*　　(2) 必要費と有益費　*40*
　　　　　(3) 物の滅失・損傷などの責任　*40*

第3節　共同所有 ……………………………………………………………… *43*
Ⅰ　狭義の共有 ………………………………………………………………… *43*
　　1　共有の意義と発生原因　*43*
　　　　(1) 共有の意義　*43*　　(2) 共有の発生原因　*44*
　　2　共有者間の内部関係　*44*
　　　　(1) 持分権　*45*　　(2) 共有物に関する意思決定の方法　*46*
　　　　(3) 共有物に関する費用負担など　*50*　　(4) 共有者間の争い　*51*
　　3　共有の対外的関係　*52*
　　　　(1) 持分権とそれに基づく主張　*52*　　(2) 共有関係自体の主張　*54*
　　4　共有関係の解消　*55*
　　　　(1) 分割の自由と制限　*55*　　(2) 分割請求とその方法　*55*
　　　　(3) 分割の効果　*56*
　　5　準共有　*58*

Ⅱ　さまざまな共同所有 ……………………………………………………… *59*
　　1　組合の財産関係　*59*
　　　　(1) 組合の所有権や債権　*59*　　(2) 「組合の」債務　*61*
　　　　(3) 小　括　*62*
　　2　権利能力のない社団や入会の財産関係　*62*
　　　　(1) 権利能力のない社団の財産関係　*62*
　　　　(2) 入会の場合の財産関係　*63*
　　3　共同相続財産　*64*
　　4　建物区分所有　*66*
　　　　(1) 分譲集合住宅に関する法　*66*
　　　　(2) 専有部分と共用部分・敷地利用権の一体性　*67*
　　　　(3) 管理組合による自治的管理　*67*
　　　　(4) 団体的制約とその実効性確保措置　*69*
　　　　(5) 復旧・建替え　*70*
　　5　共同所有の捉え方　*72*
　　　　(1) 伝統的な3分類説　*72*　　(2) 3分類説への批判　*72*

第 4 節　所有権の取得 ……………………………………………………… 75
Ⅰ　さまざまな所有権の取得原因と「所有権の取得」の規律 ……… 75
1　承継取得と原始取得　*75*

2　無主物先占等　*76*
 (1) 無主物先占　*76*　　(2) 遺失物拾得　*77*
 (3) 家畜以外の動物の取得　*77*　　(4) 埋蔵物発見　*78*

3　添　付　*78*
 (1) 添付という制度の意義と限定性　*78*
 (2) 不動産の付合　*79*　　(3) 動産の付合と混和　*80*
 (4) 加　工　*81*　　(5) 添付の効果　*82*

Ⅱ　契約に基づく所有権の取得 ……………………………………………… 83
1　所有権取得の根拠と態様　*83*
 (1) フランス法とドイツ法の対極的な処理　*83*
 (2) 日本民法の沿革に由来する解釈の多義性　*85*

2　売買契約等による所有権取得の時期　*88*
 (1) 判　例　*88*　　(2) 主要な学説　*89*　　(3) 検　討　*91*

3　建物建築請負契約による所有権取得の方法と時期　*97*
 (1) 判　例　*97*　　(2) 学　説　*97*
 (3) 複数の請負人が工事を行った場合　*97*

第 5 節　不動産登記制度と登記請求権 ……………………………… 99
Ⅰ　不動産登記制度 ……………………………………………………………… 99
1　不動産登記と不動産登記簿　*99*
 (1) 不動産登記　*99*　　(2) 不動産登記簿　*99*

2　登記のできる権利とできない権利　*101*

3　登記の種類　*102*
 (1) 対抗力の有無による区別　*102*
 (2) 形式による区別　*102*　　(3) 記載内容による区別　*102*
 (4) 物権変動以外の登記や仮登記　*103*

4　登記申請の手続　*103*
 (1) 登記申請の方法　*103*
 (2) 共同申請主義の原則とその例外　*103*
 (3) 定型的審査と真実性の確保手段　*104*
 (4) 登記の実行と順位　*105*

Ⅱ 登記請求権 ……………………………………………………………… 107
  1 意　義 *107*
  2 種　類 *108*
    (1) 債権的登記請求権 *108*　(2) 物権的登記請求権 *110*
  3 中間省略登記請求等の可否 *110*
    (1) 中間省略登記請求 *110*　(2) 真正な登記名義の回復請求 *111*

Ⅲ 登記の有効性 …………………………………………………………… 112
  1 登　記 *112*
  2 手続的有効要件 *113*
  3 実体的有効要件 *114*
    (1) 一　般 *114*　(2) 無効となる場合 *115*
    (3) 中間者の同意のない中間省略登記 *115*

Ⅳ 登記の効力 ……………………………………………………………… 116
  1 対抗力 *116*
  2 公信力の欠如とその対応策 *116*
  3 推定力 *117*
  4 権利保護力 *118*

Ⅴ 仮登記 …………………………………………………………………… 118
  1 仮登記の意義 *118*
  2 仮登記の手続 *119*
  3 仮登記の効力 *119*

第 6 節　不動産所有権取得の対抗と第三者 …………………………… *121*

Ⅰ 対抗問題とは …………………………………………………………… *122*
  1 対抗不能の意味 *122*
  2 双方未登記の場合の権利関係 *123*
  3 対抗力を生じる時期 *124*

Ⅱ 177条の「第三者」の範囲 ……………………………………………… *125*
  1 無制限説と制限説 *125*
  2 第三者の客観的要件 *127*
    (1) 第三者に該当する者 *127*　(2) 第三者に該当しない者 *130*
  3 第三者の主観的要件 *132*

　　　　　(1) 善意悪意不問説から背信的悪意者排除説へ　*132*
　　　　　(2) 背信的悪意者排除説の内容　*133*　　(3) 背信的悪意者の類型　*134*
　　　　　(4) 背信的悪意者排除説への批判　*135*　　(5) 学説の状況　*135*
　　　　　(6) 本書の見解　*136*　　(7) 最近の判例のゆらぎ　*137*
　　　　　(8) 転得者の処遇　*138*

第7節　登記を要する不動産所有権の取得・各論 ……………… 140

Ⅰ　検討の前提 ……………………………………………………… 140
　　　1　意思表示に基づく所有権取得についての補足　*140*
　　　　　(1) 177条の「不動産」の意味　*140*　　(2) 未登記の不動産　*141*
　　　　　(3) 意思表示に基づく所有権取得　*141*
　　　2　変動原因制限説と変動原因無制限説　*141*

Ⅱ　相続と登記 ……………………………………………………… 142
　　　1　序　　論　*143*
　　　　　(1) 相続による所有権取得とその登記　*143*
　　　　　(2) 生前相続と登記　*144*　　(3) 相続介在二重譲渡　*144*
　　　　　(4) 表見相続人からの譲受人　*145*
　　　2　相続放棄と登記　*146*
　　　3　共同相続と登記　*147*
　　　4　遺産分割と登記　*149*
　　　5　特定遺贈と登記　*150*
　　　6　「相続させる遺言」と登記　*151*
　　　7　小　　括　*152*

Ⅲ　取消しおよび解除と登記 ……………………………………… 153
　　　1　取消しと登記　*154*
　　　　　(1) 問題の所在　*154*　　(2) 判　例　*155*　　(3) 学　説　*159*
　　　　　(4) それぞれの難点と判例の再評価　*160*
　　　2　解除と登記　*162*
　　　　　(1) 判　例　*163*　　(2) 学　説　*164*

Ⅳ　取得時効と登記 ………………………………………………… 166
　　　1　問題の所在　*166*
　　　2　判　　例　*168*
　　　　　(1) 取得時効の完成時点の前後で処理を分ける判断枠組　*168*
　　　　　(2) 正当化根拠　*170*　　(3) 批　判　*172*

　　　　3　学　説　*172*
　　　　　(1) 全体の傾向　*172*　　(2) 当事者準則を重視する考え方　*173*
　　　　　(3) 第三者準則で統一する考え方　*174*
　　　　　(4) 類型的に処理を分ける考え方　*175*
　　　　　(5) それぞれの難点と判例の再評価　*176*
　Ⅴ　その他の所有権取得原因と登記 ································· *178*
　　　　1　強制執行や担保権の実行による所有権取得　*179*
　　　　2　公用収用による所有権取得　*179*

第8節　対抗問題の総括 ································· *180*
　Ⅰ　177条の適用に関する2つの基準 ································· *180*
　　　　1　登記を要する所有権取得の基準　*180*
　　　　　(1) 判　例　*180*　　(2) 判例への批判　*181*　　(3) 検　討　*182*
　　　　2　第三者を制限する基準　*183*
　　　　　(1) 判　例　*183*　　(2) 学　説　*184*
　Ⅱ　対抗問題の法的構成 ································· *185*
　　　　1　さまざまな法的構成　*185*
　　　　　(1) 問題の所在　*185*　　(2) 公信力説の登場以前の学説　*185*
　　　　　(3) 公信力説　*186*　　(4) 公信力説以後の学説の展開　*186*
　　　　2　検　討　*187*
　　　　　(1) 従来の学説に対する批判　*187*　　(2) 本書の見解　*188*
　Ⅲ　登記の主張・立証責任 ································· *190*
　Ⅳ　公示の原則と公信の原則 ································· *192*
　　　　1　対抗要件主義の基礎にある考え方　*192*
　　　　2　公示の原則の動揺？　*193*
　　　　　(1) 地震売買と特別法による対抗力付与　*193*
　　　　　(2) 登記による公示の限界　*194*
　　　　3　総　括　*195*

第9節　動産所有権取得の対抗と即時取得 ································· *196*
　Ⅰ　動産所有権取得の対抗 ································· *196*
　　　　1　対抗要件制度の基本的な仕組み　*197*
　　　　　(1) 177条との共通性　*197*　　(2) 177条との違い　*197*
　　　　2　178条の適用に当たって問題となる点　*199*

　　　　　(1) 動　産　199　　(2) 譲　渡　200　　(3) 引渡し　200
　　　　　(4) 第三者　202
　　　3　具体例への適用　203
　Ⅱ　即時取得 ……………………………………………………………… 204
　　　1　制度の趣旨と関連規定の構造　204
　　　　　(1) 制度の趣旨　204　　(2) 関連規定の構造　205
　　　2　即時取得の要件　207
　　　　　(1) 対象物としての動産　208　　(2) 有効な有償の取引行為　209
　　　　　(3) 平穏・公然・善意無過失　210
　　　　　(4) 取引行為に基づく占有の取得　211
　　　　　(5) 処分者の処分権限の欠如　212
　　　3　即時取得の効果　213
　　　4　占有改定と即時取得　213
　　　　　(1) 判例・学説の概要　214　　(2) 主要3説　215
　　　5　指図による占有移転と即時取得　217
　Ⅲ　動産所有権取得における公示の原則と公信の原則 ………… 219
　　　1　問題提起　219
　　　　　(1) 178条と192条の機能分担関係　220
　　　　　(2) 主観的要件の落差　220　　(3) 対抗できない対抗要件？　220
　　　2　解決案　221
　Ⅳ　明認方法による所有権取得の公示と対抗 …………………… 222
　　　1　概　説　222
　　　2　明認方法の内容　223
　　　3　明認方法の一般的効力　223
　　　4　明認方法と登記の効力の優劣　223
　　　5　復帰的物権変動　224
　　　6　立木所有権の留保　224
　　　7　未登記の土地に植栽した立木所有権の対抗　225
　　　8　小　括　225

第10節　所有権の消滅 ……………………………………………………… 226

第3章 用益物権と物権法定主義

第1節 用益物権 ……………………………………………………………… *230*
 Ⅰ 制度の全体像 ……………………………………………………………… *230*
 Ⅱ 地上権 ……………………………………………………………………… *231*
  1 意 義 *231*
  2 成立要件と対抗要件 *232*
   (1) 成立要件 *232*　(2) 対抗要件 *232*
  3 存続期間 *233*
  4 効 力 *233*
   (1) 使用・収益・処分の権限 *233*　(2) 地代に関する規律 *234*
   (3) 第三者に対する関係 *234*
  5 消滅と事後処理 *235*
   (1) 地上権の消滅原因 *235*
   (2) 工作物等に関する地上権者の収去権・土地所有者の買取権 *237*
 Ⅲ 永小作権 …………………………………………………………………… *237*
  1 意 義 *237*
  2 成立と対抗要件 *238*
  3 存続期間 *238*
  4 効 力 *238*
  5 消滅と事後処理 *239*
 Ⅳ 地役権 ……………………………………………………………………… *239*
  1 意 義 *239*
  2 成立要件と対抗要件 *240*
   (1) 成立要件 *240*　(2) 対抗要件 *241*
  3 存続期間 *241*
  4 効 力 *241*
   (1) 地役権者の使用権と承役地所有者の義務 *241*
   (2) 対 価 *242*　(3) 第三者との関係 *242*
  5 消滅と事後処理 *243*
 Ⅴ 入会権 ……………………………………………………………………… *244*

         1 意　義　244
         2 成立と対抗要件　245
         3 効　力　245
         4 消　滅　246
　第 2 節　地上権・賃借権・借地権 ……………………………………………… 247
　第 3 節　物権法定主義 …………………………………………………………… 249
　　Ⅰ　意義と根拠 ……………………………………………………………… 249
         1 意　義　249
         2 根　拠　250
           (1) 自由な所有権の確立　250　　(2) 物権の公示　250
　　Ⅱ　特別法上の物権 ………………………………………………………… 251
         1 創設された新種の物権　251
         2 物権的効力の付与　252
           (1) 民法によるもの　252　　(2) 特別法によるもの　252
　　Ⅲ　慣習法上の物権 ………………………………………………………… 253
         1 物権法定主義の課題　253
         2 判例の展開　254
         3 法律構成　254

第 4 章　占　有

　第 1 節　意義と機能 ……………………………………………………………… 257
　　Ⅰ　意　義 …………………………………………………………………… 257
         1 「占有権」の中核としての所持　258
           (1) 保護の対象としての所持＝事実的支配　258
           (2) 所持の有無の判断　258
         2 占有意思　259
         3 代理占有・占有補助者・占有機関　260
           (1) 直接占有と代理占有＝間接占有　260
           (2) 間接占有の成立要件　261　　(3) 間接占有の効果　261
           (4) 占有補助者・占有機関　261

Ⅱ　機　能 ………………………………………………………………………… *262*
　　　　1　占有と占有権原　*262*
　　　　2　占有と占有権　*263*
　　　　3　占有に結び付けられた多様な効果　*264*

第 2 節　占有の取得 ……………………………………………………………… *265*
　　Ⅰ　原始取得と承継取得 …………………………………………………………… *265*
　　Ⅱ　相続による占有の承継取得 …………………………………………………… *266*

第 3 節　取得時効に関連する占有規定 ………………………………………… *267*
　　Ⅰ　自主占有と他主占有 …………………………………………………………… *267*
　　　　1　定　義　*267*
　　　　2　相　違　*267*
　　Ⅱ　瑕疵のある占有と瑕疵のない占有 …………………………………………… *268*
　　　　1　瑕　疵　*268*
　　　　2　2つの推定　*269*
　　　　　(1) 占有態様に関する推定　*269*　　(2) 占有継続の推定　*269*
　　Ⅲ　2つの占有の選択 ……………………………………………………………… *270*
　　　　1　占有期間の合算と瑕疵の承継　*271*
　　　　2　瑕疵のない占有の承継？　*271*
　　Ⅳ　他主占有から自主占有への転換と相続 ……………………………………… *272*
　　　　1　他主占有から自主占有への転換　*272*
　　　　2　他主占有の相続による承継　*273*
　　　　3　自主占有の推定との関係　*273*

第 4 節　占有保護請求権 ………………………………………………………… *274*
　　Ⅰ　いわゆる占有訴権 ……………………………………………………………… *275*
　　Ⅱ　請求権の種類と特徴 …………………………………………………………… *275*
　　　　1　3種類の請求権と共通の特徴　*275*
　　　　　(1) 3種類の請求権　*275*
　　　　　(2) 故意または過失の要否および損害賠償請求権との関係　*275*
　　　　　(3) 占有保護請求権の当事者および期間制限　*276*
　　　　2　各請求権の特徴　*276*

　　　　(1) 占有保持の訴えと占有保全の訴え　*276*
　　　　(2) 占有回収の訴え　*277*
　Ⅲ　占有保護請求権と本権に基づく請求権の関係 …………………… *278*

第 5 節　占有保護の根拠 …………………………………………… *279*
　Ⅰ　議論の混迷 ………………………………………………………… *279*
　Ⅱ　実証的な試論 ……………………………………………………… *281*

第 6 節　消　滅 ……………………………………………………… *284*
　Ⅰ　一般的な消滅原因 ………………………………………………… *284*
　Ⅱ　間接占有の消滅 …………………………………………………… *285*

第 7 節　準占有 ……………………………………………………… *286*

第 5 章　物権と債権

第 1 節　従来の議論と問題点 ……………………………………… *290*
　Ⅰ　パンデクテン体系と物権・債権峻別論 ………………………… *290*
　Ⅱ　日本における物権・債権論 ……………………………………… *291*
　　　1　学説状況の概要　*291*
　　　2　債権の保護の強化と物権の性質・効力論の変遷　*291*
　Ⅲ　通説的見解の問題点 ……………………………………………… *293*

第 2 節　物権と債権の対置の再評価 ……………………………… *296*
　Ⅰ　物権の絶対性と債権の相対性 …………………………………… *296*
　Ⅱ　債権の効力としての所有権の承継 ……………………………… *297*
　　　1　対抗要件未具備の所有権取得者 vs 不法占有者　*298*
　　　2　対抗要件未具備の賃借権取得者 vs 不法占有者　*299*
　Ⅲ　対抗関係における債権の相対性 ………………………………… *299*
　　　1　賃借人 vs 買主　*300*
　　　2　買主 vs 賃借人　*301*

　事項索引　*302*
　判例索引　*307*

第1章　物権法全体の概観

　これから学ぶ物権法は何を規定しているのか。物権としてどういう権利が定められているのか。物権法は、民法全体の中でどういう位置にあるのか。物権法は社会の中でどういう役割や機能を担っているのか。本章は、物権法を学ぶ際に最低限持っていた方がよいこうした鳥瞰的な枠組のみを説明する。通常の体系書や教科書とは異なって、最初に物権総論を扱うことはせず、所有権を中心として主要な制度の詳細を学んだ後の第5章で、まとめとして論じることにする。

第1節　民法上の物権の分類と体系

Ⅰ　物権の総則と各則

　民法第2編は、全部で10章からなり、第2章から第10章までに10種類の物権を規律し、第1章はこれら物権全体に共通して当てはまる総則となっている。総則では、物権の種類や内容を民法その他の法律で定めたものに限定する物権法定主義（175条）と、物権の発生・移転・変更・消滅（これらをまとめて物権変動という）に関するルール（176条-179条）のみが定められている。

Ⅱ　10種の物権

10種類の物権は、4頁の図表1のように分類・整理される。

1　所有権
　物権の中心となるのは、所有権である。民法典は、簡略に「所有者」と表現しているが、丁寧にいえば所有権者である。「所有者は、法令の制限内において、自由にその所有物の使用、収益及び処分をする権利を有する」（206条）。一般に、物の価値は、その物を使用・収益することによって実現され

る使用価値と、その物を売却するなどして得られる交換価値から構成されると言われている。所有権は、対象物（用語法について補足＊）を全面的に支配・で・き・る権利（全面的支配権）であり、所有者は、その物の持っている使用価値と交換価値の両方を把握で・き・るのである。

> ＊対象・目的・客体　権利の「対象」を現すのに、「目的」や「客体」という言葉もよく使われる。民法は、有体物である権利の対象を目的物、有体物以外の対象を目的と表現することが多い（たとえば366条）。この用語法には慣れるとよい。ただ、民法は「使途」（5条）、「内容」（13条）、「実現しようとめざす事柄」（33条）の意味でも「目的」という語を使っており、多義的で混乱を招くおそれもある。たとえば、566条では「売買の目的物」、「質権の目的」、「契約をした目的」、「売買の目的」という表現が混在していてわかりにくい。また、「客体」は「対象」と同義で使われるが（英訳するとどちらも object）、主体と対比される哲学的で難しい言葉なので、本書では、平易な「対象」という言葉を使う。

2　制限物権

全面的支配権である所有権に対して、所有権の内容のうちの一部を時間を限って独立させたものが、占有権以外の8種の制限物権である。制限物権の「制限」には、その物権の内容が所有権のように全面的なものではなく制限されたものであるという意味と、所有権の内容を制限し所有権の負担となるものであるという意味の、二重の意味が込められている。

(1) 用益物権

制限物権のうち、他人の土地を使用・収益で・き・る権利を用益物権という。自分の所有する土地については用益物権は必要がない（次頁の補足＊）。用益というのは、自ら使う使用および果実を収取する収益を合体した語である（収益を含めて、「使用」や「利用」と表現することもある）。地上権、永小作権、地役権、入会権（いりあいけん）がこの群に属する（229頁以下の第3章）。自己所有の土地の利用には用益物権は必要がないから（次頁の補足＊）、共有の性質を有する入会権（263条）を用益物権と表現することには批判があるだろう。しかし、入会権者は、形式的には共有に属する土地を、団体の構成員の資格に基づき一定の範囲と態様で使用・収益できるが、持分権はないとされており、実質的には他人（団体）の土地についての構成員の利用権と考えられる。用益物権は、

他人の所有する土地の使用価値のみを把握できる権利であり、土地（の所有権）を処分することはできず、土地全体の交換価値を把握していない（下記の補足＊＊も参照）。

＊自己の所有物の用益物権　　自分の所有物の利用は所有権によって正当化されるので、そのための制限物権を考える必要はない。それゆえ、自分の土地を自分で利用する地上権や永小作権の設定は、原則として認められない（借借15条1項の自己借地権は借地権付の区分所有建物を分譲する前の一時的な例外）。所有権と制限物権が同一人に帰属するに至った場合、制限物権は原則として消滅する（179条1項本文の混同消滅）、というのも同じ理由からである。所有権または制限物権が第三者の権利の対象となっているなど制限物権を残しておく必要がある場合には、例外として混同消滅は生じない（同条1項ただし書、借借15条2項）。

＊＊用益物権自体の交換価値　　地上権と永小作権のように他人の土地を使用・収益できる用益物権は、それ自体が独自の経済価値を持つ。ただ、それは、対象物（の所有権）の交換価値ではなく、地上権や永小作権という権利自体の交換価値である。地上権や永小作権が売却や抵当権の対象とできるのは（369条2項）、このためである。用益物権が存続している間の所有権は、これらの用益物権の交換価値を除いた交換価値のみを支配できる。つまり所有者は、その物を自由に処分することができるが、その処分は用益物権の負担の付着した物としての処分である。譲受人は、用益物権が消滅するまでは、所有者になっても自ら使用することはできず、地代や賃料を収取できるだけである。

(2) 担保物権

制限物権のうちで用益物権と並ぶのは担保物権である。担保物権は、債権とりわけ貸金債権や売掛代金債権などの金銭債権が弁済されない場合に、他人の所有物など権利の対象を売却または管理して金銭に換え、その金銭から優先的に債権を回収することができる権利である。担保対象物の所有者には担保物権を持たない他の債権者（無担保債権者という）がいる場合があるが、そうした競合する債権者の債権に優先して債権を回収できる点で、担保物権は、交換価値を排他的に支配しており、物権に属すると考えられている。担保物権は、法律の規定により成立する法定担保物権（留置権と先取特権がこのグループに属する）と、当事者の設定契約により成立する約定担保物権（質権と抵

当権がこのグループに属する）に分けられる。

　一般の先取特権は債務者の全責任財産を優先の対象としていて特定の物を対象としていない。抵当権は、地上権や永小作権の上にも設定でき、質権はより広く権利の上に設定できる。これらの担保物権は、有体物を対象としていない。そのため、担保物権を有体物を対象とする物権に分類することには疑問の余地がある。ただ、この検討は、それぞれの権利内容を詳しく学んだ後に行うのが適切であるため、『担保物権法』に譲る。

3　占有権

　所有権も制限物権も、価値を支配できる権利（支配権）であり、その価値支配を実現して得られた利益が権利者に最終的に帰属することを法的に正当であると認める根拠となる。これに対して、占有権は、有体物の価値を支配できる権利ではなく、有体物を現に支配している状態に対して与えられるさまざまな保護が、だれに対する関係でも主張できるという意味で対第三者効・対世効を持つことに着目して物権とされている（詳細は257頁以下の第4章）。占有権は、有体物の支配から得られる利益が占有者に最終的に帰属することを正当化するものではない。また、物権に属しているといっても、物権総則の物権変動に関する規定（176条-179条）は適用されない。所有者は、所有権と占有権を併有し、占有権は混同消滅しない（179条3項）。こうしたことから、占有権は、所有権や制限物権とはまったく異質なものであり、近時は占有権を物権と認めず、「占有」と表現する者が多い。

図表1　物権の分類と体系

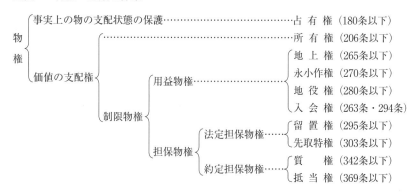

第2節　物権の定義と機能

I　物権の定義

　民法は、物権を直接定義する規定を置いていないため、定義に使われる表現はかなり多様である。比較的多くの学説に共通する定義を参考に一応の定義をすれば、物権は、「特定の物を直接に支配することができる権利」ということができる。この定義は、民法が、有体物（一定の空間を占める存在）のみを物とし（85条）、所有権を有体物についてのみ認めること（206条）、および制限物権は所有権の権能の一部を独立させたものであるという理解を前提にしている。しかし、第1節での短い検討だけからでも、この定義が、担保物権や占有権には当てはまらない疑いのある不完全なものであることがわかる。そのため、「物権とは物や権利を支配する権利で民法や他の法律により物権として規定されたものをいう」と定義する学者もいる（石田10頁。傍点は筆者）。以下では、上記の定義を一応の出発点とするが、物権法を見通せるひととおりの知識を得た後に、再び物権法の意義と限界を考え、定義を見直すことにする（『担保物権法』389頁以下の第9章）。

II　物権の機能

　まずは、物権が果たしている機能を説明することで、私の問題意識を簡潔に示しておきたい。

1　資本主義経済社会の基本としての2つの仕組み

　まず、我々の経済生活を考えてみる。我々の生活は、衣食住すべてが、他人の作った物や他人の（労働を含む）役務など経済価値のあるもの（まとめて「財貨」と表現される）を金銭を払って入手し、それらをだれにも邪魔されることなく利用することで成り立っている。金銭も自らの財貨を提供することと引き換えに獲得される。商人は物や役務を売って代金を、大多数の人は労働力を提供して給料を得る。市場メカニズムを中核に置く資本主義社会では、

こうした財貨の広い意味での交換と財貨の帰属とが、経済社会を構成する基本的な仕組みとなる。たとえば、中華人民共和国が、市場経済体制を導入することにより、契約法や物権法を整備する必要が生じたことは、この関係を明確に実証している。

この仕組みを安定させるためには、一方で、契約による財貨の交換の円滑な実行を保障し支援する法が必要である。他方で、財貨の帰属は、財貨の交換の起点であるとともに、移転・交換によって達成しようとした目的としての終点でもある。それゆえ、財貨の帰属の決定と保護のルールは、契約関係の促進と保護のルールと並ぶ、資本主義経済社会のもう1つの柱である。これをふまえて、私人間の経済生活関係を規律する基本法である民法は、おおむね前者を契約（債権）法、後者を物権法として組み立てている（補足＊）。物権法が、財貨の帰属の優劣決定と財貨帰属の保護に関する基本的なルールを定めるべきものであることは、このような視点で理解することができる。

> ＊**物権法・債権法と財貨帰属法・財貨移転法の関係**　不当利得返還債権（703条以下）の一類型である侵害利得返還請求権および不法行為に基づく損害賠償債権（709条以下）は、債権法に定められていて債権に分類されるが、財貨帰属保護の機能を有する。また、債権譲渡（466条以下）および賃貸借の対抗要件（605条）も、債権法中に定められているが、物権の場合の対抗要件（177条・178条）と同様の財貨帰属の優劣確定に関するルールとして理解できる。このように、物権法と債権法の区別は、財貨帰属法と財貨移転法の区別とは微妙にずれている。

2　有体物支配権としての物権

先述のとおり、民法は、物権の典型である所有権の対象を有体物に限定している。それは、次のような理由によると思われる。有体物を所有権の対象とすれば、視覚的に支配対象がはっきりとする。それゆえ、最も古くから発達してきた所有権概念が有体物に即して考えられたのはきわめて自然であった。他方、このような所有権モデルを形作ったローマ法から長く近代に至るまで、人に対して一定の給付（たとえば金銭の支払）を求める権利である債権は、特定の人の間をつなぐ法鎖と考えられて譲渡できなかったので、その独自の財産的価値は認められなかった。

また、民法は、基本的な権利を、物に対する支配権（物権）と人に対する

請求権（債権）に 2 分する整理を行っている。近代民法成立時には債権の財産的価値は承認されつつあったので、それを反映して、オーストリア民法など物概念を無体物に広げる試みもあった。しかし、多くの民法は、どこまでが支配の限界かはっきりしない無体物に所有権が成立することを認めれば、取引の安全を害する、として消極的であった。また、債権の上の所有権を認めると、権利を物権と債権に分けて対置する体系的な整理が混乱すると批判された。

以上のような歴史的経緯が、現在の物権概念に繋がっているのである。

3　無体物の帰属決定と保護の必要性

しかし、無体物にも財産的価値があり、取引の対象となっている。金銭債権、とりわけ、ペイ・オフ限度内の預貯金の払戻請求権という金銭債権は、現金と同視できる価値を持ち、「帳簿上の金銭」などと表現されることもある。また、支払が絶対確実でなくても、回収不能の危険率等を乗じれば、金銭債権の財産的価値は安定的に評価できる（サブプライム・ローンのように貸付け自体に問題がある場合は論外であるが）。金銭債権以外でも、たとえば、土地の賃借権は、大都心では、土地の所有権の価格の70%-80%という高額の評価を受けている。さらに、コンピュータ・プログラムや音楽の著作権、発明の独占的実施を内容とする特許権などの知的財産権は、現代社会できわめて高い経済価値を有している。

これらのもののうち、知的財産権については、投入された多大な費用を回収するため、一定の範囲内で（人類全体の共通財産という側面もあるので単純な独占を認めるのは妥当でない）排他的独占的保護を与えて、創作・研究開発等の活動を保護・支援・促進する必要があり、著作権法・特許法などの特別法によって権利内容やその保護が定められている。しかし、こうした特別法がないために物権とされなかった権利や財貨にも、帰属の決定や保護のルールが必要ではないか。たとえば、大多数の勤労者の主たる財産は「労働力」であるが、その上に所有権などの物権は成立しないとされている。それではその帰属はどのように保護されるべきか。別の言い方をすると、物権以外の権利にも、物権に類する一定の効力が認められるのではないか。また、仮に物権に準じる効力を与えるとして、どういう要件を設けてその限界を明確化する

か。こうした問いを考えることは、物権法を学ぶ際にも重要な視点となる。

　以上のような問題を突き詰めて考えたいというのが、本書において私が立てた大きな柱の1つである。読者の皆さんにも、自ら抱いた疑問を大事にし、それを自ら考えて解決するという姿勢を持っていただきたい。関心を持てない知識を頭に詰め込もうとすると苦しいが、疑問をもって臨むとその解決に必要な知識には自ずから関心が深まり、理解度や定着度も自然に向上する。自分の力で疑問が氷解した場合の快感は大きな達成感をもたらす。なぜそうなるのかという素朴な疑問がすべての始まりであり、そうした疑問にこだわることが経験値を積み上げる学習の励みとなるだろう。

第2章　所有権

　「この土地は私のものだ」とか「この本は私の所有物だ」という表現は、「私がこの土地の所有（権）者である」とか「私にこの本の所有権がある」という法律的な表現とほぼ重なる。このように所有権は日常の言葉の感覚と最も近い法律概念であり、国家以前から存在する自然権とも言われる。また、所有権は物権の典型として他の制限物権の基礎となっている（1頁以下の第1章）。

　この章の最初には、所有権の意義と特徴、対象、歴史性と制限などを扱う（第1節　所有権の内容）。次いで、いわゆる物権的請求権を中心に所有権を保護するための制度を取り上げる（第2節　所有権を保護する制度）。本章のほとんどの議論は、1人が単独で所有権を有している場合を念頭に置いているが、第3節では、複数の者に所有権が帰属するさまざまな場合の特別な扱いを検討する（第3節　共同所有）。ここまでは所有権の内容とそれを保護する仕組みに関するものである。

　第4節から第9節は、主として（新たに所有権を取得する場合を含めて）所有者が交代する場合の規律を扱う。この規律は、物権一般に妥当するものとして物権変動といわれ、物権法の中心的な問題である。所有権以外の制限物権の物権変動には、所有権についての考え方が原則として当てはまるので（「占有権」には当てはまらない。また制限物権の権利の性質に応じた特別の例外的な扱いがあり、それぞれの権利を論じる第3章・第4章で述べる）、まずは、本章で所有権の取得を中心として物権変動をしっかり理解していただきたい。

　第4節から第9節では、主として次のような問題を扱っている。所有権を取得する原因にはどのようなものがあるか。最も重要な売買契約による場合に、いつどのようにして買主が新しい所有者となるか（第4節　所有権の取得。売主の側からの表現では所有権の譲渡）。不動産の所有権を取得したことを広く知らせる登記という仕組みはどのようになっているか。買主が自分が新しい所有者となったことをどういうやりかたで登記に反映させることができるか（第5節　不動産登記制度と登記請求権）。不動産の所有権を取得したことを主張

するにはつねに登記が必要か。相手方となる者によって登記をしないでも所有権の取得を主張できる場面があるのか。あるとすればどういう基準でできる場面とできない場面を区別するのか（第6節　不動産所有権取得の対抗と第三者）、登記をしないと不動産の所有権の取得等の物権変動を主張できないという177条の規定は、契約以外の原因による所有権の取得についても当てはまるか。同条の適用の有無が場面によって変わるとすれば、どういう基準でそれを振り分ければよいのか（第7節　登記を要する不動産所有権取得）、第6節と第7節の議論の関係はどう整理して理解すればよいか（第8節　対抗問題の総括）。

以上の第5節から第8節は不動産所有権についての議論であるのに対して、第9節は、動産の所有権の譲渡を扱い、引渡しが対抗要件とされていることの意味を論じる。さらに、所有者でない者を所有者であると信じて買い受けた場合に、例外的に買主が所有権を取得することができるという規律についても、ここでまとめて扱う（第9節　動産所有権取得の対抗と即時取得）。さらにここでは、明認方法という慣習法上の対抗要件についても触れる。

最後の第10節は所有権の消滅について説明する。

第1節　所有権の内容

この節では、所有権の意義と特徴（Ⅰ）、所有権の対象（Ⅱ）、所有権の歴史性と制限（Ⅲ）、相隣関係（Ⅳ）を概説する。

Ⅰ　所有権の意義と特徴

1　所有権の意義
(1) 民法の規定

206条は、「所有者は、法令の制限内において、自由にその所有物の使用、収益及び処分をする権利を有する」と規定する。所有者は、自分の所有する物をいつどのように使うか決められるし、使わないのも自由である。自分で使わずに契約によって他人に有償で使わせてもかまわない。これが法文のいう収益である。土地を借金の担保とすることも、本をリサイクルショップに

売り払うことも捨てることも、所有者の意思のみで決められる。このように法文のいう処分には、法律的な処分と事実的な処分の両方が含まれる。要するに、所有者は自由に、すなわち自分の意思のままに、所有物の運命を決められるのである。

所有権の処分を制限する特約は、所有権の自由に反し、登記による公示ができない。特約違反は、当事者間で債権的効力（債務不履行を理由とする損害賠償責任）を生じるにとどまり、所有権の処分を無効とする物権的効力を有しない。

(2) 独占的・全面的支配権

206条の規定から、所有者は所有物の持つ価値を独占的に支配できる、という所有権の内容が見て取れる。所有権は物の価値の独占的支配を正当化する権利である、という言い方もできる。また、序章で触れたように、所有権以外の制限物権が使用価値や交換価値という物の価値の一部分を支配する権利であるのに対して、所有権は物の価値の全面的な支配権である。

2　所有権の特徴

> **設例1**　A_1は自己所有の自転車甲をX_1に売り、代金を受け取ったが、甲はまだA_1の手元にある。
> [1] B_1がA_1にもX_1にも無断で甲を使用している場合、X_1はB_1に甲の引渡しを求めることができるか。
> [2] A_1が甲をX_1に売る契約を結んだが、X_1に引き渡す前に甲をC_1にも売り、引き渡した。先に買い受けたX_1はC_1に甲の引渡しを求めることができるか。
>
> **設例2**　A_2は自己所有の自転車甲をX_2に賃貸し、賃料を受け取ったが、甲はまだA_2の手元にある。
> [1] B_2がA_2にもX_2にも無断で甲を使用している場合、X_2はB_2に甲の引渡しを求めることができるか。
> [2] A_2が甲をX_2に賃貸したが、X_2に引き渡す前に甲をC_2に売り、引き渡した。先に借り受けたX_2はC_2に甲の引渡しを求めることができるか。

所有権には、契約上の債権との対比で、一般に以下のような特徴（性質や

効力) があるとされている。厳密に考えると非常に難しいので、最初は、上に挙げる典型例の対比によって、おおまかに概念の使い方を理解できればよい。物権法をひととおり学んだ後で、もう一度自分で設例を変形するなどしていろいろ考えてみると理解を深めることができる。本書は、ここで概観する所有権と債権との対比をもう一度、最終章で検討する。

まず、両事例での X_1 と X_2 の権利は、甲を使うという共通点があるが、その種類は異なる。すなわち、所有権の取得の過程や時期については種々の考え方があるが (75頁以下の第4節)、前頁の設例1の[1]において X_1 がすでに甲の所有権を取得していることには、ほぼ異論がない。他方、X_2 は A_2 との賃貸借契約によって甲を使用させるように求める賃借権という債権を有しているにすぎない(下記の補足＊)。

＊**所有権が物に対する権利であるという意味** 所有権に代表される物権を物に対する支配権として、人に対する行為請求権としての債権と対比して説明するのが通例である。もっとも、孤島に独居するロビンソン・クルーソーには所有権は不要である(加藤20頁)。つまり、独占的支配や権利の観念は必然的に他人との関係を含んでいるのである。物権を物に対する権利と言うのは、権利主張が物を介する構造になる点を捉えた比喩的で簡便な表現である。これに対して、権利を侵害しないよう求める万人に対する不作為請求権の集合が物権であるとして、特定人に対して給付を求める請求権である債権との共通性を強調するのは行き過ぎである。物の価値の直接的・独占的な支配は、債権にはない特徴だからである。

(1) 直接支配性・譲渡性

設例1の[1]と設例2の[1]を比べてみよう。所有者 X_1 は、他人の行為を介することなく、また他人に邪魔されることなく、所有物甲を使用したり売却したりすることができる。X_1 は、A_1 の同意や承諾を要せず、自らの意思だけで甲の所有権を処分することができる。このように、所有権は物を直接に支配できる権利 (直接的支配権) である。

これに対して、X_2 の賃借権という債権は、貸主 A_2 に一定の行為 (この場合には甲を使用・収益できるようにするとの約束の実行) を求める権利である (601条)。X_2 が甲を使用するには、A_2 の行為を介しなければならず、X_2 と物との関係は間接的である。また、A_2 の承諾がなければ、X_2 は、転貸・譲渡す

るなど甲の賃借権を処分することができない（612条1項）。

(2) 絶対性

別の観点での比較もできる。所有権はすべての人に対して主張できる権利である。この性質は、所有権の絶対性あるいは対世効といわれる。11頁の設例1の[1]のX_1は、甲を使用しているB_1に対しても、自分の所有物である甲を返せと主張して、所有権の実現を求めることができる（27頁以下の所有権に基づく請求権）。このことは所有権の追及効と表現されることもある。

これに対して、債権は債務者に対してその権利の実現を請求することができるにすぎない。契約上の債権は、約束の実現を求める権利であるから、約束をした者にしか主張できないし、損害賠償を求める不法行為上の債権は、加害者にのみ実現を求めうる。これを債権の相対性という。X_2が、甲を約束通り使用できるようにせよと主張できる相手方は、A_2だけであって、契約関係のないB_2には賃借権の実現を求めることができない。

(3) 排他性

物の価値は所有者のみが独占的に支配できるから、同じ物の上に複数の所有権は並び立たない。これは所有権の排他性といわれ、一物一権主義と表現されることもある（18頁以下の3）。設例1の[2]の二重売買の場合、最終的に甲の所有者となるのはX_1かC_1のどちらかであり、両方が所有者となることはできない。この場合の決着は、どちらが先に物の引渡しを受けるかによって決まる（178条。196頁以下のⅠ）。

これに対して、A_1に対するX_1とC_1の売買契約上の債権は並び立つ。債権には排他性がないのである。もっとも、A_1に所有権の移転や物の引渡しを求めるXらの債権の本来の内容は同時には実現できないから、優先争いで敗れた者の債権は、契約違反（債務不履行という）を理由とする損害賠償債権に形を変える。

(4) 優先的効力

所有権は債権に対して優先する。これを優先的効力という。設例2の[2]の場合、A_2が甲を先にX_2に賃貸しても、C_2は、甲の所有権を得て対抗要件としての引渡しを先に受けると、X_2の賃借権を否定できる（196頁以下のⅠ）。「売買は賃貸借を破る」という法諺（法律上の格言）で表現される民法の原則である（次頁の補足＊）。

優先的効力の例として通常あげられるもう1つの例は、担保物権をもつ債権者はそうした権利をもたない債権者に優先するというものであるが、これは本書の姉妹編である『担保物権法』において詳細を説明する。

＊売買は賃貸借を破らないという例外　民法自体が、不動産については賃借権の登記をすることによる例外を設けている（605条）。借地借家法は借地人や借家人を、民法よりいっそう手厚く保護している（借借10条、31条）。これらの例外の場合には、地主や家主が交替して新しい所有者が登場しても、賃借人は引き続いて賃借物を使用できる。設例2で自転車を対象物としたのは、例外を考えなくてよいようにするためである。

II 所有権の対象

1 有体物（85条）

民法総則編の「第4章　物」は、私権の対象という、より一般的な形で規定しているが、所有権を念頭に置いている。序章でも触れたように、民法は、歴史的な経緯から、有体物についてのみ所有権の成立を認める。有体物とは、一定の空間を占めるもので、固体のみでなく、ボンベに入ったプロパンガスのような気体や、ボトルワインのような液体も含む。

では、電気や熱エネルギーのように形のないもの（無体物）をどう扱うべきだろうか。刑法245条は罪刑法定主義との緊張関係から電気を財物とみなすと明記することでこの問題を立法的に解決した。また、独占的支配権である知的財産権には、著作権法・特許法などの特別法がある。

特別な規定が存在しない場合でも管理や支配が可能であれば物と認めてよいとの学説も有力である（たとえば、我妻栄『新訂民法総則』（岩波書店、1965年）202頁）。また、判例（大判昭12・6・29民集16巻1014頁）は、電気料金債権を産物供給の対価を求める生産者の債権（173条1号—この短期消滅時効制度は民法改正で廃止予定）に準じて2年の短期消滅時効にかかるとし、電気を物に準じて扱うようにみえる。しかし、あえて電気を物に含めなくても、電気料金債権の性質が173条の趣旨に照らして1号の「生産者、卸売商人又は小売商人が売却した産物又は商品の代価に係る債権」と類似するとみてよいかどうかを考えれば足りる。また、たとえば勝手に電柱から電線を引き込んで電気を使

っている者に対して、電力会社が電気自体を所有権に基づいて返せと請求することは無意味であるし、所有権侵害といわなくても不法行為に基づく損害賠償請求はできる（709条の「法律上保護される利益」の侵害になる）。

むしろ、電気などは有体物ではないとしたうえで、無体物の帰属につき、有体物所有権に関する制度やルールが類推できるかどうかを、具体的問題毎に個別に検討する方がよい（内田354頁）。

2 不動産と動産

民法は、土地を中心とする不動産とそれ以外の動産を区別する（86条）。不動産と動産では、多くの点において法的な取扱いに差がある（図表2）。

(1) 不動産

不動産とは土地およびその定着物であり、独立した物ごとに所有権が成立する（86条1項）。土地、建物以外の定着物、建物の順に説明する。

(a) 土 地　土地の所有権は地表面だけではなく、社会通念上支配可能と見られる範囲で、土地の上下（土地の上の空間や地下）に及ぶ（207条）。大深度地下の公共的使用に関する特別措置法（平12年法87号）は、一定地域の40mまたは50m以深の地下について、公共の利益となる事業のために国土

図表2　不動産と動産：民法上の取扱いの主な違い

	不 動 産	動 産
物権変動の公示方法と対抗要件	登記（177条）	引渡し（178条）
無権利者から譲り受けた者の保護（公信の原則）	登記に公信力がないため、登記名義人を所有者であると過失なく信じて買い受けた者も、所有権を取得できず、真の所有者からの返還請求に応じなければならない	占有に公信力があるため、占有者を所有者であると過失なく信じて買い受け占有を取得した者は、原則として所有権を取得し（192条）、元の所有者に返さなくてもよい
成立する物権	土地には物権編に規定されているすべての不動産物権が成立する	地上権、永小作権、地役権などの用益物権や抵当権は成立しない
所有者がいなくなった場合	国庫が所有者となる（239条2項）	所有者のない物（無主物）となり、無主物先占（239条1項）の対象となる

交通大臣または都道府県知事の認可を受けた者は、地表の所有者の同意を得ずに使用できるとする。この規定は207条の例外とみることも、大深度地下には社会通念上所有権が及ばないとして207条を具体化したものとみることもできる。

(b) 建物以外の定着物　土地に継続的に固定して利用することが取引上その物の性質と考えられる定着物も不動産である (86条1項)。独立性のない定着物は、土地の一部として扱われる。たとえば土地の買主は、売買契約で対象から除外するとの特約がない限り、石垣や収穫前の未分離果実についても当然に所有者となる。

もっとも、未採掘の鉱物は、土地の一部であるが土地所有権は及ばず、独立の物権である鉱業権の対象となる (鉱業2条・3条)。また、土地に生えている木である立木(りゅうぼく)は原則として土地の一部であるが (伐採された木は伐木といい、土地とは独立した動産となる)、立木ニ関スル法律 (明42年法22号。立木法と略称する) による登記や明認方法が施されると土地とは独立した不動産となる (明認方法については、222頁以下のⅣ)。未分離果実も明認方法によって土地とは独立した取引対象となるが、果実は、それほど時間を置かずに収穫される点で、長く土地上に固定されるため不動産として扱われる立木とは異なり、未分離の状態でも動産である。

定着物と対照的に、建設用の足場などのように継続的に土地に固定して利用されるものでない非定着物は、土地から独立した動産である。非定着物は、土地とは当然には運命を共にしない。それゆえ、土地の買主が非定着物の所有権をも取得するには、それが土地の従物であるか (87条)、それを土地と同時に買い受ける必要がある。

(c) 建　物　定着物のうち建物は、「地上物は土地に従う」という西洋諸国の伝統的な法制度とは異なり、つねにその敷地とは別の不動産である (なお、韓国法・台湾法は日本法の影響を受け、中国法は土地の国家所有や集団所有ゆえに、建物は土地とは別の不動産として扱われている)。明治初期の地租改正が土地のみを対象としたため建物取引の法的整備が遅れ、土地と建物に別々の登記制度が順次整備されたという歴史的な経緯が理由である。

建物は、屋根や壁ができて雨風がしのげる程度になれば、天井や床がなくても独立した不動産として取引の対象となり、登記もできるようになる (大

判昭10・10・1民集14巻1671頁)。それ以前の段階では動産として扱われる。建物に組み込まれて建物の構成部分となった動産は、独立性を失い建物の一部となる。

　　＊不動産をめぐる多様な課題　　海面下の土地（最判昭52・12・12判時878号65頁と最判昭61・12・16民集40巻7号1236頁を対照)・埋立地・人工地盤に所有権が成立するか、野球場などさまざまな建造物が建物に当たるか、骨組み段階で売り出すスケルトン工法による建物の場合に本文で紹介する昭和10年判決で対応可能かなど多様な検討課題がある。鎌田薫ほか「不動産とは何か(1)-(5・完)」ジュリ1331号-1337号がきわめて詳細である。

(2) 動　産

　不動産以外の有体物はすべて動産である（86条2項）。ただし、金銭は、安全な流通がきわめて重視される価値そのものであり、物としての個性を欠く点で特殊であるため、一般の動産とは異なる扱いを受ける（主として75頁以下の第4節と196頁以下の第9節）。

　商品券や入場券のように、債権者を特定せず債権の成立・存続・行使がすべて証券を通じてなされる債権を無記名債権という。この無記名債権は本来は物ではないが、債権と動産である証券とが一体となっていることから、動産として扱われる（86条3項）。しかし、有価証券の規定（たとえば、小切手21条）を類推適用する方が適切であろう。民法改正では、86条3項は削除され、無記名債権は記名式所持人払証券に準じた扱いを受ける（新520条の20による新520条の13の準用）。

　人体の一部は動産か
　　死体（屍体）や遺骨は、祭祀目的の範囲内で、動産として所有権の対象となる。生体から離れた髪の毛や歯は、もはや生体の一部ではなく、単純に動産とみてよいと解されている。さらに、生体から輸血や臓器移植を行う場合の生きている血液や臓器についてすら、所有権の対象になるとする考え方も成り立つ（内田358頁）。
　　しかし、人格の尊重を基本的な原理の1つに据える近代法は、奴隷制度のように生きている人間を他人の所有権の対象とすることを否定している。人間の体は人格が構成される基盤であるから、生体から分離され

る前の人体の一部は、取引や処分が制限されるだけでなく、およそ所有権の対象とならないと考えるべきではなかろうか。

　こう考えると、生体に埋め込まれた人工臓器・人工骨などは、その時点から所有権の対象でなくなる（平野293頁注80は所有権が存続するとする）。また、切り離す前の髪や歯や爪なども、生体の一部である間には所有権の対象とならない。さらに、人由来物質についても、単純には動産一般と扱うことはためらわれる。

　なお、死体についても未解決の難問が多い。新注民(2)605頁以下［田中整爾］。

3　一物一権主義と物の単位・個数

(1)　一物一権主義の3つの意味

　個々の物ごとに所有権が成立することを一物一権主義という。一物一権主義には3通りの意味があり、場合によって使い分けられるので注意が必要である。第1に、1つの物の上には複数の所有権は並び立たない。これは所有権の排他性（13頁の(3)）と同じ意味である。第2に、1つの物の一部には所有権は成立しない。言い換えれば、物は独立していなければならない。第3に、複数の物の上にまとめて1つの所有権は成立しない。社会通念上の1単位の物ごとに所有権が成立する、という意味である（次頁の補足＊）。第1は「一権」に、第2・第3は「一物」に、重点を置いた理解である。

　一物一権主義は、排他的帰属の保護と取引の安全との調整をはかる公示の技術的な要請を理由としており、絶対的なものではない。合理的な理由があれば、例外を柔軟に認めてよいと思われる。とくに注意するべき点を物の単位と個数との関係で検討する。

(2)　物の単位と個数

(a)　土　地　地面は連続しているが、人為的に区画されたものが所有権の対象となる。かつては登記の記載が筆で書かれたことから、土地の単位は、1筆・2筆と数える。2004（平成16）年の不動産登記法の改正で、登記簿は電磁的な記録により調製されることになったが（不登2条5号・9号）、土地の単位は従来通り筆で数える。同じ1筆の土地でも広さは広狭さまざまである。1筆の土地を複数に分けたり（分筆）、逆に、複数の連続する数筆の土地

を1筆にまとめること は（合筆〈がっぴつ〉）、所有者の自由である。また、分筆を予定して1筆の土地の一部を譲渡することも（最判昭30・6・24民集9巻7号919頁）、土地の一部を時効取得することも（大連判大13・10・7民集3巻509頁）可能である。

  (b) 建　物　常識的に見て物理的・外形的に独立性をもつものを単位に1棟・2棟と数える。ただ、分譲マンションなどの各住戸には、1棟の建物のうち構造上独立した区画を1つの建物として、それぞれに所有権が成立するという例外が認められる（66頁以下の**4**）。
  (c) 集合物　担保取引では、増減する在庫商品のような複数の動産をひとまとめにして、集合物という1つの物に見立てて扱い、1つの所有権の対象とする流動財産（集合財産）譲渡担保が登場している（詳細は『担保物権法』351頁以下の第6節に譲る）。

　　＊**動産の個数**　靴や手袋は左右1組で1足・1双である。穀物などは1粒ずつではなく、容器や重量単位などによって物として区分された一定のまとまりごとに1個として扱われる。液体や気体も同様である。数種の物をまとめて1個と考えることもごく普通に行われている。たとえば、弁当について、容れ物、それに入っているご飯、種々のおかずを別々の物と考えるのは無意味で、すべてまとめて弁当1個と考える。このように、動産の個数は物理的・自然的な区分けとは違って、取引の要請を考慮した社会通念で決まる。

III　所有権の歴史性と制限

1　近代的所有権と現代的所有権
(1)　近代的所有権概念の誕生
　土地は人間の生活に不可欠で富の源泉と考えられてきたため、土地の所有権は、歴史的にも特殊な性質をもってきた。封建制度の下では、所有権は身分制度による政治的な支配秩序と不可分に結び付いていた。すなわち、国王は、臣下である地方の領主に領土の支配を認める代わりに、奉仕と忠誠などを求めた。臣下にはさらに何重にも臣下がいて、同じような構造がピラミッド的に積み重なっていた。土地を領有する領主や臣下は農民に耕作を認める代わりに、奉仕と貢納などを求めた。ここでは、所有権は、それぞれの段階

での身分的・政治的支配権をも含む現実的な支配を内容とし、1つの土地に、上級の所有権から下級の所有権までが重層的に併存していた。こうした支配秩序を崩さないために、土地の所有権の処分は禁止され（わが国ではたとえば江戸時代の田畑永代売買禁止）、使用・収益も自由ではなかった（たとえば作付け内容の制限）。

　自由な商品取引を基盤として成り立つ資本主義経済が成立・発展すると、封建的な制約を免れた自由な所有権の必要性が強調された。封建制を打ち破った市民革命期においては、たとえば、フランス革命における人権宣言のように、所有権は、国家以前に存在する神聖なものであり、国家も所有権を侵害することができないとされた。また、経済社会が国家から独立して公法と私法が分離し、「夜警国家」観にみられるように国家の役割が縮小した。それに伴い、所有権は、物の価値の全面的な支配権という私的な権利として純化された。さらに、登記制度などによって取引の安全を図る工夫が創出され、目に見えない権利及びその変動が帳簿上の記載に可視化された。それにより、所有権などの物権は、現実の物支配の状態から離れて、支配できる権利として観念的存在となっていった。

(2) 現代的所有権概念への変化

　所有権の私的性質や自由のみを一面的に強調して、それを神聖視・絶対視すると、かえって社会正義に反する結果が生まれる。たとえば、資本主義初期には、労働者のストライキは資本家の財産権の侵害として犯罪視された。所有権は、貧富の差や貨財の独占・不平等な配分を正当化する機能を果たした。社会主義革命はこうした弊害を根本から解消しようとしたのである。資本主義経済体制を維持した諸国でも、所有権の社会性が強調されるようになった。1919年のワイマール憲法153条がこの先駆けであり、日本国憲法29条2項や民法1条1項も、こうした流れを受けて、財産権を含む私権は公共の福祉に適合しなければならないことを規定している。

(3) 土地の特殊性

　所有権の社会性や制約が強調されるのは、とりわけ土地に関してである。それには土地の特殊性に基づく理由がある。土地は、人間の生存や生産活動に不可欠の存在であるところ、人口の増加と人間の活動の拡大により、土地の需要はたえず増大する。しかし、土地を人工的に作り出すことは困難であ

るため、需給バランスによる価格調整のメカニズムは働かず、土地の価格はたえず上昇傾向にある。また、土地は利用や時の経過によっても、通常、価値が滅失・損傷しない。こうしたことから、バブル経済期の異常な土地価格の上昇の際にみられたように、土地は投機と独占の格好の対象となる。

　しかし、土地は有限の資源として有効利用されなければならず、その利用も、良好な環境を確保するために、社会的な合意に沿った合理的なものである必要がある。具体的には、土地についての基本理念を定める土地基本法（平元年法84号）のほか、2に述べるように、さまざまな法令が、民法206条を通じて所有権の具体的内容を定めている。

所有権研究の広がり

　文献案内を兼ねて、所有権概念の歴史的な変遷や社会ごとの違いに触れておく。加藤雅信『「所有権」の誕生』（三省堂、2001年）は、文化人類学や経済学の成果を取り入れながら、さまざまな社会における所有権概念を実態調査して比較考察する非常に面白い研究である。同書やそれを要約した加藤321頁以下は、「それぞれの社会は、その社会における食料生産量の極大化をはかるために、食料生産のための投下資本の対象物に資本投下者の『所有権』を観念する」と指摘し、社会の生産構造や経済構造が所有権概念に反映するとする。

　資本主義経済の資本の運動を担う近代的な所有権概念が、封建的・共同体的拘束を振り払って成立する過程を分析した代表的な研究が、川島武宜『所有権法の理論』である。これに大きな影響を受けつつも、各国における資本主義の形成・展開の違いによる所有権思想の展開の多様性を指摘するものとして甲斐道太郎ほか『所有権思想の歴史』（有斐閣、1979年）、土地利用権の強化による所有権の制限こそが近代化の指標であるとする渡辺洋三＝稲本洋之助編著『現代土地法の研究（上）（下）』（岩波書店、1982年・1983年）がある。後者は稲本13頁以下に簡潔な要旨がある。

　鷹巣信孝『所有権と占有権』（成文堂、2003年）は、物権法解釈学の基礎理論として、所有権概念の体系的理論構造を明らかにしようとする。また、フェミニズム・人種・人工生殖医療・環境・情報・不正競争など、これまで無縁と思われた問題にも所有権をめぐる議論が連動することを示す吉田邦彦『民法解釈と揺れ動く所有論』（有斐閣、2000年）や、多様

な分野の学者が論考を寄せた山内進編『混沌のなかの所有』（国際書院、2000年）など、所有論には従来とは異なる広がりもみられる。社会主義の中国が市場経済体制を導入し物権法を制定したことは、所有の問題にとって興味深い多くの問題を提起する。星野英一＝梁慧星監修、田中信行＝渠涛編『中国物権法を考える』（商事法務、2008年）。

　いずれも実定法の基礎的な知識が前提として必要であり、難解な部分があるが、知的刺激に満ちているので背伸びして読んでみるとよい。さらに、2014年の日本私法学会シンポジウムでは、所有論を含む財産法全体を再構成する可能性を模索する問題提起が行われた。NBL1030号9頁以下の5論文、吉田克己＝片山直也編『財の多様化と民法学』（商事法務、2014年）、およびシンポジウムの討論記録・私法77号（2015年）3頁以下にある。

2　法令による所有権の制限

　206条にいう「法令の制限」には、土地の利用に関する公法上の規制が多い。土地取引の規制や土地利用の調整措置を定める国土利用計画法、地域別に土地の用途を定めて開発行為を制限する都市計画法、建築できる建物の構造などを規定する建築基準法が代表例である。他には、たとえば警察上の取締り目的から禁制品を定める銃刀法・麻薬及び向精神薬取締法、公共物の用途に合わせて使用を制限する河川法・道路法、産業の特性に応じた規制を行う農地法・漁業法、環境保全を目的とする廃棄物処理法・自然環境保全法など、多種多様な法令がある。民事法では、借地借家法・建物区分所有法が重要である。

　民法上の制限としては、次に IV で取り上げる相隣関係の規定がある。さらに、具体的な事件の特殊な事情を考慮して、所有権の行使が権利濫用（1条3項）として否定される場合もある。大判昭10・10・5民集14巻1965頁（宇奈月温泉事件）や最判昭40・3・9民集19巻2号233頁（板付飛行場事件）が代表例である。

Ⅳ 相隣関係

1 概　観

　209条から238条までは、隣接する土地の利用を調整する規定である。地上権については明示的に準用されているが（267条）、賃借権などを含め土地利用一般にも妥当すると解されている。これらの規定は、自分の土地の利用のために隣地を一定の限度で利用することができるとする点では土地所有権の拡張である。他面、隣地の利用のために自分の土地の利用が制約を受ける点では土地所有権の制限でもある。

　相隣関係の規定は、隣地の立入り・使用に関するもの（209条-213条）、取水・排水など水の利用に関するもの（214条-222条）、境界上の塀などに関するもの（223条-232条）、境界を超えた竹木の処理（233条）、境界線付近の利用制限に関するもの（234条-238条）の5種類に分けられる。以下では、個々の条文の説明は省略して、全体的な特徴と具体的な2つの問題だけを取り上げる。条文を1度は通読して欲しい。

2 相隣関係規定の全体的な特徴

　土地の利用形態は地域によって多様なので、民法の規定は一応の標準にすぎず、合意や地域の慣習があればそれが優先する（217条・219条3項・228条・236条）。工作物などの費用は利益を受ける程度に応じた分担が基本的な考え方と思われ、等しい利益の場合の平等分担や、自分の都合による工事等の場合は工事者の負担を定める（215条・221条2項・222条3項・223条・224条・225条1項・226条・227条ただし書・231条1項ただし書）。隣地所有権の負担は必要最小限を原則とし（211条1項・220条後段）、損害を受けた所有者は償金を請求することができる（209条2項・212条・222条1項ただし書・232条）。これは不法行為に基づく損害賠償請求権（709条）とは異なって、所有権に対する適法行為による制約を補償するものであるから、故意・過失を要しない。

図表3　一般的な囲繞地通行権と契約による通行権

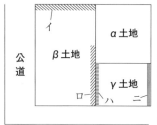

α土地の所有者の囲繞地通行権は、最も損害の少ない場所になるので、通常は囲繞地のどちらかの端になる（図のイ～ニのいずれか）。通路がイ～ニのいずれになるかには一般的な基準がなく、事例毎の具体的事情による。仮にイに囲繞地通行権が成立するが、ニがもっと便利であるとしてニを通行しようと思えば、α土地の所有者はγ土地の所有者との契約により通行権を確保する必要がある。

3　2つの重要問題

(1)　囲繞地通行権と通行地役権・債権的通行権

(a)　一般的な囲繞地通行権　他の土地に囲まれて公道に面していない土地を袋地という。池沼・河川・水路・海を通らないと公道に至らない場合や、崖があって公道との間に著しい高低差がある場合を準袋地という。袋地や準袋地の所有者には、取り囲んでいる土地（囲繞地という）を通行する囲繞地通行権があり（210条）、必要なら通路を開設することができる（211条2項）。この通行権は法定のもので、隣地所有者の同意を要しない。もっとも、囲繞地の所有者にとっては建物の建築が制限されるなどの不利益が生じるから、通行に必要な限度で、かつ囲繞地に最も損害の少ない場所と方法を選ばなければならず（211条1項）、隣地所有者の損害に対して償金を支払う必要がある（212条。図表3）。

(b)　通路の幅　現代生活には自動車が不可欠ともいえるが、囲繞地通行権がある場合に自動車の通行が可能な道幅の確保が認められるかどうかは、事例ごとの具体的事情による（最判平18・3・16民集60巻3号735頁）。裁判例では否定するものが多い。また、袋地に建物を建築するためには、敷地が道路に2m以上接しなければならないが（建基43条や条例による接道義務）、判例（最判昭37・3・15民集16巻3号556頁）は、建築法規と民法上の通行権は別の問題だとして、建物を建てる必要性を根拠に2m幅以上の囲繞地通行権を認めることには消極的である。これに対して、学説には、こうした形式的な理由付けを批判し、袋地・囲繞地双方の土地利用の必要性などを比較衡量して決するべきであるとの主張も有力である。

図表4 分筆によって袋地ができた場合の囲繞地通行権

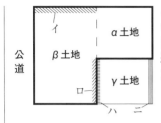

α土地が袋地になったのが、図の太枠の一筆の土地をα土地・β土地に分筆した結果である場合には、仮に一般的な囲繞地通行権の基準によるならハやニが通路となるときであっても、囲繞地通行権はβ土地についてのみ生じる（イかロ）。

(c) 契約による通行権の確保 囲繞地通行権では通路が不便な位置になるとか道幅が足りない場合には、隣地所有者に物権である地役権（239頁以下のⅣ）を設定してもらったり、通路幅の土地を賃借するか債権的な通行権を認めてもらう方法が考えられる。この通行権は隣地所有者との契約によるものであるから、隣地所有者の同意が要るし、同意を得るために通常は対価を支払う必要がある（212条。前頁の図表3）。通行権が物権である地役権の場合には、登記をすれば隣地所有者が変わっても通行権が主張できる。これに対して、賃借権や債権的な通行権は、隣地所有者が変わると主張できないのが原則である（13頁以下の(2)および(4)の債権の相対性と所有権の優先的効力）。

(d) 特別の囲繞地通行権 分筆によって新しく袋地ができた場合、自己の所有地の分筆によって通行権の負担が隣地を所有する他人に転嫁されるのは不合理である。そのため、通行権は分割によりできた囲繞地に生じ、償金を支払う必要もない（213条。図表4）。

囲繞地である図表4のβ土地が第三者に譲渡された場合、イまたはロに通行権が生じるとは思っていなかった第三者に対しても、213条の無償の通行権を主張できるか。これが認められないと、一般的な囲繞地通行権によりイまたはロの通行が有償になるか、γ土地の所有者にハまたはニの通行権の負担が課され、不合理である。また、囲繞地通行権は囲繞地が負担するべき物権的な負担であり、通常は囲繞地の売買契約において、負担がない場合に比べて代金を低くする形で調整される。もし通行権がないとの想定で売買契約が結ばれたのであれば、買主である第三者は売主に契約違反の責任を問える（566条の類推適用）。こうした理由から、213条による囲繞地通行権はこの場合

にも主張できる（最判平 2・11・20民集44巻 8 号1037頁）。

(2) 234条と建築基準法65条の関係

建物を建てる場合、234条 1 項は境界線から50cm 以上の距離を置くことを求めている。一方、建築基準法65条によると、防火地域・準防火地域では耐火構造の外壁をもつ建物は境界線に接して建てられる。境界線ぎりぎりに建てられた建物が234条 1 項に違反するとして隣人がその取り壊しを求めた事例で、最高裁は、建築基準法の規定は防火や土地の合理的・効率的利用を目的とする民法の特則であるとして訴えを退けた（最判平元・ 9・19民集43巻 8 号955頁）。

しかし、この判決には少数意見もあり、建築基準法65条は日照・通風などを考慮していないし、日照・通風・家屋の修繕を考慮して距離を空ける必要があるとすると先に境界線一杯にまで建てた者だけが有利になって不合理であるなどと法廷意見を批判する。建築基準法の立法時に民法との関係が十分考慮されていなかった点が根本的な問題である。ただ、234条は強行規定ではなく（236条）、それが優先的に適用されるとすると建築基準法の規律が無意味になる。また、建築基準法のこの規律は社会生活にも浸透して慣習となっているとも考えられるので、判例を支持してよいと思う。

◆文 献◆

相隣関係は全般的に現代的な要請に応じるほか、判例準則の条文化や、古びた規定の見直しなど、全体を再整理する必要がある。改正提案の例として、民法改正研究会編『民法改正　国民・法曹・学界有志案　仮案の提示』法時増刊（日本評論社、2009年）146頁-149頁。通行権については岡本詔治『隣地通行権の理論と裁判〔増補版〕』（信山社、2009年）が詳しい。

第 2 節　所有権を保護する制度

所有権にはさまざまな保護が与えられている。公権力の行使に対して財産権の典型として憲法上保護され、公共の利益のために負担や制限が課される場合には正当な補償が行われる（憲29条 3 項、土地収用68条以下など）。また、所有権の侵害は、種々の財産犯として刑事処罰の対象ともなる（たとえば刑261

条。窃盗罪など占有を奪う罪が占有を保護法益とするのか占有を正当化する所有権などの本権を保護するのかについては刑法学上争われている）。

　民法上も所有者は、自己の所有物を壊した加害者に故意または過失があれば、不法行為を理由として損害賠償請求ができる（709条）。また、所有者は、無権利者に自己の所有物を使用・収益・処分された場合には、その者に故意や過失がなくても、不当利得を理由にその価値の返還を求める金銭債権を取得する（703条）。

　これらの権利とは別に、円満な支配を妨げられた所有者には、物の占有を回復したり、妨害の排除や停止を求めるなど、所有権のあるべき状態を回復する権利が認められる。所有権以外の物権の場合にも、それぞれの権利内容に応じて修正・制約を受けるが（たとえば、302条・333条・353条。詳細は『担保物権法』に譲る）、同種の権利が認められる。所有権に基づく請求権を典型として、物権一般に拡げたものを物権的請求権（あるいは物上請求権）という。物権的請求権は、優先的効力と並んで、物権の効力として説かれることが通常であるが、本節では物権の典型と考えられている所有権に絞って考察する。

　以下では、不法行為や不当利得による所有権の保護との対比を念頭に置いて、所有権に基づく請求権について考える。また、こうした権利を行使された相手方との利害調整についても説明する。

Ⅰ 所有権に基づく請求権の意義と根拠

1 所有権に基づく請求権の意義

　所有権に基づく請求権は、所有権の内容すなわち所有物の価値の全面的支配が妨げられたり、そのおそれがある場合に、所有権のあるべき支配状態を回復または保全する権利である。

2 所有権に基づく請求権の根拠

　民法には直接この権利を定めている規定はない。しかし、所有権は物の価値を全面的に支配できる権利であると認めている以上、その実現が妨げられている場合に、法があるべき状態を回復することに助力して所有権を保護するのは当然である。実際、所有権に基づく請求権は、ローマ法の時代から認

められてきた。また、間接的な根拠ではあるが、民法が事実的な支配状態にすぎない占有をも「占有の訴え」(197条以下)によって保護していることとの均衡から、積極的に支配の正当性を認めている所有権には、占有と同等以上の保護が認められなければならない。189条2項や202条1項の「本権の訴え」には賃借権のような債権的な占有権原(占有を正当化する根拠。258頁の(1))に基づく請求権をも含むが、これらの規定は、より典型的には、まさしくこうした物権的請求権の存在を示している。さらに、本権に基づく占有回復請求権を否定する規定(302条・333条・353条)は例外を定めており、逆に占有権原に基づく物権的請求権が原則として成立することを示唆しているとも読める。

Ⅱ 所有権に基づく請求権の種類と要件・共通の特徴

1 所有権に基づく請求権の種類

3種類のいわゆる占有訴権(197条以下。274頁以下の第4節)と対比する形で、所有権に基づく請求権には、次の3種が認められている。占有を現に全面的に奪われている場合には返還請求権、それ以外の形で占有が現に害されている場合には妨害排除請求権、占有が侵害されるおそれがある場合にそれを予め防ぐには妨害予防請求権が、使われる。

(1) 返還請求権

> **設例3** Xは所有している自転車甲を盗まれたが、数日後Yが甲に乗っているのを発見し、Yに甲の返還を求めた。次の場合、XはYから甲を取り戻せるか。
> [1] Yが、ゴミの置かれている場所にあった甲を捨てられた物と信じて拾った場合
> [2] Yが、甲を盗んだAから甲をAの物と信じて賃借した場合
> [3] Yが、甲を盗んだAから甲をAの物と信じて5000円で買った場合

(a) 要件一般 所有者に対して占有権原(占有を正当化する根拠。258頁の(1))を主張できない者=不法占有者が所有者の物を全面的に占有している場合には、所有者は、その不法占有者に対してその物の返還、すなわち占有

の回復を請求できる。

　設例3のXは、甲を盗まれその占有を失っているが、所有権を放棄する意思はなく、盗まれただけでは甲の所有権を失わない。[1]の場合に、Yが甲を所有者のない物(無主物)だと信じてその占有を開始しても、甲は実際には依然としてXの所有物だから、239条1項の「所有者のない動産」ではなく、Yは、無主物先占による所有権取得ができない。Yには甲の占有権原がないから、XはYに甲の返還を請求できる。[2]の場合には、泥棒であるAはもとより、Aから賃借したYも占有権原をXに主張できず、甲をXに返還しなければならない。さらに、[3]の場合のYは、所有者ではないAから盗品を買い受けているので、Aを所有者であると過失なく信じたとしても、所有権を取得することはできず(193条。204頁以下のⅡ)、やはり占有権原がないから甲の返還義務を負う。

　他方、すでに甲の占有を失っている[3]のAは現在の侵害者でないから、Xは、Aに対して不法行為に基づく損害賠償(709条)は請求できるが、甲の返還を請求することはできない(大判大6・3・23民録23輯560頁)。

　なお、会社が占有者である場合には返還義務を負うのは会社であり、代表取締役や従業員個人は占有補助者・占有機関であって独立した占有者ではないので返還義務を負わない(最判昭32・2・15民集11巻2号270頁。占有補助者・占有機関については261頁以下の(4))。

　(b) 返還請求権の強制的実現　債権に準じて、通常は直接強制の方法で行う(414条1項の類推適用)。すなわち、その物の所在地において、執行官が占有者から物の占有を解いたり取り上げて、所有者にその占有を得させる方法による(民執168条1項、169条1項)。前頁の設例3の[2]のように間接占有(260頁以下)をするAを相手にする場合には、Xは、AのYに対する引渡請求権を差し押さえて、Yに甲の引渡しを求める(民執170条)。Aに対して指図による占有移転(184条。間接占有の返還)を求める方法もある(民執174条)。

(2) 妨害排除請求権

> **設例4**　Xの所有する甲土地とYの所有する一段高い隣地乙土地との間は約1m弱の傾斜のある段差になっている。雨で地盤が緩んで乙地の石垣の一部が崩れ、乙地上の木が甲の上に倒れて、Xによる甲の使用の邪魔になっている。XはYに対して、この木の除去を請求できるか。

(a) 要件一般　土地の所有者に無断で自動車がしばしば駐車されたり、人が勝手に通行したり、木が倒れてきた設例4の場合のように、占有全部を奪う以外の形で所有権の行使が妨げられていれば、所有者は、駐車や通行の禁止などの妨害の停止や妨害物である木の除去を請求することができる。妨害の原因が、妨害物の所有者の故意や過失に基づくことは必要ではない。たとえば、上の例で、自動車が泥棒によって乗り捨てられたものであったり、その土地が通行の自由な公道だと通行者が誤解していたり、設例4で地崩れの原因が乙地の前所有者の石垣工事にあっても、所有者は、妨害排除請求権を行使することができる。妨害排除請求の相手方となるのは現在の妨害者であり、物による妨害の場合には妨害物を現在支配する占有者または所有者である（大判昭7・11・9民集11巻2277頁）。

(b) 廃棄物と妨害排除　何人もみだりに廃棄物を捨ててはならず、違反すると罰則もある（廃棄物処理16条・25条・26条）。所轄の行政庁は廃棄物に関して、必要な措置を命ずることができる（同法19条の2-19条の6）。こうした対応は公法的な問題処理である。

民法上は、物を捨てるのは占有および所有権の放棄であるから、元の所有者は現に妨害していることにはならないようにもみえる。しかし、法に反して他人の所有権を害する所有権放棄は、権利濫用（1条3項）として認められず、廃棄物を棄てた者はその所有者として妨害除去義務を負い続ける。所有権の帰属にかかわらず過去に侵害状態を作出した者も請求の相手方となるとする構成（たとえば、東京高判平8・3・18判タ928号154頁）は、不法行為責任との区別が曖昧になってしまうので疑問である。

処理を委託された廃棄物処理業者が不法投棄をしたが倒産したのでその責任追及が困難な場合、委託者に廃棄物の除去責任を負わせることができるか。環境を汚染する廃棄物を出した者と廃棄物に何の関係もない被害者を比

べれば、廃棄物の所有者（委託者）は、それが適切に処理される結果にまで責任を負うべきであり、同人に対する妨害排除請求を認めてよいだろう。これに対して、巨額の費用を要する土壌汚染の回復は、廃棄物所有者が負担するべき廃棄物処理費用を超えるため、妨害除去義務の内容とは認められない。除染費用を損害賠償として請求するため不法行為の要件をみたす必要があろう（内田369頁は妨害排除は原状回復を目的とするとして責任を肯定するべきだとするが疑問）。

(c) 妨害建物の所有者と登記名義人

> **設例5** Xの所有する土地上に、無権限で建てられY名義に登記された甲建物が存在している。次の場合、Xは、だれに対して、甲を取り壊して土地から出て行けと主張できるか。
> ［1］Yが甲の所有者である場合
> ［2］甲の所有者はZであるが、Yの関知しない間にZに対する譲渡人Y名義の登記がされた場合
> ［3］甲の所有者はYであったところ、YはZに甲をすでに売っていてZが所有者になっているが、YからZへの移転登記がされていない場合

土地所有者に無断で建物が建てられている場合、建物所有者が土地の不法占有者であり、建物収去・土地明渡義務（土地の返還義務をこのように表現する。次頁の補足＊）を負うことには争いがない。Xは、設例5の［1］の場合のY、［2］および［3］の場合のZに対して、請求ができる。

問題は、［2］や［3］のYのように所有者ではない建物の登記名義人にも義務を負わせることができるかである。判例は、［2］のY（最判昭35・6・17民集14巻8号1396頁）のみならず、所有者との合意により登記名義を貸した者（最判昭47・12・7民集26巻10号1829頁）も、建物の所有権を持たないから義務を負わず、義務を負うのは実質的所有者のみであるとした。しかし、だれが建物の実質的所有者かを調査する負担を土地所有者に負わせるのは妥当でないとして、判例を批判する学説も多かった。

その後、判例は、設例5の［3］の場合に、土地を不法占有していた建物の所有権を自らの意思で譲渡しながら登記名義を残しているYは、所有権の喪失を主張できず（177条）、建物収去義務を免れないとして実質的所有者説

を緩和した（最判平6・2・8民集48巻2号373頁）。しかし、この判決は、被侵害者である土地所有者保護のために、妨害排除義務について登記名義人にも一種の連帯責任を負わせたものであり、基本となっている実質的所有者説を変更していない。この結論を支持するとしても、問題を177条によって処理することには、対抗要件や対抗問題の理解を歪めるという批判がある（松岡久和・法教168号148頁。対抗問題の法的構成に関連して184頁の(2)も参照）。

　なお、自動車の買主がそれを不法駐車した状態で行方不明になっている場合に、購入代金を立替払した信販会社がその撤去義務を負うとした判例（最判平21・3・10民集63巻3号385頁）がある。所有権留保の性質にも関係するので詳細は『担保物権法』384頁の1に譲る。

　　＊建物収去・土地明渡請求　　土地所有者に無断で建物が建てられている場合、土地の明渡しを求める直接強制をするだけでは足りず、その前に建物を取り壊す代替執行を行わなければならない。その意味で、建物収去・土地明渡請求は、返還請求と妨害排除請求の両方の要素を併せ持つ。これが1つの請求権なのか2つの請求権なのかには争いがある。村田＝山野目237頁-238頁［村上正敏］。

　(d) 妨害排除請求権の強制的実現　　やはり債権に準じて、代替執行または間接強制により行う（414条の類推適用）。すなわち、妨害物の除去などは執行官や専門業者など第三者に行わせて、その費用を妨害物所有者から取り立てる代替執行による（民執171条）。債務者が任意に債務を履行しない場合に、裁判所が、履行遅延の期間に応じてあるいは違反毎に一定額の賠償をするべきことを命じ、債務者に心理的に義務の履行を強制する間接強制によることもできる（民執172条・173条）。

(3) 妨害予防請求権

> **設例6**　　隣地上にYが所有する建物が今にも倒壊してきそうで、倒壊すればXの建物に大きな損傷が生じるおそれがある場合、Xはどのような法的措置が取れるか。

　所有権が妨害されるおそれがある場合には、所有者は、妨害が発生することを待たずにその予防を請求できる（大判昭12・11・19民集16巻1881頁は、隣地の掘り下げにより境界線付近が崩落する危険につき予防策の請求を認めた。百Ⅰ48［根本尚

徳])。この請求についても、たとえば設例 6 で建物が倒壊しかかっている原因が建物の欠陥であることや、建物の維持・管理について Y に過失があることは要件でない（上記大判昭12・11・19では被告の前主が土地を掘り下げていて被告には必ずしも過失はない)。ただ、妨害予防請求は、所有権保護の拡張であり、相手方の財産権や行動の自由を制約する程度が高いから、相当高度の確率で妨害の発生が客観的に予想されることが必要である。妨害予防請求の強制的実現は、やはり代替執行または間接強制による。

2　所有権に基づく請求権に共通する特徴

　所有権に基づく請求権は、歴史的には別々に発達してきた返還請求権 rei vindicatio と妨害排除請求権 actio negatoria が、共通の特徴に着目して一括して論じられるようになり、さらに物権一般に拡大したものである。所有権に基づく請求権の成立には、客観的に所有者への全面的価値帰属の実現が妨げられている不適法な状態またはそのおそれがあれば足り、侵害者や侵害を生じさせるおそれがある者の故意・過失を要しない。このような場合に所有権に基づく請求権を肯定しても、本来のあるべき状態が回復されるにすぎず、請求の相手方に対して特段の不利益とはならないからである（補足＊)。この点が、加害者自身の負担で損害を賠償させる不法行為に基づく請求権とは異なる。

　所有権以外の物権をも視野に入れて、もう少し一般的に整理すると、物権が原告に帰属していること（物権の帰属)、および、その物権の内容の実現していない不適法状態が被告によって生じていることまたはそのおそれがあること、が物権的請求権の共通の要件である（次頁の補足＊＊)。

　所有権に基づく請求権は、所有権を保護する手段的な権利である。それゆえ、所有権が時効消滅しないことから（167条 2 項)、その請求権だけが消滅時効にかかることはない（最判平 7・6・9 判時1539号68頁)。また、所有権から切り離してその請求権だけを譲渡することはできない。さらに、所有権を譲渡した者は、その請求権を失い（大判昭 3・11・8 民集 7 巻970頁)、譲受人が請求権者となる。

　　＊相手方の不利益は本当にないのか？　　28頁の設例 3 の[1]で Y が拾ってきた甲を取り戻されてもほとんど不利益を負うことがないのは容易に理解よ

う。これに対して、[2]や[3]のようにAに甲の賃料や代金を支払っていたY は、対価に見合った甲の使用・収益ができなくなるという不利益を受ける。しかし、[3]のYは甲の所有権を取得できない以上、甲の所有権を取得できなかったことを理由にAとの契約を解除してAから代金を取り戻すことが可能で、それ以上に損害が生じていればその賠償を請求できる場合もある（561条。使用・収益できなかった[2]の場合のYの保護にも559条により561条が準用される）。Aが無資力で実際には賠償金が取れない危険は、Aと契約したYが本来負担するべきものであり、甲を返還することでYに特段の不利益が増えるわけではない。

30頁の設例4では地盤の復旧に大きな費用がかかるかもしれない。しかし、仮に木が乙地上のYの所有建物に倒れかかってきたとすれば、Yが全額自分の負担で復旧をするはずである。それは崩れやすい状態にあった乙地を所有しているYが本来負担するべき費用であり、それと比して木が設例4のように甲地に倒れかかった場合に復旧費用を全額負担させられても、やはり特段の不利益が課せられるものではない。31頁の設例5の建物所有者Yについても同じように考えることができる。

これに対して、倒木がXの建物を壊したとすると、失われた物の価値の復元のための修理費用は、本来は建物が自然災害等で壊れる危険を負担する所有者Xが負担するべきものであり、所有者でないYに損害を転嫁できる根拠は、所有権に基づく請求権ではなく、不法行為に基づく損害賠償請求権（709条や土地工作物責任の717条）である。

＊＊物権的返還請求権と侵害利得返還請求権　不当利得返還請求権（703条）の1類型の侵害利得返還請求権の成立に故意や過失を要しないのも、現存する利益を限度に本来の権利者に価値を返還しても、返還債務者の固有の財産には不利益が生じないという同じ理由からである。物権的返還請求権と侵害利得返還請求権は、物の返還なら前者、価値の返還となれば後者という形で機能を分担して、財貨の帰属を保護している。

> **物権的返還請求権の要件事実**
> 　原告は、自己への所有権の帰属を基礎づける事実と、被告の占有を主張・立証すれば足り、占有権原があることは抗弁として被告が主張・立証責任を負う、とされている（村田＝山野目305頁[三角比呂]）。しかし、被告が欠席したり争わなければ、不適法状態なのかどうかが不明な場合にも請求が肯定されかねず、実体法上の要件の理解と矛盾するのではな

いかとの疑問が生じる。
　矛盾を避けるには、次のように考えればよい。不適法状態という実体法上の要件は、規範的な評価であり（評価的要件）、直接その存否を立証する事実は存在しない。主張・立証するべき事実は、そうした評価の成否を根拠付ける事実である。所有権は対象物を占有してその使用・収益を排他的に行える権利であるから、不適法状態という規範的評価を基礎づけるには、原則として、被告が原告の所有物を占有しているという事実（評価根拠事実）だけで足りる。被告が、自らの占有を正当化する権利（たとえば、地上権、賃借権、留置権など所有権の負担として対抗できる権利）が存在することを基礎づける事実（評価障害事実）を、抗弁として主張・立証する責任を負う。被告から抗弁の主張・立証がなければ、裁判所は、評価根拠事実に基づいて不適法状態の存在を認定し、原告の返還請求権を認容する。
　以上の論理構造は、所有権以外の物権に基づく返還請求権や、妨害排除請求権にも当てはまる。詳しくは、松岡久和「物権的請求権」大塚直ほか編『要件事実論と民法学の対話』（商事法務、2005年）186頁以下。村田＝山野目239頁［村上正敏］はこの考え方に賛成する。

III　所有権に基づく請求権の効力

1　所有権に基づく請求権の性質と権利内容

> **設例7**　XがAに建物を賃貸し、AはYから製造機械を借り受けてこの建物に設置し操業していたが、資金繰りが苦しくなって夜逃げした。XがYに対して機械の撤去を求めたところ、Yが逆にXに対して機械の返還を請求した。どちらの言い分が認められるか。

(1) 請求権一般

(a) かつての論争　判例は、設例7の事例につき、XはYに対してYの費用負担により原状回復を求めることができるとした（大判昭5・10・31民集9巻1009頁。行為請求権説）。多くの学説が原則的に判例を支持しつつ、自己の費用で侵害を除去する行為を相手方に忍容させることができるにすぎない例外的な場合があるとしていた（修正行為請求権説。もっとも、例外を認めるべき

場合については見解が一致しない)。これに対して、物権的請求権は侵害状態を物権者自らが自己の費用で除去することを相手方に忍容させることができるにとどまると解する考え方 (忍容請求権説) や、相手方に故意・過失がある場合には行為請求権、ない場合には忍容請求権と分ける考え方 (責任説)、さらに、費用は折半とする考え方もあった。

(b) **問題の核心**　実際の侵害除去行為は第三者に請け負わせることもできるから、その費用をだれが負担するかが重要問題である。侵害者に故意・過失がある場合には、行為請求権説や責任説によれば、請求権の内容として侵害者に費用を負担させることができる。忍容請求権説では、物権的請求権の行使費用は自己負担であるが、不法行為を理由とする損害賠償請求によって侵害者に費用相当額の損害を賠償させることができる (709条)。この場面ではこの3説でほとんど違いは生じない。問題の核心は、侵害者に故意・過失がない場合においても、費用を負担させられるか否か、負担させられるとすれば何を根拠にするかである。

(c) **各説への批判**　議論になったのは設例7や、Yの自動車が盗まれてXの所有地に放置された場合のように、X・Yのいずれにも侵害状態の発生について故意・過失がない場合である。行為請求権説によるとXの妨害排除請求権とYの返還請求権が衝突し、早い者勝ちになって不合理である、と批判された。忍容請求権説や責任説では、Yに故意・過失がない限り、費用は権利を行使する側が負担し、逆に後手必勝になる。しかし、たとえばYの建物が倒壊しそうな場合に倒壊防止措置を求める隣地所有者Xに費用を負担させるのは妥当でない、と批判される。また、責任説が故意・過失を権利内容に直結させることは、所有権に基づく請求権と不法行為に基づく損害賠償請求権の関係を不透明にする。かといって一般的な費用折半には積極的な根拠が乏しい。

(d) **近時有力な考え方**　物権的請求権が歴史的にも行為請求権とされてきたことや占有保護請求権 (274頁以下の第4節) が行為請求権であると解されていることとの均衡からすると、やはり物権的請求権の内容は行為請求権と解するべきである。執行の費用が執行債務者負担を原則としていることからも (民執42条1項)、忍容請求権説のように、物権的請求権についてのみ権利者負担を原則とみる根拠はない。

そもそも、多くの場合において権利の衝突があるとすること自体に問題がある。所有物の性質を考慮した所有者への危険の配分の観点から、問題の侵害状態はだれの負担するべき危険が実現したものなのかを考慮し、法的評価としてどちらが侵害者なのかを定めれば、衝突は生じない。たとえば、設例7では、動く機械と動かない建物を比べれば、場所的移動によって侵害状態を生じさせる危険は動産所有者が負担するべきである。すなわち、機械が建物の所有権を侵害しているのであって、逆ではない。また、建物の所有者が機械の取戻しのための建物への立ち入りを拒むなど積極的に機械の占有をしていると認められる特段の事情がなければ、建物の所有者は機械や自動車の占有を取得していない（180条の占有意思も所持も欠ける）。すなわち、たしかに機械の所有権が実現していない状態が存在するとしても、機械の占有を取得していない建物所有者による侵害はなく、返還請求権は生じない（補足＊）。このような考え方（佐久間308頁以下は侵害基準説と表現している）が、近時支持を集めつつある。

(e) 物権的な忍容請求権は必要か　35頁の設例7では、機械の所有者YがX所有の建物に立ち入ることを認めてもらって、自らの費用で機械を回収することは可能で、それはXに対する妨害除去義務をYが履行するのとほぼ同内容である。このような権利実現の忍容請求をも物権的請求権の一種であるとする見解が多く、こうした請求を認めても弊害はなかろう。もっとも、たとえば機械がY⇒Z⇒Aと転貸されている場合に、所有者でない賃借人＝転貸人Zが機械を回収する場合も同様に建物への立ち入りの忍容を求めることができなければならないだろう。この場合、Zに物権的な忍容請求権はないので、忍容請求権を一般的に肯定しても結論を正当化できるわけではない。

＊**Yが物を保管していた場合の問題処理**　Yが自己の所有地に放置された自動車や風で飛んできた洗濯物を保管していた場合には、たしかにYが占有を取得している。しかし、この場合にYの費用負担による返還請求を認めるのはおかしい。Yは、他人の所有物をその所有者から依頼を受けずに好意で保管していたのであるから、義務なく他人のために事務を処理したものとして事務管理（697条以下）が成立し、Yは、返還費用も含む保管費用をXに償還請求できる（702条、山野目102頁）。同一当事者間に物権関係と債権関係の双方

が成り立つ場合、原則として、債権関係の規律が優先して適用される。ここでも、物権的請求権ではなく、事務管理により発生する債権関係の費用負担の規律が優先する。

(f) 請求権者にも原因がある場合 たとえば、30頁の設例 4 で、X（またはそれ以前の所有者等）が甲地を掘り下げた結果、Y 所有の乙地の崩落が生じた場合のように、不適法状態の原因が請求権者側にあるときの処理は別の問題である。帰責事由のある物権者の請求をひろく否定する見解もあるがごく少数である（石田82頁・87頁-88頁）。たしかに、もっぱら X の行為や X の所有物の含む危険に原因がある場合には請求を権利濫用として否定できよう。これに対して、XY 双方の側に原因がある場合には、請求を認めたうえで、そのための費用について、過失相殺（722条2項）の類推により、全部または一部を X の負担とする判決によって簡易な処理を認めるべきである（広中269頁）。いったん Y の費用負担としたうえで、その費用の全部または一部を損害として Y から X に対する賠償請求を行わせるのは（反訴請求が可能としても）、問題処理としてあまりに迂遠だからである。

(2) 請求権の類型毎に注意するべき効力

(a) 返還請求権の場合 判例では、たとえば物を貸している所有者は、賃借人に返還せよと求めるだけでなく、直接に自分への返還を求めることができるとされる（最判昭26・4・27民集5巻5号325頁）。しかし、返還場所は、484条の類推適用により、被告との関係において請求権発生時に物が存在した場所、すなわち被告が占有を取得した場所とするべきである。間接占有者は、直接占有者が受領できないような特段の事情がなければ、直接占有者の下に原状回復させれば足りる（間接占有については260頁以下）。

また、Y が負担するべき費用は、返還場所での返還に要する費用であり、たとえば28頁の設例 3 において、札幌で盗まれた自転車を Y が那覇で入手した場合、Y が負担するべきは那覇で返還することに必要な費用に限られる。那覇から札幌への回送費用は、X が所有者として負担したうえで、泥棒が見つかれば不法行為を理由とする損害賠償をその泥棒に請求すればよい。

(b) 妨害排除請求権の場合 判例は不可抗力による場合につき判断を

留保している（30頁の(a)の大判昭7・11・9）。学説では、とりわけ相隣地の境界において自然力により生じた崩落などの復旧は、226条を類推適用して平等または諸事情に応じた公平な割合の分担とするべきだとの主張がある（たとえば山野目106頁）。しかし、あまり一般化するのは

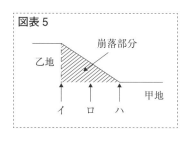

適切でない。図表5において境界線がハで、崩落したのが乙地であれば、それが不可抗力による場合もYが乙の所有者として費用を負担するべきである（30頁の設例4。ただし、Xが甲地を掘り下げたのが崩落の原因であればXが負担）。これに対して境界線がイで、崩落したのが甲地であれば、その所有者Xが費用を負担するべきである（ただし、Yが乙地に盛り土をしたのが崩落の原因であればYが負担）。XとYの共同負担となるのは境界線がロ付近で、崩落したのが甲地・乙地の両方である場合に限られよう（この場合も原因者がいればその者が負担）。

もっとも、大規模災害による地崩れや建物倒壊など不可抗力による被災に対しては、どのような公的援助ができるかをも考えるべきであり、民法で所有者に危険と損失を負担させるだけで片がつく問題ではない（広中266頁）。

(c) 妨害予防請求権の場合　求めうるのは、妨害のおそれを取り除くのに必要最低限度の合理的な措置に限られる（横浜地判昭38・3・25下民集14巻3号444頁）。たとえば、32頁の設例6において倒壊防止工事で妨害予防が可能ならば、建物の取り壊しまでは請求できない。

2　返還義務を負う占有者の保護

28頁の設例3において、自転車甲の返還義務を負うYが、占有取得後返還までの間に甲を使用していたり、甲のパンク修理やライトの改造に費用を支出していたとすると、そうした利益や費用をどう処理するかという問題が生じる。民法は、占有の個所に返還義務者を保護する規定を置いている。

(1) 果実と使用利益

自分に所有権があると誤信した占有者（善意占有者）は、果実を返さなくてよい（189条1項）。果実には、天然果実のほか、物を他人に貸して得ていた賃料などの法定果実や自分が使って得た使用利益も含まれる。これに対し

て、自分に所有権がないことを知っているという意味で悪意の占有者は、果実を返還しなければならないだけではなく、消費した果実や収取を怠った果実相当の価値をも返さなければならない（190条1項）。善意であっても実力で他人から奪ってきたり秘かに持ち去った者は悪意占有者と同じ責任を負う（同条2項）。また、所有権に基づく請求の訴えを受けた者は、自分が所有者であると信じて争ったとしても、敗訴すれば訴え提起の時から悪意占有者と扱われる（189条2項）。

(2) 必要費と有益費

物の維持・管理に要する費用（必要費という。たとえば修繕費や税金）は、本来所有者が負担するべきものだから、占有者が代わって支出した場合には、占有者の善意・悪意に関係なく、占有物を返還する場合、所有者から償還を受けることができる（196条1項本文）。もっとも、占有者が果実を収取していて現物の返還やその価額の償還をする必要がない場合には、それとの見合いでパンク修理など通常の必要費は占有者の負担となる（同項ただし書）。通常の必要費を超える部分（大修繕費など）は償還を請求できる。

これに対して、物を改良するかどうかは、本来所有者の判断に委ねられる。それゆえ、改良の費用（有益費という。たとえば自転車のライトや借家の給湯装置を立派なものに取り替える費用）は、必要費とは異なって、その全額償還を認めると、所有者の意思に反する利益の押付けとなりうるので適当でない。そこで、所有者は、改良に要した費用と改良によって物に現存している増価額のいずれかを選択して償還すればよい（196条2項本文。通常は低い方が選択される）。

占有者は、必要費・有益費の償還を受けるまでは占有物の返還を拒む留置権（295条1項）を主張することができる。ただし、悪意の占有者が支出した有益費の償還については、申立てに基づいて相当の期限が猶予されることがあり（196条2項ただし書）、この場合には留置権は主張できない（295条1項ただし書）。

(3) 物の滅失・損傷などの責任

他人の物を故意・過失によって壊せば、一般的には不法行為として損害賠償責任を負い（709条）、返還するべき義務の不履行責任も負う（415条の類推適用。返還義務の遅滞後は故意・過失がなくても原則として物の滅失・損傷について責任を

負う)。しかし、自分の所有物はどう処分してもよいのだから (206条)、自分の所有物だと信じて返還義務を負っていると知らない占有者 (善意の自主占有者という) は、物を壊しても免責され、現に利益を受けている限度で壊れた物を返還すれば足りる。これに対して、悪意の占有者や、善意であっても所有の意思をもたない占有者 (他主占有者という。たとえば貸主の所有物でない物をそれとは知らずに借りていた者など) は、返還先が異なるとはいえ返還するべき他人の物を占有していたのであるから、減免責の恩恵を受けられず、すべての損害を賠償する責任を負う (191条。自主占有と他主占有については、267頁以下の①)。

◆文 献◆
　沿革や議論の展開を含め最も詳しく現在の議論の到達点を示すものとして新注民(6)112頁以下 [好美清光] があり、本書もほぼこれに従う。ただ、これはあまりに詳細・長大である。学習用に深く考えるヒントを与えるものとして奥田昌道「物権的請求権について」法教198号 (1997年) 7頁以下がよい。また、裁判例を素材として丁寧な事案分析を行い、より具体的に問題を考える田髙14頁以下もお勧めである。

物権的価値返還請求権説の意義と問題点

　XがAにだまし取られた100万円をAの債権者Yが差し押さえた場合や、ZがAからその100万円を債務の弁済として受領した場合、XはYやZに対してその100万円の所有権を主張できない、というのが一般的な理解である。支払者の入手経路などをいちいち調べずに金銭を受領できるのでないと円滑な取引に支障をきたすから、現に占有している者がその金銭の所有者だと扱われ、支払 (引渡し) を受けた者がその金銭所有権を当然に取得する。一方、金銭は、有名人のサイン入りの紙幣のような特別な場合を除き、紙幣や硬貨の個性には意味はなく、価値そのものである。金銭の占有を失った所有者は、その金銭 (紙幣には1枚ずつ固有番号があり厳密に特定できる!) を返してもらわなくても、その金額さえ取り戻せればよい。

　こうした金銭の特殊性から、XAの取引が無効であったり取り消されても、Xは100万円の所有権を回復できず、100万円の金銭債権者としてAの他の債権者と平等に扱われる。先に差し押さえたYに対しては、物

の所有者のように第三者異議（民執38条）を主張することはできないし（最判昭39・1・24判時365号26頁）、Zに対しては、Zが悪意または重過失の場合にのみ不当利得返還請求ができるにすぎない（最判昭49・9・26民集28巻6号1243頁）。

　これに対して、四宮和夫「物権的価値返還請求権について」我妻追悼『私法学の新たな展開』（有斐閣、1975年）183頁以下は、次のように主張する。このような場合にも、Aの金銭所有権の取得が肯定されるのは取引の安全を確保するためであって、Aに金銭価値の積極的帰属を認めたいためではない。元の金銭が価値の同一性を維持している限りで、金銭価値はなおXに帰属しているとみることができるから、Xに物権的な効力を伴う返還請求権を認めるべきである。具体的には、XのYに対する第三者異議を肯定し、有価証券の善意取得規定を参考に昭和49年判例と同じ要件でXのZに対する権利を物権的請求権であるとして、XがZの他の債権者より優先することを認めるのである。この物権的価値返還請求権説には賛成する有力な見解もある（広中257頁以下、加藤262頁以下）。しかし、物権的な優先を認めるための同一性概念が不明確である。金銭と物の性質による区別を無視し、逆に、経済的には等価値の現金と銀行口座上の債権（「帳簿上の金銭」ともいわれる）の間で不当な差別扱いを拡大する。特別な規定がないのに金銭債権に優先権を認めるのは先取特権制度と整合しない。返還義務者が破産した場合に金銭価値の取戻しが増えると破産財団を空洞化し他の債権者を犠牲にする、などの批判がある。

　たしかにこれらの批判にも理があるが、Xを犠牲にして偶然による利益をYに与えることは不公平で支持しがたい。また、XのZに対する直接の不当利得返還請求権をひろく肯定することには、契約関係の自律性を損ない第三者に危険を転嫁する等の問題があるため、判例・通説にはとどまれない。現金に限って物権的な効力を与えるのではなく、むしろ、XのAに対する侵害利得返還債権など価値帰属を保護する機能を有する債権について、どのような場面でどのような要件を備えれば優先権を認めることができるか、物権・債権の枠組を超えて考えていく方向を追究するべきであろう（未熟な問題提起にとどまったが、松岡久和「債権的価値帰属権についての予備的考察」龍社16号（1986年）68頁以下）。『担保物権法』389頁以下の第9章でこの問題に触れる。

第3節　共同所有

　所有権は独占的・排他的支配を内容とするから、1つの物には1人の所有権（単独所有）しか成立しないのが原則である。しかし、複数の者が共同で1つの物を所有することが必要な場合も少なくない。これを共同所有（広義の共有）という。共同所有では、権利者は、互いに制約を受ける。共同所有は、この意味で一物一権主義や自由な所有権の例外である。

　民法は、物権編第3章第3節においてまとまった規律（249条-262条）を置いており、これは「物権編の定める共有」とか単純に（狭義の）「共有」と表現される。共同所有は多様で、この共有の規定がそのままでは当てはまらないさまざまな場合が存在している。分譲マンションなどの建物区分所有も広義の共有に含めて考えることができる。

　多くの体系書や教科書では、共同所有の諸形態から説明を始める。これに対して、できるだけ具体的な規律から抽象的な整理へという方向を採ろうとする本書では逆に、まず共有の仕組みを理解することに努める。次に、さまざまな共同所有形態を取り上げ、狭義の共有と異なってどのような特別な扱いが必要となり、そしてそれはなぜなのかを、判例による理解を中心に概観する。

　最後に、さまざまな共同所有をどう理解するべきかを、学説の状況をふまえて検討する。

Ⅰ　狭義の共有

1　共有の意義と発生原因
(1)　共有の意義
　共有は1つの物を複数の者（共有者）が割合的に分有する共同所有関係である。通説的な理解では、各共有者が所有権（45頁の(1)で説明する持分権）を有し、複数の所有権が併存する状態であると解されている（補足＊）。また、各共有者は持分権の処分や共有物の分割請求によって共有関係から離脱することができる点で、共有は過渡的なものと考えられており、共有者相互間の

＊**所有権の個数と共有のイメージ**　本文で説明した所有権複数説に対して、1つの物について複数の者に帰属する1つの所有権が成立し、各人が有する持分権は所有権に準じるものの所有権そのものではない、とする理解も根強い。この説では、持分権の保障は所有権の保障より弱い（したがって公共の福祉等によってより制約される）場合があってもよいという（山野目166頁）。しかし、保障や制約の度合いの違いは共有関係そのものの性質によると整理することもでき、両説ではほとんど違いを生じない（佐久間198頁・203頁-204頁）。

(2) 共有の発生原因

共有は、組合関係のない複数の者が共同で物を購入したり共同で物を製作したなど、当事者の意思に基づく場合だけではなく、法律の規定によっても生じる。例として、他人の所有物中での埋蔵物発見（241条ただし書）、主従の区別ができない動産の付合や混和（244条、245条）、共同相続（898条。64頁の3）などがある。

2　共有者間の内部関係

> **設例8**　A・B・Cの友人3人は、ある程度の性能を持つノート・パソコンが欲しかったが、1人で買うには資金が足りず、毎日使うわけではないことから、Aが3万円、Bが5万円、Cが7万円を出して、共同でノート・パソコン甲を購入した。
> [1] 甲の使い方はどのように決まるか。合意で定めたルールは、Bの持分権を譲り受けて新たに共有者となったDをも縛れるか。
> [2] Cが使い方についてのルールを無視して甲を独占使用している場合、AやBはCに対してどういう請求ができるか。
> [3] 甲を一番よく使用しているCは、甲の性能に不満を持ち、甲の性能を上げるためにメモリなどの部品を増設したいが、CはA・Bに相談せずに部品の増設を行ってよいか。部品代に3万円を要したとするとCはAやBに費用の分担を求めることができるか。
> [4] A・B・Cとも甲をあまり使わなくなり、もったいないので共通の知人のEに安く貸すという案がAから出た。Bは賛成し、Cは反対している。Cの反対にもかかわらず、A・Bは甲をEに貸すことができる

か。
[5] Cの友人のFに甲を無期限に無償で貸すことが全員の一致で決まった。その後、甲が必要になったA・Bが使用貸借契約を終了させてFから甲の返還を求めたいと思ったが、Cが反対している。Cの反対にもかかわらず、A・BはFに甲の返還を求めることができるか。
[6] 使用ルールに従ってCが使用中に甲が故障した。CはA・Bに相談せずに甲を修理に出してよいか。修理に9000円を要したとするとCはAやBに費用の分担を求めることができるか。できるとしていくらか。
[7] A・B・Cとも甲をあまり使わなくなり、中古パソコンの買取店Gに甲を売却しようという話になった。しかし、下取りの見積価格が安かったので、Aがその値段で売ることには反対している。Aの反対にもかかわらず、B・Cは甲をGに売ることができるか。

(1) 持分権

(a) 持分権の意義　共有者が共有物について有する割合的な権利を持分権という（252条・253条2項・255条などにいう持分）。共有を量的に相互に制約しあっている複数の所有権の関係とみる通説的見解によれば、持分権は所有権そのものである。それゆえ、各共有者は、他の共有者の同意なくして単独で持分権の処分が可能である。たとえばCはA・Bの同意なく持分権をDに譲渡して共有関係から抜けることができ、その結果、Cに代ってDが加わったA・B・Dの共有関係が生じる。また、共有物が不動産の場合には、各人は他の共有者の同意を得ることなく持分権のみに抵当権を設定できる。この抵当権が実行されても、競売されるのは不動産全体ではなく抵当権設定者の持分権のみであり、他の共有者は影響を受けない。持分権の譲渡の場合と同様に、買受人が元の持分権者と交代して共有関係に入る。さらに、持分権は通常の所有権と同様に相続の対象となる。

(b) 持分割合　民法は、持分権だけではなく、各共有者の持分権の数量的な割合をも持分と表現している（249条・250条・253条1項など）。しかし、学説では明確に区別するため、割合のことを持分割合とか持分率というのが通例である。持分割合は、当事者の合意や法律の規定によって定まるが（たとえば、付合物の価格の割合による244条、相続分による900条）、合意や特別な規定

がなければ平等と推定される（250条）。ただ、合意は明示の特約の形を採る必要はなく、たとえば設例8では、出資額に応じて3：5：7とする黙示の合意があると考えられる（674条1項）。なお、不動産では持分割合は登記しなければならない（不登59条4号）。

(c) 持分権者がいなくなった場合の特別な処理　たとえば設例8の共有者の1人Aが持分権を放棄したり、死亡して持分権を相続する者がいないときは（補足＊）、他の共有者に持分割合に応じて帰属する（255条）。その結果、B・Cの持分割合は5：7のまま維持される。これは共有の弾力性と表現される。通説的見解によれば、各自の持分権は、制約しあっているとはいっても共有物全体に及んでいる所有権であり、共有者Aの持分権の消滅により制約を解かれて拡大すると説明される。

このような説明には批判もあり、持分権が国庫帰属したり（239条2項・959条）、無主物先占の対象となる（239条1項）とすると、共有物の管理が円滑に行えなくなるので、それを避けるための政策的規律であるというべきであろう（広中423頁以下）。

＊**特別縁故者への相続財産の分与と共有者の持分権取得の優劣**　相続人がいない相続財産は被相続人の特別縁故者に分与することができるが（958条の3）、この相続財産に共有持分権が含まれている場合について、この財産分与の手続と上述の255条による共有者の持分権取得の優劣が問題になった。我妻＝有泉322頁は255条の優先（共有持分は特別縁故者に分与されないことになる）を主張していた。これに対して、最判平元・11・24民集43巻10号1220頁は、特別縁故者への財産分与が被相続人の合理的意思と特別縁故者の期待に沿うことから、特別縁故者は相続人に準じて扱うべきであり、相続財産が単独所有権か共有持分権かで財産分与の可否を分ける合理的な理由がない、として財産分与を優先させた。現在の通説はこの結論を支持している（平成元年判決以前のものであるが、前田達明「相続人不存在の共有持分について」判タ546号（1985年）18頁以下が詳しい）。

(2) 共有物に関する意思決定の方法

共有物に関する意思決定は、単独でできるもの、多数決をしなければならないもの、全員一致でなければならないものの3種に分かれる。共有物の使用を中心に説明する。

(a) 共有物の使用および管理

① **多数決による使用方法の決定**　共有者は持分権を有しているから、持分割合に応じて共有物全部を使うことができる（249条）。具体的な使用の割当ては、共有者全員で協議し合意により決定するが、全員一致の合意ができなければ、共有物の管理に関する事項として持分割合による多数決で決める（252条）。多数決は全員の協議を経ることが前提であり（一種の手続的保障）、全員で協議する手続を経ずに持分割合の多数者で決めても、協議に参加していない少数持分権者は決議に拘束されない。

使用方法に関する合意は黙示に成立することもある。たとえば、内縁の夫婦が共有不動産を共同使用してきたときは、特段の事情がない限り、一方が死亡した後は他方がその不動産を単独で使用する旨の合意が成立していたものと推認した例がある（最判平10・2・26民集52巻1号255頁）。死者の持分権の相続人は、その合意に拘束されるのである。

② **使用方法**　共有者全員の意見が一致すれば、どのような使用方法も可能で、共有者の1人に独占的に使用させてもかまわない。これに対して、持分割合と著しく異なった少ない使用割当てを押し付けるなど、一部の共有者に不合理で不均衡な不利益を与える多数決は持分権の侵害になるので、不利益を受ける共有者の同意がない限り無効である（多数決の限界）。

持分割合に沿った使用方法には多様なものが考えられる。44頁の設例8のパソコンでは不可能だが、たとえば広い駐車場用地などのように共有物を部分毎に使用可能な場合には、区画を単位に使用を割り当てる方法が考えられる。また、時間・日・曜日・週などを単位にして使用を区分する方法や、各自が随時使用可能としておいて、使用希望が競合した場合の決定方法や使用者が使用時間に見合った使用料を払って費用として積み立てるなどの利益調整基準を定めておくというやり方もある（新しい類型として49頁のコラムのタイムシェアリング型共有がある）。

③ **共有物の管理**　共有物の使用方法の決定のほか、共有物の変更（251条。後述(c)）を伴わない使用・収益や改良も共有物の管理として、多数決による（252条本文）。設例8の[3]の場合は改良に当たり、Cは、協議をして賛成者の持分割合が過半数にならないと、部品の増設をしても、他の共有者に有益費の償還を求めることができない。

共有物を賃貸することは管理に当たるとする判例（最判昭39・1・23集民71号275頁）がある。事案の詳細はわからないが、すでに一部を賃貸してきた土地の残部を同一人に賃貸した事例のようであり、すでに賃貸物件という性質の不動産をだれに貸すかという判断は管理行為と考えてよかろう。また、短期の賃貸（602条）は、立法者が管理行為と解していたことに従えば、やはり多数決で足りよう。しかし、賃貸物件でなかったものを新たに賃貸することは、共有者自身が使用できなくなるという点で大きな影響がある。とりわけ借地借家法が適用される土地の賃貸借の期間は、30年以上の長期のものとなり更新拒絶も難しいため、持分権に対するきわめて大きな制約である。したがって、共有物の賃貸を一律に管理行為と性格付けるべきではなく、共有物の性質や賃貸期間などを基準に、共有物の変更（251条）といえない賃貸だけを管理行為とするべきである。44頁の設例8の[4]の場合の賃貸も長期間C自身が使用できなくなるなら、共有物の変更であり、全員一致が必要である。

また、物件の賃貸借契約を解除する行為は管理行為とされ、共有者全員による解除（544条1項）を要せず、多数決で決めてよいとされている（最判昭39・2・25民集18巻2号329頁。もっとも2分の1の持分を有する共有者が残り2分の1の持分を有する共有者に対してした建物収去・土地明渡請求を否定した事例）。しかし、賃借人を変えるだけであれば管理行為とみてよいが、共有物を賃貸物件でなくするとすれば賃料収入がなくなる。それは、共有物の用途の変更であり、原則として管理行為を超えると思われる。

これに対して、設例8の[5]の場合の使用貸借契約の終了は、Cにとって友人Fと気まずくなるかもしれないことはともかくとして、財産的に不利益にはならないから、管理行為として多数決で決めてもよいだろう。

(b) 共有物の保存　設例8の[6]の場合のパソコンの比較的軽微な修理のように、目的の現状を維持・保全する行為は、管理行為の一種ではあるが、共有者全員の利益になるところから、管理行為一般のように多数決ではなく、各共有者が単独で行うことができる（252条ただし書）。このように管理行為のうちで単独でできるものを保存行為という。これに対して、共有物の価格に比して大きな費用を要する修理は、保存行為ではなく通常は管理行為に当たり、さらに場合によって処分行為（共有物の変更）とされることもあろう。

(c) 共有物の変更　設例8の[7]の場合のような共有物の売却や、共有

物全部についての用益物権や担保物権の設定などはもちろん、大改造や用途の変更など共有者の持分権に影響を与える行為は、共有物を変更する処分行為であり、共有者全員一致を要する (251条)。なお、この例でAは当初甲を売ることに賛成していたようにもみえるが、いくらであってもとにかく売れればよいという意思ではなかったのであり、見積価格でGと売買契約を結ぶという具体的処分には同意していない。

　全員の同意を得て共有物を売却した場合の売買代金債権は、持分に応じて当然に分割されると解される (最判昭52・9・19家月30巻2号110頁。本件は共同相続の事例で、全額を受領した共有者の1人に対して他の共有者の支払請求を認めた。売却代金債権が当然分割されて遺産分割の対象とならないとすることには学説からの批判が強いが、この事例はむしろ遺産の一部分割を行ったものと思われる)。

> **タイムシェアリング型共有**
> 　ヨーロッパでは、リゾート用の住宅などを複数人が共同で購入し、各人が1年のうちの特定の時期に限定して独占的に使用できるとする共有が用いられている。それは、共有物の輪番使用というたんなる使用方法の定めにとどまらず、保養目的や分割不可をも内容とする特殊な時間的な共有と解されている。購入するのではなく共同で借り受ける場合 (賃借権の準共有である) もある。いずれも専門業者が管理を引き受けるが、期待通りに使えないなどのトラブルが多く、消費者保護を目的とするタイムシェアリングに関するEU指令が1994年に出ている (岡本詔治『イタリア物権法』(信山社、2004年) 210頁以下)。
> 　このようなタイムシェアリング型の共有の場合、共有者の1人が使用できる時期の範囲内で部屋を貸すのは単独で可能である。広い共有駐車場用地内の区画のうち共有者が割り当てられた区画のみを賃貸する場合も単独で可能である。いずれの賃貸も、いわば持分権の範囲内での賃貸であって、他の共有者に影響を与えないからである。これまで不動産の賃貸は、たとえば建物を建てて居住することを目的とする土地の賃貸借のように、共有物の全部につき一定期間継続的に使用させることを想定していたため、管理行為または処分行為にあたると考えられてきた。しかし、持分権の範囲内での賃貸を考えると必ずしもそうではない。共有者の1人の行為が保存行為・管理行為・処分行為のいずれに当たるかと

いう問題は、他の共有者に与える影響を考慮して判断するべきである。

(3) 共有物に関する費用負担など

修理代金や必要な消耗品費などの保存行為の費用や多数決で決定した改良などの管理行為の費用は持分割合に応じて分担し (253条1項)、支出した者は他の共有者から償還を求めることができる。45頁の設例8の[6]の修理費は保存行為の費用に当たるので、多数決を要せず、Cは、Aに1800円、Bに3000円の償還を請求できる。[3]の部品増設費は管理行為の費用にあたり、多数決で決定していないので、Cは費用の償還を請求できない。

民法は共有者の償還請求権を強く保護する次の3つの方法を用意している。

① 持分権の買取請求権　1年内に償還に応じない者がいるときは、他の共有者は相当の償金を払って強制的にその持分権を譲渡させることができる (253条2項)。この権利は、相手方の同意を要しない (すなわち形成権としての) 売渡請求権である。

なお、譲渡請求は、費用を支出した共有者以外の者もできる。費用支出者が持分権を取得する場合には費用償還請求権と償金債務を相殺する形で清算される。費用支出者以外が持分権を取得した場合には、持分取得者は、次の②のとおり、その持分に対応する費用償還債務をも承継する。

② 共有物関連債権の第三者効　共有物に関して共有者間に発生した債権は、持分権の譲渡によって代わって共有者になった者に対しても主張できる (254条)。言い換えれば、そのような債務は、一種の物権的な負担として持分権と共に承継されるのである。

なお、254条にいう債権は、253条の費用償還請求権を含むがそれより広い。共有物の使用や分割に関する特約から生じる債権を含むとする判例 (最判昭34・11・26民集13巻12号1550頁) によると、設例8の[1]の場合、持分権の譲受人Dは、Aらが決めた使用方法に拘束される。

③ 優先権　共有者の1人が他の共有者に対して共有に関する債権を有するときは、その分割に際し、債務者に帰属すべき共有物の部分をもって、その弁済に充てることができる (259条1項)。すなわち、この種の債権は分割時に清算され、債務者の取得する持分自体が債務の分だけ小さくなるの

で、それを引当てとする他の債権よりも優先する。この制度は、この種の債権に先取特権以上の強力な優先権を与えるものである。

さらに、共有者は、清算のために債務者の持分の売却を請求できる（同条2項）。1項の趣旨から、持分の売却代金からまずこの種の債権が弁済を受けることになろう。

(4) 共有者間の争い

共有者間で持分（持分権の存否や持分割合）を争う者がいる場合には、争う者だけで訴訟をすればよい（大判大11・2・20民集1巻56頁、最判昭40・5・27判時413号58頁）。たとえば、44頁の設例8でBのみがAの持分を争うときには、AはCを巻き込むことなく単独でBのみを被告として持分権の確認請求などを行うことができる。

同様に、持分権の侵害に対して救済を求めることも単独でできる。まず、設例8の[2]の場合のように共有者の一部が適法な多数決を経ずに共有物を独占使用したり、共有者全員の同意を得ずに共有物を変更することは、他の共有者の持分権の侵害となる。また、共有不動産について共有者の1人の名義で単独の所有権取得の登記がされているなど共有関係を正しく反映しない登記の存在も、同様に他の共有者の持分権の侵害となる。それゆえ、持分権を侵害された他の共有者は、単独で違法な使用の停止や原状回復を求めたり（最判平10・3・24判時1641号80頁。共有農地の無断造成による宅地化の例）、共有持分権に更正する登記への協力を求めることができる。さらに、持分権侵害による損害賠償や不当利得返還の請求権は持分割合に応じた分割債権となるから（52頁の(a)の後段）、各共有者は単独で各自の権利を行使することができる（最判平12・4・7判時1713号50頁）。

このことを逆に言えば、各共有者が単独で主張できるのは自己の持分権の限度であり、他の共有者の持分権に基づく主張はできない。他の共有者の単独名義の登記がされている上述の事例において請求できるのは、全部抹消登記ではなく、自らの持分権についてのみの一部抹消（更正）登記手続にすぎない（最判昭38・2・22民集17巻1号235頁。これに対して、最判平17・12・15判時1920号35頁は、例外的に更正登記ができない場合には全部抹消を求めうるとする）。損害賠償請求も、自己の持分権侵害の限度にとどまる（最判昭41・3・3判時443号32頁。共有者の一部に全額の賠償を認めた原審判決を破棄し、持分割合を確定せよという）。

こうした訴訟の既判力（判決の拘束力）は、訴訟当事者となっていない他の共有者には及ばない。

また、共有者の内部関係での争いにおいては、請求できる内容にさらに限定が加わる。これは、被告となっている者も共有者として持分権を有しているので、その使用はその限りでは適法だからである。たとえば、協議を経ないで独占的な使用をしている共有者の一部に対しても、過半数の持分割合を有するというだけでは、全面的な使用禁止や共有物全部の引渡しや明渡しを求めることはできない（最判昭41・5・19民集20巻5号947頁）。共有者間の協議を経ることなく、共有者の1人との間で共有物の使用契約を結んで占有している第三者も、その共有者の持分権に対応する限りで適法な占有権原を有するので、この第三者に対しても同様に、他の共有者は全面的な使用禁止や共有物全部の引渡しや明渡しを求めることはできない（最判昭63・5・20判時1277号116頁）。

上記の最判昭41・5・19が「多数持分権者が少数持分権者に対して共有物の明渡を求めることができるためには、その明渡を求める理由を主張し立証しなければならない」とするのは、共有物の使用方法について全共有者での協議を経た多数決に基づく必要があるという意味であり、少数持分権者に手続的な保障を与えるものと解される。

3 共有の対外的関係

(1) 持分権とそれに基づく主張

(a) 一 般　持分権は所有権そのものか所有権と同様の性質を有するので、各共有者は、第三者に対する関係でも単独で、持分権の確認請求ができる（最判昭40・5・20民集19巻4号859頁）。共有者の1人に対する債務名義に基づく強制執行として、共有物全体に対して差押えがされたときは、他の共有者は自己の持分権に基づいて、第三者異議の訴えにより、強制執行の排除を求めることができる（大阪高判昭52・10・11判時887号86頁）。

持分権侵害を理由とする損害賠償請求や不当利得返還請求も単独でできるが、自己の持分権の範囲に限られる（最判昭51・9・7判時831号35頁：不法占有者に対する損害賠償請求）。損害賠償債権は持分割合に応じて当然分割される（最判昭29・4・8民集8巻4号819頁）。

(b) **共有物の返還請求や不法な登記の抹消請求**　共有者間での争いとは異なって、不法占有者や不実の登記名義人は、占有や登記を保持する権原を持っていないから、各共有者は、妨害の停止のみならず、共有物の返還や登記の全部抹消を求めることができる。この結論には異論がないが、この結論を導く法律構成には、不可分債権として428条を類推するもの（大判大10・3・18民録27輯547頁：動産の不法占有者に対する引渡請求）、252条ただし書の保存行為と考えるもの（最判昭31・5・10民集10巻5号487頁：不実登記の抹消請求、最判平7・7・18民集49巻7号2684頁：共有地のための地役権設定登記請求）、共有物全体に及ぶ持分権の効力と考えるもの（最判平15・7・11民集57巻7号787頁。この判決については補足＊も参照）の3種がある。この判決の既判力は、訴訟に関与していない他の共有者には及ばないと解するのが一般的だと思われるが反対もある。

＊**他の共有者の持分権についての不実登記**　上記の最判平15・7・11では、共有者の1人の持分権についてのみ虚偽表示による無効な移転登記がされている場合、持分権が正しく登記されている他の共有者がその抹消を請求できるかが問題となった。判決は、「不実の持分移転登記がされている場合には、その登記によって共有不動産に対する妨害状態が生じているということができるから、共有不動産について全く実体上の権利を有しないのに持分移転登記を経由している者に対し、単独でその持分移転登記の抹消登記手続を請求することができる」とした。しかし、持分権の自由な譲渡を前提とすると、現在だれが他の共有者であるかについて、共有者が干渉することはできない。他の共有者に対する権利行使を確実にすることについての利益を有するにすぎない。そうすると、この無効な登記によって持分権が侵害されている妨害状態は生じておらず、抹消登記請求権は生じないと思われる（佐久間209頁-210頁）。

> **敗訴しても保存行為か**
> 　共有者の1人が提起した妨害排除等の訴訟が勝訴に終われば、他の共有者の利益にもなるから問題はない。問題は敗訴に終わった場合である。保存行為構成を支持する者の中には、保存行為の場合には252条ただし書が他の共有者の持分権をも行使することを授権しており、訴訟の場合、法定訴訟担当として他の共有者にも既判力が生じる（民訴115条1項2号）とするものがある（石田382頁-385頁）。この説は、他の共有者が知

らない間に行われた敗訴判決の効力を争えなくなる手続保障の欠如の問題には、行訴34条に準じた再審の訴えによるとすることで応える。
　示唆に富む考え方であるが、敗訴によって持分権を実質的に失う可能性すらある行為を保存行為概念で捉えることには無理がある。また、訴訟が相手方に有利に進んだ場合、相手方から他の共有者に訴訟告知がされれば参加的効力が及ぶので、あえて既判力を拡張しなくてもよい。

(2) 共有関係自体の主張

　たとえば、1個の土地の共有者が自らの持分権を超えて共有物全体についての共有関係の確認や共有名義の所有権移転登記を求める場合（最判昭46・10・7民集25巻7号885頁）など、共有関係自体を第三者に主張するには、共有者全員で行う必要があり（民訴40条。固有必要的共同訴訟）、共有者の一部の者だけを当事者とする訴訟は訴訟要件を欠いているので不適法却下（主張の当否を問題にする以前に、いわゆる門前払い）される。こういう扱いをする理由は、紛争の合一確定が強く要請されるからである。すなわち、一部の者だけによる訴訟追行を認め、訴訟当事者となっていない者に既判力を及ぼすと、とくに敗訴の場合、その者の手続保障に欠ける。かといって、訴訟当事者になった者だけにしか既判力が及ばないとすると、今度は相手方が残りの者に対して同様の訴訟を繰り返さなければならず、相手方にとっても裁判所にとっても過度の負担で訴訟経済に反することになる。もっとも、保存行為を広く捉えると固有必要的共同訴訟となる場合は狭くなる（石田384頁・392頁-393頁は類似必要的共同訴訟とする。民法の議論と民事訴訟法の議論の関係についての簡潔な解説として高橋宏志「共有の対外的主張」争点122頁-123頁も参照）。

　また、共有者のうちで共同訴訟の提起に同調しない者がいる場合には、残りの共有者は、共有権を争う者とその不同調者を共同被告として、訴えを提起すればよい（最判平11・11・9民集53巻8号1421頁：共有地の境界確定訴訟＝現在の筆界確定訴訟）。このような例外処理を筆界確定訴訟の特質に求め、判決の射程を狭く捉える見解もあるが（佐久間201頁）、入会権確認についても同様の判決が出ており（最判平20・7・17民集62巻7号1994頁）、より一般的にこうした方法を認めることができれば、共有者の足並みが揃わないことで訴訟が困難となる事態は避けられる。

4　共有関係の解消
(1) 分割の自由と制限

共有物の管理や処分・変更につき共有者間でどうしても折り合いがつかなければ、分割請求によって共有関係を解消するほかない。そこで、各共有者は共有物の分割を求め、共有関係をいつでも解消できるのが原則である（256条1項本文）。森林法旧186条は、森林の細分化を防ぐことによって経営の安定を図る目的で、持分2分の1以下の共有者は分割請求できない旨を定めていたが、目的を達成する手段として過剰で不合理な規制であるとして違憲無効とされ（最大判昭62・4・22民集41巻3号408頁）、現在は改正されている。

もっとも、土地の境界線上の共有の壁（229条）などのように、性質上共有関係の解消が考えられない場合には分割請求はできない（257条）。また、共有者の間で不分割特約をすることは認められており、この特約は持分権を譲り受けて新たに共有関係に入った者に対しても主張できる（254条。ただし、不動産については登記が必要である。不登59条6号）。ただ、不分割特約の拘束力は5年に限られている（256条1項ただし書）。不分割特約を更新することはできるが、その期間は更新の時から5年を超えることができない（同条2項）。共有者の破産の場合には清算の利益が優先し、不分割特約は失効する（破産52条）。

このように分割自由が原則とされたのは、団体的な制約を加える必要性が乏しい場合には、単独所有の方が物の効率的な利用や改良を促進するのに適切である、という判断に基づいている。分割自由の原則は、持分権譲渡の自由と並んで、共有が過渡的な例外であるという民法の位置づけをよく表現している。

(2) 分割請求とその方法

(a) 協議による分割　分割は共有物の処分に当たるから、共有者全員の合意が必要だが、合意さえできれば、どのような方法を採るかは自由である。たとえば、広い土地なら分筆していくつかの土地に分けることが可能であるし、多量の種類物でも現物分割が可能である。分割の結果が持分と対応しないときには、過不足分を償金の支払で調整する一部価格賠償の併用となることが多いだろう（調整しないという合意も可能である）。これに対して、狭い土地や44頁の設例8の1台のノートパソコンなど現物分割のできない共有物

の場合には、売却してその代金を分ける価格分割ができる。共有物を共有者の1人の単独所有とするか数人の新たな共有とし（一部分割）、共有関係から脱落する者に償金を支払う全面的価格賠償も可能である。

(b) 裁判による分割　一部の共有者が協議に応じないとか、意見が対立して協議が調わない場合には、各共有者は、他の共有者全員を被告として、裁判所に共有物分割の訴えを起こすことができる（258条1項）。この訴訟は合一確定の必要性が高い固有必要的共同訴訟である。

258条2項によると、現物分割が原則であり、分割が不能の場合や分割によって著しく価格を減少させるおそれがある場合に、裁判所は例外的に共有物を競売して（民執195条）価格分割を行うことができる旨が定められているため（64頁以下の3で述べる906条以下の遺産分割ではより柔軟な分割が可能である）、裁判所がこれ以外の分割方法を採れるかどうかが問題となった。

裁判所は、現物分割を柔軟に運用してきた。たとえば、分割を請求する者の持分権の限度でのみ現物分割をして残りをその他の共有者の共有物として残し、現物分割による過不足分を償金支払で調整する一部分割と一部価格賠償（前頁の(1)の最大判昭62・4・22）、共有物が複数ある場合にそれぞれが単独所有になるようにする分割（最判昭45・11・6民集24巻12号1803頁）、被告のみを単独所有として共有関係から排除する形の一部分割（最判平4・1・24判時1424号54頁）などの方法が認められた。

さらにすすんで、最高裁は、諸般の事情を総合的に考慮して、共有物を特定の共有者に取得させるのが相当であること、価格が適正に評価されること、および取得者に支払能力があり共有者間の実質的公平を害しないこと、という特段の事情があれば、全面的価格賠償による分割もできるとした（最判平8・10・31民集50巻9号2563頁）。のみならず、全面的価格賠償による分割が許される特段の事情の存否を審理しないで競売による価格分割を行うことは違法としているため（最判平8・10・31判時1592号59頁）、全面的価格賠償は、例外というより、裁判上の分割の方法の1つに格上げされている感がある。もっとも、持分権をその権利者の意思によらずに奪う結果となる点には批判もある（具体例に沿った主張として、田高132頁以下）。

(3) 分割の効果

現物分割は各共有者が持分を交換することにより行われる。全面的価格賠

償は、単独所有者となった者が他の共有者の持分を償金を支払って買い取る契約により行われる。そのため各共有者は、他の共有者が分割によって得た権利や物の種類・品質に契約不適合があれば、持分の限度で売主と同様の担保責任を負う（261条。担保責任は561条-572条。改正民法では契約責任として構成されるが、担保責任の語は残る）。共有物に関する証書を保存する義務もある（262条）。

たとえば、分割によってＣがパソコンの単独所有者となった場合、通常、Ｃは欠陥がないことを前提として償金を支払っている。そのため、パソコンに欠陥が見つかり多額の修理費用がかかれば、Ａ・Ｂは、持分割合で計算した修理費用を損害として、それぞれＣに賠償する義務を負うことになる。損害賠償だけでは分割の目的を達成できない場合には、解除に相当する分割のやり直しを求めることができる。

協議による分割なら当事者の合意によるから、561条以下の担保責任の規定が適用されるのは当然であり、261条はなくてもよい当然の規定である。これに対して、裁判上の分割は当事者の意思に基づかない。この場合にも担保責任が生じることを定める点に、261条の存在意義がある。もっとも、通説によれば、裁判上の分割については裁判結果を覆すことになる解除（分割のやり直し）は認められないので損害賠償や代金減額で調整することになる。

> **共有持分上の抵当権に対する共有物分割の影響**
>
> 持分権上の担保物権（実際には共有不動産の持分権上の抵当権のみが考えられる）が分割によりどうなるかについては議論があるが（比較的最近の詳しい論文として、梁田史郎「共有物分割後の持分上の抵当権」九法94号（2007年）117頁以下）、この議論の実益は疑わしい。
>
> そもそも、共有持分権に抵当権が設定されること自体が稀である。また、抵当権者は、分割に参加していない場合はもちろん、260条１項により分割に参加していても意見反映の機会が与えられるだけで分割そのものには関与できないから、共有者らと特別な合意をしない限り、分割に拘束される理由はない。
>
> さらに、遺産分割と異なって共有物分割には遡及効がないから、すでに登記されている抵当権は、影響を受けない。分割結果がどうなろうと、分割前の持分権は抵当権者のために存続し、抵当権者はその持分権から優先弁済を受けることができる。その結果、分割により完全な所有権を

取得したはずの共有者の1人が、他の共有者の持分権を承継する限度で抵当権の負担をも引き継ぎ、分割で取得した持分権を競売によって失う場合もある（この場合には261条によって567条（新570条）の責任を追及することで清算がされる）。持分権上の抵当権の設定が共有物の分割を制約する結果となるが、分割以前に地位を確保している持分権上の抵当権者に分割が対抗できない以上しかたがない。

5 準共有

所有権以外の財産権が複数の者に共同で帰属する場合を準共有といい、法令に特別の定めがある場合を除いて、共有の規定が準用される（264条）。民法上の特別規定として、地役権の不可分性（282条・284条・292条）、多数当事者の債権関係（427条以下）、解除権の不可分性（544条）、組合の財産関係（668条・676条。次頁の1）などがあり、特別法にも民法の原則を修正する規定が多い（株式や社債に関する会社106条・126条3項・4項・685条3項・4項・686条、著作64条など各種の知的財産法の規定）。

とりわけ重要な債権については、給付が可分である限り、原則として共有物分割を経ずに当然に分割されるため（427条）、共有の規定の準用を考える必要がないというのが判例・通説である（我妻＝有泉336頁。これに対して舟橋394頁は、収益の分配、管理・利用方法の決定、費用負担および債権処分等について共有の規定を準用するべきだとする）。共有物に関連した例としては、共有物に対して第三者が不法行為をした場合の損害賠償請求権や不当利得返還請求権、共有地が収用された場合の補償金請求権、共有物の売却代金債権などがあげられる（52頁の(a)の後段・49頁の(c)の後段）。性質や意思表示によって分割債権とならない場合にも、不可分債権（428条）の規定が適用されるので、やはり共有の規定が準用される余地はない、とされる。

所有権および債権以外の権利が共同相続される場合には広く準共有となるともいえるが、遺産分割を始め遺産共有（898条以下）に特有の規定が多く、やはり物権法上の狭義の共有の規定がそのまま当てはまることは少ないと考えられて来た（64頁以下の3）。

ただ、最近の判例には、金銭債権や金銭債権を中核とする権利についても、法令や権利行使の単位の制限等により、共同相続人間で当然分割となら

ないとするものが現れた（分割払戻しに制約のある定額郵便貯金債権について最判平22・10・8民集64巻7号1719頁、株式・投資信託受益権・個人向け国債につき最判平26・2・25民集68巻2号173頁）。ごく最近、預金債権全般が当然分割されず遺産分割の対象となるとの判例変更が行われた（最大判平28・12・19裁判所 WEB サイト）。準共有をめぐる議論を深める必要がいっそう高くなった。

Ⅱ さまざまな共同所有

1 組合の財産関係

> **設例9** A・B・Cの友人3人は、ホームページのデザインの研究・開発等を行うことを主要な目的とし、「Dデザイン」という名前で仕事を始めるため、Aが3万円、Bが5万円、Cが7万円を出して、ノート・パソコン甲を購入した。
> しかし、意見が対立したため一緒に仕事を続けるのが嫌になったAは、どうすればよいか。
> また、Aらが「Dデザイン」という名前で仕事をして得た代金債権30万円や活動のために借り入れた15万円の債務は、だれにどのように帰属するか。

(1) 組合の所有権や債権

(a) 組合契約 詳しくは債権各論の組合契約の個所で勉強することになるので、ここでは概略を説明するにとどめる。組合契約は、組合員となる者が出資をして共同の事業を営むことを約束する契約である（667条1項）。事業の目的は営利活動でなくてもよい。組合契約は、法人の設立とは異なって、特別な手続を要することなく合意だけで成立する。設例9の場合は、「Dデザイン」という名前を持つ組合を作る契約が結ばれたとみることができる（下記の補足＊）。

＊**組合成立の認定** 組合の共同事業は組合契約当事者に共通する目的として、具体的に特定されなければならない。たとえば、土地の共有者が共同でその土地を使用することは、共有土地の利用方法であって共同の事業ではない（最判昭26・4・19民集5巻5号256頁）、と解されている。それゆえ、44頁の設例

8のようにパソコンを共同使用する目的だけでは組合契約は成立せず、狭義の共有となる。

他方、Aが自らの名前で営んでいた個人商店の経営を娘Bとその夫Cに任せ、Cらの努力で店が繁盛した後にAが死亡した場合、黙示の組合契約の成立を認めた例がある（東京高判昭51・5・27判時827号58頁）。これにより、Aの相続人（Bとその兄弟姉妹）が相続する遺産は、店の財産全部ではなく、Aの持分権に限られ、Cは組合員として店の財産に持分権を有することになる。この場合の組合契約の認定は、妥当な効果（この場合には、店の隆盛に寄与したが相続権がないため保護が薄くなりがちなCの適正な保護）を導くために要件を緩やかに解した好例である。このように効果から遡って要件を考えることは法解釈の方法としてよくみられる。

(b) 組合財産の「共有」　組合も人の団体という性格を持ち、独自の組合財産を基礎に活動する。しかし、民法は比較的少人数の組合員が短期間活動することを典型として想定していて、組合には法人格を与えていない（もっとも、労働組合や生活協同組合など、多人数の組合員がいる場合、または長期の活動を行う組合については、特別法によって一定の要件の下に法人格が与えられる場合が少なくない）。前頁の設例9の場合にDに法人格が備わらなければ、Dを甲の所有者とすることはできない。それゆえ、「組合の」所有権というのは、簡略化した比喩的・慣用的な表現にすぎず、甲は組合員Aらの「共有」になる（668条）。同様に「組合の」債権は、組合員Aらの「準共有」になる。

(c) 「共有」に対する制約　しかし、組合財産の「共有」は、249条以下の狭義の共有とは異なる扱いを受ける。すなわち、組合財産にはさまざまな物が含まれ、組合の事業の遂行に使われている。事業が継続している間に、組合財産に含まれる個々の物の持分権を処分したり、分割請求ができるとすれば、共同の事業を営むという組合契約の目的（667条）の達成が危うくなってしまう。そこで、組合員は組合財産上に観念的には持分権を持つものの、持分権の処分は組合や組合の債権者などに対抗できず、組合の清算前には分割請求もできない（676条）、という制約が設けられている。組合員は、通常は個々の物の分割に代えて、せいぜい組合から脱退して（678条・679条）、組合財産全体に対する持分権相当額の金銭の払戻しを受けることができるにすぎない（681条2項）。この算定も個々の物の価格についてではなく、組合財産全体の状況による（同条1項）。

債権も組合活動を支える重要な財産なので、狭義の共有に関して生じた債権のように共有物分割を経ずに原則として当然分割される (427条) ことはない。組合財産の侵害を理由とする損害賠償債権は組合財産に属するため、組合員は、その一部分でも自分1人の権利として請求することができない (大判昭13・2・12民集17巻132頁。ただし判示は傍論)。

　もっとも、判例は、667条以下において特別の規定が置かれていない限り、組合財産については249条以下の共有の規定が適用されるとしている (最判昭33・7・22民集12巻12号1805頁は、組合財産につき後に脱退した組合員の1人が単独名義で登記をしたのに対して、別の組合員がした抹消登記請求を保存行為として容認した。53頁の(b)の保存行為構成に相当)。

(2) 「組合の」債務

(a) 組合員全員の債務　特殊な扱いは、積極財産だけではなく、消極財産である債務についても必要である。組合の活動の結果生じた債務を組合員各自の分割債務としたのでは、各組合員に請求しなければならなくなって契約相手方に著しい不便となり、ひいては組合が契約相手として敬遠されて組合の活動に支障が出てしまうだろう。かといって、組合には法人格がないから、言葉通りの「組合の」債務は考えられない。

　そこで、こうした債務は、組合員全員が組合財産をもって不可分に負う全額債務と、各組合員が個人財産をもって負担する分割債務が併存するものとされている。この分割債務は、損益分配の割合により、その割合は、組合契約で定めなければ出資価額に応じて決まる (674条1項)。利益と損失の分配割合の定めは共通であるものと推定される (同条2項)。59頁の設例9では、債権者は組合に対して15万円を請求できるほか、Aに3万円、Bに5万円、Cに7万円を請求できる。もっとも、債権者は、債権発生時に組合員の損失分担割合を知らなければ、分担割合に従う請求に代えて、各組合員に対して平等の割合で5万円ずつの権利行使ができる (675条)。

(b) 組合財産の半独立性　組合財産は、各組合員が持分権を持つ財産であり、たしかに、組合財産以外の個人財産と厳密には区別されない (この点で後述する法人の場合とは異なる)。しかし、組合財産は、組合の活動の財産的基盤を維持するため、組合の共同事業の遂行という目的により拘束を受ける。その限りで、組合財産は各組合員の持分権以外の個人財産とは区別さ

れ、いわば半ば独立している。この考え方に基づいて、組合の債務者は、その債務と組合員に対する債権とを相殺することができない（677条）。もし相殺を認めれば、組合と関係ない組合員個人の債務のために組合財産を用いることになり、組合財産を減少させる結果となるからである。

(c) 組合財産の管理や処分　組合財産の管理や処分も、個々の物の所有権や債権についての管理行為・処分行為としてではなく、組合の業務執行の一環として行われる。たとえば、設例9の組合財産である甲や20万円の債権の処分は、全員一致の必要はなく、多数決で決められる（670条1項・2項）。

(3) 小　括

以上のように、組合財産についての組合員の「共有」は、組合の活動を支えるため、狭義の共有とは異なる特殊な共同所有と解される。判例・通説は、これを合有と表現している。

2　権利能力のない社団や入会の財産関係

> **設例10**　設例9のA・B・Cは、仕事が軌道に乗ったので、事業の規模を拡大することにした。そのため、一般社団法人にならって「Dデザイン」の組織を編成し直し、他からも出資を募ったり従業員を雇ったりしたが、法人設立の手続はとっていなかった。この場合に、パソコン甲や債権・債務は、だれにどのように帰属するか。

(1) 権利能力のない社団の財産関係

設例10の場合、仮にDが法人として設立されれば、その活動の財産はDの単独所有であり、その債務は、Dの財産が負担することになる。法人の社員は、法人の所有物に対して何らの直接的な権利も持たないし、法人の債務について個人債務を負わないのが原則である（持分会社の無限責任社員など例外はある。会社576条・580条-584条）。

これに対して、設例10では、法人設立の手続が採られていないので、Dが団体としての自立性を実質的に備えていても法人格はない。そうすると個々の団体構成員に権利・義務が共有として帰属するか、前身である組合の組合員の合有が続くと考えることになりそうである。

しかし、狭義の共有のように共有物について団体構成員に持分権の譲渡や分割請求を認めることは、団体の存続を危うくする。そこで、このような場合には、管理・処分権能は実質的には団体に属していて、構成員は持分権をもたず、団体の規約に従って利用できるだけであると考えられる。また、組合の場合とは異なり、団体構成員は団体の債務について個人責任を負うことは想定していないことが通常であり、団体構成員の個人財産を広く団体の債務の引き当てとすることも妥当ではない。構成員は団体の債務について直接には個人債務や個人責任を負わないとされる（最判昭48・10・9民集27巻9号1129頁）。この限りで団体の財産と団体構成員の個人財産は分別されることになる。

以上のように、権利能力のない社団には、結論的に、ほとんどの問題について法人に準じる権利主体性が認められ（不動産登記はできない。補足*）、団体所有の実質が確保される。このような特殊な共同所有状態を、判例・通説は総有と表現している。

＊権利能力のない社団と不動産　権利能力のない社団には法人格がない。また、不動産の登記手続は定型的審査で行われるため、登記官が団体の実態を判断することはできない。そのため、団体名義の登記（昭23・6・21民事甲1897号民事局長回答・先例上834頁）も団体の代表者の肩書き付の個人名義の登記もできず（昭36・7・21民事三発625号民事局第三課長回答・先例追Ⅲ588頁）、代表者等の個人名義で登記するしかない（最判昭47・6・2民集26巻5号957頁。代表者の交代は委任の終了を登記原因とする。昭41・4・18民事甲1126号民事局長電報回答・先例追Ⅳ727頁）。こうして登記に関しては、権利能力のない社団にはなお権利主体性は認められない。

　しかし、権利能力のない社団を相手にした訴訟（民訴29条）において勝訴判決を得た場合、個人名義の不動産がその社団の構成員全員に総有的に属することを確認する旨の確定判決またはこれに準じる文書をその債務名義に添付すれば、その不動産に対して強制執行ができると解されている（最判平22・6・29民集64巻4号1235頁）。

(2) 入会の場合の財産関係

一定の集落（入会団体）の住民が、山林・原野等において、団体の規律や慣習に従って雑草・雑木・石材等を採取するなど使用・収益を行う権利を入

会権という (244頁以下のⅤ)。対象地が実質的にその集落という団体（権利能力がない場合）の所有であれば集落住民の共有に準じ、他の集落の所有であれば他人の所有地の利用権の準共有として地役権に準じると規定されている (263条・294条)。いずれの場合も、実質的にはその入会団体に権利が帰属し、構成員各人はその団体の構成員である限りで使用・収益ができるだけであり、個人的色彩の強い民法上の共有とは異なる、とされている (最判昭41・11・25民集20巻9号1921頁)。入会地の一部を売却した代金債権も、入会団体が存続する限り分割されず、構成員全員に（実質的には団体そのものに）帰属し、引き続き団体の管理・運営の決定に服する (最判平15・4・11判時1823号55頁)。判例・通説では、入会の財産関係も総有と解される。

3　共同相続財産

詳しくは相続法に委ね、ここでは概略だけを説明する（体系書・教科書類のほか、小粥太郎「相続不動産取引に潜むリスク」水野紀子編著『相続法の立法的課題』(有斐閣、2016年) 133頁以下)。

相続人が複数いる場合に相続された財産（遺産）は、相続人の相続分に応じた共有に属する (898条、899条)。この共有は遺産分割が行われるまでの暫定的なものである。また、密接な関係で結ばれる家族間で成立する点、対象が複数の財産から構成され債務の帰属も問題になる点、被相続人の債務を清算して遺産を遺族に適正に分配するという特別な目的をもっている点などにおいて、狭義の共有とは異なる。

そのため、さまざまな特別規定が置かれている。たとえば、遺産の管理に関して、相続のされ方と関係した特則がある (895条・918条・926条・940条・944条など)。共同相続人の1人が分割前に相続分（遺産全体に対する抽象的な持分権を指す）を第三者に譲渡した場合には、他の共同相続人は1か月以内であれば譲渡された相続分を買い戻すことができる (905条)。遺産分割の基準には一切の事情が考慮され (906条)、協議が調わない場合の分割も家庭裁判所の家事審判で行われる (907条2項、家事191条-200条)。遺言によって、遺産の分割方法を指定したり、5年を超えない期間について遺産の分割を禁止することができる (908条)。遺産分割は、第三者を害することができないという制約があるが、相続時にさかのぼって効力を生じる (909条)。すなわち、たと

えば、分割によってある相続人の単独所有になると決まった不動産は、共同相続関係を介さずに被相続人から相続したことになり、被相続人名義から相続人名義へ、相続を原因とする移転登記をすることができる。

　他方、遺産分割前に遺産に含まれる個々の財産の持分権を譲渡できるかどうかや、遺産分割前の債権・債務がどのように扱われるかについては、特別の規定はない。これらの点につき、判例は狭義の共有と同じ扱いをしている（最判昭30・5・31民集9巻6号793頁。ただし全面的価格賠償を認めた56頁の(b)の最判平8・10・31以前の事件で、258条2項を適用して競売による価格分割を正当とした例）。たとえば、共同相続人の一人は、遺産分割前でも個々の財産についての自己の持分権を譲渡することができる。持分権を譲り受けた第三者は、他の共同相続人と共有関係に入り、一般の共有物分割の手続によって共有物の分割を求めることができる（最判昭50・11・7民集29巻10号1525頁。最判平25・11・29民集67巻8号1736頁は遺産共有者と通常の共有者を兼ねる者がいる事例においても、通常共有部分と遺産共有部分とを分離する共有物分割請求ができるとし、全面的価格賠償による分割を認める）。

　金銭債権や金銭債務は、共同相続人の合意がない限り遺産分割の対象ではなく、遺産分割手続を待たずに相続分に応じて当然に分割承継されるとされてきた（52頁の(a)の最判昭29・4・8。学説には根強い反対がある。上記の最判平25・11・29は、遺産共有持分権者は分割取得した賠償金を遺産分割手続まで保管する義務があるというが、当然分割の扱いに対する疑問がさらに深まる。松岡久和「判批」リマークス50号66頁以下）。

　しかし、預金債権の当然分割を否定した、判例変更（59頁の最大判平28・12・19）がされた。これは金銭債権一般にも影響を及ぼしうる。

＊黙示の使用貸借契約　　59頁の補足＊で紹介した組合成立の認定と共通するが、家族内では明確な契約が結ばれることが少ないことを考慮し、妥当な効果を導くために柔軟な合意の認定が行われる。
　たとえば、共同相続人の1人が相続開始前から被相続人の許諾を得て遺産である建物に被相続人と同居してきた場合は、特段の事情のない限り、被相続人死亡時から遺産分割終了までの間は、被相続人の地位を承継した他の相続人を貸主、同居相続人を借主とする建物の使用貸借契約が存続する（最判平8・12・17民集50巻10号2778頁）。また、不動産を共有する内縁夫婦相互間では、一

方の死後、共有関係が解消されるまでは、他方に共有不動産全部の無償使用を継続させる旨の合意がなされたものと推認するのが両者の通常の意思に合致する（47頁の①の最判平10・2・26）。これらの場合には、契約により使用が正当化されるので、使用者には不当利得や不法行為の責任も生じない。

4　建物区分所有
(1)　分譲集合住宅に関する法

1棟の建物については1つの所有権しか成立しないのが原則だが、分譲マンションなどの集合住宅では、1棟の建物の一部（101号室・202号室などと表示される各住戸）に独立の所有権が認められる。こうした所有権を区分所有権、所有者を区分所有者という。建物のうちの区分所有権の対象以外の部分は、原則としてその建物の区分所有者の共有である。また、建物の敷地も、所有している場合には共有、借地の場合には借地権の準共有であるのが通常である（1棟の建物が横に区分される構造の集合住宅では専有部分の敷地が分筆されて各専有部分所有者の単独所有となることもある）。このように単独所有と共有が組み合わされたところに分譲集合住宅の特色がある。また、建物や敷地の管理・利用については、所有権や共有持分権の内容および制限の点で、集合住宅に特有の問題が生じる（同じ集合住宅でも賃貸住宅の問題は建物賃貸借契約の問題となる）。

民法は、当初、共用部分（次述(2)）の共有推定と修繕費等の負担について定める208条だけを置いていた。しかし、中高層の集合住宅が普及するとこれでは対応できなくなり、1962（昭和37）年に俗にマンション法とも称される「建物の区分所有等に関する法律」（昭37年法69号。以下「区分所有法」という）が制定された。その後、いっそうの高層化や大規模団地開発に対応して、1983（昭和58）年の大改正によって団体としての規律が強化された。2000（平成12）年には、マンション管理士の資格やマンション管理業者の登録制度を導入した「マンションの管理の適正化の推進に関する法律」（平12年法149号）が定められた。さらに、2002（平成14）年には、初期に建築された集合住宅が建替え時期に入ったことに加え、1995（平成7）年の阪神・淡路大震災の経験を経て、建替えや大規模修繕を行いやすくするため、区分所有法が改正された。また、建替えの支援として資金を提供する事業者をも組合員とできるマンション建替組合法人の設立を認める「マンションの建替えの円滑化等に関する

法律」(平14年法78号) も制定された。

　以下では、建物区分所有制度の基本的な仕組みを、狭義の共有との違いに重点を置いて概説する。条文の内容を確認しながら読んでいただきたい。

(2) 専有部分と共用部分・敷地利用権の一体性

　構造上区分されて独立して利用できる各住戸部分は専有部分と呼ばれ、独立した単独所有権(区分所有権)が成立する(区分所有1条・2条1項・3項)。区分所有者は、区分所有者の共同の利益に反しない限りという限定は付くが(区分所有6条1項)、戸建て住宅の所有者と同じように専有部分を独占的・排他的に使用・収益・処分することができる。

　これに対して、専有部分以外に複数の区分所有者が性質上共同で使う廊下・階段・屋根・外壁・エレベーター(法定共用部分)や規約で共用部分と定めた管理人室や附属建物など(規約共用部分)は共用部分と称する(区分所有2条4項)。共用部分は、原則として区分所有者全員の共有であるが、たとえば一定の住戸の出入りにのみ使用する階段などは、一部共用部分(区分所有3条)とされ、共用する区分所有者のみの共有である(区分所有11条1項)。共用部分や敷地利用権の共有持分割合は、規約で異なる定めをしなければ、専有部分の床面積の割合による(区分所有14条・22条)。共用部分は、用方に従って各共有者が使用でき(区分所有13条)、共用部分の負担も共用部分から生じる利益も持分割合に応じて分配される(区分所有19条)。

　共用部分の共有持分権は区分所有権と一体なので、権利関係を複雑化させないために、共有持分権だけを分離して処分することは原則としてできず(区分所有15条)、明文の規定はないが共用部分の分割請求や共有持分権の放棄も認められない。敷地利用権もまた、権利関係の複雑化を防ぐために原則として区分所有権と分離して処分することができない(区分所有22条1項)。それに対応する登記手続にも特別の仕組みが用意されている(不登44条1項9号・46条・73条の敷地権の登記)。これらの点が狭義の共有とは大きく異なる。

(3) 管理組合による自治的管理

　(a) 管理組合　建物・敷地などの管理は、区分所有者全員で構成される団体(管理組合。法律による組合であり、いわば強制加入団体である)が、集会決議・規約・管理者によって行う(区分所有3条前段)。一部共用部分を関係する区分所有者のみで管理するときは、建物全体の管理団体と別に、その中に

独自の管理団体が成立する（同条後段）。なお、複数の建物からなる大規模団地の場合には、数棟をひとまとまりとして1つの管理組合が作られることもあり、「団地」として規律されている（区分所有65条以下）。管理組合は管理組合法人となることができる（区分所有47条以下）。

(b) **集会の多数決とその限界**　管理に関する事項は、毎年少なくとも1回は行わなければならない集会（区分所有34条2項）において、原則として、区分所有者および議決権（規約に別段の定めがなければ専有部分の床面積の割合で算出される）の各過半数で決める（区分所有18条1項本文・38条・39条1項）。持分割合という基準に加えて区分所有者の数も多数決の基準とされているのは、集会での決議が、財産権の量に尽きない共同生活関係の質に重大な影響を及ぼしうるからである。

共用部分の変更のうち形状または効用の著しい変更を伴わないものは、集

図表6　建物区分所有法における特別多数決

問題になる場合	区分所有法	特別多数決の内容	備考
共用部分の変更（その形状または効用の著しい変更を伴わないものを除く）	17条	4分の3以上（区分所有者の定数は、規約により過半数まで緩和可）	専有部分の使用に特別の影響を受ける者の承諾を要する（17条2項）。
規約・団地規約の設定・変更・廃止	31条 68条1項	4分の3以上	一部の区分所有者の権利に特別の影響を及ぼすべきときはその者の承諾を要する（31条1項後段）。
管理組合の法人化・法人の解散	47条1項 55条2項	4分の3以上	
使用禁止請求、区分所有権の競売請求、占有者に対する引渡請求	58条2項 59条2項 60条2項	4分の3以上	違反行為停止等の請求の訴え提起は過半数でよい（57条2項）。
建物価格の2分の1超に相当する部分が滅失した場合の復旧	61条5項	4分の3以上	決議に賛成しなかった者には賛成者に対する買取請求権が生じる（61条7項以下）。
建替え	62条1項	5分の4以上	建替えに参加しない者に対して売渡請求権が生じる（63条4項・5項）。

会の普通決議で実施できる（区分所有17条1項・18条）。これに対して、共用部分のそれ以外の変更をはじめ、事柄の重要性に応じて過半数より慎重な特別多数決を必要とする場合も少なくないが（前頁の図表6）、狭義の共有の場合の全員一致原則は、実際上の便宜にあわせて緩和されている。他方で、多数決の限界として、決議により特別の影響を受ける者がいる一定の場合にはその承諾を要する（区分所有17条2項・31条1項後段）。大修繕や建替えの場合には、買取請求権や売渡請求権による区分所有関係からの特別な離脱が認められる（次頁以下の(5)）。

(c) 規約　建物・敷地等の管理などに関する処理は、区分所有法の定めるもののほか、規約で定めることもできるし、規約でしか定められない事項も多い（区分所有30条）。規約の設定・変更・廃止は、原則として集会での4分の3以上の多数決による（区分所有31条。例外は区分所有45条による書面等による決議）。集会決議や規約は、反対者も含めてすべての区分所有者を拘束し、区分所有権の譲受人や区分所有者から借りている占有者に対しても効力がある（区分所有46条）。持分に応じた負担を求める債権や規約・集会決議によって区分所有者に対して生じる債権には、共益費用の先取特権による優先的な回収が保障されている（区分所有7条）。

(d) 管理者　集会決議では、さらに区分所有者を代理する執行機関として管理者を置き、共用部分などの保存、集会決議の実行、その他規約に定めた行為など日々の業務を行わせることができる（区分所有25条1項・26条1項）。なお、管理組合法人では管理者に相当する理事を置かなければならない（区分所有49条1項）。管理組合の管理者および管理組合法人には、共用部分に係る損害賠償金等の請求および受領に関する代理権限等が付与されている（区分所有26条2項後段・4項・47条6項・8項）。

(4) 団体的制約とその実効性確保措置

区分所有者は、建物の保存に有害な行為その他建物の管理または使用に関し区分所有者の共同の利益に反する行為をしてはならない（区分所有6条1項）。区分所有者から専用部分を借り受けている占有者も同様の義務を負う（区分所有6条3項）。

こうした義務に違反した者に対して、他の区分所有者の全員または管理組合法人は、次のような段階的な措置を執ることができる。まずは、裁判外で

違反行為の停止や予防措置の請求ができ、集会の決議をすれば訴えの提起もできる（区分所有57条）。次に、この措置では、共同生活上の著しい障害を除去して共用部分の利用を確保したり共同生活の維持を図ることが困難であれば、4分の3以上の特別多数決を行って、訴えによって専有部分の使用禁止を請求できる（区分所有58条）。さらには、違反者の区分所有権および敷地利用権を競売し、区分所有関係から排除することも可能である（区分所有59条）。占有者が違反をする場合には、占有を正当化している契約を解除し専有部分を引き渡すよう求めることができる（区分所有60条）。これらの措置は暴力団対策で効果をあげているが、現代版「村八分」にならないよう注意する必要がある。

(5) 復旧・建替え

(a) 小規模滅失の場合　建物価格の2分の1以下に相当する部分が滅失した小規模滅失の場合には、集会の普通決議によって共用部分を復旧することを決定できる（区分所有61条3項）。反対者も決議には拘束され、その費用は区分所有者全員が持分割合に応じて負担する（区分所有19条）。復旧や建替えの決議がされるまでは、各区分所有者が共用部分の復旧を行うことができ、費用は他の区分所有者に対し持分割合に応じて償還請求することができる（区分所有61条1項本文・2項）。専有部分は単独所有物であるから、その復旧は、復旧決議の有無に関係なく、各区分所有者が自らの費用で行うことができる（同条1項の本文とただし書を対比）。

(b) 大規模滅失の場合　建物価格の2分の1超に相当する部分が滅失した大規模滅失の場合には、多額の費用がかかることから、集会における復旧の決定は4分の3の特別多数決による（区分所有61条5項）。また復旧決議に賛成しなかった区分所有者は、決議賛成者の全部または一部に対して、自らの権利を買い取るよう請求できる（同条7項以下）。さらに、滅失日から6か月以内に復旧や建替えの決議が成立しないときは、各区分所有者は他の区分所有者に対して、自らの権利を買い取るよう請求できる（同条12項）。この措置により復旧や建替えの資力と意欲のある区分所有者に権利が集まって特別多数決の要件をみたすようになることが期待されている。

(c) 建物の建替え　古い建物を取り壊して新しい建物を建てる建替えは、集会における5分の4の特別多数決で可能である（区分所有62条1項）。

区分所有法制定当時は全員一致でないとできないとされたが、少数の反対者のために倒壊しそうな建物の建替えさえ困難になって合理的でない。そこで1983（昭和58）年改正で特別多数決要件が導入された。この改正では建物の効用の維持や回復に「過分の費用を要する」ことが建替えの要件であった。そのため、特別多数決が成立しても、この要件の充足の有無を争う決議無効の訴えが提起され、裁判の決着がつくまで建替えができず紛争が長期化する問題が生じた。

　そこで、2002（平成14）年改正では、決議事項の明示や説明会の開催など建替え決議に至るまでの手続ルール（同条２項以下）を整備し、十分な情報提供と議論の機会を保障することで、「過分の費用を要する」という要件を削除した（建物の使用目的や敷地の同一性という要件も併せて緩和されたが限界もある。これについては、次頁の文献の鎌田ほかジュリ1309号83頁以下）。建替え決議が成立した場合には、参加者から不参加者に対して権利を時価で売り渡すよう請求できる（区分所有63条４項・５項）。決議後２年内に建物の取壊し工事が正当な理由なく着工されないときは、売り渡した権利は買い戻せる（区分所有63条６項・７項）。

　＊災害による建物全壊の場合の特例　　建物が全壊すれば、区分所有権がなくなり、管理組合も消滅する。区分所有の特殊性に応じた共有の特別ルールも基盤を失って、敷地は民法上の一般的な共有になる。しかし、そうすると、建物再建には全員一致が必要となって合意が得られにくいし（251条）、各共有者は敷地の分割請求ができるので（256条）、敷地が狭くなって再建がますます困難になりかねない。そこで、阪神・淡路大震災直後に、「被災区分所有建物の再建等に関する特別措置法」（平７年法43号）が制定された。この法律は、適用対象となる災害を定める政令の施行日から３年間共有物の分割を原則として禁止した。また、建替えの場合に準じ、敷地の共有者の議決権の５分の４以上の賛成による再建決議を可能とし、反対者に対する売渡請求権を定めた。しかし、再建せずに共有敷地を売却する場合には同法の適用がなかったので、民法の原則に戻って共有者全員の一致が必要だった。行方不明者が多数出た東日本大震災では、建物を再建できない共有地の売却が問題となり、2013（平成25）年の改正により、敷地売却も５分の４以上の特別多数決で可能になった。

◆ 文 献 ◆

丸山英気編『区分所有法〔改訂版〕』（大成出版、2007年）、稲本洋之助＝鎌野邦樹『コンメンタールマンション区分所有法〔第3版〕』（日本評論社、2015年）。現代的な問題については、鎌田薫ほか「分譲マンションをめぐる諸問題（上）（下）」ジュリ1309号80頁以下、1310号96頁以下（いずれも2006年）および「特集 居住状態の変化とマンションをめぐる法的課題」ジュリ1402号（2010年）4頁以下。

5　共同所有の捉え方

(1) 伝統的な3分類説

以上のようなさまざまな共同所有について、長らく通説の立場にあった伝統的な理解は、組合財産の場合を合有（共同相続財産についても合有とする見解が有力である）、権利能力のない社団や入会の財産関係を総有と表現し、狭義の共有とは異なるとする3分類をとった（我妻＝有泉314頁以下、舟橋372頁以下。なお、韓国民法はこのような3分類を立法化した。大村敦志＝権澈『日韓比較民法序説』（有斐閣、2010年）48頁以下）。すなわち、持分権の有無、持分権譲渡や分割請求の可否を軸とし、債権・債務の帰属態様（分割責任か全額責任か、有限責任か無限責任か）、権利主体間の団体的結合の永続性や強さを対応させて、共有・合有・総有には類型的な違いがあるとする（次頁の図表7）。

(2) 3分類説への批判

しかし、合有や総有の概念は不明確で相互に区別ができないとか、ドイツの法制史上の特殊な概念として発達した総有をまったく場面の異なる権利能力のない社団に当てはめるべきでないなどの批判がある。共同所有論と対応する団体論においても、組合と社団を峻別するのは不当であるとか、権利能力のない社団には多様な形態があり一律に有限責任とするべきでないなどの批判がある（立法者の見解とは正反対の理解が通説化してきた経緯を、その後の批判まで含めて手際よく整理するものとして、山田誠一「団体、共同所有、および、共同債権関係」講座別巻(1)285頁以下。社団と組合の関係については山本敬三『民法講義Ⅰ〔第3版〕』（有斐閣、2011年）511頁以下）。

土地の境界線上の共有の壁や区分所有建物の共用部分は、分割請求ができないし独立した処分の対象ともならないため、持分権は潜在的といってもよい。しかし、そうだからといって隣接する所有者相互がその財産について組

合のような団体的つながりをもつわけではないから（区分所有者の管理組合は区分所有建物の管理を目的とするにすぎず、区分所有建物は組合財産にならない）、持分権の処理以外の点についてまで、あえて合有として組合財産の場合のような法的効果を認める必要はない。また、受託者が複数いる信託財産は合有であると規定する信託法79条は、実定法で唯一合有概念を使う法規定であるが、やはり組合と同じ扱いをするべきではない（四宮和夫『信託法〔新版〕』（有斐閣、1989年）241頁-242頁）。さらに、共同相続財産も、特別な規定があるため狭義の共有とは相当異なるが、かといって、合有として一律に効果を導き出す考え方自体が疑問である。権利能力のない社団にも慣習によって中味が決まる入会団体にもさまざまな性格の違いがあり、3分類を固定的に当てはめるべきではない。

　結局、組合財産の合有、権利能力のない社団の総有は、一定の場合の典型的な特色を示す例であって相互に排斥的な類型概念ではなく、広義の共同所

図表7　共同所有の3分類

	狭義の共有	合　有	総　有
例	数人が出資して購入したパソコン	組合財産として購入したパソコン	権利能力のない社団が購入したパソコン
持分権	有	有（ただし潜在的）	なし（団体構成員としての利用権のみ）
持分権の譲渡	できる	できるが対抗できない	できない
分割請求	原則としていつでもできる	原則としてできない（脱退による清算は可能）	できない
可能な給付を目的とする債権・債務	連帯特約がなければ分割債権・分割債務	合有財産での全額債務と組合員の個人財産での分割債務が併存	団体財産での全額債務。構成員は個人債務を負わない
団体による拘束（結合関係の永続性）	団体性はきわめて希薄、結合関係は一時的	団体性は弱いが、各人の権利は共同の目的に拘束される	構成員の権利はむしろ永続的な団体所有の実質の反射でしかない

有の中で連続した段階として並んでいると捉えるべきである。こういう考え方では、具体的に争われる紛争類型毎に、狭義の共有とは異なる処理の必要性が、具体的な団体的結合のあり方・団体的拘束の必要性と程度・営利性の有無・取引相手方の信頼保護の要請の強弱・共同所有の対象財産の単複などの観点で、考慮されることになろう（鈴木禄弥「共同所有の状況の多様性について（上）（下）」民研483号12頁以下、484号11頁以下（1997年））。組合財産や共同相続財産に対しても共有一般の規定が性質の許す限り適用されるとする判例の見解は、個別具体的な処理の妥当性については再検討の必要があるが、この意味で妥当である。

総有は普遍的なものか

共有・合有・総有を類型的に峻別する考え方に対しては、本文で述べたように批判が強いが、総有概念の有用性についても見解が対立する。たとえば石田369頁以下は、総有概念をドイツの法制史上の特異な概念とみるほか、入会の場合の共同所有関係も合有であるとして、総有不要論を主張する。また、権利能力のない社団にそのような総有概念を流用することは不当であるとする。

これに対して、加藤雅信「総有論、合有論のミニ法人論的構造」星野英一先生古稀祝賀論文集『日本民法学の形成と課題　上巻』（有斐閣、1996年）153頁以下は、総有は、生産性が低く私的所有の対象とならない土地について、ある集団が他集団に対して排他的に支配しその構成員に利用させるとともに、過大利用による資源再生産の危機を防ぐため団体的規制を行う法的装置であり、世界各地に共通に見られると主張する。また、法人のような団体的規制を共同所有関係において表現する必要性から、権利能力のない社団への総有論の転用は合理的であるとする。

もっとも、石田は単純な共有・合有の2分類を採るわけではなく、合有論自体の再検討の必要性も指摘している。また、加藤も、権利能力のない社団について、公益目的の社団は総有、営利目的の社団は合有とするなど、古典的な3分類を維持しない。本文末尾で述べたように共同所有概念の柔軟な処理を目指すのであれば、両者の主張には見かけほど大きな相違はないように思われる。

第4節　所有権の取得

　所有権の取得原因にはさまざまなものがあり、民法が物権編の「第三章　所有権　第二節　所有権の取得」で規定しているのはそのうちのごく一部で、実際の重要性が低い例外的な規律である。私的自治の観点からすると、むしろ、契約に基づいて所有権を取得する場合が頻繁に生じ、現実的にも理論的にも重要である。そこで、Ⅰにおいては、所有権を取得するさまざまな原因について最初に横断的に整理し、「所有権の取得」の節で規定されている内容は、その次に簡略に説明するにとどめる。その後に、Ⅱにおいて、契約によって所有権を取得する場合の中でも最も普遍的で重要な売買契約に基づく（とりわけ不動産の）所有権取得を中心に、176条の規律について論じることにする。

Ⅰ　さまざまな所有権の取得原因と「所有権の取得」の規律

1　承継取得と原始取得

　代物弁済（482条）・贈与（549条）・売買（555条）・交換（586条）・終身定期金（689条）は、物や金銭の所有権を取得すること自体を契約の直接的な内容としている。代金の支払によって、受領者は金銭所有権を取得する。さらに、所有権の取得自体を契約の直接的な目的としない場合でも、消費貸借契約における元本の交付（587条）、委任契約における受任者が自己の名前で取得した権利の委任者への移転（646条2項）、組合契約における出資（667条1項・668条。組合員が組合財産の持分権を取得する）などのように、さまざまな契約により所有権が取得される。

　こうした契約による場合のほか、遺言によっても物や金銭の所有権は取得される。これらは、法律行為に基づく所有権取得という共通性を有し、前の所有者（＝譲渡人。前主とも表現する）が所有権の処分権能と所有権移転の意思に基づき、あたかもリレーのバトンのように次の所有者（＝譲受人。後主とも表現する）にその所有権を引き継がせるものである。このことを譲受人の立

場から表現すれば、前主である譲渡人の所有権を引き継ぐ形で取得することになる。これを承継取得という。

さらに、被相続人の財産に属した一切の権利義務を承継する相続（896条）は、被相続人の意思に基づかない法定の効果であるが、これも承継取得である。承継取得の場合には、譲渡より前に譲渡人が設定し登記を備えていた地上権や抵当権などの制限物権は、所有権に対する物権的な負担として譲受人に引き継がれる。譲受人は負担のついた所有権を取得するのである。

これに対して、すでに存在する他人の所有権を承継するのではなく、法律の規定によって新しく所有権を取得する場合を原始取得という。原始取得にも多様なものがあり、建物を新築したり物を製造する場合、狩猟や漁獲や鉱物・石油などの掘採のように物が新たに人の支配下に入る場合、時効取得（162条）、即時取得（192条）、動物の占有による権利取得（195条）、所有権の取得の節に規定されている種々の場合（239条-248条。後記の2）などがある。時効取得や即時取得のように、すでに所有者のある物について、法律の規定によって所有権が新たに取得される場合には、一物一権主義により既存の所有権は反射的に消滅する。原始取得の場合には、前主の所有権を承継するわけではないので、制限物権は負担として引き継がれることなく消滅するのが原則である。

以下では主として物権法に規定のある取得原因を取り上げる。取得時効については民法総則、各種契約については債権各論、相続や遺贈については相続法の教科書や体系書を必要に応じて参照していただきたい。

2　無主物先占等

239条以下の「所有権の取得」の規定は、2つに分けられる。まず、第1群は、所有者が存在しない物や所有者不明の物について所有者を決める規定であり、以下の4つがある（土地の埋め立てや隆起・寄洲による取得については、鎌田薫ほか「不動産とは何か（5・完）」ジュリ1337号62頁以下）。

(1) 無主物先占

ゴミ置き場に捨ててある家具は所有権が放棄された物であり、だれでも拾って所有者になることができる。この場合のように、所有者のない動産（無主物という）は、所有の意思をもって占有した者が所有者となる（239条1項）。

だれの所有にも属さない野獣や海中の魚なども無主物である。これに対して、ロスト・ボールはゴルフ場の所有なので無主物ではない（それゆえゴルフ場に無断で回収する行為は窃盗罪となる。最判昭62・4・10刑集41巻3号221頁）。また、鉱業権・租鉱権などの特別法上の物権が設定されている鉱区で取得された鉱物は無主物ではなく（鉱区外で土地から分離された鉱物は無主物）、これらの物権を有する者が所有権を取得する（鉱業8条。明文の規定はないが漁業権・入漁権の設定されている水域で取得された水産物も同様）。

以上の動産の場合とは異なって、所有者が存在しなくなった不動産は国の所有物となるから（239条2項。相続人のいない相続財産についての959条も参照）、無主物先占の対象にはならない（民法制定前後の土地の所有者決定については、山野目160頁-161頁）。

(2) 遺失物拾得

落とし物や忘れ物の拾得者は、所有者がわかればその者に返還しなければならない。わからなければ、拾得者は、遺失物法（平18年法73号）に従い、拾得後一定の期間内に警察署長や施設占有者にその物を提出しなければならない。公告をしても3か月以内に所有者がわからないか、遺失者が権利を放棄したときは、拾得者は遺失物の所有権を取得できる（240条。詳細は遺失物法を参照）。拾得者が所有権を取得して初めて遺失主は所有権を失う。なお、拾得者が所有権取得後2か月以内に引き取らないと、遺失物の所有権は都道府県または特例施設占有者に帰属する。

(3) 家畜以外の動物の取得

即時取得関係の規定に続いて占有の効果として195条で規定されているが、家畜以外の動物の取得は、遺失物との関係を考慮する方がわかりやすい。すなわち、所有者から逃げた動物は無主物とはならない。逃げた動物が家畜（たとえば犬や文鳥）であれば、所有者（飼主）がいることが通常なので、遺失物として扱われる（ただし、所有者の判明しない犬または猫について、拾得者は都道府県等にその引取りを求めることができ、この場合には、遺失物法は適用されず動物愛護法による）。

これに対して、家畜以外の動物（猿や熊などの野生動物）には所有者がおらず、拾得者は無主物先占が可能と考えるのが普通だから、遺失物のような提出を期待するのは酷である。そこで、拾得者は、逃げた時から1か月間、そ

の飼主から返還請求を受けなければ、その動物の所有権を取得する。

(4) 埋蔵物発見

地中に埋められた小判のように、他の物（包蔵物という）の中に隠れている物で所有者がわからない物を埋蔵物という。捨てられた物ならば無主物であるが、埋蔵物は所有者がいるはずだがそれがだれだかわからない点で遺失物と似ており、遺失物法の手続によって、公告後の6か月以内に所有者がわからなければ、発見者がその所有権を取得する（241条本文）。

たとえば、ゴミ置き場から拾った家具の中から宝石を発見したとすると、その家具はすでに発見者が無主物先占により所有者となっているから、自己の所有する物の中の埋蔵物として発見者が単独で所有者となる。これに対して、他人の所有物の中から発見したのであれば、埋蔵物は包蔵物の所有者と発見者の共有となる（同条ただし書）。なお、土地に埋蔵された文化財は、これらの規定の例外で、国または都道府県の所有物となり、発見者と土地所有者に報償金が支給される（文化財104条・105条）。

3 添 付

(1) 添付という制度の意義と限定性

所有者の異なる複数の物が結合され（付合）、混じりあわされ（混和）、または物が所有者以外の労働力の投下によって変形されて（加工）、新しい物ができた場合において、元に戻すことが困難であったり、それが可能でも経済的に不合理なときには、新しくできた物の所有者を決める必要がある。「所有権の取得」の節の規定の第2群（242条-248条）は、こうした場合を規律する。添付というのは付合・混和・加工の総称である。

ただ、所有権の帰属は、添付の関係当事者間に契約があれば、それによって定められたり、契約の趣旨から自ずから明らかになることが多い。たとえば、労働者が部品を組み合わせて製品を組み立てた場合や請負人が注文者の生地を使って背広を仕立てた場合、できた物が材料の価値より著しく高額なものになったとしても、246条1項ただし書によらず、雇主や注文者が直接に所有権を取得するとするのが、雇用契約や請負契約の趣旨に適う。したがって、242条以下を適用する必要が生じるのは、契約が存在しない場合や、契約の内容や趣旨によっても所有権の帰属が決まらない場合に限られる。以

(2) 不動産の付合

(a) 原則——動産所有権の不動産所有権への吸収　物が不動産に「従として付合」する場合、すなわち結合して独立性を失い、分離できなくなる場合を、不動産の付合という。たとえば、土地に樹木を植えたり、フローリング用に床板を敷いた場合、植えた樹木や床板の動産所有権は、土地や建物などの不動産所有権に吸収される（242条本文）。これに対して、建物は常に土地とは別個独立の不動産であるので、建物が土地に付合することはない。

(b) 例外——権原による結合　土地の賃借人・地上権者・永小作権者など不動産の利用を正当化する権利（これを権原という）を有する者が土地に農作物や樹木を植えた場合、独立した経済的価値を有するこれらの物は、不動産に付合しない（242条ただし書）。通常の不動産利用契約からすれば、利用権者が他人の土地上で育成した植栽物の所有権を保持し続け、収穫して自由に処分できるのは利用権設定契約の目的から見て当然であり、ただし書はこれを確認する規定である。

逆に、権原を持たない者や権原を対抗できない者が播いた種や植えた木などは土地に付合するとするのが判例である（最判昭31・6・19民集10巻6号678頁、最判昭35・3・1民集14巻3号307頁。後者は225頁の7で内容を紹介する）。これに対して、小作人保護のため慣習などを理由に、この場合にもただし書を適用するとする見解もある（たとえば川島184頁-185頁）。しかし、土地の利用権原を伴わない植栽物が土地に付合しないとすると、収穫前の植栽物の収去を土地の所有者から請求されてしまう。むしろ、判例のように植栽物は土地に付合していると認めたうえで、償金請求（248条。請求権の弁済まで留置権が主張可能な場合もある）による保護を植栽者に与える方が妥当である。

(c) 賃借人による賃貸借建物の増改築　賃借人が賃借建物を利用し賃貸人の同意を得てそれに増改築を行い、賃貸借契約終了時にその部分の原状回復が困難な場合が問題となる（原状回復が可能であれば賃借人は収去または造作買取請求を選択可能）。判例は、増改築部分に構造上・利用上の独立性が認められれば、建物は賃貸人と賃借人の区分所有となるとする（最判昭38・10・29民集17巻9号1236頁。区分所有については66頁以下の4）。これに対して、そうした独立性が欠け、従前の建物と一体として利用・取引されるべき状態にあると

きは、増改築部分は建物に付合するとされる（最判昭43・6・13民集22巻6号1183頁）。

建物の賃貸借契約は、賃借建物を使用および収益することを正当化するが、当然に増改築をする権原を含むわけではない（むしろ、賃貸人の同意なく増改築をすれば、賃借人は契約違反の責任を問われる）。また、賃借人に建物の一部につき独立の所有権を認めると以後の土地の利用関係も新たに問題となる。それゆえ、建物賃貸借契約は、一般的には242条ただし書の権原には当たらない。増改築に対する賃貸人の同意の趣旨が賃借人の増築部分の所有権の存続と土地利用権の付与を含み、かつ、増改築物が独立性を有するごく稀な場合に限り（前頁の最判昭38・10・29の事例はその可能性のある大改築）、賃借人の区分所有権取得が認められることになろう。

(3) 動産の付合と混和

機械に他人所有の補修部品を溶接したり、自動車に他人の塗料を塗った場合のように、所有者が異なる複数の動産が結合し、損傷しなければ分離することができなくなったり、分離するのに過分の費用を要する場合を動産の付合という。

パソコンに増設部品をねじ止めしたり、自転車の車体に別の自転車の車輪やサドルを取り付けても（最判昭24・10・20刑集3巻10号1660頁。盗品性は失われないとする）、簡単に分離が可能なので結合した動産が独立性を維持していて付合にはならない。新しい別の物ができたわけではないので後述の加工にも当たらない。この場合には、それぞれの部分につき元の所有権が存続する。

所有者が異なる穀物・液体・金銭などが混ぜ合わされてどれが各自の物か識別できなくなった場合も、分離が不可能か分離に過分の費用を要するのが通常であり、この場合を動産の混和と表現し、動産の付合と同じ扱いがされる。

元の物の価格などから判断して主従があれば、付合や混和の結果できあがった合成物や混和物は主たる動産の所有者に帰属する（243条・245条）。主従の区別ができない場合には、元の物の所有者が価格割合に応じて、合成物や混和物の共有者となる（244条・245条。次頁の補足＊）。

複数の建物が合体した場合のように、不動産同士が付合する場合については明確な規律がないから、以上の動産付合の規律を類推して所有権の帰属を

決めることになろう（不登49条の定める建物の合体による登記も参照）。

＊ゴミの山の除去責任　　所有権の所在は責任とも結びつく。違法に投棄したゴミの所有権放棄は権利濫用であり、所有者はゴミの除去責任を免れない（30頁以下の(b)）。またゴミの山はそれぞれのゴミの元所有者の識別が物理的には可能であってもそれに費用をかける意味がない。さらに土地所有者に個々のゴミの所有者の特定を求めるのは酷である。混和に準じてゴミの山全体が複数のゴミ投棄者の共有となり、共有者全員が不可分に除去責任を負うと考えることができるのではなかろうか。もっとも、寄与度の著しく少ない者については、共同不法行為に関する議論を参考にして責任限定の抗弁を求める余地がある。

(4) 加　工

反物を仕立てて呉服を作る場合や（大判大6・6・28刑録23輯737頁）、小麦を製粉して小麦粉にする場合のように、他人の動産に工作を加えて新しい物を作ることが加工である。「新しい物」ができることを要件としない説も有力であるが（我妻＝有泉312頁、舟橋371頁など）、加えられた工作の価値が大きいことだけで、従前と同じ物とみられる物の所有権が失われるのは妥当でない（新注民(6)415頁［瀬川信久］）。

新しい物ができたかどうかは、社会通念によって判断される。たとえば、貴金属を溶解して金塊に変形したとか伐木を製材しただけでは加工とはいえないとされる（大判大4・6・2刑録21輯721頁、大判大13・1・30刑集3巻38頁。前頁の(3)の最判昭24・10・20も参照。もっとも、いずれも刑事判例で、民事の基準と刑事の基準は、それぞれの法目的にそって異なりうる）。

できた加工物は、原則として材料提供者に帰属する（246条1項本文）。しかし、工作によって価値が増えた分が材料の価格を著しく超えるときには、逆に、加工者が加工物の所有権を取得する（同条1項ただし書。なお、加工者が材料の一部を提供した場合には、その価格を工作によって生じた価格に加算したうえで、他人の材料の価格と比較する。同条2項）。

加工は動産に限られているので、不動産を加工しても246条は適用されず、加工者が加工物の所有権を取得する余地はない。この問題については、建物建築請負契約における所有権の帰属の問題と密接な関係があるので、詳細は契約各論の請負契約の個所に譲る。

(5) 添付の効果

　添付の結果、新しい物の（共有者を含む）所有者となれなかった者は、元の物の所有権の喪失や加工に費やした労力に対して補償を受ける。すなわち、これらの者は、所有権を取得した者に対して、不当利得の規定（703条・704条）に従って、元の物や労力の価格に相当する償金の支払を求めることができる（248条）。

　もっとも、当事者間に特段の合意がある場合にそれに従うのはもちろん、この一般的な償金請求権に対して、特則がある場合には（たとえば賃貸借の場合の608条）、当該契約に特有の事情を考慮した細かい利益調整を行う特則が248条に優先すると考えるべきである（佐久間181頁-182頁も参照）。

　なお、添付した物の所有権を対象とする権利（担保物権とりわけ先取特権が問題になることが多い）は、所有権が消滅する場合には消滅するが、その代わりにその物の所有者が取得する償金請求権が権利の対象になる（247条1項・248条・304条。物上代位）。その物の所有者が添付によってできた新しい合成物等の単独所有者となれば、その物を対象とする（247条2項前段）。その物の所有者が合成物等の共有者となった場合には、権利はその持分権上に存続する（同条2項後段。先取特権の場合につき『担保物権法』285頁の2）。

　＊添付における利益対立の調整　　Aの所有する甲がBの所有する乙に添付してBの所有物となる場合、Aは、必ずしも自らの意思によらずに、Bに甲の所有権を奪われ、所有権を侵害されたといえる。償金請求権を取得しても、それがたんなる金銭債権になるとすれば、Aは、Bの債権者Cと平等な立場に立たされる。この結論は、Bが無資力の場合には、Aの犠牲の下にCが偶然の利益を得ることを意味し、公平・妥当ではない。むしろ、Aの所有権の価値的な保護を考えれば、この償金請求権に一種の優先権を認めて、せめて甲の所有権の価値の帰属を一定の範囲で保護してしかるべきである（松岡久和「『価値追跡』説の展開と限界」『法と民主主義の現代的課題』（有斐閣、1989年）322頁以下）。

　他方、Bも、必ずしも自らの意思によらずに乙に変更を加えられており、その所有権を害されているといえる。それにもかかわらず、償金まで払わされることになると、甲をいわば強制的に購入させられたともいえる。このような観点から248条の規律を問題視する見解もある（たとえば、佐久間182頁-183頁）。

　しかし、248条は、両当事者の行為態様を考慮した調整を行う出発点として、

なお意義のあるものと思われる。すなわち、248条の適用に当たっては、「利得の押付け防止」という不当利得法の考え方を反映させて、償金請求権はBの利益となる限度に限るべきである。さらに、たとえばAが権原を伴わないことを知りながら自らの物をBの物に添付させたときは、Aの償金請求を権利濫用として封じたり、Bの所有権を侵害するAの不法行為責任を認めて、Aの損害賠償債務と償金請求権を相殺し、償還責任を軽減することができる。逆に、BがAに無断でAの物をBの物に添付して合成物の所有権を取得したときは、Aの所有権を侵害する不法行為として、事情によってはAのBに対する甲の市場価格以上の損害の賠償請求を認めることもありえよう。

◆文　献◆

　添付の中でも重要な不動産付合については、瀬川信久『不動産附合法の研究』（有斐閣、1981年）が、研究方法の点でも高く評価されている画期的研究である（百年史256頁-259頁［鎌野邦樹］）。判例・学説の対立の詳細については、新田敏「附合」講座(3) 1頁以下。判例の事例を素材にした演習として田髙119頁以下が有用である。

Ⅱ　契約に基づく所有権の取得

　この節では、意思表示（正確には意思表示を要素とする法律行為）によって所有権を取得する場合に、それが何を根拠としてどのようにどの時点で生じるのかという問題を論じ、また、所有権取得の時期を論じることの意味をも考える（なお、「所有権（の）移転」という表現が用いられる方が多いが、本書では極力「所有権（の）取得」という表現で統一する）。所有権を取得する原因となる法律行為にはさまざまなものが存在するが、以下では、その中でも最も重要であり、これまでも議論の際に常に念頭に置かれてきた売買契約に基づく所有権取得、とりわけ不動産所有権の取得を中心に論じ、建物建築請負契約の場合にも簡単に言及する。

1　所有権取得の根拠と態様
(1) フランス法とドイツ法の対極的な処理
　契約に基づく所有権の取得は176条の「物権の移転」に該当するが、同条の解釈にはかなり複雑な争いがある。それを理解するための前提知識とし

て、フランス法とドイツ法の両方を継受した日本民法の特殊な位置を知る必要がある。

(a) フランス法の意思主義　ローマ法以来長い間、一定の形式を法的効果の根拠とする古い形式主義の考え方が支配していた。それによれば、動産・不動産の取引のいずれにおいても、所有権の取得には、その原因となる売買などの契約に加えて、対象物の引渡しや支配の移転を象徴する一定の形式を伴う行為を必要としていた。

これに対して、1804年のフランス民法は、引渡しや登記という形式を必要とせず、契約の効果として所有権が取得される、という立場（意思主義）を採った。意思主義が採用された背景には、所有権取得の根拠は法の定める一定の形式ではなく当事者の意思であるとする自然法思想の影響、国家権力の介入を嫌う私的自治尊重という考え方の普及、取引量の拡大に伴う取引の迅速化の要請、売買契約書に引渡済条項を挿入する取引慣行の定着（これにより引渡し要件が観念化し、契約締結時に所有権が引渡しによって移転すると解された）などがあった。立法当初のフランス法においては、二重譲渡の場合、契約書に付された確定日付の先後によって優劣が決まった。

フランス法において不動産所有権の取得を第三者に主張するのに対抗要件としての登記が一般的に必要となったのは、1855年の登記法の制定以降であり、動産の所有権取得には現在も契約だけで足り、引渡しは対抗要件としても必要でない（フランス法の歴史的展開について、詳しくは、滝沢聿代『物権変動の理論』（有斐閣、1987年）を参照）。

(b) ドイツ法の形式主義と物権行為の独自性・無因性　フランス民法と対照的に、1900年のドイツ民法は、所有権を移転するには登記（不動産）または引渡し（動産）を必要とした（形式主義。成立要件主義とか効力要件主義とも呼ばれる）。これは、古い形式主義の単純な復活ではなく、紛争を予防し安全・確実な所有権取得取引を保障するための新たな工夫であった。

また、ドイツ法は、物権・債権を峻別する考え方を基礎に、売買契約（物権行為との対比で債権行為と呼ばれる）からは売主に所有権移転債務が生じるだけで、所有権移転には、その時点で所有者である譲渡人が、所有権を移転する別個独自の意思表示である物権行為（譲受人との合意が必要なので物権契約ともいう）をすることが常に必要である、とする（物権行為の独自性）。

さらに、物権・債権を峻別し、債権行為と物権行為にはそれぞれ別個独立の要件・効果があると考えるドイツ法では、債権行為としての売買契約が無効であったり取り消されても物権行為は影響を受けない（物権行為の無因性。無因主義ともいう）。それによれば、売買契約が無効であっても、物権行為が有効であれば所有権は買主に移転するため、たとえば売主Xは、買主Yに対して所有権に基づく目的物の返還を請求できず、所有権の返還を求める不当利得返還債権を取得するにとどまる。YがあらためてXへの所有権移転の物権行為を行わなければならないのである。また、Yからの転得者Zは所有権をYから承継取得することになるから、Xから所有権に基づく返還請求を受ける心配がない。こうして、XY間の無効な契約は第三者Zを巻き込むことなく契約法理に従って清算される。これに対して、フランス法では、そもそも物権・債権が峻別されず、また、登記も共同申請ではなく買主が単独でできるため、ドイツ法のような物権行為概念は構成できない。そして、売買契約が無効であれば所有権の移転も生じないため（有因主義）、XはYやZに対して所有権に基づく返還請求権を主張できる。

　もっとも、未成年者が親の同意を得ずに土地を売った場合など、物権行為も債権行為と同じ瑕疵を理由に取り消されて無効となれば所有権が移転しないため、ドイツ法でもフランス法におけるのと同じ結論になる。また、Yの権利取得を信頼したZだけを保護すれば足りるところ、無因主義では、XY間の契約の無効を知っているZまで保護されてしまう。こうしたことから、ドイツでも立法論的には無因主義は批判されている。そして、スイス法・韓国法・中国法など、ドイツ法とフランス法の中間的な立場として、所有権移転には登記や引渡しという形式を要するが、物権行為の独自性や無因性までは認めないものもある（債権的形式主義。ただし各国で無因性を認める解釈もある）。

(2) 日本民法の沿革に由来する解釈の多義性

(a) 立法者の選択　　日本民法が成立したのは、フランス法が登記制度を導入した1855年より後、ドイツ民法と同じ1896年であった（施行は日本民法が1898年、ドイツ民法が1900年）。立法者は、形式主義の利点を認識しながら、フランス法や旧民法と同様の意思主義を意識的に選択した。その主たる理由は、取引が頻繁になった今日では、物を引き渡されて占有していなければ処分できないのでは不便だということであった。ただ、この理由は動産取引を

念頭に置いたもので、不動産については登記慣行が十分定着していなかったことが理由となっていたと推測される。

しかし、他方で、日本民法は、物権と債権を区別するパンデクテン体系を採用している。そして、とりわけ売買契約において、所有権を買主に移転する債務が売主に生じるように読める（555条）。他人物売買もフランス民法のように無効ではなく、真の権利者から権利を取得し買主へ移転する義務を売主に課している（561条）。さらに、登記制度も物的編成主義や共同申請主義を採る点でドイツ法に近い（99頁以下の第5節）。このように両法を継受した日本民法では、フランス法とドイツ法のいずれをモデルとして重視するかによって、176条の解釈にも多様な幅が出てこざるを得ない。

(b) 議論の推移の概要　　判例は後述するように一貫してフランス法的な解釈を採ってきたが、学説は紆余曲折を経てきた。以下では、その概略を述べる（個別の文献の挙示は略す。詳細は98頁以下の文献に譲る）。

立法当初はほぼすべての学者がフランス法的な理解を採っていたが、20世紀初頭の学説継受期のドイツ法学の圧倒的な影響の下、いったんは物権行為の独自性・無因性を認める見解が通説化した。しかし、末弘厳太郎の主張を契機に、1920年代以降、判例を支持する見解が再度通説となった。これに対し、末川博は、1935年に代金支払・登記申請・引渡しという外部的徴表を伴う行為を物権契約と構成し、その時に物権変動が生じるとする新たな物権行為独自性説を主張した。これを支持する見解は現在も根強い。他方、川島武宜は、物権行為の独自性を否定しながらも、有償性の原理と取引当事者の通常の意思を根拠に、末川の主張とほぼ同じ結論を採り、1960年代以降は、この考え方が次第に支持を広げた。さらに、1962年に鈴木禄弥が、物権変動時期を論じること自体を批判する新たな考え方を示して大きな論争となった。現在もさまざまな見解が対立するが、所有権取得の時期は当事者の意思で決めることができることが広く承認され（91頁の補足＊）、契約の解釈によって、物権行為概念の要否などの法律構成の対立は、具体的な問題において大きな差異をもたらさないとの認識が広がっている。

(c) 物権行為の独自性と無因性　　現在、物権行為の独自性・無因性についての見解は、次のような状況にある。

まず、独自性に関連して、判例（最判昭33・6・20民集12巻10号1585頁）や多

数説は、176条の「意思表示」を債権契約の中に含まれる所有権移転の意思表示を指すものと理解し、これと別個独立した物権行為を不要とする。売買契約を例に説明すると、売買契約が成立すれば、その中に含まれる売主の所有権移転の意思表示に基づいて買主が所有権を取得するとする。これに対して、物権・債権を区別する日本民法の体系構造を重視する見解は、176条の「意思表示」を物権行為（正確には、物権行為の構成要素であり、物権変動の効果をもたらす意思表示）と理解する（近江52頁-53頁など）。ただ、独自性肯定説でも、債権行為とは別個独立した物権行為が常に必要であるとは考えず、通常は債権行為と物権行為が一体として行われると解するものもある（安永35頁など）。

　次に、無因性について、物権行為の独自性を認めない立場では、そもそも無因性を認める余地がない。物権行為の独自性を認める見解も存在するが、無因性まで肯定する見解は現在では非常に少ない（たとえば、近江54頁-55頁。しかも特約によって無因にできるという相対的有因論）。

　物権行為の独自性の要否は、次の所有権取得時期の議論の中で、具体的な問題に即して検討するので、ここでは無因性についてのみ本書の考え方を述べておく。制度として一律に無因性を認めて物権変動の確実性・安定性を確保するかどうかが主要な問題であり、特約次第であるという相対的有因論では、無因主義の長所が生かせない。また、日本民法は不動産について公信力保護の制度を備えていないが、その点は177条や94条2項の類推適用などによって相当程度補完できるので（116頁以下の2）、取引安全の保護のために無因性のような技巧的で批判のある法的構成をあえて採用する必要はない。したがって、所有権の取得は、その原因である売買契約等の法律行為の効力の有無により左右されると解するべきである。すなわち、無効な契約によっては買主は所有権を取得しない。契約等が取り消された場合も遡及効（121条）があるため、譲受人の所有権の取得は否定され、譲渡人が所有者であったことになる（ただし、第三者との関係では問題の扱い方について見解が分かれる。この点は154頁以下の1）。

金銭と無因性

　判例・通説が物権行為の無因性を認めない日本法においても、金銭は特殊な扱いを受ける。金銭は、流通手段なので、受領時にその出所を調

> べなければならないようでは迅速な決済ができない。そこで金銭は、原則として、現に所持している者がその所有者であるものと扱われる（「占有者＝所有者」理論)。そして、金銭の所有権が取得されるためには、支払うとの合意だけでは足りず、実際の支払（＝現実の占有移転）を要する。
>
> 　また、契約が無効であっても、占有者となった受領者がその金銭の所有権を取得する。さらに、金銭は価値そのもので物としての個性を持たないから、支払われた特定のその金銭ではなく同額が返還されればよい。支払者は、契約が無効である場合にも、支払ったその金銭の所有権を回復するのではなく、同額の金銭の支払（＝所有権の新たな移転）を求める不当利得返還債権を取得するにすぎない。こうして結果的に、金銭所有権の取得は無因的に扱われるのである。
>
> 　金銭を代替する機能を有する手形・小切手や銀行振込みの場合にも、無因的な処理がされている。もっとも、宛先を間違えた誤振込みによっても受取人の預金債権の成立を認める最判平８・４・26民集50巻５号1267頁には、賛否両論がある（松岡久和「判批」ジュリ1113号73頁-75頁)。

2　売買契約等による所有権取得の時期

(1)　判　例

(a)　概　観　判例は、物権行為の独自性を否定するとともに、売買契約に限らず広く法律行為全般につき、次のように解している。

①対象物が現存・特定している場合には、法律行為の効力が発生すると同時に物権変動も生じる（大判明41・７・８民録14輯859頁：買戻し—買戻権行使時、大判明41・９・22民録14輯907頁：第三者のためにする贈与契約—第三者の受益の意思表示の時、大判大４・10・16民録21輯1705頁：買付委任—受任者が第三者から買い受けた時、大判大５・11・８民録22輯2078頁：遺贈—遺言者死亡時、大判大７・２・28民録24輯307頁：特定物売買予約—予約完結の意思表示の時、大判大15・４・30民集５巻344頁：贈与—贈与契約時、大判昭７・１・26民集11巻169頁：借地人の建物買取請求権—買取請求権行使時、86頁の(c)の最判昭33・６・20：売買—売買契約時、最判昭35・10・28集民45号535頁：代物弁済—代物弁済の合意時、最判昭40・３・11判タ175号110頁：代物弁済予約—予約完結権行使時)。

②即時の所有権取得に支障がある場合には、そうした支障が取り除かれた

時に取得される。すなわち、種類物の場合には対象物が特定された時に（401条2項。最判昭35・6・24民集14巻8号1528頁：種類物売買）、他人物など将来取得する物を給付する場合には売主が所有権を取得した時に（最判昭40・11・19民集19巻8号2003頁：動産譲渡担保）、買主がその所有権を取得する。所有権移転に許可を要する農地の売買契約の場合には、許可が得られた時または対象土地が農地でなくなり許可を要しなくなった時に買主が所有権を取得する（最判昭61・3・17民集40巻2号420頁）。いずれの場合も売主が所有権移転の意思表示や何らかの行為をあらためて行う必要はない。

③当事者に物権変動時期について特約があるときはそれに従う（最判昭38・5・31民集17巻4号588頁：代金完済と所有権移転登記手続完了までは所有権を買主に移転しない趣旨）。一定期日までに代金が支払われないと契約が失効する旨の解除条件が付されている寄託商品の売買の場合において、荷渡依頼書が交付されても、その後に荷渡依頼が受寄者への通知で撤回されたときは、所有権は契約時には買主に移転していない（最判昭35・3・22民集14巻4号501頁）。この事例も、代金支払までは所有権は買主に移転しない趣旨の特約があったと解せる。

(b) **判例の評価**　判例は①を原則とし、②③や後述する建物建築請負契約の場合を例外としていると説明されることもあった。しかし、物権変動が意思表示の効果として生じるという意思主義の原則に立つ以上、まず当事者の（黙示のものを含む）契約上の定めが重視され、むしろ③こそが原則である。それが明らかでない場合、次に契約類型の特質等の当該法律行為の性質による判断（②や請負契約などがここに入る）が行われ、それらによっても物権変動の時期が定まらないときに初めて176条の適用による補充がなされる。そのような意味で、判例は、原則として債権行為時に物権変動が生じると同条を解釈している。もっとも、判例の抽象論は具体的な事案の解決に影響していない、とする吉原節夫の分析があり、判例の理解は一様ではない。

(2) **主要な学説**

ほとんどの見解が、当事者の特約があればそれに従うのが意思主義の原則から当然であり、176条の解釈はそうした特約がない場合の補充的な基準にすぎないとしている（なお91頁の補足＊）。細部の対立を捨象して整理すると、物権変動の時期について現在主張されている説は、ほぼ次の4つの考え方に

分類することができる（代表的なもの2つに限り、1つは最近の教科書類を挙げた）。なお、いずれも物権変動一般に妥当するとして主張されているが、本書の趣旨に沿って売買契約における不動産所有権の取得に限定した表現を用いる。

　(a) **債権行為時説**（契約時移転説、即時移転説という表現もある）　これは判例を支持する考え方で、支障がなければ、契約時に買主が所有権を取得するとする（我妻＝有泉59頁-61頁、滝沢54頁-57頁）。この考え方は、176条が物権の移転は当事者の意思表示のみによって効力を生ずると定めていることと親和的である、という。

　(b) **物権行為時説**　これは物権行為の独自性を肯定し、日常取引における慣行や通常人の常識に依拠し、登記・引渡し・代金支払という外部的徴表を伴う行為を物権行為と構成し、その時に買主が所有権を取得するとする考え方である（末川博『物権法』（日本評論社、1956年）65頁-72頁、近江52頁-53頁・58頁-59頁）。

　(c) **有償性説**　この説は物権行為の独自性を否定するが、債権行為時ではなく、（533条の同時履行の抗弁権などに見られる）有償性の原理と取引当事者の通常の意思を根拠に、代金支払・登記・引渡しのいずれかの時点で買主が所有権を取得するとする（川島248頁-254頁、舟橋86頁-88頁。安永35頁は物権行為の観念を認めつつ、それは債権契約と表裏一体的に行われるとして有償性説と同結論になるとする）。

　登記や引渡しの先履行の場合には、信用授与の意思が認められる場合に限って所有権取得が認められるとする考え方（原島重義「不特定物の売買における目的物の所有権移転時期」九法28巻3号（1962年）81頁以下）はこの説を微修正するものである。

　(d) **段階的移転説**（なし崩し的移転説、物権変動時期確定不要説などとも称される）　この考え方によると、当事者間ではもっぱら契約関係による処理（533条・534条・575条などの適用による解決）が優先し、所有権の所在は問題解決の決め手にならない。対第三者関係も、取引関係に立つ者との関係は対抗要件（177条・178条）によって決まる。それ以外の者に対しても、所有権がどちらにあるかに関係なく、債権侵害の不法行為や債権侵害を理由とする妨害排除請求などを肯定したり、登記名義人にも土地工作物責任を広げることで、売主・買主双方に保護や責任を認めうる。あらゆる局面で所有権取得時期を

1点に定めるのは実益がないだけでなく、理論的にも不可能であり、所有権の各種の権能は時を異にして売主から買主になし崩し的に移行するとする（鈴木禄弥『物権法の研究』（創文社、1976年）109頁以下（初出は1962年）、最近では内田433頁-435頁。太田知行『当事者間における所有権の移転』（勁草書房、1963年）は記号論理学を用いて同じ結果を導く）。

＊所有権の取得時期と意思解釈　両極に位置する異論もある。一方で、意思主義法制では所有権移転義務の履行強制は観念できず、所有権移転は売買契約の本質的効果であって所有権移転時期を特約で合意することもできない、とする考え方がある（三宅正男「売買による所有権移転の考え方(1)-(14)」判時996号-1042号（1981年-1982年））。他方で、二重譲渡の法的構成の問題を解決するため、登記または引渡しによって初めて所有権が移転するとしたり（石田108頁以下）、売買契約に基づく引渡しにより第1段階の萌芽的な相対的物権の移転が生じ、登記によって第2段階の絶対的物権の移転が生じるとする考え方（加藤96頁以下）も登場している。

　履行強制ができなくても契約責任の論理的前提として所有権移転債務を観念するのが適切であるため、三宅説には従えない。石田説は、登記を所有権移転の効力要件ではなく対抗要件とする理解を前提に組み立てられている日本法の種々の制度（民法だけにとどまらない）と整合しないため、解釈論としては無理が大きすぎる。加藤説の「萌芽的な相対的物権」は第三者に対する直接的な保護を受けられない点で物権の絶対性との間に矛盾があり、結局登記を効力要件とする石田説と同様の批判を免れない。

(3) 検　討

論争が重ねられた結果、日本民法の沿革、諸制度との体系的整合性、現実の取引慣行や法意識の理解などの対立点が決め手にならないことは、ほぼ明らかになっている。そこで、具体的な議論から始めるという本書の基本方針に沿って、具体例を挙げて検討しよう。その際、段階的移転説とその他の見解の対立は、それ以前の学説の対立とは異質な面を持つので、最初に段階的移転説から検討する。

> **設例11**　XとYは、Yの所有する建物甲を1000万円で売買する契約を3月1日に結び、3月10日に代金支払、3月20日に引渡し、3月30日に移転登記をすることとした。この契約中に生じる以下のような問題はどう解決さ

れるか（各問いは相互に無関係である）。
　[1] 2月1日にYから月額10万円で甲を借りて占有・使用しているAがいるとすると、XがAから甲の賃料10万円を受け取れるのは何時からか。
　[2] 3月5日にBが誤って甲を損傷した場合、Bに損害賠償請求ができるのはXとYのどちらか。
　[3] Xが約定通り3月10日に1000万円をYに支払おうとしたのに、Yが売買代金の増額を主張して代金の受領を拒絶し、その後の引渡しや移転登記も行わない。現在、甲を不法に占有するCがいる場合、Cに明渡しの請求ができるのは、XとYのどちらか。
　[4] 3月25日にYの債権者Dが甲を差し押さえた。Xは第三者異議の訴え（民執38条）によって執行を排除できるか。
　[5] 甲が未登記の建物である場合において、XがYから預かった書類を勝手に使って3月5日に甲の保存登記をしたとき、Yはその登記の抹消を請求できるか。

(a) 段階的移転説の功績と問題点　局面毎に具体的に問題を検討するという機能的な議論は、それまでの概念的な議論の仕方に対する反省として戦後の民法学を特徴づけていた利益衡量重視の解釈論を具体化したものといえる。設例11の[1]や[2]の場合、XY間の紛争解決には所有権の所在ではなく、[1]では法定果実の帰属を決める575条1項、[2]では危険負担者を決める534条（民法改正後は新567条によることになろう）という契約法上の規律が決定的である、とする主張は、他説からも多くの支持を得た。その結果、当事者間では契約関係が所有関係に優越する（所有権移転時期論争はこの限りで無意味）という認識が広く共有されることになった。この点での段階的移転説の貢献は大きい。

　また、[1]の場合や[4]の場合に、Xは、甲の所有権を取得していても、登記を備えていない限り原則としてAやDにその所有権取得を対抗できない（177条）。AはXに移転登記がないことを主張してXの所有権取得を争える（新605条の2第3項。詳しくは127頁以下の(c)。もっともAやDの主観的態様は問題になりうる）。対第三者関係において所有権取得の有無より対抗要件具備の有無が決定的であることは、他説も認めている。

　これに対して、段階的移転説が、所有権という概念を分解して個々の権能

毎の移転を考えることには批判が強い。民法典は権利概念を軸に、一定の要件が加われば一定の効果が生じるという思考様式を採っている。たとえば、未登記不動産の場合には所有権を確認する判決で保存登記ができる（不登74条1項2号）など、所有権の所在が基準として有用な場合がある。それゆえ、所有権取得の有無を論じずに、たとえば損害賠償請求や妨害排除請求の可否を判断するのは、これらの請求権が何を保護するものかを見失わせ、法律の適用に基づく裁判から逸脱するし、物権・債権を区別する民法体系とも矛盾する。

設例11に即して言えば、段階的移転説は、[2]の場合の加害者Bに対して、Xは所有権侵害と債権侵害のいずれを用いても損害賠償を請求できるから買主の所有権取得の有無は重要でないとするが、所有権侵害と債権侵害の要件は同じではない（通説的な見解では、所有権侵害は過失でも足りるが、債権侵害には故意や強い違法性を要する）。また、[3]の場合、不法占有者Cに対して妨害排除請求ができるのは所有者であり、債権者に広く妨害排除請求が認められているわけではない。Yの妨害排除請求権を代位行使すること（423条の類推）によるXの保護を肯定するとしても、それはYへの所有権帰属を前提にする。[3]の場合には、むしろ、売買代金を提供して契約上の義務を尽くしたXを所有者として、Xにのみ妨害排除請求を認めるべきではなかろうか（次頁の(c)も参照）。さらに、[1]、[4]および[5]の場合にXが対抗要件としての登記を備えたとしても、対抗要件が有効なのは所有権の取得があって登記がそれを公示しているからであり、買主の所有権取得の有無が問題とならざるをえない。このように第三者に対する関係では所有権取得の有無と時期が重要な役割を果たしており、段階的移転説は支持できない。

(b) 債権行為時説に対する疑問　債権行為時説は、フランス法を継受した176条の沿革のほか、判例が安定した基準となっており、特約がない場合には、原理・原則としてそれが明確であるという。また、当事者意思の解釈によって特約を緩やかに認定すれば、代金支払・登記・引渡し時に買主が所有権を取得すると解することもできるから、物権行為時説や有償性説との大きな違いはなく、不都合は生じないとの指摘も多い。さらに、近時は、書面作成および手付交付があって初めて確定的・終局的な契約締結意思が認められ、その時点で不動産売買契約が成立したと認定する下級審裁判例の傾向か

ら（フランスでも、登記を行うために不可欠の公正証書が作成されるまでは契約成立自体を認めないので、ドイツ法との実際の違いは少ないと指摘されている）、学説の対立はいっそう相対化され、主として理論的・体系的な問題が残るのみだとされる。

しかし、意思解釈により広く例外を許容して柔軟で妥当な解決を確保できるとしても、かなり強引な意思解釈による例外処理を広げてまで原則を堅持する必要があるのか。債権行為時説は、債権者危険負担主義を原則とした534条（同条は、学説からその規律の不合理さが強く批判され、種々の制限的解釈の工夫がされていたが、民法改正で削除予定）と同様に、原則と例外を転倒させる不合理なものではないだろうか。

また、91頁の設例11のように、代金支払・登記・引渡しが別々の時点とされている場合にはどう解釈するのか。そのうちのいずれかの時点で買主が所有権を取得するという特約が認定されなければ、3月1日の契約締結時に買主は所有権を取得するという原則どおりとなろう。しかし、代金未払の買主に損害賠償請求権や妨害排除請求権による保護を与えるのは、代金先履行の約定の趣旨と合致しない。

　(c)　**物権行為時説に対する疑問**　　日本法では、物権行為に特定の方式を要するとはされていない。そのため物権行為という概念を肯定する見解でも、当事者が売買契約の中で所有権取得時期を合意していれば、その時に債権的意思表示と物権的意思表示が同時になされたものと考えざるを得ず、物権行為の存否が外部的徴表と結び付かない場合が広く存在する。それゆえ、外部的徴表を手がかりに物権行為の存在を認定しようという考え方の根拠は疑わしい（安永35頁）。また、物権的意思表示の存在を債権的意思表示とは別に必ず確認しなければならないとするのは、不必要な手間である。

さらに、設例11の[3]の事例では、物権的意思表示は、所有権を移転するとのẎの意思表示であるから、代金を受領しないYはそのような意思表示をしておらず、引渡しも移転登記もないため、Xは甲の所有権を取得できず、所有権の取得にはあらためてYの所有権移転の意思表示を求めなければならなくなるはずである（414条1項、民執174条）。しかし、Xが約定通りの履行の提供をした以上、その時点でYに別段の意思表示がなくてもXの所有権取得を認め、妨害排除請求等による保護を与えてしかるべきである。物

権行為概念自体は考え方の整理として有用な面をもつが、物権行為の独自性を認める必要はなく、むしろこの例では独自性にこだわることは有害である。

(d) 有償性説についての補足　以上の検討から、有償性説が妥当と考える。

ただ、有償性説を採っても、第三者に対して所有権取得を主張するには登記を要する（177条）。91頁の設例11の[1]の場合のAや[4]の場合のDは、177条の第三者であると解されるので、Xは登記をするまでAに賃料を請求することができず、Dの強制執行を排除することもできない。

これに対して、[2]および[3]の場合のBやCは177条の第三者ではないと解されているので、XはBやCに移転登記がなくても所有権取得を主張できる。ただ、Xが損害賠償請求権や明渡請求権を主張できるのは、所有権取得時以降である。Xの売買代金支払または提供（Yが受領を拒絶する[3]の場合）により、Xは所有権を取得する。契約に沿って行うべきことを行ったXは所有者としての保護を与えられるべき段階に至っている。そのためには対世効のある所有権の取得を認めるのが簡明であり、そうした保護を認めても同時履行の抗弁などのYの契約上の利益は害されない。

さらに、[5]の場合、3月5日時点での保存登記は所有権取得前の無効な登記として、Yが抹消を請求できる可能性がある。もっとも、後に代金が約定通り支払われればこの無効は治癒され、手続的要件違反だけを理由とする無効や抹消請求は認められない（113頁以下の2）。

代金が分割払の場合には、代金の大部分の支払で所有権取得を認めるという考え方もあるが、どの程度の支払があれば大部分といえるのか明確な限界線が引けない。ごく些細な金額の不足があっても信義則上全額支払と同視できる例外的な場合は別にして、全額の弁済完了時にXは所有権を取得すると解するべきであろう（もっとも宅建業法43条の適用がある場合は代金額の30％を超える額の支払で買主は所有権を取得でき、売主の所有権留保は原則として認められない）。

また、代金支払よりも引渡しや移転登記が先行する場合には、その時点で買主は所有権を取得する。というのは、引渡しは所有権の中心的内容の1つである排他的占有を買主に移転するものだからである（所有権留保特約がある場合に所有権が移転しないのか否かについては、『担保物権法』377頁の第2項）。さら

に、対抗要件としての引渡しや移転登記は、意思主義によってすでに生じた所有権取得を主張するための追加的要件であるから、所有権取得が遅くともその時点で生じていることを論理的前提としている。それゆえ、引渡しや移転登記（厳密には、登記申請に必要な書類の交付）の時に買主に所有権を移転するという意思が当事者には契約の当初からあったと考えるのが自然である。

契約上の履行請求権の時効消滅後の法律関係

　設例11において、XY間の売買契約が完全には履行されないまま、消滅時効期間が経過し契約上の債権が時効消滅した場合、Xは所有権に基づいて甲の引渡しを請求できるか。債権行為時説では、Yの代金債権は時効消滅するのに、Xの所有権に基づく請求が認められることになり、XY間の均衡がとれないと批判された。これに対して、債権行為時説でも、抗弁権の永久性を認めることで、Yは契約上の抗弁として代金が支払われるまで引渡しを拒絶できるとの結論をとれるため不当ではないとの反論がされた。

　有償性説では、契約の履行状況によって問題の処理が異なることになろう。

　特約も代金支払・登記・引渡しのいずれもない場合には、Xは所有権を取得していないのでXの物権的請求権は問題にならず、双方の請求権とも時効消滅する。

　代金が全額支払われている場合には、契約上の履行請求権の時効消滅後にも所有権に基づく引渡しや移転登記請求を認めてよい。また、代金未払でも移転登記および引渡しの両方が済んでいる場合には買主は所有権を取得しており、売主の代金請求権だけが消滅時効にかかる。売主の基本的な債務が履行されて同時履行の抗弁権が失われ、代金債権は売買代金相当額を貸し付けた債権と変わらず、物をめぐる当事者関係は債権関係から所有関係にすでに移行している。

　代金未払のまま移転登記か引渡しのいずれか一方だけがされている場合には、買主は所有権を取得しているが、基本的な債務が双方未履行で同時履行関係が残り売買契約は完結していない。それゆえ、両者の関係はなお契約関係の残影に覆われ、契約関係の所有関係への優越および抗弁権の永久性の法理に従って、Xの物権的請求権を認めつつ、代金支払との同時履行の抗弁をYに認めるべきである。

3 建物建築請負契約による所有権取得の方法と時期

(1) 判　例

判例は、この場合も特約があればそれに従う（最判昭46・3・5判時628号48頁）。特約がない場合には、加工の246条を考慮していわゆる材料主義を採り、材料の主要部分をいずれが提供したかで処理を分ける。すなわち、注文者が材料を提供した場合には、建物所有権は原始的に注文者に帰属するが（大判昭7・5・9民集11巻824頁）、請負人が材料を提供した場合には（通常の建物建築請負契約はこちらである）、建物所有権は、建物が独立した不動産となった時点で、いったん請負人に帰属し、その引渡しの時に注文者が請負人から承継取得する（大判明37・6・22民録10輯861頁）。

　もっとも、請負人が材料を提供していても、注文者が請負人に対し全工事代金の半額以上を棟上げのときまでに支払い、なお工事の進行に応じ残代金の支払をしてきた場合には、特段の事情のない限り、建物の所有権は引渡しを待つまでもなく完成と同時に原始的に注文者に帰属する（最判昭44・9・12判時572号25頁）。このように、注文者が、代金の全部または大部分を支払っていれば、注文者に所有権が帰属する旨の特約の存在が推認される。

(2) 学　説

　請負人の請負代金債権を担保するのに有益であるとの理由で、請負人への建物所有権帰属を認める判例を支持する見解もあるが、最近は、建物所有権は注文者に原始的に帰属するとする注文者帰属説の方が優勢である。その理由は、次のとおりである。請負契約の目的は注文者に建物の所有権を取得させることにあり、契約の趣旨から請負人もまた、注文者の（所有するか利用権を有する）土地上にある建物の所有権が自らに帰属するとは意識していない。請負人には、注文者に所有権が帰属することを前提として不動産工事の先取特権や留置権という担保方法がある（ただし、これらは十分機能していないとの反論がある）。請負人の建物所有権取得を認めても、土地の利用権がないため建物を売却して債権を回収することはできない、などである。これらはもっともな理由であり、注文者への所有権の帰属を認めたうえで、請負代金債権の担保方法の改善を検討するべきである。

(3) 複数の請負人が工事を行った場合

　請負人Ａが途中まで工事をしたが、代金の支払を受けないままで請負契

約が注文者により解除された。その後、注文者が、その未完成部分（建前という）を利用して別の請負人Bに建物を完成させたが、Bの報酬も未払であるとしよう。この場合、材料主義による判例（最判昭54・1・25民集33巻1号26頁）の考え方によれば、いずれの契約にも所有権帰属の特約がない限り、加工の246条2項により、Aの作った建前の価値と、Bの提供した材料および工事の価値の合計を比較し、価値の大きい方が完成した建物の所有権を取得することになる。これに対して、注文者帰属説では、注文者が所有権を取得する。

また、請負契約では、下請負人が用いられることが少なくない。前掲の判例によれば、下請負人Xが主要な材料を提供して建物を建築したが元請負人Aから報酬を得られなかった場合において、元請契約に特約がなく、注文者Yも元請負人Aに報酬を支払っていないときは、下請負人Xが建物所有権を取得することになる。これに対して、元請契約において注文者に所有権が帰属する特約がされた場合には、下請契約は元請契約の存在と内容を前提とし、下請負人は元請負人の注文者に対する債務を履行する履行補助者的な地位にあるから、元請負人と異なる権利関係を主張できないとして、注文者を所有者とした（最判平5・10・19民集47巻8号5061頁）。いずれの場合も、注文者帰属説では、注文者が所有権を取得する。

◆文　献◆

学説状況が錯綜しているため、滝沢聿代「物権変動の時期」講座(2)33頁以下や新注民(6)224頁以下［山本進一］の詳細な整理が役に立つ。松岡久和「石田喜久夫先生の物権変動論I」『民法学の課題と展望』（成文堂、2000年）231頁以下は、石田・鈴木論争の意味を再考し、私見も詳しく述べている。簡潔なまとめでは、鎌田3頁以下をお勧めする。不動産売買契約の成立時点との関連は、横山美夏「不動産売買のプロセス」争点91頁以下。微妙な論理や表現の妙味は要約では伝わらないから、以上の文献の引用を見て、気になったものがあれば原論文を読んでいただきたい。

建物建築請負契約による所有権の取得については、債権各論で請負契約を学んでからもう一度考えてみていただきたい。学説・判例の詳細は、新注民(16)124頁-128頁［広中俊雄］、坂本武憲「請負契約における所有権の帰属」講座(5)439頁以下。

第5節　不動産登記制度と登記請求権

　所有権は物（の価値）に対する排他的・絶対的な支配権で、その物に所有権が成立すると、これと内容において両立しない他の所有権その他の物権は成立しないのが原則である（13頁の(3)）。前節で学んだように、所有権取得は原則として意思表示のみで効力を生じるが（176条）、そのことは契約等の取得原因の当事者以外には必ずしも認識できない。所有権取得が外部からでもわかる仕組みを用意しないと、第三者は、隠れた所有権取得の効力を主張されて不測の損害を被るおそれがある。また、そもそも、安定した取引のためには、だれに所有権が帰属しているのかが容易に判断できなければならない。そこで、所有権取得は第三者に認識できる方法（公示方法）を伴わなければならない、という公示の原則が必要となり、177条と178条がこの趣旨を定めている。

　本節では、不動産所有権の取得の場合を中心にして、不動産登記制度の概要と、登記請求権、登記の有効要件などをまとめて扱う。Ⅰ とⅡの間に説明を加えた土地登記事項証明書の模式図を置くので適宜参照していただきたい。

Ⅰ　不動産登記制度

1　不動産登記と不動産登記簿
(1) 不動産登記

　不動産登記制度を定めるのは、主として不動産登記法（平16年法123号）である。不動産登記とは、同法の定める手続に従い、不動産の所在地を管轄する登記所（全国8か所の法務局、県庁所在地など42か所の地方法務局、およびその支局・出張所の総称。不登6条。全国で418か所）において、登記官が登記簿に登記事項を記録すること、あるいは、そうして行われた記録そのものを指す（不登11条）。

(2) 不動産登記簿

(a) 形　態　　不動産登記簿は、かつては差し替えできる登記用紙を綴

じた帳簿の形で、土地登記簿と建物登記簿の2種類があった。2004（平成16）年の不動産登記法の改正により、1筆の土地または1個の建物ごとに磁気ディスクに電磁的に記録しコンピュータで管理する方式に変わり（不登2条5号・9号）、紙の帳簿のような区別はなくなったが、なお土地と建物の登記はそれぞれ別個に扱われる。

　(b) 編成方式　日本の不動産登記簿は、物的編成主義（次頁のコラム）という編成方式によっており、権利の対象となる不動産を単位として登記が作成され、その上に成立する物権とその変動を順次記録していく仕組みをとっている。登記は、権利の承継取得の原則に対応するように、前の権利者の登記を基本としつつ、それに連続する形で後の登記がされる（登記連続の原則）。

　(c) 3つの部分　登記記録は、表題部と権利部に区分して作成される（不登12条）。

　表題部には、不動産の表示に関する事項が記録され、これを表示に関する登記という（不登2条7号・27条以下）。表示に関する登記には、土地の場合には所在場所・地番・地目（田・畑・宅地・山林・原野など23種の主要な用途による区分）・地積（面積）、建物の場合には所在場所および敷地の地番・家屋番号・建物の種類、構造および床面積など、その不動産の同一性を確認するのに必要な情報が記録される（不登34条1項・44条1項）。

　表題部は、元々は課税の基礎情報として税務署が管理していた土地台帳・家屋台帳という登記とは別のものであったが、1960（昭和35）年の不動産登記法の改正で権利の登記と一本化された。表示に関する登記も、当事者の申請に基づいて行われるのが原則であるが、税務の基礎として使うことから登記官が職権ですることもできる（不登28条）。

　権利部には、不動産の権利の保存、設定、移転、変更、処分の制限、消滅が記録される（不登2条4号・8号・3条・59条以下）。権利部は、所有権に関する事項を記録する甲区と、制限物権に関する事項を記録する乙区とに分けられる（不登規4条4項）。いずれにおいても、順位番号・登記の目的・受付番号・登記原因・権利者その他の事項が記録される。

　(d) 公開　だれでも、手数料を支払って、公式の証明書である登記事項証明書や図面・付属書類等の写しの交付を請求できる（不登119条以下）。画面を印刷しても公式の証明にはならないが、法務大臣から指定と委託を受

けた財団法人民事法務協会の web ページ（http://www1.touki.or.jp/）で、インターネットを利用した閲覧も可能である。

> **物的編成主義と人的編成主義**
>
> 　物的編成主義の登記簿は、18世紀末のプロイセン一般抵当権法を基礎に、所有権譲渡をも登記させる19世紀末のプロイセン土地登記法により考案されたが、歴史的には、不動産譲渡証書の写しなどを時間順に登録していく年代別編成主義や、これを権利者毎に索引等で整理する人的編成主義の方が先に登場した。制度の仕組みが単純だからだと思われる。しかし、人的編成主義の登記簿では、重複・矛盾する登記が出現することが防ぎにくく、権利関係を遡る調査が複雑で難しいので、専門の業者や法律家が必要となる。これに対して、物的編成主義では、重複・矛盾する登記の出現を予防することが容易であり、ある不動産の登記簿を見れば、現在の権利関係のみならずそれに至る権利変動の経緯がすべて読み取れるなど、公示の技術として優れている。
>
> 　わが国では旧登記法（明19年法1号）からすでに物的編成主義が採用されていた。日本と同様に韓国・台湾・中国などの登記制度も物的編成主義を採る。人的編成主義で出発したフランス法も1955年の法改正で物件に関する検索カードを導入して物的編成主義の長所を取り入れている。
>
> 　英米法圏のオーストラリア・イギリス・ニュージーランドなどでは、権原登記あるいはトーレンズ式登記（トーレンズは考案者の名前）制度が採用された。この制度は物的編成主義とは異なるが機能的にはそれに近い。これに対して、アメリカの圧倒的に多数の地域では、現在でも、人的編成主義の証書登録制度が維持されている。権原保険会社などの専門業者が物的編成主義に相当する整理された情報を保有しているほか、そうした利害関係者の既得権益の主張が制度改革を阻んでいる。アメリカで権原登記が導入されている地域は、登記簿が大火災などによって失われたシカゴなどごく一部である。

2　登記のできる権利とできない権利

　登記できるのは、原則は物権であるが、不動産賃借権（605条、不登3条8号）、不動産買戻権（579条・581条、不登96条）、物権取得期待権（不登105条2号の請求権保全の仮登記による。仮登記については118頁以下のⅤ）も登記でき、登記

をすることで第三者に対する物権的な効力が与えられる。

登記できる物権は、土地の場合には、所有権・永小作権・地上権・地役権・先取特権・質権・抵当権・採石権である（不登3条各号。占有権・留置権・入会権は登記できない）。これに対して、建物の場合には用益物権は成立しないため、所有権・先取特権・質権・抵当権のみが登記可能である。さらに立木法では、所有権保存登記を受けた立木に先取特権・抵当権のみの登記を認めている。

物的編成主義の登記制度は、こうした権利の変動を記録し、登記連続の原則とあわせて、現在の権利の帰属を明らかにする仕組みである。

3 登記の種類

登記には、さまざまな視点からの区別に基づいて、多様な種類がある。以下では、権利に関する登記のうち、重要なものを簡単に説明する。

(1) 対抗力の有無による区別

登記の中心的な効力としての対抗力の有無により、本登記（終局登記とも表現される）と仮登記（118頁以下の Ⅴ）に分かれる。

(2) 形式による区別

登記の形式により、独立性を有し固有の順位番号を付される主登記と、主登記の順位番号に付記何号という表示を加える方法により順位番号を付される付記登記（不登4条2項、不登規148条）に分かれる。たとえば、所有権の移転登記は常に主登記であるが、所有者の名称や住所の変更などすでになされた主登記を変更・更正する登記は、付記登記の形式を用いる。また、地上権のような所有権以外の権利の移転やこうした権利を対象とする抵当権の設定などの登記は、地上権設定の主登記と一体として公示される必要があり、やはり付記登記で行う。

(3) 記載内容による区別

記載内容による区別として、記入登記（新たな登記原因に基づく新しい記録）、変更（の）登記（登記後の実体関係の変更に応じた記録の変更。不登2条15号・64条-66条）、更正（の）登記（錯誤や遺漏により登記と実体に最初から不一致がある誤った記録の訂正。不登2条16号・64条・66条・67条）、抹消登記（対応する実体関係がなくなった場合の記録の消去。不登68条-71条）、回復登記（誤って抹消された記録の再生）

不登72条）などがある。

　少々注意が必要なのは抹消登記で、これは登記記録が初めから存在しないのとは異なり、元の登記内容が見える形で抹消されたことが示される。かつては朱筆で×印を書いていたが、現在は下線を引くことで抹消を示している（文字上の取消線でないのは、コンピュータ処理になった当初の技術的制約によると推измеる）。

　上記の(1)〜(3)の区別は、相互排斥的なものではない。たとえば、売買契約に基づく所有権移転登記は、本登記であり、主登記であり、記入登記である。

(4) 物権変動以外の登記や仮登記

　物権変動以外に、権利の処分制限についても登記や仮登記ができる（120頁のコラム）。

4　登記申請の手続

(1) 登記申請の方法

　登記の申請は、インターネットを使用した電子申請（オンライン申請）と、書面または申請情報を記録した磁気ディスクを提出する書面申請の2種類のいずれかで行うことができる（不登18条）。書面申請は郵送によることも可能であるが（不登規53条）、不着の危険や順位確保についての不安があるので、軽微な内容の登記にのみ使われているようである。

(2) 共同申請主義の原則とその例外

　(a) 共同申請主義　権利に関する登記は、原則として、登記権利者（登記上直接に利益を受ける者。不登2条12号）と登記義務者（登記上直接に不利益を受ける登記名義人。不登2条13号）の申請に基づいてなされる（共同申請主義、不登60条。実際には1人の司法書士が双方を代理して申請するのが普通であり、義務の履行行為なので民法108条の双方代理の禁止には該当しない）。共同申請主義は、登記をすることによって不利益を受ける者を申請手続に関与させ、登記の真実性を担保しようとするものである。

　オンラインでの共同申請は、一定のソフトウェアを用いて、1つの申請情報に、登記権利者と登記義務者が電子署名・電子証明書・添付情報を添えて行う（不登18条1号、不登規41条‐44条）。添付情報のうち、後述する登記識別情

報は必ず電子的に提供しなければならないが、暫定的措置として、登記原因証明情報は書面およびスキャナ画像、その他の添付情報は書面の提出によることができる。

(b) **例外としての単独申請**　例外的に、登記義務者がいない場合や固有の理由から、単独で登記を申請できる場合がある。たとえば、判決による登記や相続・法人合併によるなど権利の包括承継の登記（不登63条）、登記名義人の氏名や住所の変更または更正の登記（不登64条）、権利者の死亡や法人の解散により権利が消滅したことに基づく抹消登記（不登69条）、未登記不動産の所有権保存登記（不登74条）、所有権登記の抹消登記（不登77条）、仮登記（不登107条）などがある。

このほか、官公署の嘱託により登記がなされる場合や法律に別段の定めがあって登記官が職権で登記をする場合がある（不登28条など表示に関する登記のみならず、権利に関する登記についても多数）。

(3) 定型的審査と真実性の確保手段

(a) **定型的審査主義**　日本の民法は、物権変動を生じる原因である契約について、ドイツやフランスとは異なって公証人による公証や認証などを要求していないばかりか、法的には書面すら必要としていない極端な諾成主義を採っている（現実には契約書が作成されることが普通だが）。また、申請を受けた登記官は、原則として、提出された申請情報や添付情報のみを資料として定型的に審査し、不備がなければ登記簿に登記事項を記録する。これを一般的には形式的審査主義と呼んでいるが、むしろ定型的審査主義（121頁の文献の山野目『不動産登記法』136頁・157頁。大場『不動産公示制度論』132頁の「窓口的審査主義」も同趣旨であろう）と表現する方が適切であろう。簡易・迅速を重視した制度設計であるが、登記の真実性を担保する仕組みは比較法的にみて著しく弱い。

(b) **真実性の確保手段**　まず、なりすましを防止し登記義務者の意思を確認する手段として、上述の共同申請主義のほか、電子署名・電子証明書（電子申請）または記名押印・印鑑証明書の添付（書面申請）、登記識別情報（不登2条14号・22条）、資格者代理人による本人確認等、事前通知（不登23条）、登記官による本人確認（不登24条）がある。次に、登記内容の真実性を確保するものとして、譲渡や制限物権設定の契約書など、登記すべき物権変動を生

じさせた原因を証明する登記原因証明情報（不登61条、不登令7条1項5号・6号、別表22項以下）の提出が義務づけられている。

　登記識別情報は、登記名義人を識別し、その者が登記申請をしていることを確認するために用いられる。その形態は、大文字のアルファベットと算用数字を組み合わせた12文字のパスワードのような情報で、不動産ごと、かつ、登記名義人になった申請人ごとに定められる。たとえば、登記名義人Aが自らの所有する甲不動産をBに売却し、所有権移転登記を申請する場合、甲の所有権移転登記に際してAに通知されていた登記識別情報を添付情報として提供する。この申請に基づき登記が実行されると、新しい登記名義人Bにあらためて別の登記識別情報が通知され、Bが甲を処分して登記をする際にそれを添付情報として提供することになる。

　紛失・失念等により登記識別情報を提供できない場合には、これに代えて資格者代理人（権利の登記の場合には司法書士か弁護士）による本人確認または公証人による本人認証（不登23条4項各号）による。それも行われない場合には、登記官が申請があったことを通知し、申請意思を確認したうえで登記をすることになっている（不登23条1項・2項）。さらに、登記官は、なりすましが疑われる場合には、出頭を求め、質問や必要情報の提供要求により、申請権限の有無を調査しなければならない（不登24条）。

(4) 登記の実行と順位

　登記の申請がなされると、登記官はその申請に受付番号を付してその順に審査し、審査を通って受理した後は、受付番号の順に登記が行われる（不登19条・20条）。同一の不動産について登記をした権利の順位は、登記の前後によるので（不登4条1項、不登規2条）、受付番号の順位が重要である。

図表8　登記事項証明書（土地）

表題部 (土地の表示)		調製	平成4年5月11日	不動産番号	6000123456789
地図番号	余白	筆界特定	平成20年12月15日筆界特定（手続番号平成20年第999号）		
所在	千代田区三崎町八丁目			余白	

① 地番	② 地目	③ 地積 ㎡		原因及びその日付（登記の日付）
396番2	宅地	300	00	396番から分筆 （昭和43年3月7日）
余白	余白	余白		昭和63年法務省令第37号附則第2条第2項の規定により移記 （平成4年5月11日）

※右注記：コンピュータによる管理に移行した際に移記されたものである。

権利部（甲区）（所有権に関する事項）			
順位番号	登記の目的	受付年月日・受付番号	権利者その他の事項
1	所有権移転	昭和48年7月2日 第7210号	原因　昭和60年6月14日売買 所有者　千代田区三崎町八丁目2番3号 　　　　甲　山　一　郎 順位2番の登記を移記
		余白	昭和63年法務省令第37号附則第2条第2項の規定により移記 （平成4年5月11日）
2	<u>差押</u>	<u>平成7年3月11日 第3012号</u>	<u>原因　平成7年3月10日甲地方裁判所競売開始決定 申立人　中央区日本橋八丁目4番1号 　　　　株式会社かきく銀行</u>
3	所有権移転	平成8年11月25日 11245号	原因　平成8年11月21日競売による売却 所有者　新宿区南新宿二丁目3番4号 　　　　乙　野　次　男
4	2番差押登記抹消	平成8年11月25日 第11245号	原因　平成8年11月21日競売による売却
5	所有権移転請求権仮登記	平成28年3月7日 第3789号	原因　平成28年3月1日売買予約 権利者　千代田区大手町七丁目7番6号 　　　　あいう商事株式会社
	余白	余白	余白

※右注記：
- コンピュータによる管理に移行した時に効力のあった順位2番の登記を順位番号1に移記したので、甲山さんには前所有者が存在していたことがわかる。
- 管轄する法務局へ行って閉鎖登記簿を閲覧すればそれが誰だったかわかる。
- 競売により売却されたので2番の差押登記も乙区1番の抵当権設定登記も、抹消されている。抹消はこのように下線で示す。抵当権と差押えの申立人が同じ「かきく銀行」なので、抵当権の実行としての競売が申し立てられて、競売が実行されたものと思われる。
- 仮登記担保であるかもしれないが、所有権移転請求権の仮登記なので、甲区に記録される。登記面からは担保目的かどうかや、被担保債権額はわからない。

権利部（乙区）（所有権以外の権利に関する事項）			
順位番号	登記の目的	受付年月日・受付番号	権利者その他の事項
1	<u>抵当権設定</u>	<u>昭和61年6月30日 第6321号</u>	<u>原因　昭和61年6月2日金銭消費貸借同日設定 債権額　金2,000万円 利息　年7．8％（年365日日割計算） 損害金　年14．5％（年365日日割計算） 債務者　千代田区三崎町八丁目2番3号 　　　　甲　山　一　郎 抵当権者　中央区日本橋八丁目4番1号 　　　　　株式会社かきく銀行 順位1番の登記を移記</u>
	余白	余白	昭和63年法務省令第37号附則第2条第2項の規定により移記 （平成4年5月10日）

※右注記：抵当権の実行としての売却によって当該抵当権は消滅し、2番登記により抹消されている。

※　下線のあるものは抹消事項であることを示す。　　整理番号　D23992　　（1/1）　　1/2

第5節　不動産登記制度と登記請求権　107

順位番号	登記の目的	受付年月日・受付番号	権利者その他の事項	
2	1番抵当権抹消	平成8年11月24日 第11245号	原因　平成8年11月21日競売による売却	
3	地上権設定	平成10年4月3日 第4321号	原因　平成10年4月1日設定 目的　高架鉄道敷設 範囲　東京湾平均海面の上100メートルから上10メートルの間 地代　1平方メートル1年3万円 支払期　毎年3月1日 特約　土地の所有者は高架鉄道の運行の障害となる工作物を設置しない 地上権者　渋谷区渋谷六丁目4番25号 　　　　　西急電鉄株式会社	高架鉄道のための区分地上権（269条の2）の設定である。順位1番の抵当権の実行による競売で買受人となった乙野次男さんを所有者として設定されている。この地上権は、これより後順位の4番の根抵当権設定や甲5番の所有権移転請求権に優先する。
4	根抵当権設定	平成16年6月11日 第6110号	原因　平成16年6月10日設定 極度　額金4,000万円 債権の範囲　銀行取引　手形債権　小切手債権 債務者　新宿区南新宿二丁目3番4号 　　　　乙　野　次　男 根抵当権者　千代田区大手町五丁目6番7号 　　　　　　株式会社あかさ銀行	乙野次男さん自身が債務のために設定した根抵当権である。この根抵当権は、乙3番の地上権設定には劣後し、甲5番の所有権移転請求権には優先する。

これは登記記録に記録されている事項の全部を証明した書面である。

　　平成28年4月1日
　　東京法務局　　　　　　　　　登記官　　　　　法　務　八　郎　　職印

※　下線のあるものは抹消事項であることを示す。　　整理番号　D23992　　（1／1）　　2／2

デイリー六法平成29年版1846頁-1847頁の模式図を株式会社三省堂の許諾を得て使用し、欄外の説明コメントを付加した。

Ⅱ　登記請求権

> **設例12**　甲土地がYからAを経てXに転売されたが、登記名義はYのままになっている。Xは、どのようにして登記名義を得ることができるか。

1　意　義

　共同申請を行うべき当事者の一方が登記申請に協力しないときは、他方は協力を請求できる。この登記申請協力請求権を略して登記請求権という。登記申請行為自体は、行政庁の処分を求める公法上の行為であるが、同時に、物権変動に対抗力を与える私法上の行為でもあるという二面性を有する（それゆえたとえば契約上の債務の履行のための登記申請用書類や印鑑などの交付は表見代理の基礎となる権限の授与とみられる）。

登記請求を認容する確定判決を得れば、単独申請により登記を行うことができる（不登63条1項）。この場合の判決は、給付判決でなければならないのが原則であるが（和解調書でも可能。大決昭9・11・26民集13巻2171頁）、保存登記を申請する場合は（不登74条1項2号）、確認判決で足りる（大判大15・6・23民集5巻536頁）。

2　種　類

登記請求権が認められる場合は多様であり、判例は多元的な説明をしている。学説では、物権の現状と登記名義を一致させる必要性や、物権変動と登記を一致させる必要性などを論拠に一元的な説明を試みるものも少なくなかったが、最近は、実体的な権利関係に応じて類型的に説明する多元説が有力である。多元説でもさまざまな分類がされているが、契約上の請求権と性格付けられるものと、契約上の関係がない（契約上の請求権が時効消滅した場合を含む）当事者間での物権に基づく請求権に2分し（加藤166頁、山野目114頁）、さらに前者を契約上当然に発生するものと特約がなければ認められないものに分け、全部で3種類に整理するのが有用と思われる。

(1)　債権的登記請求権

(a)　契約上当然に発生するもの　　登記請求権は、不動産物権を譲り受けた者が契約上の履行請求として譲渡人に対して移転登記請求をする場合が最も一般的である（改正後の新560条は対抗要件を備えさせる売主の義務を明記する）。債権的登記請求権に対しては債務者は契約上の抗弁を主張できる。たとえば、前頁の設例12では、AはYに対し、またXはAに対し、それぞれ売買契約により当然に登記請求権を持つ。他方、YはAに対し、またAはXに対し、それぞれ残代金支払との同時履行の抗弁や契約の無効・取消しなどの抗弁を主張できる。

次に、最高裁判例は見当たらないが、大審院判例は、登記請求権は一般的に消滅時効にかからないとしてきた（大判大9・8・2民録26輯1293頁ほか多数）。しかし、物権的登記請求権はともかく、契約に基づく請求権のうちで登記請求権だけを特別扱いする理由はない。当事者間ですでに買主が所有権を取得している場合に限って、債権的登記請求権の時効消滅後に物権的登記請求権を認めれば足りよう（96頁のコラム）。

また、債権者である買主に一般的に給付の受領義務があるか否かについては争いがあるが、移転登記をしないと課税されたり土地工作物責任（717条）を追及されるなどの不利益が売主に生じるおそれがあるため、少なくとも信義則を介して買主には登記の受領義務があると考えられている。それゆえ、買主が登記申請に協力しない場合には、逆に、買主に対する売主の登記引取請求権が認められる（最判昭36・11・24民集15巻10号2573頁。解除した登記済買主の登記抹消請求で逆パターン）。この場合には不動産登記法上の登記義務者である売主が実体法上は登記請求権者である。

　107頁の設例12で、買主AはXへの転売後といえども元の売主Yに対する登記請求権を失わない（大判大5・4・1民録22輯674頁）。物権帰属の現状に一致させることを根拠として登記請求権を一元的に理解しようとする考え方は、すでに所有権を失っているこのような場合のAの登記請求権を認めることが難しいため、妥当でない。他方、従来、これを物権変動的登記請求権ということが多かった。しかし、登記連続の原則からみて、AからXへの移転登記の前提としてYからAへの移転登記が必要であるが、それはAY間の契約上の登記請求権と見れば足りるので、物権変動的登記請求権を観念する必要はない（債権的登記請求権の時効消滅後の関係について96頁のコラムも参照）。

　(b) 特約によらなければ認められないもの　賃借権はそもそも相対的な権利であり、登記をして初めて「売買は賃貸借を破らない」という物権的効力の拡張が認められるのであるから（605条）、賃貸借契約を結んだだけでは足りず、特約をしないと登記請求権は発生しない、とされている（特約を肯定した例として大判大10・7・11民録27輯1378頁。賃借人保護の見地から特約不要説も有力である）。このように、契約の性質上当然に発生するのではなく、特約を待って発生する登記請求権も、抗弁や消滅時効について(a)と同じ扱いをするべき債権的登記請求権である。

　これまで(b)の例として問題となってきたのは、設例12の場合におけるYに対するXの登記請求権の成否である。物権変動の中間者Aを飛ばすことから、中間省略登記請求権と表現されている。XY間には、特約に基づく請求権のほか、物権的登記請求権も考えうるので、物権的登記請求権を説明した後で、あらためて検討する。

(2) 物権的登記請求権

物権的請求権の一態様としての登記請求権が認められる。たとえば、無権利者名義の無効な登記がされている場合、不動産所有者は、物権的妨害排除請求権を行使して、この登記の抹消登記やこれに代わる移転登記を請求できる（大判昭16・3・4民集20巻385頁、最判昭30・7・5民集9巻9号1002頁。これらの判例の移転登記請求は次頁の(2)の真正な登記名義の回復を理由とするものであった。物権変動原因を反映しない移転登記請求に対しては学説の批判が強かった）。この登記請求権は、物権的請求権なので、本体である物権の消滅時効とは別にこれだけが消滅時効にかかることはない。

3　中間省略登記請求等の可否

(1) 中間省略登記請求

107頁の設例12のような転々譲渡の事例において、判例は、Yと中間者Aが直接YからXへの移転登記をすることに同意した場合にのみ、XはYに対し登記請求権を有するとした（大判大5・9・12民録22輯1702頁、最判昭40・9・21民集19巻6号1560頁）。Xが所有権を取得していれば、物権的な登記請求権も考えられなくはないはずであるが、判例は、とりわけ代金支払を確保するYやAの利益を考慮して、三者間に中間省略の特約がある場合に限って、中間省略登記請求権を認めるものである。多数説も判例を支持していた。もっとも、現実の物権変動を反映しない中間省略登記の請求は、物権変動の過程をも正確に公示する登記制度の趣旨に反し、登録免許税の脱税に手を貸すことになって妥当でないとして、特約があっても認めない見解がある。一方で、登記名義人や中間者の実質的利益を害しない限りこれらの者の同意なしに中間省略登記の請求を肯定する考え方や、物権的登記請求権として無条件に肯定する説もあった。

裁判上の請求は可能であっても（この場合は判決による登記が可能である）、このような中間省略であることを明示した申請は、2004（平成16）年の不動産登記法の改正以前から登記所には受理されず（明33・11・14民刑事局長電報回答・先例上191頁）、受理されていたのは登記原因をXY間売買などとしたものだけであった。しかし、この改正により登記申請には登記原因証明情報の提供が必要となったので（不登61条）、少なくとも司法書士が関与する限り、こう

した申請はできないだろう（112頁の補足＊）。裁判上の請求が改正後も可能かどうかは疑わしい（安永80頁-81頁は最判平22・12・16民集64巻8号2050頁が中間省略登記請求全般に対する否定的態度を表明したとみる）。

Xが登記名義を得るには、AのYに対する登記請求権を代位行使してA名義の登記を取得し（423条の転用。前頁の(1)の最判昭40・9・21。新423条の7はこうした債権者代位を明記する）、次いで、AからXへの移転登記を行う方法によることになる。

(2) 真正な登記名義の回復請求

中間省略登記請求と同様な問題があるのが、真正な登記名義の回復請求である。典型的な例として、転々売買が無効な場合がある。すなわち、不動産がXからA、Bを経てYに転売され、それぞれ移転登記がされた場合において、XA間の売買が無効で、BやYが94条2項類推適用などによっても保護されないときには、Xは所有権を失わず、A・B・Yの登記は無効である。この場合、Xが登記名義を回復するには、本来は、XA間・AB間・BY間の移転登記をすべて抹消する必要がある。抹消登記については中間省略登記のような中間省略抹消は考えられない。

しかし、判例は、抹消登記に代えて、XがYのみを相手にして真正な登記名義の回復を登記原因とする移転登記を請求することを認めている（大判大10・6・13民録27輯1155頁、前頁の(2)の最判昭30・7・5）。のみならず、判決によらない当事者の移転登記申請も受理されている（昭39・4・9民事甲1505号民事局長回答・先例追Ⅳ106頁）。また、所有者Xが無効な契約によりAに永小作権と地上権を設定し、これらの制限物権がB、Yと移転した旨の付記登記がされている場合は、Xは現在の登記名義人Yのみを相手方として抹消を請求するべきだという（大連判明41・3・17民録14輯303頁）。

これに対して、学説のほとんどが判例には批判的である。いわば消極的な中間省略登記ともいえるこうした便法を認めると、登記名義人Yや中間者ABが、それぞれの契約相手方から給付の返還を求めて抹消登記との同時履行を主張する利益を奪うことになるからである。また、Yのみを被告としてXA間の用益物権の設定登記およびAB間・BY間のその移転登記をも抹消請求できるとすることも疑問である（新注民(6)489頁-490頁［石田喜久夫＝石田剛］）。

ただ、XからAを経たBの所有権取得は無効であるが、BがYに対してした抵当権の設定およびその登記が94条2項の類推適用等により有効である場合には、Yは保護されなければならないから、Yの抵当権の登記を残してXが登記名義を回復するためには、BからXにYの抵当権の負担の付いた所有権の移転登記をするしかない。また、地役権を設定した所有者の特定承継人に対して地役権の設定が対抗できる場合には、現在の所有者を相手に地役権設定登記をするしかない（最判平10・12・18民集52巻9号1975頁。242頁以下の(3)）。

＊中間者が所有権を取得しない場合　107頁の設例12を変形して、Aの指定する第三者Xに対して移転登記をするというAY間の契約（第三者のためにする契約）による場合や、Aが買主たる地位をXに譲渡した場合には、Xは、Aを介さず、Yから所有権を取得することになる。こうした契約を原因とするのであれば、中間省略登記ではないから、申請は受理される（平19・1・12民二52号民事局第二課長通知・登研708号141頁）。ただ、こうした方法は法律関係をよほど明確にしたうえで全当事者が各人に生じうるリスクを引き受ける場合に限られるべきであり、設例12のようにAが所有権を取得する契約をこのように読み替えることは、脱法行為であって認められない。

Ⅲ　登記の有効性

登記が適正な手続によって実際に行われ、その内容が実体的な物権変動と物権帰属の現状を的確に表示していれば、登記は種々の効力を発揮する（116頁以下のⅣ）。それでは、どこかに問題があった場合は登記は無効なのか、それとも有効なのか。以下ではこの問題を扱う。

1　登記

登記の公示の機能および定義からみて当然の帰結と思われるが、登記の効力を論じる前提として、登記が行われることが必要である。登記の申請が受理されても、実際に登記簿に記録されなければ、「登記をした」とはいえない（大判大7・4・15民録24輯690頁）。これに対して、一度適法に登記された後にその登記がなくなった場合については争いがある。判例は、偽造文書や登

記官の過失による抹消や脱漏等の場合（大連判大12・7・7民集2巻448頁、最判昭32・9・27民集11巻9号1671頁）のみならず、登記簿が物理的に滅失したときに権利者に認められていた滅失回復登記（旧不登23条）の所定の申請期間が徒過した場合にも対抗力の存続を認めていた（最判昭34・7・24民集13巻8号1196頁）。こうした判例の考え方によれば、登記の存続は対抗力の要件ではないことになる。

　これに対して学説は、現に登記がない限り公示の機能が果たされないことを重視する考え方によって、対抗力が消滅すべきであるとする見解が有力である。とりわけ、登記がない状態について権利者に責められる事情がある滅失回復登記申請期間徒過の場合には、判例に反対し、対抗力が消滅するという点で見解がほぼ一致していた（注民(6)265頁-267頁［原島重義］）。たしかに回復可能な登記を行わなかった場合にまで登記の対抗力を存続させるのは妥当でないが、権利者に帰責できない事由によって登記が誤って抹消された前者の場合に対抗力が失われないとする判例の考え方には、十分説得力があると思われる。

　もっとも、滅失回復登記の申請期間の問題はすでに過去のものとなった。すなわち、コンピュータによるデータ処理への移行後は、登記記録にはデータ・バックアップがあり、登記官自らが滅失した登記記録を回復できるため、回復申請を要せず、申請期間も問題にならない。登記が回復されるまでの間も、対抗力は存続すると解するべきである。

2　手続的有効要件

　手続的有効要件（形式的有効要件ともいう）の問題は、登記申請手続に違反した登記の効力がどう扱われるかである。

　管轄違いの登記、登記事項以外の記録、二重登記（不登25条1号～3号、13号）は、仮に実体的な権利関係を反映していても無効であり、職権により抹消される（不登71条）。たとえば、未登記不動産の二重譲渡の事例において、第一買主の仮処分申請に伴って譲渡人名義の保存登記がされた後で第二買主がした二重の保存登記は無効とされた（最判昭31・5・25民集10巻5号554頁）。

　これに対して、それ以外の受理要件（不登25条）違反の登記は、実体法上の権利関係の現状と合致する限り原則として有効であり、登記の抹消請求は

できない。主要な事例は無権限の者による登記である（書類の無断使用による中間省略登記につき最判昭29・6・25民集8巻6号1321頁、表見代理が成立する場合につき最判昭37・5・24民集16巻7号1251頁、無権代理行為が追認された場合につき最判昭42・10・27民集21巻8号2136頁）。

　実体関係を反映しない手続違反の登記は無効であり、権利者は登記の抹消請求ができる。たとえば、二重譲渡の第2譲受人が譲渡人の死後、第1譲渡を知りながら死者の印鑑を盗用して行った移転登記は無効であり、第1譲受人が抹消を請求できるとされた（最判昭50・7・15金法764号34頁）。実体関係の伴わない抹消登記も同様に無効であり、無権限で抹消された登記の権利者はなお自己の権利を第三者に対抗できる（前頁の大連判大12・7・7）。ただし、第三者がいる場合には、抹消回復の登記の申請にはその者の承諾を要する（不登72条）。善意者保護の規定が適用されるときには、権利者は承諾を求めることができず、自己の権利を失ったり、第三者の権利（たとえば抵当権）による制約を受けることになる。

3　実体的有効要件

> **設例13**　甲土地がXからYを経てZに転売されたが、Xの交付した書類を利用してZがXからZに売却されたものとする移転登記を行った。この場合、XやYはZの得た移転登記の抹消を請求できるか。

(1)　一　般

　実体的有効要件（実質的有効要件ともいう）の問題は、登記が実体的権利関係をどの程度反映する必要があるかである。

　登記は、実体法上の権利関係の現状を示すのみならず、実際の物権変動の過程と態様を忠実に反映することが望ましい。しかし、実際の取引では登録免許税を節約するなどのためにこの点で事実と反する登記がなされることも少なくない。登記官には、原則として定型的な審査権限（104頁の(a)）しかないため、こうした登記の出現は防げない。また、こうした登記をすべて無効としてしまうと、登記に公信力が欠けるため（116頁以下の2）、後続取引では権利が取得できず、取引の安全を害する。そこで判例は、登記が現在の物権関係を示している限り、物権変動の過程と態様を忠実に反映していない登記

も原則として有効としている。たとえば、未登記不動産の譲受人が直接自己名義で行った保存登記（大判大8・2・6民録25輯68頁）、贈与であるのに登記原因を売買とする移転登記（大判大9・7・23民録26輯1171頁）、被相続人からの譲受人に対して譲渡人死亡後に相続人から行う移転登記（88頁の①の大判大15・4・30）などがある。また、虚偽表示による移転登記後に真実の売買契約が行われた場合（最判昭29・1・28民集8巻1号276頁）など、無効な登記もその後に実際の物権関係と合致すれば追完されてその時から有効となる。

(2) 無効となる場合

取り壊された建物の登記を新建築物に流用した場合には、たとえ表示に関する登記が新築建物にそって変更されても、登記は無効である（最判昭40・5・4民集19巻4号797頁）。旧建物と新建物は別個の不動産であり、旧建物の登記は滅失以後は真実に符合せず、新建物の保存登記がされて二重登記が出現するおそれがあるなど、登記簿上の権利関係が錯雑・不明確になり、不動産登記の公示性という制度の本質に反するからである（なお、抵当権の流用登記については、『担保物権法』32頁以下の第3項）。

他人名義の登記（登記名義人の表示と権利者の不一致）についても、判例は厳しく、自己の建物の所有権を対抗できない者は建物保護法（194頁の(1)）による保護に値しないとして、登記を無効としている（最大判昭41・4・27民集20巻4号870頁、最判昭47・6・22民集26巻5号1051頁）。しかし、これらの事例にみられるように同居の家族の一員の名義での登記は、真実の権利関係を反映していないとはいえないとして反対も強い（上記の最大判昭41・4・27では6人の裁判官が反対。学説でも通説的見解は反対。我妻＝有泉365頁）。

(3) 中間者の同意のない中間省略登記

前頁の設例13はこれが問題になる。判例は、当初こうした中間省略登記を無効としていたが、次第に態度を緩和した。現在では、中間者の同意のない中間省略登記は、中間者が抹消を求める法律上の正当な利益をもつ場合に限り無効であり、かつ中間者のみが抹消請求をすることができる（抹消請求を否定した例として、最判昭35・4・21民集14巻6号946頁、最判昭44・5・2民集23巻6号951頁）。学説では、中間者の同意のない中間省略登記も常に有効であり、中間者が同時履行の抗弁の機会などの正当な利益を侵害された場合には、契約解除等による抹消登記請求権を認めれば足りるとする見解が有力である（新

注民(6)433頁［清水響］）。

　この問題については2点の注意を促したい。まず、第1に、この問題は、中間省略登記請求の可否の問題（110頁以下の(1)）と密接な関係を持つが、別個の問題であり、114頁以下の(1)で述べた取引の安全を確保する観点が加わる。第2に、現在は登記申請に登記原因証明情報が必要なので、中間省略登記が行われること自体が困難になっている。

Ⅳ　登記の効力

　登記には次の1から4の効力がある。

1　対抗力

　登記の主たる効力は、物権変動に対抗力を与えることであり、対抗力は、最も緩やかには「既に成立している権利変動（所有権の移転などの物権変動のほかそれに準じる扱いを受ける賃借権設定など）をその権利変動の当事者以外の第三者に対して主張することができる法律上の力」と定義することができる。もっとも、登記を紛争解決の基準とするべき場合をどのように考えるか（121頁以下の第6節～第8節）次第で、対抗力やそれが問題となる対抗関係の定義は、より狭くなる。

2　公信力の欠如とその対応策

　99頁の本節の冒頭に述べたように、177条は公示の原則を定めている。この公示の原則と対置されるものに公信の原則がある。公信の原則とは、取引の動的安全を保護するため、登記などの公示方法を信用して取引した者は、たとえ前主が無権利者であっても、法律の効力により、新たに権利を原始取得することをいう。公示の原則が公示を欠く場合に物権変動の効力を制限する形で消極的な取引安全確保の機能を営むのに対して、公信の原則は、公示を備えた者の物権取得を認める積極的な取引安全確保の機能を果たす。

　民法は、動産については公信の原則を採用しているが（192条）、不動産については採用しておらず、登記に公信力を認める規定はない。たとえば、何の権利もない者が書類を偽造するなど不正に他人の不動産の登記名義を得た

り（登記名義の冒用という）、登記名義人とその前主の間の売買契約が無効であった場合、不動産の登記名義人は無権利者であり、その登記名義を信頼して取引しても、期待どおりの権利を取得することはできない。登記官が原則として定型的審査権限しかもたないなど（104頁の(a)）登記の真実性を確保する仕組みが不十分であり、さらに、意思主義（176条）法制の下で権利の所在とその公示とが必ずしも一致しないことが、登記に公信力が与えられていない（すなわち所有者の静的安全を動的安全より重視する）大きな原因である。

もっとも、32条1項後段・96条3項・109条以下の表見代理などの第三者保護規定や、権利者が真実の権利関係に合致しない登記を作出した場合に、虚偽の権利外観を信じた者を保護する判例法の発展（94条2項の類推適用。最判昭45・9・22民集24巻10号1424頁など多数）により、公信力の欠如は相当程度補なわれている。とりわけ94条2項類推適用論が重要である。この判例法理は、誤った登記名義を重過失で放置した場合（110条を重ねた類推適用。最判平18・2・23民集60巻2号546頁。「余りにも不注意な行為」により「自ら外観の作出に積極的に関与した場合やこれを知りながらあえて放置した場合と同視し得るほど重い」ものと評されている）にまで拡張されているが、登記の公信力とは異なって、不実の登記の出現に対する真の権利者の帰責事由が必要である。また、帰責事由と保護事由の均衡が求められ、帰責事由が乏しい場合には、第三者には単なる善意では足りず、善意かつ無過失が必要とされている（詳細は民法総則の体系書・教科書に譲る）。

3　推定力

判例・通説によると、登記には権利推定力がある（最判昭34・1・8民集13巻1号1頁。もっとも、この判決が認めるのが事実上の権利推定か法律上の権利推定かについて争いがあるほか、登記原因の事実が推定されるに過ぎないとの見解もある）。すなわち、登記のある権利は適法に成立しているとの一応の推定を受ける。一般的には、占有の権利推定力に関する188条は登記のある不動産には適用されないと解されているが、登記の権利推定力と同等の権利推定力を占有に認める見解もある（全般につき、七戸克彦「登記の推定力(1)～(3)」法研62巻11号・63巻1号・3号（1989年-1990年））。登記の公示力には限界があるとみる本書の見解では（194頁以下の(2)）、登記の推定力は登記名義人への権利帰属の事実上の推

定であり、占有の推定力（270頁のコラムも参照）と併存すると解することになる（法律上の権利推定を認める七戸説とは対極的な方向）。

4　権利保護力

賃貸不動産の所有権取得者が賃料請求をする場合や、96条3項や545条1項ただし書の第三者として保護を受ける場合において、登記を備える必要があるとされることがある（民法改正による新605条の2第3項。127頁以下の(c)、156頁以下の補足＊および163頁の補足＊）。この場合の登記は、相容れない物権変動の間の優劣を決する対抗要件としての登記ではなく、権利取得を確実に証明する手段であり、権利保護資格要件（権利資格保護要件や権利保護要件などの表現もある）としての登記であるとされている。権利保護資格要件としての効力では長すぎるので、耳慣れない言葉であるが、「権利保護力」と表現することにする。

Ⅴ　仮登記

> **設例14**　XはAとの間でAの所有する土地甲を買い受ける契約を結ぼうとしているが、移転登記手続に必要な書類の交付は、代金全額完済時とするようAから求められている。一度に代金を支払えないため分割払を希望するXとしては、そのような処理はやむを得ないが、Aの債権者からの甲の差押え、Aの倒産、Aによる甲の他への処分と登記などがあると、Xの所有権取得が危うくなる。Xは、どういう自衛措置を講じることができるか。

1　仮登記の意義

仮登記は、登記申請に要する一定の情報が提供できないとき（不登105条1号の仮登記。「1号仮登記」という）、または、不動産物権の変動を目的とする請求権を保全しようとするときに（同条2号の仮登記。「2号仮登記」という）、後日の本登記の順位を確保するために行う（不登106条）。1号仮登記が、すでに物権変動が生じているのに手続上の要件が整わない場合に行われるのに対して、2号仮登記は、物権変動が生じる前の債権に一定の第三者効を付与する

ものである。

　いずれにしても効力は同一であるため（不登106条）、判例（最判昭32・6・7民集11巻6号936頁）・通説は、両者を厳密に区別していない。ただ、両者の違いは所有権取得時期の問題（88頁以下の2）と連動する。前頁の設例14において、有償性説によるならば、XA間の所有権取得時期は契約時ではなく、代金完済・登記必要書類交付時とみるべきであり、2号仮登記を行うのが正しい（もっとも、1号仮登記がされても無効とするまでの必要はない）。

2　仮登記の手続

　仮登記は、共同申請で行うこともできるが、登記義務者の承諾がある場合や仮登記を命じる裁判所の処分（不登108条）がある場合には、単独申請ができる（不登107条1項）。他方、仮登記は、もっぱら仮登記権利者の利益のために行われる仮定的・暫定的なものであり、原則として、それに基づいて新たな権利関係を生じるものではないので、仮登記の抹消は、つねに仮登記名義人が単独で申請することができる（不登110条）。

3　仮登記の効力

　本登記がなされた場合の仮登記には順位保全効がある。すなわち、仮登記についてなされた本登記は、仮登記の時点の順位を有するので、仮登記後にされた各種の登記よりも優先することができる。仮登記を得た者は、いまだ所有権を取得していなくても（2号仮登記）、その後の物権変動につき177条の第三者と扱われることになる。たとえば、設例14においてXの所有権移転請求権保全の仮登記の後に、甲につきAの債権者Y_1の差押えの登記やAからY_2への売買などによる移転登記がされたとしよう。仮登記権利者XはYらより優先する。それゆえ、こうした利害関係を有する第三者（登記面に現れていない者は無視できる）の承諾を得て本登記をすることができる（不登109条1項）。第三者が任意に承諾してくれなければ、承諾を求める裁判を起こし、勝訴判決を得る必要がある。そして、本登記と同時に、仮登記後にされたYらの登記は職権で抹消される（同条2項）。

　紆余曲折があったが、現在の判例（最判昭54・9・11判時944号52頁）によれば、本登記の対抗力は本登記時以降に生じ、仮登記の時や物権変動時にまで

は遡らない。すなわち、仮登記のままでは対抗力がない（最判昭38・10・8民集17巻9号1182頁）。たとえば設例14において、Xの仮登記の後にAから甲を賃借して占有しているY_3が登場したとしよう。判例によれば、Xは、Y_3に対して、本登記後に所有権に基づく明渡しを求めうるが、本登記以前のY_3の占有についてまで不法占有として賃料相当額の損害賠償を請求することはできないことになる。通説もこの判例を支持している。

しかし、この結論は、登記がなくても所有権の取得は可能であり（意思主義。85頁以下の(a)）、不法占有者に対しては登記なくして所有権の取得を主張できるという広く支持されている考え方（131頁の(c)）と整合するかどうか疑わしく、承諾を不当に拒む者に訴訟の引き延ばしの動機を与えてしまうおそれがあるなどの問題が残る。第三者に該当しない者に対する所有権取得の主張には登記はもとより、仮登記も要らないと考えられる。YはXに占有権原を対抗できないから、仮登記の効力の問題とは無関係に、Xには、所有権取得時以降、Y_3に対する損害賠償請求を認めてよい。

仮登記担保については、例外的に、競売や倒産手続において、仮登記のままで対抗力が認められている（仮登記担保13条1項・15条2項・19条。詳細は『担保物権法』302頁以下の1）。

> **民事保全法上の仮処分による登記・仮登記**
> 　不動産登記法による仮登記と類似した機能を果たすものとして、民事保全法53条による処分禁止の仮処分による登記・仮登記という制度がある。処分禁止の仮処分は、本案訴訟を行う前提として権利関係の現状を固定するために用いられ、所有権についての処分禁止は登記簿の甲区に登記がされる。その後に勝訴判決に基づき所有権の移転登記を申請する場合には、その登記より後になされた第2譲渡や抵当権設定などの登記の抹消を、それらの権利者の承諾を得ることなく請求することができる（不登111条1項）。
> 　所有権以外の権利の保全については、甲区に処分禁止の仮処分登記を行って所有権の処分を防止し、それと共にその権利について乙区に請求権保全の仮登記を行う。その後に勝訴判決に基づきその本登記を申請する場合には、保全仮登記時点での順位が確保され（不登112条）、その権利と抵触する限度で、処分禁止の登記より後になされた処分の登記の抹

消を単独で請求できる（不登111条2項・113条）。

　仮処分登記は、不動産登記法による仮登記と異なり、①本案訴訟の提起が必要、②申請段階では不動産登記法による仮登記の場合ほど高度の疎明は要求されない、③本案で勝訴すれば仮処分登記や仮登記に後れる登記の抹消をその権利者の承諾なく単独で請求ができる、などの違いがある。権利者はいずれの手続を利用するかを自由に決めることができる。

◆**文　献**◆

　仏独英米の物権変動法制と登記制度の概要については、新注民(6)33頁-111頁［滝沢聿代／山田晟＝石田剛／吉村眸］がまとめて読めるので便利であり、ドイツ法との比較については、大場浩之『不動産公示制度論』（成文堂、2010年）が詳しい。日本の不動産登記制度については、2004（平成16）年改正に対応する文献かどうかに注意していただきたい。全般的には、新注民(6)264頁-501頁［清水響／石田喜久夫＝石田剛］と、座談会（不動産法セミナー）「不動産登記法改正①〜④」ジュリ1289号-1295号および「登記による公示内容とその意義(上)(下)」ジュリ1302号・1303号（いずれも2005年）がきわめて詳細である。逐条解説には、鎌田薫＝寺田逸郎編『新基本法コンメンタール　不動産登記法』（日本評論社、2010年）がある。山野目章夫『不動産登記法［増補］』（商事法務、2014年）は民法理論との関係を含めて深い考察を示すが、詳細なので学習には山野目章夫『不動産登記法概論』（有斐閣、2013年）が適している。とくに登記請求権については、鎌田182頁-200頁が学習用として優れている。登記先例については、重要なものを体系的に整理した山野目章夫編『不動産登記重要先例集』（有斐閣、2013年）が重宝する。

第6節　不動産所有権取得の対抗と第三者

　民法177条は、不動産物権変動について登記による公示の原則と対抗要件主義を定めるきわめて重要な規定である。しかし、同条はあまりに簡素であるため、その適用についておびただしい判例が存在し、学説上も多様な見解が対立している。第6節から第8節では、同条をめぐる解釈に関する諸問題を取り上げて、錯綜した議論を整理する。この部分は狭義の物権法の中心なので、読者の皆さんは、頑張ってついてきていただきたい。

　本書の叙述の順序は通常とは異なる。まず、多くの体系書や教科書は、対

抗問題の意味やその法的構成を最初に述べるのが通例である。しかし、具体的な問題から始め、その理解をふまえて抽象的な原則を考える本書の基本方針に沿えば、法的構成の問題は、177条の具体的な適用全体を見渡した後で検討する方がよい。それゆえ、これは総括として第8節に置く。それに伴って、Ⅰにおける説明は、以後の理解の整理のために必要な基本的なものに絞る。

次に、従来の文献は、「登記を要する物権変動」を先に取り上げ、「第三者」をその後で検討することが多い。この叙述の順序は、条文の逐条解説から出発していた民法制定直後の体系書や教科書の方式を踏襲したものと思われる。しかし、法律行為による所有権取得（典型は売買契約による所有権の取得）の場合に177条が適用されることには異論がないから、そのような典型的な場合における「第三者」の問題を先に検討する。「登記を要する物権変動」の問題は、そのような典型的な問題処理を法律行為によらない所有権取得にも拡張できるかどうかという視点から検討する方が見通しがよい。そこで、本書では、本節で「登記を要する物権変動」よりも先に「第三者」の問題を取り上げる。

Ⅰ 対抗問題とは

> **設例15**　Aは、自ら所有する土地甲をXとYに売却する契約を結び、それぞれ代金を先に受け取ったが、引渡しも移転登記もまだ行われておらず、占有も登記名義もAのもとにある。Zが甲を不法占有している場合、XとYのいずれが甲の所有権の取得を主張して、Zに対する妨害排除請求をすることができるか。

1　対抗不能の意味

177条は、登記をしなければ物権変動を第三者に対抗することができない旨を規定する。「対抗する」（ことができない）のは所有権取得などの物権変動であるが、物権の現在の帰属が物権変動の最も重要な効果であることから、「物権を対抗する」との表現もよく使われる。

この「対抗することができない」とは、通常の理解では、物権変動は登記

をしなくても効果を生じるが（176条の意思主義）、それを争う一定の第三者に対しては登記をしないと主張できない、という意味である。すなわち、物権変動は未登記であっても無効ではないから、物権変動の当事者間や第三者に該当しない者（130頁以下の(2)および132頁以下の3を参照）に対する関係では、登記がなくても物権変動（およびその結果としての物権の帰属。以下では、この長い表現は繰り返さない）を主張できる。また、未登記の物権変動を認めた第三者に対しては、やはり登記がなくても物権変動を主張できる。

　最近、登記によって物権変動が生じるとする見解（加藤96頁以下、石田108頁以下）が主張されている。その問題点についてはすでに触れているが（91頁の補足＊）、対抗問題の法的構成の個所（187頁以下の(1)）であらためて論じる。

2　双方未登記の場合の権利関係

　設例15において、判例（大判昭9・5・1民集13巻734頁ほか多数）・通説によれば、XもYも互いに対しては自己の所有権の取得を主張できない。所有権の確認や所有権に基づくXY間の主張は、いずれかが登記を備えて優劣の決着がつくまではいずれも棄却され（いわゆる「両すくみ状態」）、その間は結果的に優劣未確定の所有権の二重帰属状態が生じていることになる。

　これに対して、排他性を理由に所有権の二重帰属状態を暫定的にも認めず、両者未登記の間においては先に生じたXの所有権取得が優先するとする見解が主張されている（滝沢聿代『物権変動の理論Ⅱ』（有斐閣、2009年）113頁-115頁、平野73頁）。承継取得原則によってXの所有権取得が優先し、Yの所有権取得は登記によって初めて有効になる、という論理である。逆に、Yが利害関係を持った時点で登記がなければXは権利取得をYに主張できないとして、Yの所有権取得を優先させる考え方もある（基本24頁［石田喜久夫］）。アメリカ各州の登録法にはいずれの立場もみられ、制度の設計としてはどれも可能である。

　しかし、いずれか一方の所有権取得のみを有効とすると、一方にとっては対抗要件、他方にとっては効力要件または権利保護資格要件となり、登記の意味が異なってくる。未登記である限り所有権取得を認められない側は、不法占有者Zなど第三者に当たらないはずの者に対しても、所有権に基づく主張ができない。さらに、所有権取得の原因である契約につき、ドイツ法や

フランス法のように公正証書など日付を偽造できない確実な証拠を（それどころか書面すら）必要としていない日本法では、いずれの所有権取得が時間的に先に生じているかを不正の行われる余地を排除して確定することは難しい（所有権取得時期の問題も絡む）。それゆえ、所有権取得時期の先後によって登記の持つ意味を異ならせるのは妥当でなく、XとYは相互に第三者であり、登記をするまで互いに所有権の取得を対抗できないが、Zに対しては未登記の間にも所有権取得の主張を認めてよい（131頁のコラム）と解し、判例・通説を支持するべきである。

なお、XのAに対する移転登記請求も、YのAに対する移転登記請求も、契約に基づく債権的な登記請求権としてともに認容される。しかし、登記制度上、両立しない所有権移転登記はいずれか一方しか実現できないため、先に移転登記を得た方が勝ち、敗者の契約は履行不能となって債務不履行による損害賠償による事後処理がされる。もっとも、通常の場合には、両者が未登記でも、仮登記や処分禁止の仮処分（118頁以下のⅤ）が行われ、それによって勝敗が決する。

3 対抗力を生じる時期

一般に、対抗力を生じるのは登記を備えた時であり、所有権を取得した時期に遡らないと解されている。したがって、たとえば、建物の所有権を譲り受けて登記を備え賃貸人たる地位を賃借人に対抗できるようになったとしても、所有権取得者が登記前にした賃貸借契約の解約の意思表示は有効にはならない（最判昭25・11・30民集4巻11号607頁）。この場合の登記を権利保護資格要件（118頁の4）とする考え方によっても、まさに登記を備えることで賃貸人としての権利行使ができることになるから、同じ結論となる。

これに対して、後述（127頁以下の(c)）のように、判例に反対して、賃貸借契約上の賃貸人の権利を賃借人に主張するためには登記を要しないとする考え方に立てば、未登記段階での解約の意思表示の有効性は、登記に関係なく判断されるから、対抗力の遡及の有無という論点自体が存在しなくなる。

また、122頁の設例15において、Yが登記を備えたとき、Yは所有権をAからXを経て取得するものではない。AからXの所有権取得はYによって否定されて結局最初からなかったことになり、Yは所有権をAから取得

すると構成される。Xが未登記の間にZから甲の引渡しや無断使用を理由とする損害賠償を受けていた場合、登記により所有権取得を確定させたYは、こうした受領を正当化するXの所有権の取得を否定できるため、Xが所有者として得ていた利益を不当利得として返還請求することができなければならない（もっともXが善意であれば果実・使用利益は189条で返還を要しないとも考えられる）。

このように考えると、登記を備えて初めてYの所有権取得が確定するとしても、Yは、契約などの取得原因に基づいて所有権取得が主張可能となるのだから、登記具備後は、移転登記前の所有権取得時点（88頁以下の2）から所有権に基づく主張ができると解するべきである。

Ⅱ　177条の「第三者」の範囲

> **設例16**　XはAから土地甲を買い受けたが移転登記を得ていなかった。Xは、次の者に対して、甲の所有権（の取得）を主張できるか。
> ［1］Aが死亡してAを単独相続したAの息子Y_1
> ［2］Aから二重に甲を買い受けたY_2
> ［3］甲をAの所有物として差し押さえたAの債権者Y_3
> ［4］登記申請書類を偽造してAから甲の所有権を譲り受けた旨の登記を得ているY_4
> ［5］AにもXにも無断で甲に繰り返し自動車を駐車しているY_5
> ［6］Aから甲を賃借して占有・使用しているY_6

1　無制限説と制限説

一番広い意味では、177条の「第三者」とは、所有権取得の当事者およびその包括承継人以外の者を指す。相続人や法人合併の場合の存続法人などの包括承継人は、所有権取得を生じた原因関係上の権利義務（登記義務を含む）をそのまま引き継ぎ、所有権取得の当事者となるため、これらの者に対しては登記がなくても譲受人は所有権を取得したことを主張できる。たとえば設例16の［1］のXは、Y_1に対しては、登記なくして所有権の取得を主張できる。

民法施行後しばらくは、177条の文言や立法趣旨に従って、第三者に制限を設けない第三者無制限説が有力であった。しかし、判例（大連判明41・12・15民録14輯1276頁）が「登記の欠缺を主張する正当の利益を有する者」に限定する第三者制限説を採った後は、学説上も第三者制限説が通説化した（現在、明確に無制限説を主張するのは、登記を物権変動の効力要件とする加藤91頁-92頁・144頁-148頁、石田214頁以下のみである）。

たしかに、第三者無制限説が主張するとおり、登記による画一的な問題処理が権利関係の明確性の確保の観点からは望ましいかもしれない。また、たとえば前頁の設例16の[5]の Y_5 のような不法占有者・不法行為者も、甲をXとAのどちらに明け渡せばよいかとか、どちらに損害を賠償すればよいかなどの問題に関しては、甲の所有権の帰属に利害関係を持ち、AとXから二重に明渡しや賠償の請求をされては困る。

しかし、第三者無制限説では登記効力要件主義を採るに等しく、意思主義（176条）の原則を無視する結果となってしまう。また、登記名義人Aを所有者であると過失なく信じて賠償金を支払った場合には、Y_5 は478条（債権の準占有者への弁済）によって債務を免れ、Xに二重払いをしなくてもよいので（XはAが受領した賠償金の償還をAから請求できる）、Xに登記がないことを理由にAX間の所有権移転を否定する主張を Y_5 に認める必要はない。むしろ、設例16の[4]の Y_4 のような無権利の登記名義人をも第三者に含めると、未登記のXが所有権を主張することが困難となってしまい妥当でない（AY_4 間が708条の不法原因給付に当たればXがAを代位して登記の抹消請求をすることもできない）。無制限説を採ったうえでたとえば債権者代位権の転用や債権侵害の不法行為を広く認めれば、たしかに、この場面では制限説とそれほど変わらない結論を導くことができる（加藤144頁-148頁）。しかし、債権侵害の扱いなどについても広く共通認識があるわけではなく、別の点での難点を抱えて新しい概念を導入する無理を重ねる必要はない（187頁以下の(1)も参照）。要するに、対抗要件制度の中心的な目的は、取引の安全の確保にあるから、それに関係しない場面では177条は適用されないと考えるべきである。

上記の明治41年の大審院連合部判決以後は、具体的事案において第三者が正当の利益を有するか否かを確定する作業が判例の展開の中心となった。学説では個々の判断の是非とともに「正当の利益」以外により明確な制限の基

準を示せないかが論点となっている。この問題についても、先に判例を素材に具体的な問題をみたうえで、対抗問題の法的構成と合わせて後に制限の基準を検討することにする。

2 第三者の客観的要件

ある者が177条の第三者に該当するか否かの判断においては、まず、その者の有する権利もしくは法的地位がどのようなものかが問題になる。

(1) 第三者に該当する者

(a) **物権取得者**　125頁の設例16の[2]のY_2のような二重譲渡の所有権譲受人が典型的な物権取得者である。所有権以外の物権（地上権・地役権・質権・抵当権など）の設定を受けた者も物権取得者である。こうした物権取得者は、登記を備えていなくても第三者に当たる（大判昭6・5・29民集10巻361頁は二重売買の場合に仮登記をし、その後買い受けた建物を取り壊した第二買主を第三者と認める。123頁以下の2および129頁の(d)も参照）。

(b) **差押債権者等**　対象物が譲渡人の所有物であれば、譲渡人の債権者は、それを差し押さえ、競売して債権を回収することができる。これに対して、すでに第三者が所有権を取得していれば、それはもはや譲渡人の所有物ではなく、差押えはできない。それゆえ、設例16の[3]のY_3のような譲渡人の差押債権者は、所有権取得の登記の欠缺を主張する正当な利益を有する177条の第三者であり（最判昭39・3・6民集18巻3号437頁）、Xの所有権取得を否定できる。同様に、破産債権者（最判昭46・7・16民集25巻5号779頁）、仮差押債権者（大判昭9・5・11新聞3702号11頁）、仮処分債権者（最判昭30・10・25民集9巻11号1678頁）なども第三者に当たるとされている。通説も、これらは対象不動産に一定の物的な支配権を獲得した者であるとして判例に従う。結論は支持できるが、論理必然的にそうなるわけではない点に留意する必要がある（129頁のコラム）。

(c) **賃借人**　不動産賃借権は相対効しかない債権であるが、登記をすれば貸主から所有権を譲り受けた者に対してもその効力を主張できる（605条。所有権取得者は賃貸人の地位を引き受ける）。さらに、特別法では、登記以外を要件として第三者に対する効力が認められ、現実の占有・利用者の保護が強化されている（借借10条・31条、農地16条など）。対抗要件を備えた不動産賃

借権は、この点では地上権などの物権と同等の扱いを受ける（不動産賃借権の物権化の一面。247頁以下の第2節）。それゆえ、所有権の取得者が不動産賃借権の存在を否定する場合には、その賃借人は177条の第三者である（最判昭42・5・2判時491号53頁）。ただ、対抗要件を備えていない賃借人も第三者に含まれるのかは考え方が分かれうる（最判平元・2・7判時1319号102頁は、賃借人に対抗要件が欠けている場合について、権利濫用と背信的悪意者排除の両方の構成がありうるとする）。

判例は、さらに、賃貸不動産の所有権の譲受人が賃借人の賃借権を争わず、賃貸借契約上の権利行使として賃料請求・解除・解約申入れをする場合も、賃借人は177条の第三者であり、所有権譲受人は登記を要するとする（賃料請求につき大判昭8・5・9民集12巻1123頁、賃料不払を理由とする賃貸借契約の解除につき最判昭49・3・19民集28巻2号325頁）。譲渡契約の解除や二重譲渡が生じると賃借人に二重払いなどの危険があり、その地位が不安定になることなどから、賃借人を賃借不動産の所有権の移転につき正当な利害関係を有する者と評価し、177条によって紛争を処理するのである。

学説は、所有権取得者が賃借権との優劣を争う紛争については判例を支持するが、賃料請求等の場合には、登記不要説と登記必要説が拮抗する。さらに、解除や解約申入れのように賃借権を消滅させる場合に限って賃借人を177条の第三者とする折衷説もある。

登記不要説は、所有者は賃借権を承認したうえで賃料請求をしているから、両立しない権利取得の優劣が争われておらず、不法行為者等に対する物権変動の主張（131頁の(c)を参照）と同じ構造で、登記は不要であるとする。そして、移転登記がなくても、債権譲渡の通知または承諾（467条）や公正証書によって所有権移転に伴う賃貸人の地位の交代を賃借人に確実に明らかにすれば足り、賃借人の二重払いの危険という不利益は債権の準占有者への弁済（478条）や供託（494条以下）によって解消できる、という。

これに対して、判例を支持する登記必要説は、この紛争が権利取得の優劣を決める問題ではないことを認めつつも、正当な権利取得者相互の争いである点で不法行為者等に対する関係とは異なる、とする。そして、権利保護資格要件（118頁の4）としての登記によってだれが所有者であるかを明確化することで、賃借人の地位の安定を達成するべきであり、所有権取得者に登記

の具備を求めても酷ではない、とする。

いずれの根拠とも説得力があって判断は難しい。ただ、上記の最判昭49・3・19の事案では、所有権取得者が誤って（所有権移転登記ではなく）所有権移転請求権保全仮登記を備えた後に、賃借人からの申立てにより旧所有者に対する処分禁止の仮処分が認められた。その結果、所有権取得者が本登記を経由するためには、後順位の仮処分権者である賃借人の承諾を得る必要があり（不登109条1項）、所有権取得者が本登記を備えることが困難であった（仮処分を打たれる前には登記できたので懈怠があったともいえるが）。そのような場合にまで、賃料請求のために登記を要するとすれば、登記欠缺の主張が紛争引き延ばしの手段として濫用されかねない。また、登記によらずとも、債権譲渡の通知承諾や公正証書により賃貸人の地位の交代を明らかにすることは十分に可能である。そうすると、登記不要説が妥当である。

もっとも、改正民法では登記必要説が採用された（新605条の2第3項）。賃借人の登記欠缺の主張を封じる必要がある場合には、一般条項（権利濫用、信義則）またはその第三者の主観的態様を問題にすることになる（前頁の最判平元・2・7）。

(d) 特定物債権者　判例は、所有権の取得を求める特定物債権者は、所有権取得前でも第三者に当たるとする（最判昭28・9・18民集7巻9号954頁）。これは立木の明認方法に関する判例であるが、177条にも妥当しよう。対抗問題を両立しえない物権変動相互の争いと捉える学説は、物権は債権に優先するとしてこの判例に反対する（たとえば舟橋200頁）。しかし、「物権変動の対抗」は物権変動原因の対抗をも意味すると理解できることに加え、未登記の所有権取得者も第三者となること（119頁の3および127頁の(a)）、および物権変動の時期の判断が難しいこと（88頁以下の2）も考慮すると、判例の見解を支持するべきである。

> **差押債権者の第三者性**
> 差押債権者とそれに類する債権者を第三者に含めることには異論もある。すなわち、日本法では、ドイツ法と異なり差押えによって法定質権等の担保物権は発生せず、差押債権者は、債務者の権利義務のありのままの状態を前提として差押えを行うにすぎない。差し押さえられた債務

者（＝譲渡人）は、譲渡契約の当事者であり、譲受人は、譲渡人に対して登記がなくても権利取得を主張できる。それゆえ、譲受人は、第三者異議の訴え（民執38条）によって、登記がなくても差押えを排除できる、というのである（最近では平野82頁）。

　この考え方には一理ある。しかし、登記なしに所有権取得を主張できるとすると、執行を免れるための詐害的な仮装譲渡が行われやすくなる。また、抵当権者と無担保の差押債権者が争う場合、登記制度は隠れた抵当権から無担保債権者を保護することを目的とするとの沿革を持つため、差押債権者を第三者として扱うことが制度趣旨に適う。さらに、登記を備えることが容易で期待可能な場合には、登記を怠ったことを理由に権利取得が主張できないという不利益を課すことで登記による公示を促進するのが合理的である。それゆえ、原則としては、差押債権者を第三者と解するべきである。ただ、権利取得の原因と時期が法律の規定によって明確であって詐害的な仮装譲渡のおそれがなく、権利取得者に登記具備が期待できない場合には、例外的に登記がなくても権利取得を差押債権者に対して主張できる余地がある（松岡久和「差押債権者の実体法上の地位（下）」金法1401号（1994年）24頁以下）。

(2) 第三者に該当しない者

(a) 無権利者　　登記名義を冒用した者（大判明32・6・7民録5輯6巻17頁）、登記手続上のミスによって買い受けていない土地の登記名義を得た者（大判昭10・11・29民集14巻2007頁）、契約の無効・取消しを理由に所有権取得を否定された者（仮装売買の例として最判昭34・2・12民集13巻2号91頁、公序良俗違反の例として最判昭36・4・27民集15巻4号901頁）、表見相続人などは、無権利者であり、登記を備えていても177条の第三者には該当しない。

　これらの無権利者からの転得者も、登記に公信力がないために権利を取得できず、やはり無権利者であって第三者には当たらない（大判明34・3・22民録7輯3巻69頁。表見相続人からの譲受人の例）。94条2項の類推適用論の発展により、善意転得者の権利取得が認められる場合があるが（たとえば、最判昭44・5・27民集23巻6号998頁）、これは177条の適用によるものではない。

(b) 転々譲渡の場合の前主と後主　　不動産がYからA、AからXへと譲渡された場合、Xは登記がなくてもYに所有権取得を対抗できる（最判昭

39・2・13判タ160号71頁）。転々譲渡の場合のYとXは、互いに第三者ではない（登記のないXが登記名義人Yから登記を得る方法については111頁の(1)の末尾）。

(c) 不法行為者や不法占有者　所有権取得者が不法行為者に対する損害賠償請求や不法占有者に対する明渡請求をする場合には、登記を具備する必要がない（不法行為者に対して大判昭6・6・13新聞3303号10頁、不法占有者に対して最判昭25・12・19民集4巻12号660頁）。損害賠償義務を負う不法行為者等が権利者を確知できないことから生ずる二重弁済の危険は、債権の準占有者への弁済（478条）や供託（494条以下）などによって解消される。

(d) 一般債権者　判例は、一般債権者は第三者でないとする（大判大4・7・12民録21輯1126頁。ただし、隠居による華族世襲財産の家督相続に関する特殊な例）。かつては第三者性を肯定する学説が多かったが、特定の不動産との直接の関わりを持たない一般債権者が差押え等をせずに登記の欠缺を主張する場面はなく、近時は否定説が通説である。

> **二重譲渡の場合の不法占有者等に対する関係**
> 　122頁の設例15のように不動産甲がAからXとYに二重譲渡された場合において、両者とも未登記の間に、Zが甲を不法占有したり、故意・過失によって損傷したとき、X・YとZの関係はどうなるか。
> 　第三者制限説をとれば、XまたはYから損害賠償や明渡しを請求されたZに、他にも譲受人がいることを理由に登記欠缺の抗弁を認めるべきではない。他方、Zに多重責任を負わせるのは不合理だから、XとYのいずれかに明渡しや賠償をすれば、Zは責任を免れるものとするべきである。この結論は、XとYは共に債権を有するが、両債権は連帯債権関係となる、と構成することで達成できる（民法改正により連帯債権につき、新432条-435条の2が新設される）。
> 　その後、Xが登記を備えたとすると、Yは最初から権利を取得できなかったものと扱われるべきである（この説明は124頁以下の3のXYを入れ替えているが同じ扱いになる）。YがすでにZから賠償金を得ていたとすると、XはYに対して原則として同額の不当利得返還請求（703条。Yの故意・過失を要しない）を行うことができる。敗れたYはAの債務不履行責任を追及するしかない。
> 　特殊な問題として、Zの不法行為により目的不動産や立木が消滅したり動産となってしまった場合の処理がある。もはや登記による決着はで

きないから、178条によって動産の占有を先に取得したり、物の価値的代償として損害賠償等を受領した方を所有者と扱うことになろう。

3 第三者の主観的要件

> **設例17** Aが本件土地をXとYに二重譲渡し、Yが移転登記を備えた。
> [1] YがAX間の先行取引（あるいはXの現実の利用）を知って第2譲受人となった場合にもYが勝つか。
> [2] Yが家計を同じくするAの妻で、AX間の詳しい事情を知らず、Aから言われるままに贈与を受け、移転登記を受けた場合にもYが勝つか。
> [3] 上記[1]および[2]でYがXに負けるとした場合において、YからさらにZが転得して登記を得ているZがいるとき、XとZとの優劣関係はどうなるか。
> [4] 上記[3]とは反対にYがXに勝てるとした場合において、Yからさらに転得して登記を得ているZがいるとき、XとZとの優劣関係はどうなるか。

(1) 善意悪意不問説から背信的悪意者排除説へ

設例17のYは所有権の取得者としていちおう第三者に該当するが（127頁の(a)）、このように客観的要件をみたす者についても、さらに善意・悪意という主観的態様が問題となりうる。なお、この場合の善意・悪意も、日常用語のような道徳・倫理的な判断を含まず、物権変動についての知・不知という意味で使われる。

旧民法財産編350条は第三者を善意者に限っていたが、現行民法の立法者は、善意・悪意の区別が困難なこと、悪意者排除を認めると登記で決着がついたはずの紛争が登記具備者の悪意を理由に蒸し返され訴訟が頻発すること、悪意者の登記が無効となり転得者（設例17の[3]および[4]のZ）の取引の安全を害することなどを理由に、自覚的に旧民法の規律を引き継がなかった。177条には、「第三者」の善意・悪意を問わない善意悪意不問説（悪意者包含説ともいう）が採用されたのである。

学説では善意悪意不問説が通説であったが、立法前後から悪意者排除説も

存在していた。悪意者排除説は、登記は隠れた物権変動の主張により第三者が不測の損害を被ることがないようにするための公示制度であり、登記がなければ物権変動は生じていないとの第三者の消極的な信頼を保護するものであるから、権利変動を知っていてそのような信頼のない悪意者は保護する必要がない、と主張した。この悪意者排除説が、第三者の禁反言的な行動を問題にした大審院判例（大判昭9・3・6民集13巻230頁、大判昭11・1・14民集15巻89頁）を契機に、不法行為者等は登記の欠缺を主張する正当の利益を欠くとした126頁の大連判明41・12・15をも根拠にして、次第に有力化した。一方、善意悪意不問説の側も、自由競争論を持ち出して論拠を強化するなど、議論を深めていった。

　1950年代半ば（昭和30年前後）から、下級審裁判例には、登記を備えた第三者の主観的態様を問題にする判決が増えてきた。法律構成として、旧不動産登記法4条・5条（現在は合体して不登5条。他人のための登記申請義務に反したり、不正な手段により登記具備を妨害する者は登記の欠缺を主張できない）の類推適用、信義則違反、権利濫用、第2譲渡契約の公序良俗違反による無効など多様なものが用いられた。こうした裁判例の動向を背景に、舟橋諄一が2度の改説を経て背信的悪意者排除を明確に打ち出し（舟橋183頁-184頁）、これが昭和40年代以降に最高裁（背信的悪意者の否定例であるが最判昭40・12・21民集19巻9号2221頁、肯定例としては最判昭43・8・2民集22巻8号1571頁が最初）に採用され、通説化した。

(2) 背信的悪意者排除説の内容

　背信的悪意者の概念や転得者保護の問題（138頁以下の(8)）には、論者により違いがあるが、以下では、同説を提唱した舟橋の見解を紹介・検討する。

　①資本主義的自由競争の原理が認められる限り、たとえ他人がすでに所有権を取得した場合でも、原権利者に対しより有利な条件を提供して争うことは許される。

　②二重譲渡の場合、第1譲受人は登記によって自己の地位を確保することができたのにそれを怠った手落ちがある。

　③したがって悪意の第2譲受人は、その行為態様が信義則に反するときに限り、社会生活上正当な自由競争の枠を超えるものとして保護されない。

　④旧不動産登記法4条・5条（現在は5条1項・2項）の規定は自由競争の

限界づけを例示したものであり、背信的悪意者認定の基準となる。

(3) 背信的悪意者の類型

具体的な事例での判断の基準を明確にするために、判例・裁判例を素材に背信的悪意者を類型化する試みが数多く行われている。その多くに共通する分類によれば、次のような場合が挙げられる。背信的悪意者の排除は二重譲渡以外の紛争類型でも広く主張されているが、典型的な所有権二重譲渡の類型で説明する。

(a) 親族関係があったり法人とその代表者のように、譲渡人と第 2 譲受人とが実質上同一の地位にあるとみられる場合　最高裁判例には直接該当する例がなく、下級審裁判例から代表的なものを拾うと、元内縁の妻に建物を譲渡した夫が同一建物を妻に贈与した事例（神戸地判昭48・12・19判時749号94頁。132頁の設例17の[2]のモデル）、譲渡人と第 2 譲受人や転得者がすべて同一人の支配下にあった事例（東京高判昭55・12・15判時993号51頁）などがある。

(b) 第 2 譲受人が第 1 譲受人の所有権取得を承認し、これを前提とする行動をとりながら後にそれと矛盾する主張をするなど一種の禁反言則に反する場合　和解による第 1 譲渡契約に立ち会った者が後に第 2 譲受人となった事例（最判昭43・11・15民集22巻12号2671頁）が典型である。

背信的悪意者排除論を採用した最初の最高裁判例は、この類型に属する事例について、第 2 譲受人が背信的悪意者であることを否定した（前頁の最判昭40・12・21）。従前の建物賃借人が贈与によって当該建物の所有権を取得したことを承認してその敷地を長年賃貸していた者が、登記されるまでは建物の所有権が自己に留保されていると誤信した譲渡人（従前の建物賃貸人）から、その言を信じた結果同人に同情して同一建物を買い受けたという事例である。

(c) 第 2 譲受人に第 1 譲受人を害する目的や不当な利益を取得する目的がある場合　第 1 譲受人が20年以上管理してきた山林の登記もれに気付いた者が、第 1 譲受人に権利証を高く売りつける目的で譲渡人を教唆して評価額の数十分の 1 で第 2 譲渡をさせた場合（前頁の最判昭43・8・2）が典型的な例である。

(a)～(c)の事情に加え、第 1 譲受人の占有、第 2 譲渡の無償または対価の著しい低さなどが背信的という評価を基礎づける事実となり、逆に、第 1 譲渡の代金未支払、登記未了の帰責性などが背信的という評価を弱める事実と

なる。この説によれば、132頁の設例17の[1]のYは悪意であるが、それだけでは当然に排除されるものではなく、背信性を基礎づける事実が多ければ多いほど背信的悪意者とされやすい。他方、悪意プラス背信性という図式を重視すれば、設例17の[2]のYは善意なので背信的悪意者とは評価されない。

(4) 背信的悪意者排除説への批判

　背信的悪意者排除説に対しては、批判も少なくない。すなわち、背信的悪意者の概念が不明確で背信性の存否の判断が困難である。本来債権関係で働く信義則をそういう関係のない第1譲受人と第2譲受人の間に適用するのは不当である。債権契約の競合の段階を越えて第1譲受人の所有権取得後にまで自由競争の論理を援用することは不当である。不動産登記法5条は、悪意を要件としていない、などである。

　さらに、筆者は判例・裁判例を分析し、その実質は文字通りの悪意プラス背信性を必要としていないと指摘した。すなわち、まず、(a)の類型では、AとYの特殊な関係からYはXA間の契約の当事者に準じる者であり、善意であってもそもそも第三者として競争に加わる資格を欠くとして、悪意がきわめて緩やかに認定されるか、実質的に不要とされている（準当事者類型）。設例17の[2]のYは、準当事者に該当し善意であっても第三者に当たらないとされる可能性が高い。他方、準当事者に当たらない一般の取引者の場合（不当競争類型）においては、(c)の類型のように悪意に加えて違法性が強い者が第三者から排除されるのは当然である。Xがすでに権利を取得していてAが無権利者になっていることを知らない者は保護され、知っている者は保護されていない。たとえば、背信的悪意者であることを否定した前頁の最判昭40・12・21の第2譲受人は二重処分者の言を信じた善意者である。不当競争類型における判例・裁判例の実質は悪意者排除である。

(5) 学説の状況

　学説では、現在も背信的悪意者排除説が多数と思われるが、そこには2つの異なる方向がある。すなわち、一方では、背信的悪意者排除を177条とは別次元の信義則違反・権利濫用という一般法理の具体化と捉え、背信的悪意者排除をきわめて例外的なものとする見解がある。他方では、現地調査もしないで占有者・利用者の存在を無視する者には重大な過失があり、善意であっても排除されうるとして背信的悪意者概念をきわめて緩やかに解する見解

もある。最近は、信義則違反に重点を置いて背信的悪意者排除の法理を理解し、悪意の存在を重視しない見解が増えている（加藤120頁-121頁、近江85頁-86頁など。佐久間83頁-84頁、山野目51頁-52頁も行為態様の評価に重点を置く）。さらに、単純な悪意者排除（石田211頁以下）や公信力説（186頁で詳しく紹介し論評する）を中心として善意の過失者の排除をも主張する見解が少なくない（内田459頁は第3版455頁の悪意者排除説から改説）。

(6) 本書の見解

　本書は、上記のような判例の理解をふまえ、第1譲受人の権利（所有権または特定物債権）は第2譲受人の契約による侵害からも保護されるべきであることを中心的な理由として、177条の第三者を、準当事者に当たらず、かつ、善意無過失者に限る。これによれば、132頁の設例17の[1]のYは、Xの存在を知り得たにもかかわらず登記名義人Aを依然として所有者であると信じた合理的な根拠を有していなければ、第三者ではない。設例17の[2]のYは準当事者に当たり、仮に善意無過失であっても第三者ではない、という結論になる。

　善意無過失を要するというと、いかにも過度に厳格な要件を課しているかのように響くが、通常の不動産取引者が行うように登記簿や現地を合理的な注意をもって調査すれば足り（登記簿閲覧や現地調査を怠れば重過失がある）、そのような注意義務を遵守した正常な取引者だけを保護しようとしているにすぎない。

　これに対して、自由競争論を基礎に、第2買主が違約金分を上乗せして第1売買契約を解除させるのは正当であり、物権を取得しておきながら放置している状況こそ正常な取引でない、との批判がある（石口325頁-327頁）。しかし、第1契約の手付解除ができるようならそもそも二重譲渡紛争にならない。第1譲受人が未登記である事情は多様であり、未登記の第1譲受人が制裁として権利喪失の不利益を受けるとしても、その制裁を担う第三者が第1譲受人の権利を無視してよい理由にはならない。建物の登記によって対抗要件の具備が容易な借地権の対抗の問題について、登記名義人が実際の権利者と異なっていても現地調査を介して借地権の成立を知りうるとする議論（石口627頁-629頁、法定地上権に関して『担保物権法』139頁の(f)）と調査の結果知った権利の存在を未登記ゆえに無視してよいという主張とは矛盾している。

また、動産の即時取得のように（212頁の補足＊）、登記と占有が前主にあれば善意無過失が推定される。132頁の設例17の[1]のYは、Aに登記名義があれば、Xの占有を知ってAへの所有権帰属が疑われる状況がある場合にだけ、それを確かめるのにさらにたとえば関係者への聞き取りや過去の取引履歴等の調査が必要になることがあるが、それも通常の取引者に合理的に期待される範囲に限られる。調査の結果、Xが所有権を取得しておらず登記名義人Aが所有者である、と信じたことが相当であれば、Yは善意無過失と評価される。

(7) 最近の判例のゆらぎ

最近の判例では、背信的悪意者排除という従来の枠組に「ゆらぎ」（安永71頁）が生じており、今後さらに理論的な展開がありうるだろう。

(a) 未登記地役権の対抗　まず、承役地の譲渡の時に承役地が通行地役権者によって使用されていることが客観的に明らかであり、譲受人がそのことを認識していたか認識可能であった場合には、譲受人は、地役権設定登記の欠缺を主張する正当な利益を有する第三者に当たらない、とした（最判平10・2・13民集52巻1号65頁）。この判決は、原審の背信的悪意者の認定を否定しつつ、過失ある善意者を第三者から排除し、背信的悪意者とは別の類型を示した。この判決によれば、この土地の譲受人は現地調査をする義務を負っていたことになる。

多くの学説は、この判決は、通行地役権が登記されることがほとんどない一方で、その存在が客観的外形に現れやすいという権利の特殊性を考慮したものであり、一般化はできないと慎重な理解をする（たとえば、安永72頁）。

しかし、調査の結果、通路の未登記の所有権に基づいて通行が行なわれているとわかれば、そのような譲渡について悪意であっても背信的でなければ所有権取得登記を備えて通行を否定することが許されるのか。未登記地役権の負担さえ覚悟しておけば、それ以外の土地利用の状況は調査せずに取引してよいのか。いずれも疑問である。自らがどのような紛争に巻き込まれうるかがわからないだけに、紛争を避けて安全・確実な取引をするためには、自分にとって最も厳しい扱いとなるケースを想定した慎重な調査を行う必要がある。それゆえ、この判決の求める現地調査義務は、不動産取引一般に少なくない影響を与えうる（視角は異なるが佐久間84頁も同旨）。

(b) 時効取得の対抗　次に、時効取得後の第三者が背信的悪意者に該当するためには、時効取得者が多年にわたって占有している事実を認識している必要があるとする判例が登場した（最判平18・1・17民集60巻1号27頁。本判決が前提としている取得時効と登記に関する判例理論については168頁以下の(1)）。この判決は、悪意を不可欠の要素として維持するものの、その悪意の内容を時効の完成についてではなく、多年にわたる占有の事実へと緩和した。その趣旨は、背信性の判断の中で取得時効による権利変動の成否に関する調査を取引者に求めているとも解され、平成10年判決と同様の判断構造をそこに見て取ることもできる（安永74頁）。

(8) 転得者の処遇

132頁の設例17の[3]および[4]のZのような転得者をどう処遇するかは、別の問題として検討する必要がある。判例・通説によるときは、[3]では背信的悪意者からの転得者、[4]では背信的悪意者でない者からの転得者が問題になるが、本書においても、「背信的悪意者」を「準当事者または悪意もしくは善意でも過失のある者」、「背信的悪意者でない者」を「準当事者でない善意無過失者」と置き換えれば、同じ性質の問題として問われる。

(a) 判例・裁判例　判例は、[3]の背信的悪意者からの転得者について、背信的悪意者Yも所有権取得者であり、第1譲受人Xとの関係で信義則上登記の欠缺を主張できないだけである。それゆえ、Yから所有権を承継取得する転得者Z自身がXとの関係で背信的悪意者と評価されるのでないかぎり、登記を備えればXに対抗できる、とした（最判平8・10・29民集50巻9号2506頁）。

他方、設例17の[4]については、Yが背信的悪意者でなくても、転得者ZがXとの関係で背信的悪意者に当たれば、Xは登記がなくてもZに対して所有権取得を対抗できるとする裁判例がある（東京高判昭57・8・31下民33巻5-8号968頁）。いずれもXとZの関係にも177条を適用し、Yが背信的悪意者であってもなくても、Z自身が未登記の所有権取得者Xとの関係で背信的悪意者と評価されるかどうかを判断すればよいとする（相対的構成）。

(b) 学説　平成8年判決以前の学説では、転得者の保護につき、対抗問題の法的構成とも関連してさまざまな見解が唱えられており、背信的悪意者を無権利者として94条2項の類推適用を主張する見解もあった（この点

は法的構成のところで再度触れる）。平成8年判決以降は、判例を支持するのが多数説のようであるが、異論もある。

すなわち、132頁の設例17の[3]の場合、Zは、Xに劣後するYの地位を引き継ぐにすぎないから、善意であってもXに負けるとする考え方がありうる。これは177条を、同一権利者からいわば枝分かれした所有権取得原因相互の優劣決定に限るルールとして理解し、転得者との関係には同条を適用しないという考え方である。また、この問題とは別の次元で、[4]の場合について、背信的悪意者でない第三者Yが登記を備えた時点でXの所有権は確定的に失われ、Zの主観的態様にかかわらずXは権利主張ができないとする考え方（絶対的構成）も有力である。

本書は、転得者との関係にも177条を適用する判例に賛成である。[3]の事例では、ZがAやYに準じる者でない善意無過失者であれば、XとZは先に登記を得た方が優先する（Zの保護は177条による）。一方、[4]の事例では、前頁の(a)の東京高判昭57・8・31の事例は、準当事者Zが善意者Yをワラ人形的に介在させた事例と思われるので、安易に一般化するべきではない。転得者Zの主観的態様を問題にすることなく転売できる可能性の保護を含めて（準当事者でない善意無過失の）Yを安定的に保護するには、Yの登記時点で権利関係が確定する絶対的構成が優れる。177条の適用によりYに敗れたXは所有権を得られず、Zに対して所有権に基づく主張ができない。

◆**文　献**◆

第三者論全般については、新注民(6)650頁以下［吉原節夫］が最も詳しく、少し古いが鎌田薫「対抗問題と第三者」講座(2)67頁以下が緻密である。第三者の主観的態様について、松岡久和「判例分析民法　探す　読む　使う　第29回・第30回　まとめと補足（中）（下）」法教324号・325号（2007年）は、背信的悪意者排除説を批判するそれまでの筆者の複数の論文を判例分析の技法とからめて教育的観点でまとめている（（上）はリレー連載のまとめで背信的悪意者論とは関係がない）。問題提起を含む事例演習として、松岡久和「民法177条の第三者の範囲」ロープラⅠ212頁以下。転得者問題を理論的に掘り下げたものとして横山美夏「二重譲渡における転得者の法的地位」民研521号（2000年）12頁以下。

第7節　登記を要する不動産所有権の取得・各論

　前節では、177条が適用されることに争いのない所有権の二重譲渡紛争を念頭に置き、177条の第三者をめぐる諸問題を検討した。本節では、法律の規定による所有権の取得に177条が適用されるか否かを検討する。

　本書は、この問題についても、代表的な紛争類型を取り上げて各論的な議論を紹介・検討し、それをふまえて総論的な問題の考察を行うという方法を採る。本節では、Ⅰでその検討の前提となる補足説明や問題の所在の簡略な説明を行うのに続いて、具体的には、Ⅱで「相続と登記」、Ⅲで「取消しおよび解除と登記」、Ⅳで「取得時効と登記」、Ⅴで「その他の所有権取得原因と登記」の問題を取り上げる。本節における各論的な問題に対する本書の考え方や結論はこの段階では示唆するにとどめ、次節における対抗問題の総括まで留保しておく。本書の結論を想像しながら読んでいただくというのも一興であろう。

Ⅰ　検討の前提

　前節では、売買契約や贈与契約などの意思表示に基づく所有権取得を第三者に主張するには登記を要することを当然の前提として話を進めたが、これについて注意するべき点を、まず補足しておく。次に、登記を要する所有権取得について出発点となる2つの考え方の対立を説明する。

1　意思表示に基づく所有権取得についての補足
(1) 177条の「不動産」の意味

　不動産とは土地およびその定着物であり、独立した物ごとに所有権が成立する（86条1項。15頁以下の(1)）。1筆の土地の一部の所有権を譲渡することも可能であるが、分筆登記をしたうえで所有権移転登記をすることになる。立木法が適用される立木は、土地とは別個に所有権や抵当権が取得でき、独自の登記制度もあり、177条が適用される。これに対して、立木法が適用されない立木のうち、明認方法という慣習法上の対抗要件（222頁以下のⅣ）が認

められているものについては、本条の適用はない。

なお、財団抵当の目的となる財団のうち不動産とみなされるもの（工抵14条、鉱抵3条）には177条が適用されるが、成立する物権は財団抵当権のみである。また、河川敷のように私権の目的とならない不動産については177条は適用されないが、道路敷地のように（道路4条ただし書）公用物である不動産でも公用制限を受ける状態で私権の目的となりうる物には177条が適用される（大判大7・12・19民録24輯2342頁）。

(2) 未登記の不動産

建物は一定の形状を備えて初めて土地から独立の不動産となり、その後は登記を公示方法とする（17頁の大判昭10・10・1）。未登記不動産についても、所有権取得を対抗するには登記が必要である（最判昭57・2・18判時1036号68頁：溜池や堤防の時効取得の例）。

(3) 意思表示に基づく所有権取得

売買や贈与などの契約による所有権取得には、まったく異論なく177条が適用される。取消しや解除の意思表示も、それによって所有権の再取得（復帰）が生じるので177条が適用されるとも考えられる。しかし、他方でこうした形成権は契約関係の解消を直接の内容としており、所有権復帰そのものを内容とする意思表示ではない。さらに、遡及効を認めれば所有権は最初から買主に取得されなかったことになるので再取得は観念できず、177条は適用されないとも考えられる。この点を中心に争いがあり、詳しくは153頁以下のⅢで説明する。

2　変動原因制限説と変動原因無制限説

立法趣旨では、177条は176条の意思表示による物権変動を制約する例外である（意思表示制限説）という説明がされている一方で、意思表示によるか否かを問わず一切の物権変動について登記を要する（変動原因無制限説）ともされており、出発点ですでに混乱の種が存在していた。そのため、初期の判例もこの2つの考え方の間で動揺したが、大審院は変動原因無制限説を採用し（大連判明41・12・15民録14輯1301頁。以下「変動原因無制限判決」という）、基本的な考え方を確立した。

すなわち、この判決は、第三者保護の規定である177条を物権変動の原因

を問わずに広く適用し、不動産の物権変動は一般的に登記しなければ第三者に対抗できないとする。それと同時に、同日の判決（126頁の大連判明41・12・15。以下「第三者制限判決」という）で、具体的な紛争において登記の欠缺を主張する正当な利益を有しない者に対しては、登記がなくても物権変動を主張できる、とする（第三者制限説。125頁以下の1）。言い換えると、判例は、登記による問題解決を原則とすることで、取引の安全を一般的に確保し、紛争の発生自体を極力防ごうとする一方で、実際に生じてしまった個別・具体的な紛争では、第三者との関係で登記の要否を判断し、衡平・妥当な結論を確保しようとした、とみることができる。

もっとも、変動原因無制限判決は隠居による生前相続（144頁の(2)）に関して示された判断であり、死亡相続のみになった現行民法においては直接妥当する事例が存在しない。また、同判決以降の判例は、紛争類型によっては登記を要しない物権変動が多数存在することを認めている（変動原因修正無制限説）。この点につき、判例が登記を要しないとするのは第三者制限の結果にすぎないとする見解もある（佐久間61頁・103頁）。しかし、およそ第三者が定型的に登場しない場合（たとえば、新築建物の取得や相続分に応じた相続不動産の取得）は、第三者制限の問題ではなく、登記を要しない物権変動というべきである。

以下で最初に取り上げるのは、変動原因無制限判決で問題となった相続に関する諸問題である。

Ⅱ 相続と登記

相続に関係して不動産の所有権の取得と登記の問題が争われる場面は多様である。詳細は家族法で学ぶことになるが、具体的な紛争類型毎の検討に入る前提知識が必要なので、まず相続という制度を概観する（1）。次いで、いくつかの比較的簡単な基本問題について確認し（2～6）、相続と登記全体を通じて見られる考え方を整理する（7）。

相続についてまだ学んでいない読者の皆さんには理解の難しい点があるだろうが、具体的な設例によって紛争の態様との関係を意識し、177条の適用の有無を理解していただきたい。

1 序　論
(1) 相続による所有権取得とその登記
(a) 一　般　現行法では相続は人（被相続人）の死亡によってのみ開始する（882条）。遺言があればそれに従うが、遺言がないか遺言において民法の規定と異なる定めをしていない限り、相続人が被相続人の財産に属した一切の権利義務を、相続開始の時、すなわち被相続人の死亡時から承継する（896条）。相続は法定の承継取得である。

(b) 相続人の確定　相続人の順位と相続分も民法に定められている（900条）。相続人は相続を知ってから3か月の熟慮期間内に（915条1項）、相続をするかしないか（938条以下の相続放棄）、相続するとして相続財産を清算して積極財産がある場合にのみ相続するか（922条以下の限定承認。共同相続人全員でする必要がある）しないかを決める。相続を放棄した者は939条で初めから相続人でなかったものとみなされる（939条）。期間内に相続放棄や限定承認がされなければ、単純承認となる（920条・921条2号）。

(c) 単独相続と共同相続　相続人が1人だけの単独相続であれば、その者が被相続人の死亡時にすべての権利・義務を引き継ぐ。相続財産に含まれる不動産の所有権もその時に相続人が取得する。これに対して、相続人が複数いる共同相続の場合は、不動産を含む不可分の相続財産は、いったん共同相続人の相続分に応じた共有となる（898条・899条）。その後、共同相続人間で遺産分割（906条以下）が行われると、それに従って相続財産の最終的な帰属が決まる。各相続財産は、相続開始時に遡って被相続人から直接承継したものと扱われる（909条。遺産分割の遡及効）。不動産については、共同相続の段階で相続による所有権取得の（共有の）登記を行い（各相続人は保存行為として法定相続分を持分とする共有登記の単独申請が可能。252条ただし書、不登63条2項）、遺産分割により共有持分を移転する形で最終的な帰属者は登記をすることが可能である（こちらは共同申請）。これは実際の権利取得の過程に忠実な公示ではあるが、登記が2度必要になる。そのため、遺産分割が終わるまで待って、被相続人から最終的な帰属者への相続による単独申請の所有権取得登記ですませることが多い。909条との関係で、こちらも適正な登記の方法である（昭19・10・19民事甲692号民事局長通達・先例上737頁）。

(2) 生前相続と登記

　1947（昭和22）年に改正される前のいわゆる明治民法の家族法の規定では、隠居による生前相続も認められていた。そこでは、たとえば、A が隠居して甲不動産を含む財産全部を長男 Y に相続させたが Y が甲について移転登記を備えていなかったところ、後に Y と折り合いが悪くなった A が自らに登記名義が残っていることを利用して、甲を X に譲渡して移転登記をするという紛争が生じた（X が別の家族構成員の場合には贈与が多く、実質的には家業などの承継者の指定のやりなおしに近い。X が家族構成員以外の者だと売買が普通で、A が生活資金を Y に頼らずに得たかったためであろう）。変動原因制限説では、相続によって Y が甲の所有権を完全に取得した結果、A に残る登記は無効であって、X は無権利者だということになるから、Y は X に所有権取得を登記なくして主張できるのである。

　しかし、141頁の **2** の変動原因無制限判決は、Y は登記がなければ相続による所有権の取得を X に対抗できないとした。その理由は3つである。①対第三者関係を規律する177条は当事者関係を規律する176条とは適用領域を異にするので177条は176条の例外規定ではない。②177条は第三者保護規定であるから物権変動の原因によって適用の有無を区別をするべきではない。③相続のような法律の規定による所有権の取得者も、意思表示による取得の場合と同様に、登記によって自衛することができる。①②は一般的な問題であり、第三者を保護する特別な規定が存在しない場合には、広く177条を適用しようとする基本姿勢を示している。他方、③は、本件のような所有権取得の登記が容易な生前相続の事例には妥当するものの、必ずしも一般化できるわけではない。それゆえ当該紛争において定型的に登記具備を期待できるかどうかという点が、変動原因無制限説を確立した判例の中に、その後の修正の理由の中心を占める考え方として当初から埋め込まれていた、とみることができる。

(3) 相続介在二重譲渡

　X に甲不動産を譲渡した A が、移転登記をする前に死亡し、B が A を単独相続した。B は、X に対する譲渡契約当事者 A の地位を引き継いで、X に対する登記義務を負う。それゆえ、X と B とは所有権移転の当事者であり、X は登記がなくても B に所有権の取得を主張できる（A に登記が残ってい

ればAからXへの移転登記を行う。不登62条。Bに相続登記がされていればBからXへの移転登記を行う)。

また、相続後にBが甲をYに譲渡した場合、すでに所有権はXに移転していてBは無権利者であり、Bと契約したYは登記を備えても甲の所有権を取得できない、とする構成は考えられないわけではない。しかし、その論理によれば、AがXとYに二重譲渡した典型的な177条の適用場面でも、Xが登記を備

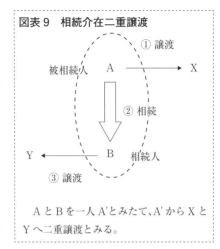

図表9　相続介在二重譲渡

AとBを一人A'とみたて、A'からXとYへ二重譲渡とみる。

えずにYに勝てることになってしまい、177条の趣旨に反する。むしろ、この事例は、Aの権利義務を包括的に承継するBをAと一体の同一人A'とみたてて、A'を起点とするXとYへの二重譲渡と理解することができ、177条が適用される（図表9。大連判大15・2・1民集5巻44頁。最判昭33・10・14民集12巻14号3111頁もこれに従う）。以上の論理は、Aを相続した共同相続人全員が甲を第三者に譲渡した場合や、共同相続人の一部が甲の持分を第三者に譲渡した場合にも当てはまる（後者では持分に限った二重譲渡関係が生じる）。

(4) 表見相続人からの譲受人

2つの事例を対比してみよう。

1つは、亡Aの子供BがAから単独相続の登記をした甲不動産をYに売却し、Yが移転登記を備えた。しかし、その後、BがAを殺害したことが判明して殺人罪で有罪判決を受けたため、Bには相続人となる資格が欠け(891条1号の相続欠格)、次順位のAの父Xが相続することになった場合（相続欠格事例）である。

もう1つは、亡Aの弟BがAから単独相続の登記をした甲をYに売却し、Yが移転登記を備えた。しかし、その後、Aの子Xが死後認知の訴え(787条)に勝訴し、XがAを相続することになった場合（死後認知事例）である。

これらの場合に、実際には相続権がないのに相続人らしくみえるBのよ

うな者を表見相続人という。死後認知事例では、784条ただし書があるのでBの処分には影響がなく、XはYから甲を取り戻せない（Bに対して相続回復請求権を有する。884条）。しかし、このような特別の第三者保護規定がない相続欠格事例では、真の相続人Xは、Bに対してはもちろん、Bを相続人であると過失なく信じたYに対しても、相続による甲の所有権取得を主張できる（大判明43・4・9民録16輯314頁ほか多数）。表見相続人は無権利者であり、登記に公信力がない以上、転得者も権利を取得できない。特別の規定がない限り「何人も自己が有する以上の権利を譲渡できない」、というローマ法以来の伝統的な承継取得原則（＝無権利の法理）に従い、無権利者である譲受人も177条の第三者に当たらないからである。もっとも、「相続と登記」問題全般の傾向からみると、事例によっては、94条2項や32条1項後段の類推適用などにより善意の転得者を保護することが考えられよう。

2 相続放棄と登記

> **設例18** 亡Aには、推定相続人としてX・B・Cの3人の子がいたが、Bは相続放棄をした。ところが、Bの債権者YがBを代位して相続財産中の甲不動産につきX・B・Cの共同相続登記を行い（不登59条7号）、Bの持分3分の1を差し押さえ、差押えの登記がされた。Xは、甲はXとCの共有物であるとして、第三者異議の訴え（民執38条）によりYの差押えを排除できるか。

設例18のように、Bが相続を放棄すれば、他の共同相続人であるXやCの相続分が増える結果となるため、実質的にはBの持分を他の共同相続人に贈与したようにもみえる。実際に、贈与の趣旨で相続放棄がされることもありうる。

しかし、判例（最判昭42・1・20民集21巻1号16頁）・通説は、この場合には177条を適用しない。すなわち、相続放棄をした者は最初から相続人にならなかったものとみなされる（939条。相続放棄の遡及効）。相続放棄をした者Bは、甲について無権利者であるから、共同相続の登記やそれを前提とするYの差押登記も無効である。それゆえ、他の共同相続人であるXは、相続による所有権取得を登記なくしてYに対抗できる。XもCも保存行為とし

て、各自が単独で第三者異議の訴えによりYの執行を排除できる。

Bからその持分を譲り受けた第三者との紛争の裁判は見られない。Bが持分を譲渡すれば、相続を単純承認をしたことになって (921条1号)、もはや相続放棄はできず、第三者の権利取得は害されない。問題となるのは、逆に、相続を放棄したはずのB自身が共同相続登記をして、その持分を第三者に譲渡する場合である。この場合のBの共同相続登記は、無権利者の登記であるため無効であり、XやCは登記なくして相続による権利取得を第三者に主張できるのが原則である。もっとも、Bの無効な登記の出現につきXやCに帰責事由がある場合には、94条2項の類推適用等により善意 (無過失) の第三者を保護することが考えられる (加藤142頁、石田235頁など)。公信力説 (186頁) の立場からは、177条の第三者を善意者に限定したうえで、177条による問題処理もありうる (鎌田146頁-147頁)。

3 共同相続と登記

> **設例19** 亡Aには、推定相続人としてX・B・Cの3人の子がいた。しかし、Bが、遺産分割を経ないのに、勝手に相続財産中の甲不動産につき単独相続したとの登記を行った。次の2つの場合において、XやCは、YまたはZに対して、相続による甲の所有権の取得を主張できるか。
> 　[1] Bの債権者Yが、甲を差し押さえ、差押えの登記がされた場合
> 　[2] BがZに甲を売却し、Zが移転登記を備えた場合

設例19の[2]の場合、判例 (51頁の(4)の最判昭38・2・22)・通説は、やはり177条を適用せず、XやCは、相続登記をしなくても、相続による持分の取得を、Zに対抗できるとする。もっとも、BのZに対する処分は、たしかにBの持分を超える限りで無効であるが、Bの持分の限度では有効であるから、XらはBからZへの移転登記の全部抹消ではなく、一部抹消としての更正登記を求めることができるにとどまる。[1]の場合については直接の判例はないが、この論理に従うと、XやCは、相続登記をしなくても、第三者異議の訴え (民執38条) によって、甲全体の競売を防ぐことができよう (52頁の(a))。Yが競売できるのは、Bの持分だけである。

登記を不要とする根拠は、上述した表見相続の場合と同様に、無権利の法

理である。遺言で法定相続分以下の相続分が指定されたところ、その者が法定相続分に応じた持分登記をしてそれを第三者に譲渡しても、第三者は指定相続分に応じた持分を超える部分を取得できず、他の相続人は登記がなくても自己の相続分の取得を対抗できるとする（最判平5・7・19判時1525号61頁）のも同じ論理である。

　学説には、共有の弾力性（46頁の(c)）に基づいて、共有者の持分は共有物全体に及ぶから、単独所有名義の登記も無権利者の登記ではなく、他の相続人が第三者に権利取得を主張するには登記を要するとする説もある（我妻＝有泉111頁-113頁。有泉はこの場合には第三者に善意を要求するが、対抗問題一般と異なる処理をすることの説明はない）。

　もっとも、論理や法的構成のみではなく、関係当事者の利益衡量からみて177条による処理が妥当か否かという実質的考慮も重要である。上記の少数説は、遺産分割前でも共同相続人の1人が単独で容易にできる共同相続登記を懈怠していることを177条適用の論拠の1つとしている。これに対して、通説的見解は、共同相続登記と遺産分割後の登記を2度行うことは、手間と費用の点で相続人に重い負担となり、期待できないとする。さらに、少数説は、一般に第三者は有償取得者であるのに対して、相続人は無償取得者であり、第三者をより厚く保護するべきであることも考慮しているが、[1]の場合の差押債権者はBが実際に相続した権利以上のものを期待できる立場にない（そのほかの点の批判は佐久間99頁）。

　こうして通説的見解は、法定相続分の取得を主張するには登記を必要としないことを原則とするが、そのうえで、Bの単独相続登記が生じた原因を考慮して、善意の第三者を保護するさまざまな規定（32条1項後段・94条2項・110条・784条ただし書、信託法27条2項＝旧信託法31条など。これらについて、補足＊も参照）を適用あるいは類推適用することが主張されている。

　　＊**第三者保護規定の類推適用**　32条1項後段や784条ただし書は遡及効によって第三者を害さないという趣旨である。前者は、信頼性の高い失踪宣告という家庭裁判所の審判を前提とし、後者は、認知による法的な父子関係の成立が第三者からは知りえないことをふまえて、事後的な失踪宣告審判の取消しや認知によって、すでに築かれた法律関係を覆すべきでないとしている。

　　また、110条や信託法27条は、たとえば相続財産の清算や税金処理の関係で

特定の不動産の管理・運用を簡単にするため、共同相続人の1人の名義にしていたのに、登記名義人が内部的に与えられた権限を超えて違法に同不動産を処分した場合には、要件がみたされて適用可能である（両条では差押債権者は保護されないことにも注意）。これらの条文は、想定する場面や要件が限定されており、類推適用が検討されている共同相続に関する事例との共通性・類似性が乏しいため、類推適用の基礎があるといえるか疑問である。

他方、94条2項類推適用は、すでに、虚偽の権利外観の作出についての真の権利者の帰責事由と外観を信じて行動した第三者の保護事由（善意あるいは善意無過失）との衡量という枠組で、登記の公信力の欠如を補う法理として展開しており、一般性がある。ただし、そもそも94条は故意の外観作出を帰責事由としている規定なので、それをどこまで緩めてよいかは見解が分かれる難問である。

4　遺産分割と登記

> **設例20**　亡Aには、推定相続人としてX・B・Cの3人の子がいた。遺産分割の協議によってXが相続財産中の甲不動産を単独で相続することに決まったが、その登記をしないでいた。次の2つの場合において、Xは、YまたはZに対して、遺産分割による甲の所有権の取得を主張できるか。
> ［1］Bの債権者YがBを代位して甲につきX・B・Cの共同相続登記を行い、Bの持分3分の1を差し押さえ、差押えの登記がされた場合
> ［2］Bが甲につき単独相続の登記を行ってZに売却し、Zが移転登記を備えた場合

遺産分割には遡及効があるが、遺産分割前に登場した第三者に対しては遡及効が制限されている（909条ただし書）。そのため、この場合には177条の適用を待たずに第三者が保護される。他方、911条～913条の規定は、むしろ共同相続人全員の意思決定による持分の交換的な移転という新たな物権変動が生じることを前提としていると解することもできる。この点で、遺産分割と登記の問題は、遡及効の制限がある詐欺を理由とする取消しと登記の問題（154頁以下の1）と類似の構造を持つ。

設例20の場合につき、判例（最判昭46・1・26民集25巻1号90頁）・通説は、177条を適用し、甲につき法定相続分を超える権利の取得は、登記しなけれ

ば遺産分割後に甲に権利を取得した第三者に対抗できないとする。遺産分割は最終的な権利帰属の決定なので、遺産分割によって権利を取得した者に登記を求め、登記がなければ対抗できないとしても酷ではないことが考慮されている。この事件は[1]の事例であったが、判決は[2]の場合をも視野に入れた判示をしている。

学説は、判例を支持するものが通説的であるが、Bの無効な登記を信じた善意（無過失）の譲受人を32条1項後段や94条2項の類推適用で保護すればよいとの見解がある（たとえば、加藤144頁、山野目63頁-64頁・66頁-67頁）。他方で、登記をしなければ相続による権利取得全部を対抗できないとする考え方もある（鎌田146頁・149頁注(3)はこれに賛意を示す）。

5 　特定遺贈と登記

> **設例21**　亡Aには、推定相続人としてX・B・Cの3人の子がいた。XはAからA所有の甲不動産の遺贈を受けたが、遺贈を受けたことを知らず、移転登記も得ていなかった。次の2つの場合において、Xは、YまたはZに対して、遺産分割による甲の所有権の取得を主張できるか。
> [1] Bの債権者YがBを代位して甲につきX・B・Cの共同相続登記を行い、Bの持分3分の1を差し押さえ、差押えの登記がされた場合
> [2] Bが共同相続登記を行い、甲の持分3分の1をZに売却し、Zが持分の移転登記を備えた場合

設例21の[2]に類する事例において、古い判例は、受遺者は相続人からの譲受人や相続持分の譲受人に対して登記がなくても遺贈による物権変動を対抗できる、としていた（大判大10・6・29民録27輯1291頁）。しかし、その後、相続介在型二重譲渡において対抗問題構成を採るとの判例変更がされた（144頁以下の(3)）。これに伴い、最高裁は、遺贈の場合も登記必要説を採った（127頁の(b)の最判昭39・3・6。なお、最判昭46・11・16民25巻8号1182頁は、この延長線上で、生前贈与と遺贈の優劣も同様に登記の先後で決める）。その理由は、遺贈が意思表示による物権変動であって、生前贈与を受けた場合（この場合には相続人の差押債権者や相続人からの譲受人との間は相続介在型の対抗問題になる。145頁の最判昭33・10・14）と異なるところがない、というものである。

学説では賛否が分かれる。登記必要説は判例の理由づけと結論を是認する。これに対して、登記不要説は、遺言撤回の自由（1022条）は相続されないため相続人には処分権限がなく、遺言執行者がある場合に相続人が相続財産の処分権を奪われ、その処分が無効となること（1013条。最判昭62・4・23民集41巻3号474頁。なお127頁の(b)の最判昭39・3・6の事案は、遺言執行者の選任直前に差押登記がされた事例）との均衡からも、二重譲渡はできない。受遺者は遺贈があったことを知らないことが多く登記具備（遺言執行者があれば遺言執行者との共同申請、なければ（共同）相続人との共同申請による）を要求するのは酷である。登記必要説は受遺者の犠牲で保護の必要性の低い相続人の債権者を利するので不適切である、などと主張している。登記不要説では、相続人の登記を無効とした上で、相続人からの善意の譲受人を、32条1項後段や94条2項の類推によって保護することになる（153頁の文献の田中130頁-132頁）。

6 「相続させる遺言」と登記

> **設例22** 亡Aには、推定相続人としてX・B・Cの3人の子がいた。Aは「A所有の甲不動産をXに相続させる」旨の遺言をした。しかし、Xはその遺言を知らず、移転登記も得ていなかった。次の2つの場合において、Xは、YまたはZに対して、遺産分割による甲の所有権の取得を主張できるか。
> [1] Bの債権者YがBを代位して甲につきX・B・Cの共同相続登記を行い、Bの持分3分の1を差し押さえ、差押えの登記がされた。
> [2] Bが共同相続登記を行い、甲の持分3分の1をZに売却し、Zが持分の移転登記を備えた。

判例は、設例22の「相続させる遺言」を（その意義と問題点は、松川正毅「遺産分割方法の指定と遺贈」争点358頁-359頁）、特段の事情がない限り遺贈ではなく、相続分の指定を伴うことのある遺産分割方法の指定（908条）と解した。そのうえで、当該不動産は、遺産分割手続を要せず、被相続人の死亡時に直ちに承継されるとした（最判平3・4・19民集45巻4号477頁）。そして、この理解を前提に、この権利取得は法定相続分または指定相続分の相続による権利取得（147頁以下の3）と本質的に異なることはなく、登記をしなくても第三

者に対抗できる、とした（最判平14・6・10判時1791号59頁。[1]に類する事例でXの第三者異議を認容）。

　これに対して学説では、そもそも「相続させる遺言」に対して、登録免許税の節約（かつては遺贈の方が高かったが2003（平成15）年4月1日以降は登録免許税法改正により現在では差がない）、遺産分割手続の省略、被相続人からの相続を理由とする単独申請登記（不登63条2項）という「いいとこどり」を狙ったものだとして批判が強い。また、相続開始後に単独申請の登記が可能であるから（最判平7・1・24判時1523号81頁）、財産取得者には登記具備の期待可能性が十分にあり、登記を備えないと第三者に対抗できないと解する方が自然である。登記を不要とすることは特定遺贈の場合（150頁以下の5）に登記を必要とする判例と不均衡である（佐久間106頁-107頁は相続人への権利承継の有無で両者の違いを正当化するが、「相続させる遺言」の場合も遺産分割手続に乗せる方が合理的であろう）。上記の最判平14・6・10により、遺産分割と登記の問題など相続と登記の問題全体を再考する必要性が増大したとの指摘もある（池田恒男・判タ1114号80頁以下）。

7　小　括

　以上の場合を通じて、学説では、相続人の債権者には保護の必要性が低いこと、遺産分割前の浮動的な状態では相続による権利取得者に登記具備を期待しにくいこと、悪意の第三者を保護するべきでないことなどを考慮して、無権利の法理による登記不要説を原則としつつ、94条2項などの第三者保護規定を活用して善意者のみを保護しようとする考え方が増えている。

　もっとも、こうした学説が考慮する要因は、177条の一般的な理解を前提にしており、それ自体に再検討の余地がある。すなわち、差押債権者は当然に第三者として保護に値するわけではなく、執行免脱や詐欺的行為が危惧されない場合には、登記具備が期待しにくい権利取得者には、登記を備えなくても執行を排除する第三者異議を認める余地がある（129頁のコラム）。また、177条の適用の場合には悪意の第三者まで保護されるというのも、近時の議論の傾向からみると不動の前提というわけではない（135頁以下の(5)）。177条を適用する問題処理の基本構図を支持しつつも、相続人の債権者のみを除外するとの考え方もあるが（遺贈・遺産分割・相続させる遺言について、清水82頁・92

頁・93頁)、差押債権者を一般的に第三者とみるのであれば、その理由との対比でこの場合を特別扱いする理由が必要である。

さらに、たしかに、94条2項は公信力の欠如を補うものとして相当広い射程をもつ類推適用がされてきている。もっとも、どのような場合に通謀虚偽表示に類比できる強い帰責性が認められるのかについては明らかでなく、真の権利者に帰責事由がなければたとえ第三者が善意無過失であっても保護されない。第三者保護としてこれで十分なのかが問題である。一方、たとえば失踪宣告の取消しに関する32条1項後段など94条2項以外の第三者保護規定の類推適用は、そもそも類推適用の基礎があるのかどうか疑わしい (148頁以下の補足*)。とりわけ、94条2項の類推適用の場合と異なって、権利の外観を作出したことについて権利を失う者の帰責事由を要しない第三者保護規定では、失権を正当化する理由をより厳密に考える必要があろう。たとえば、帰責事由がある場合に94条2項類推を、それがない場合にさらに32条1項後段の類推をも示唆する見解があるが (山野目66頁-67頁)、両者が並列されるのであれば帰責事由を要しない後者が選ばれ、前者は使われないのではないかと危惧される。両者の関係の明確化の議論が必要である。

いずれにせよ、こうした各論における問題指摘の積み重ねを前提にして、177条の総論を再考するべきである (鎌田148頁-149頁も同じ方向を志向)。

◆文献◆
詳しくは、田中淳子『相続と登記』(成文堂、1999年) および新注民(6)558頁-567頁・614頁-627頁 [原島重義=児玉寛]。少し古いが、池田恒男「登記を要する物権変動」講座(2)177頁-192頁が簡潔な整理である。鎌田133頁-150頁がわかりやすく示唆に富む。

Ⅲ 取消しおよび解除と登記

ここでは、登記を要する物権変動を検討する具体例として、売買契約の取消しや解除の場合を取り上げる。取消し・解除のいずれの制度についてもさまざまな理解が成り立ち、それが物権変動の理解と交差して、きわめて複雑な学説状況となっている。以下では、できるだけ問題点を整理して複雑な議

論状況の見通しがよくなるように努めたい。

1 取消しと登記

> **設例23** XはAにおどされて所有する不動産甲をAに売る契約を結び、A名義への甲の移転登記を行った。その後、XがAに対して、96条1項に従って売買契約を取り消す意思表示を行ったが、YがAとの売買契約により甲を取得したと主張して争う。XはYから甲を取り戻せるか。

(1) 問題の所在

(a) 取消しによる所有権取得の遡及的失効の有無　設例23のように売買契約が取り消されれば、契約は最初から無効であったものとみなされ(121条本文。取消しの遡及効)、Xは、Aに対して、不当利得として給付した甲の返還や移転登記の抹消を求めることができる(703条・704条、新121条の2)。物権行為の無因性を認めないとすれば、契約の遡及的失効に伴って甲の所有権もXからAに一度も移転しなかったことになり、XがAに求めるのは甲の所有権の復帰ではない。AからXへの甲の復帰という所有権移転(復帰的物権変動という)が生じない以上、Xは甲の所有権を主張するのに対抗要件を備える必要はない、というのが素直な結論となるはずである。

これに対して、物権行為の独自性と無因性を認めるとすれば、売買契約の無効は所有権移転に影響しない(もっとも、所有権移転行為をも強迫を理由に取り消せるのであれば無因性を認めない場合と同じ結論になる)。その結果、Xは、不当利得返還請求権の内容として、Aに対して占有の返還や移転登記の抹消に加えて、甲の所有権を復帰させる新たな所有権移転行為を求めることになる(84頁以下の(b)を参照)。このような復帰的物権変動には対抗要件を備える必要がある、という帰結がもたらされてしかるべきである。

本書は、判例・通説に従い、物権行為の独自性も無因性も認める必要がないと考えるので(86頁以下の(c)および94頁以下の(c))、以下では所有権移転も遡及的に失効することを前提に考える。ただ、無因性以外を理由として取消しの遡及効を制限したり否定できるとすれば、無因性を認めた場合と同様、復帰的物権変動を考えることができることには留意していただきたい。

(b) 所有権取得の遡及的失効の場合の課題　設例23では、XからAへ

の所有権移転がない以上、Aの得た移転登記は無効である。登記に公信力が認められないため、Yのような転得者は、たとえAの登記の有効性やAへの所有権帰属を過失なく信じたとしても、甲の所有権を取得することができない（売買対象物が動産であれば192条によって善意無過失の第三者は所有権を即時取得できる）。それゆえ、原則として、Yは、Xの取消権が期間制限によって行使できなくなるか（126条）、占有を取得したYに時効取得（162条）が認められるまで、保護されないことになる。

制限行為能力者のように判断能力が不十分な者や詐欺・強迫で歪められた意思形成によって法律行為を行った者を保護する取消制度（5条2項・9条・13条4項・17条4項・96条）の趣旨を強調すれば、そのような結果は是認できるかもしれない。しかし、次のような場合を考えると、もう少し検討を要する課題があることがわかるだろう。

①取消権を行使した結果、甲の占有や登記を回復できるようになったにもかかわらず、Xがそれを適時に行わなかったために、Aに残る占有や登記名義を信じて新たにAと取引したYが登場した場合にまで、XをYより優先的に保護してよいか。

②取消前に登場した第三者については、さらに考えるべきことがある。取消権が行使されるまではXA間の契約は有効で、所有者Aと取引をして所有権を取得したはずの第三者Yの地位が事後的に否定されること自体が問題である。Xが速やかに取消権を行使していれば、その後に登場した第三者については①のような考慮で対応策を考えることができる。しかし、Xが取消権を行使できるのに行使しないうちに登場した取消前の第三者はそれでは救えない。この場合にもXをYより優先的に保護するべきか。

以下に紹介・検討する判例や学説の複雑な対立状況は、こうした2つの課題にどう答えるかについてのさまざまな試行錯誤とみることができる。

(2) 判　例

(a) **取消しの前後で処理を分ける判断枠組**　判例は、取消しの前後で177条を適用するか否かを分けている。

すなわち、取消前に登場した第三者との関係では、第三者保護規定のある詐欺取消しなどの場合（96条3項。次頁の補足＊）を除き、取消権を行使した者は登記がなくても自らへの物権の帰属を主張できる（強迫による抵当権抹消の場

合につき大判昭4・2・20民集8巻59頁)。

これに対して、取消後に登場した第三者との関係では、復帰的物権変動を観念し、登記をしなければそれを第三者に対抗できない(大判昭17・9・30民集21巻911頁。この判決は、上記の大判昭4・2・20が取消後にも登記なくして対抗できるとした部分を判例変更した)。

以上の判断枠組を154頁の設例23に当てはめると、これは強迫を理由とする取消しの事例なので、Yが取消前に登場していれば、Yが強迫について善意無過失で登記を備えていてもXが勝つ。逆に、Yが取消後に登場していれば、原則として先に登記を備えた方が勝つ(ただし、判例は見当たらないが、Yが背信的悪意者である場合は除かれよう。背信的悪意者排除説によった場合にも、Xの強迫を理由とする取消しがあったことを知ってAと取引をする者は、公正な競争者と評価される余地がなく、直ちに背信的悪意者と認められるのではないか)。

　　＊96条3項の適用と第三者の登記の要否　　判例は、96条3項の第三者には登記を要しないとする(最判昭49・9・26民集28巻6号1213頁。以下「昭和49年判決」という)。この事件は、知事等の許可を得る前には農地の所有権は移転しないとする農地法5条により、買主Aは仮登記を備えるにとどまり、第三者である転得者Yも仮登記上の付記登記しかできなかった事例である(農地以外はYが移転登記を得ていた)。そのため、できるだけのことをすでに行った第三者を保護した事例であり、登記必要説でも同じ結論に至っただろうとの理解もある。しかし、判例は、解除前の第三者が545条1項ただし書で保護されるには登記が必要で仮登記では保護されないとしているので(163頁の補足＊)、これとの対比でみると昭和49年判決は文字通り登記不要説を採ったと解するのが素直である。もっとも、登記必要説は解除の場合との不均衡を批判している。

　　また、96条3項の効果の法的構成にも多様な理解が成り立ちうる。第1に、詐欺による取消し自体が善意の第三者(取消事由である詐欺の事実を知らない第三者)には主張できない結果、この第三者との関係では登記名義人(例では中間者であるA)が権利者と扱われ、取消者Xと取消前に現れた善意の第三者Yは転々譲渡による承継取得の前主と後主の関係に立つとする理解がある。この考え方では、XとYは対抗関係に立たないため、登記不要説に結びつきやすい。第2に、取消しにより登記名義人Aは無権利者となるが、96条3項はこの場合に無権利者からの原始取得を認めたものであるとの理解がある。この理解でもXとYは対抗関係に立たないが、無権利者Aからの取得者Yは保護に値するために権利保護資格要件として登記を備える必要があるとする帰結と

親和性がある。昭和49年判決は、前者の理解を採るものと思われる。もっとも、いずれの考え方でも論理必然的に登記の要否が決まるわけではなく、詐欺取消しに固有の利益衡量や登記に期待する役割次第で結論が変わりうる（百選Ⅰ48頁［竹中悟人］）。これに対して、第3に、96条3項により取消しの遡及効が制限される結果、取消前の第三者との関係でも復帰的物権変動が生じるとして、取消者Xと善意の第三者Yが対抗関係に立つとする考え方もある（清水85頁、田山・旧78頁）。

なお、96条3項に関する以上の議論は、ほぼそのまま、消費者契約法4条5項による第三者保護にも妥当することになろう。

(b) 正当化根拠　判例は、まず、取消前の第三者の保護という課題（155頁の②）には、第三者保護規定（96条3項）を詐欺取消前の善意の第三者のみに適用し、それ以外の場合にはその類推適用も行わない。それは次のような理由であろう。詐欺の場合は、制限行為能力や強迫の場合と比較して、本人にもいくぶんの帰責性（騙されたことについての落度）があるから、96条3項は、意識的に詐欺の場合に限って善意（改正民法は無過失要件を追加）の第三者を保護している。それゆえ、詐欺以外の取消事由について96条3項を類推適用することはできない。また、96条3項は、取消しに遡及効があることにより第三者が不測の損害を受けることを防ぐ趣旨であるから、同項にいう第三者とは、遡及効によって害される取消前に登場した第三者に限られる。それゆえ、96条3項を取消後に登場した第三者に（類推）適用することはできない。

一方、判例は、取消後の第三者の保護という課題（155頁の①）には、対抗問題と構成することで答えている。その理由は、取消権を行使し登記名義の回復が可能となった以上、権利主張に登記具備を求めても酷ではなく（次頁の補足＊も参照）、登記を備えなかった場合に対抗不能の不利益を受けてもしかたがない、という対抗要件制度の理解にある。前頁の大判昭17・9・30の当時は他に適切な第三者保護の方策がなかったため（94条2項類推適用論が判例で定着するのは1960年代半ばである）、177条による問題処理が採用されたと思われる。その判断は、変動原因無制限説により物権変動に広く177条を適用する基本的な考え方と親和的であった。

取消前に登場した第三者との関係が177条では処理されなかったのは、上記のような取消権者保護重視の考え方に加えて、対抗要件制度の理解が逆の

形で用いられたためと思われる。すなわち、取消権を行使するまでは契約は有効だから取消権者が登記を回復することは不可能であり、登記具備が可能なのにそれを怠ったことを理由とする対抗不能という不利益を課すことはできないのである。

 ＊**取消後に第三者の登場を防ぐには**　取消権を行使しても、取消しの相手方（とりわけ詐欺者や強迫者）は、登記名義が残っていれば、事情を知らない第三者に対象物を転売してしまうおそれが高い。そうなると、取戻しは困難になる。もちろん、取消しの相手方に対しては、物の返還に代わって価額償還や損害賠償を求めることはできるが、詐欺者や強迫者の多くは無資力であり、実効的な救済を得ることができない。そこで、取消しをすると同時に、第三者の登場自体を防ぐ手立てが必要となる。たとえば、取消権を行使して給付の返還を求める訴訟を起こす場合、併せて処分禁止の仮処分を申し立てて処分禁止の登記（民保53条1項）を得ておけば、以後の処分に優先する順位を確保することができる（120頁のコラム）。逆に言えば、このような措置を講じずに転売されれば、少なくとも登記を得た善意（無過失）の第三者に負けてもしかたがない。

(c) 批　判　判例の問題処理枠組に対する批判は、おおむね次の3点に集約できる。

①取消前の第三者との関係では遡及効を肯定しながら、取消後の第三者との関係では復帰的物権変動を観念することで遡及効を否定していることは、無権利の法理と対抗の法理を混在・混乱させ、理論的に整合しない。

②96条3項が適用される場合以外においては、取消権者は、取消しができる状態にあるのに取消権を行使することなく、第三者が登場した後に取り消すことによって、その第三者に優先することができる。第三者の保護は、いつ取消しがされたかという第三者が関知できない事情によって左右されてしまう（155頁の②の課題に応えていない）。

③判例によれば177条の第三者は原則として悪意でもよいとされており（もっとも、1960年代半ば以降の判例の発展を考えると背信的悪意者には登記がなくても権利取得を主張できるだろう）、取消権が行使されたことについて悪意の第三者まで保護されるのは、取消前に保護される第三者を善意者に限っている96条3項と均衡がとれず、不当である。

(3) 学　説

(a) 全体の傾向　1960年頃には判例を支持するものが通説であった（舟橋162頁など）。しかし、1970年代には、前頁の(c)のように判例に対する批判が強まり、多様な見解が主張されるようになった（我妻＝有泉100頁-101頁はこれに応じて微修正を施す）。細部では多様な対立があるが、大きくは異なる二方向に分かれている。にもかかわらず、登記を備えた善意の第三者が保護されるべきだとする点では、結論自体が接近していることが重要である。

(b) 遡及効の徹底＝無権利の法理による考え方　取消しの遡及効を徹底する考え方では、取消しの前後を問わず、取消しの遡及効により登記名義人Aは無権利者であったことになるから、対抗問題と構成する余地はなく、Yの保護は無権利者と取引をした者をどう保護するかの問題である、というのが共通認識である。遡及効徹底説とか無権利の法理説と称される。

詐欺の場合、取消しの前後を問わず96条3項を適用する説や詐欺のみならず強迫についても96条3項を広く類推適用する説も主張された。しかし、96条3項が詐欺と強迫の場合の被害者の保護を自覚的に段階付け、取消しの遡及効から取消前の第三者を保護する趣旨であるというのが一般的な理解であるため、支持を集められなかった。現在は、判例上発展した94条2項類推適用によって善意（ないし善意無過失）の第三者を保護する見解が比較的多数と思われる。

もっとも、通謀虚偽表示に類する帰責事由と登記の期待可能性をどう捉えるかで、94条2項の類推適用の範囲と基準時については見解が分かれている。最初に登場した考え方はすべての取消事由につき追認可能時点（124条1項。下記の補足＊）から同条を類推適用し、取消前に登場した第三者の保護をも広く認めた。しかし、その後、詐欺取消前の第三者保護は96条3項に委ねると修正され、94条2項の類推適用は、詐欺取消以外の場合に限定されている（山野目64頁-65頁。加藤130頁注155は登記除去期待可能時点とする）。これに対して、取消権行使の自由との関係ですべての取消事由につき現実の取消時点以降にのみ94条2項を類推適用するとの考え方も有力である（内田82頁-84頁・88頁-89頁、清水84頁-85頁）。

　　＊**追認可能時点と取消可能時点**　詐欺・強迫による取消しでは、両時点は一致する。これに対して、制限行為能力者は、能力を回復するまでは単独で追認

することができないが（124条2項）、取消しはできる（120条1項）。追認可能時を基準とするのは、取消可能だが追認可能でない段階では、非難に値する虚偽表示的容態とは評価できないためと考えられる。もっとも、「取消をなしうべき状態になったのち遅滞なく」として「遅滞なく」という評価的要素を加えれば、取消可能時点を基準としても問題は生じないという（広中126頁・130頁-131頁）。

(c) 遡及効の制限＝対抗問題構成による考え方　この考え方は、(b)とは逆に、取消しの遡及効は対抗要件制度によって制約を受け、取消前であっても取消権が行使できる時点以降は、取消しによる復帰的物権変動を観念し、第三者との関係は原則として対抗問題と構成されるとする（鈴木145頁-146頁。もっとも制限行為能力者の場合は取消権行使時からとし、上記の補足＊と同様の考慮から、制限行為能力者保護を特別に拡大する）。この考え方は、対抗問題徹底説と表現されることも多いが、96条3項が適用される場合は対抗問題でない処理がされるし、それ以外の場合でも、登記具備が期待できない追認可能時以前に登場した第三者との関係では、取消者が勝つことになるので、名称に惑わされないように注意していただきたい。

　登記による画一的な問題処理を強く志向する鈴木説は、背信的悪意者排除も例外的とみている。これに対して、ここで問題になる場面が通常の二重譲渡のような平等な競争関係とは異なりうることを顧慮し、取消事由や取消権が行使されたことにつき悪意の者を背信的悪意者として排除する見解がある（広中129頁-130頁、田山・旧75頁・78頁）。この見解は、実質的には悪意者排除説であり（広中は、さらに重過失者も悪意者すなわち背信的悪意者と評価できるとし、逆に取消者が取消前の第三者との関係で背信的悪意者とされる可能性も認める）、**(b)**の94条2項類推適用説で第三者に保護要件としての登記を必要としている見解と、非常に近い結論に至る（もっとも、両者未登記の場合の扱いおよび登記や善意・悪意の立証責任は異なる）。

(4) それぞれの難点と判例の再評価

　遡及効を徹底したうえで94条2項を類推適用して善意の第三者を保護しようとする説には、94条2項の類推適用により権利を失うことを正当化するほどの帰責事由が取消権者にあるかが問われる。帰責事由として、虚偽外観（この場合には取消しの相手方Aの登記名義）の故意による作出やそれと類比でき

る程度の虚偽外観の事後的な承認を要すると解するならば、取消前にはそもそも契約が有効であって登記名義を回復する請求ができないことからそのような意味での帰責事由はないと思われる。取消直後に転売された場合でも、放置していたと評価されるほどの帰責事由がなく、第三者が保護されないという帰結もありうる（ロープラ181頁［石田剛］）。

　逆に、取消前の第三者保護の課題を意識して追認可能時点から同条を類推適用しようとすると、「取消権を適時に行使しなかったこと」を帰責事由としなければならない。しかし、取消権をいつ行使するかは権利者の判断に委ねられているから、権利不行使を帰責事由であるとすることは、よほど特殊な事情が存在しない限り難しい。それゆえ、94条2項の類推適用によってどれだけ第三者の保護を適切に図れるかには疑問がある。

　その意味で、94条2項の類推適用の場合の帰責事由ほどではなく、登記が可能であったのにしなかった懈怠で足りるとする177条の方が適用は容易である。ただ、取消権の行使前には契約は有効で登記を回復することは法的には不可能だったことから、取消前の第三者との関係で取消者の登記不備を責めることには、94条2項類推適用論と同様の難点がある。

　こうした考慮に基づき、判例の問題処理枠組を再評価したうえ、悪意者排除によって具体的妥当性を確保しようとする見解も登場している。この見解は、判例に対する批判の第1点（158頁の(c)①）に対して、第三者との関係で対抗の可否が問題になるのは、取消前後を通じて物権変動の遡及的失効であり、前後に不整合はないと説明する（165頁の文献の米倉論文のほか、佐久間88頁-91頁。近江93頁・98頁・101頁も背信的悪意者排除論の活用によりほぼ同じ結論に至るが、さらに取消前に94条2項の類推適用がありうるとする）。

　対抗問題全体のまとめの段階で再度論じるが（188頁以下の(2)）、本書の見解は、この考え方に近く、ただ、第三者を、準当事者でない善意無過失の者に限定する点が異なる（136頁以下の(6)）。

> **法律行為の無効と登記**
> 　たとえば、Ｘが、所有する不動産甲をＡに売り移転登記を行った後に、強行規定違反や公序良俗違反を理由にその売買契約の無効を主張したところ、ＹがＡとの売買契約により甲の登記を備えていた場合、Ｘは

Yから甲を取り戻せるか。

　通説によれば、強行規定違反や公序良俗違反の契約は最初から絶対的に無効であり、Aには一度も権利は移転しておらず、復帰的物権変動を考える前提を欠く。Aの登記は無効なので、Yが甲の所有権を承継取得する余地はなく、原則としてXは登記を回復しなくても、Yに対して甲の所有権を主張できる。ただ、近時の94条2項類推適用論の進展に伴い、A名義の登記の作出・存続につき、Xに通謀虚偽表示に類する帰責性が認められる場合には、善意（または善意無過失）のYが保護される可能性がある（山野目57頁、安永51頁など）。

　これに対して、同じ無効でも錯誤無効のような取消的無効では、現在でも解釈論として、取消しの場合と同様の問題処理が考えられなくはない。さらに、錯誤に陥った表意者には強い帰責性が認められにくいことから、94条2項類推適用ではなく、詐欺の場合との均衡を理由に96条3項を類推適用するという考え方もある（内田86頁。佐久間92頁-93頁は批判的）。民法改正案新95条により錯誤の効果が取消しに変わると、判例も、取消しと登記の判断枠組を用いることになるだろう（なお、心裡留保と錯誤にも第三者保護規定が追加され、意思表示関連規定全体としての均衡が図られている）。

　さらに、物権行為の無因性を認める考え方や、無効・取消しの手段性を強調する見解では、無効の場合も広く復帰的物権変動を肯定して対抗問題と構成される可能性がある（鈴木146頁。もっとも無効事由の多様性に即した具体的な検討が必要だとする）。また、177条を無権利者からの権利取得を認める規定と読む公信力説でも177条による問題処理が考えられるが、公信力説では、177条の適用と94条2項類推適用との関係がいっそう問題となる（鎌田130頁-132頁）。

2　解除と登記

> **設例24**　Xは所有する不動産甲をAに売り、代金後払いの約定で先に移転登記を行った。しかし、Aが代金を支払わないので、XはAに対して、541条に従って売買契約を解除する意思表示を行ったが、YがAとの売買契約により甲を取得したと主張して争う。XはYから甲を取り戻せるか。

ここで問題になっているのは債務不履行解除である。判例は、合意解除に

ついても545条を適用して、債務不履行解除と同じ処理をしている（最判昭33・6・14民集12巻9号1449頁、最判昭58・7・5判時1089号41頁）。これに対して、学説は、後述するように多様な主張が出てくる最近までは、一般に、売買契約等の合意解除を新たな契約の締結と同視しており、合意解除と第三者の登場の前後を問わず、解除による所有権の復帰には177条が適用されるとしてきた。また、約定解除や解除条件付法律行為が特約により遡及効をもつときでも（127条3項）、あらかじめそのような特約の登記（不登59条5号）をしなければ、遡及効は第三者に対抗できない。

(1) 判　例

判例の問題処理枠組は、詐欺を理由とする「取消しと登記」の場合と基本的に同じである。すなわち、解除前に登場した第三者は、解除の遡及効を制限する545条1項ただし書により保護され、解除後に登場した第三者との関係は対抗問題とされて、先に登記を備えた方が優先する（大判昭14・7・7民集18巻748頁、最判昭35・11・29民集14巻13号2869頁）。

545条1項ただし書を第三者保護規定とする判例の考え方（下記の補足＊）によると、解除前の第三者が登記をしていなければ、解除者は登記がなくても自らに復帰した所有権を第三者に主張できることになるはずである（未登記の解除者を実際に保護した判例は見当たらないが）。他方、解除後の第三者との関係は対抗問題と構成されるため、両者未登記の場合の扱いが解除の前後で異なる（この点で、対抗問題として処理するのと同じとする百選 I 111頁〔鶴藤倫道〕は疑問）。以上の判断枠組を設例24に当てはめた場合の結論は、読者が練習問題のつもりで、各自で考えていただきたい。

＊545条1項ただし書と96条3項の違い　545条1項ただし書の第三者の善意・悪意は問われない。第三者が他人の契約の履行状況を知ることは難しく、仮に債務不履行の状態にあっても契約が解除されるか否かは不確実だからである。他方、第三者が保護されるためには、解除権者保護との均衡上、登記を必要とし（大判大10・5・17民録27輯929頁、上記の最判昭33・6・14）、中間省略の仮登記では足りない（上記の最判昭58・7・5）とされる。もっとも、合意解除の場合を対抗問題と解したとしても、第三者が確実に保護されるには登記を要する。

(2) 学　説

「取消しと登記」の問題同様、判例を支持する見解がかつては通説であったが、現在は非常に混沌とした学説状況にある。最近の教科書・体系書では、判例を明確に支持するものは見当たらず、たとえば、判例の判断枠組を基礎として解除後の第三者が未登記の間には解除者を優先するものがある（石田222頁）。また、「取消しと登記」における比較的多数の考え方と軌を一にして、解除の遡及効を徹底したうえで解除後は94条2項を類推適用する見解もある（内田450頁）。

これに対して、そもそも、最近では解除の遡及効自体を否定する考え方（間接効果説・折衷説・原契約変容説など。詳しくは契約法に譲る）が増えている。解除の遡及効が否定されれば、解除によって復帰的物権変動が生じ、解除の前後を問わず対抗問題と構成するのが自然だと思われる（鈴木144頁、田山88頁-89頁、清水86頁-88頁など。この説では、545条1項ただし書は当然のことを規定した注意規定と読む）。

しかし、さらに、545条1項ただし書の再検討の動きがあり、177条の適用を否定して解除の前後を問わず第三者が未登記でも常に優先するとするものがある（新注民(6)595頁［原島＝児玉］）。統一的な権利保護資格要件論の構築を目指し177条によらない柔軟な解決を提唱するもの（次頁の文献の松尾論文）も現れている。ただ、前者の第三者優先説では解除権行使の実効性を妨げる策略が容易になる点が問題であり、後者の柔軟な解決は紛争処理ルールの事前予測を困難とするのでにわかに賛成しがたい。本書は、解除の前後を問わず、対抗問題として処理する考え方を採る（ただし、第三者は、準当事者でなく、善意無過失の者であることを要する。136頁以下の(6)）。

解除主張の制限

　545条1項ただし書の第三者に登記を要するとする判例でも、未登記の第三者に対する解除者の権利の主張が否定された事例がある。

　すなわち、X所有の甲地とA所有の乙地の交換契約において、Xは、甲地がAからYに転売されることを了承し、Yの買受後にその権利取得を認めて、甲地上の建物の建築許可申請手続に協力した。ところが、XがYへの中間省略登記の合意の履行を遅延している間に、やはり移転登

記がされずＡ名義のままになっていた乙地がＡの税金滞納で差し押さえられて公売されてしまった。Ｘが乙地の移転登記の履行不能を理由に交換契約を解除しても、Ｙに登記がないことをＸが主張するのは信義則に反して許されない、とされた（最判昭45・3・26判時591号57頁）。これは信義則の分類でいう禁反言則の適用事例である。この判断は、自動車の所有権留保をしたディーラーが、サブディーラーの代金不払いの場合に、代金を完済して当該自動車を使用しているユーザーに対して、所有権に基づく返還請求をするのは権利濫用で許されない、とした著名な最高裁判決（最判昭50・2・28民集29巻2号193頁）とも共通している。すなわち、「転々売買の売主Ｘが、第三者Ｙの権利取得を容認し、それによって第三者が自らの取得した権利や地位が安定したものになっていると信じてよい場合には、売主は、買主の不履行のリスクを第三者に転嫁してはならず、所有権に基づく権利主張ができない」、となろう。

　これ以外の法律構成もある。一方で、Ｘの解除権の行使自体が制約されると考えれば、復帰的物権変動が生じないので、ＸとＹは転々売買の前主と後主の関係にあり、対抗問題ではないことになる。他方で、Ｘの解除権の行使自体は認め、ＸとＹは二重譲渡の譲受人同士の関係に立つと考えれば、後から登場したＸの主観的要件（背信的悪意者や善意・無過失など説によって異なる）が問題となる。

◆ 文 献 ◆

　詳しくは、新注民(6)572頁-595頁［原島重義＝児玉寛］および池田恒男「登記を要する物権変動」講座(2)162頁-177頁（すでに今日の混沌とした学説状況を予想し、解決の方向性をも示唆していた）。要領のよい整理としてこの問題についても鎌田116頁-132頁を推奨する。本文で紹介しているのは、米倉明「『法律行為の取消しと登記』をどう法的構成すべきか」タートンヌマン11号（2009年）1頁以下、および、松尾弘「物権変動における『対抗の法理』と『無権利の法理』の間(1)～(4)」慶應ロー6号・7号・10号・13号（2006年～2009年）。石田剛・法時82巻8号104頁-109頁の紹介と批評がこの長大な論文を読むガイドとして役立つ。

IV 取得時効と登記

　ここでは、登記を要する物権変動の中でも、判例・学説がとりわけ複雑に対立する取得時効と登記の場面を検討する。民法総則の取得時効に関する議論を復習すると、時効制度自体につきさまざまな理解があったことが思い出されよう。取得時効と登記の問題は、そのような多様な時効制度の理解が、物権変動や登記制度の理解と交差するため、きわめて複雑・難解な対立を生んでいる。あまり細部にとらわれないで、判例の問題処理や学説の議論の全体像を理解するようにしていただきたい。

> **設例25**　Yは1995年12月1日に土地甲をAから買い受け、それ以来、自主占有を続けてきたが、移転登記は備えていなかった。2016年10月現在甲につき登記名義を有するXが、Yの占有している土地（の一部）は自己の所有地であると主張して、Yに対して土地の明渡しを求めた。次の場合において、YはXの請求を退けることができるか。
> 　[1]　XがAの相続人だった場合
> 　[2]　Xが2015年11月にAから甲を買い受けて移転登記を備えていた場合
> 　[3]　Xが2016年1月にAから甲を買い受けて移転登記を備えていた場合
> 　[4]　上記[2]および[3]においてAYの契約が有効な場合または逆に無効な場合
> 　[5]　Yが甲の一部として占有していた土地がX所有の隣地乙地に含まれていた場合

1　問題の所在

　所有権の取得時効は、所有の意思をもった平穏・公然の長期間の占有継続のみが要件であり、占有者が占有開始時に善意無過失であったか否かで、10年の短期取得時効が成立するか20年の長期取得時効のみが可能となるかが分かれる（162条）。このように取得時効の成否には登記は無関係であり、時効中断事由（147条。改正民法では完成猶予または更新、164条の占有の喪失は引き続き中断と表現されている）にも、登記は含まれない。それゆえ、設例25の各場合において、Yには所有権の取得時効が認められそうである。

他方、不動産の物権変動は一般的に登記しなければならないとする変動原因無制限説を採るのであれば、取得時効による所有権の取得だけをこの例外とする理由はない。とりわけ、時効期間満了後は（ほとんどの場合、占有者は現時点まで占有を継続していて紛争が顕在化して初めて取得時効の可能性に気付くのであるが）理論的には占有を継続していなくてもいったん成立した時効取得には影響しないから、登記がなくても所有権の取得を主張できるとすれば、占有による公示すら欠く所有権が取引の安全を著しく脅かす。たとえば、前頁の設例25の[3]において、2015年12月に甲を時効取得したYが以後甲の占有をやめ、Yの所有権取得を知ることができないXが登記名義人Aを所有者だと思ってAから甲を買い受けた場合でも、YはXに時効取得を主張できることになってしまう（もっとも、時効は現在から期間を逆算するものであるとの考え方を採ると、現在時点での占有も必要となり、このような批判は妥当しない）。

取得時効と登記の問題は、こうして占有の継続を尊重する取得時効制度と所有権の取得および帰属の公示を要請する登記制度との調和点をどこに求めるか、具体的には、どういう場合に所有権の時効取得にも登記を要するとするかを中核としているのである。

＊ドイツ法やフランス法の場合　日本法の2大母法といえるドイツ法やフランス法では、問題の現れ方が異なる。

まず、ドイツ法は、取得時効についても登記が要件である登記簿取得時効制度と、登記のない自主占有者に取得時効を認める公示催告取得時効制度がある。所有権の取得にも登記を要するドイツ法では後者は例外であり、第三者が所有権を取得すれば（登記も第三者に移る）、時効完成前なら時効が中断し、時効完成後であれば善意・無重過失の第三者は登記の公信力により所有権を取得する。すなわち、ドイツ法では登記を備えた第三者が原則として占有者に優先する結果となる。登記が時効による権利喪失を防ぐ権利保護機能を担っているのである。

他方、フランス法では、登記は物権変動の証書を公簿に記載するものであるため、証書が存在しない取得時効では登記の余地がなく、取得時効には登記を要しない。ただし、時効取得を認める確定判決を得た場合には、判決後3か月以内に登記しなければならないが、現実にその懈怠が問題になることはない。すなわち、フランス法では、登記に関係なく取得時効を優先させるのが判例・多数説であり、登記にはドイツ法のような権利保護機能は認められない。

詳しくは、良永和隆「ドイツ法上の取得時効における登記の機能(1)(2・完)」民商90巻6号・91巻2号（1984年）、同「フランス法における『取得時効と登記』(1)(2・完)」専法64号・66号（1995年-1996年）。

2 判　例
(1) 取得時効の完成時点の前後で処理を分ける判断枠組

判例は、次の5つの準則にまとめることができる。第三者との関係では、取得時効の期間満了時点の前後で177条を適用するか否か（第2・第3の準則）が問題処理の中心であり、さらにこれを第4・第5の準則が補強している。

第1準則は、時効の起算点から満了時までの間に所有者の変更がない最も単純な場合において、時効取得者と時効期間満了時の所有者は、時効による所有権の得喪の「当事者」であるから、時効取得者は時効期間満了時の所有者に登記なくして時効取得を対抗できる、というものである（大判大7・3・2民録24輯423頁）。166頁の設例25の[1]は若干の応用例で、Yは、Aの相続人でAの地位を包括承継するXに対しても、Aに対するのと同様、登記なくして時効取得を対抗できる。

第2準則は、時効期間の満了前に売買等により問題の不動産の所有権を譲り受けた者（たとえば設例25の[2]の場合のX）は時効期間満了時の所有者であり、取得時効により反射的に所有権を失う「当事者」であるから、時効取得者は、この者に対しても登記なくして時効を対抗できる、とするものである（最判昭41・11・22民集20巻9号1901頁）。時効期間満了前に買い受け、時効期間満了後に登記した場合も、時効期間満了時の所有者であるから、やはり「当事者」に当たる（最判昭42・7・21民集21巻6号1643頁）。やや特殊な例だが、時効期間満了前になされた売買予約上の買主の地位を時効期間満了後に譲り受け、移転の付記登記をした者は、買主たる地位が取得時効により消滅しているから「当事者」である（最判昭56・11・24判時1026号85頁）。さらに、時効期間満了後、いったん第三者に売却したが、その売買契約を後に合意解除した原所有者は、やはり「当事者」だとされた例がある（最判昭51・2・27金法793号24頁）。権利得喪の「当事者」として登記を不要とする論理は第1準則と第2準則で共通なので、この2つを合わせて「当事者準則」と一括し、判例を4準則にまとめる整理もある。ただ、第1準則については学説にも異論をみ

ないが、第2準則には批判があるので、本書では両者を区別し、第2準則のみを「当事者準則」と表現することにする。

　第3準則は、時効期間満了後に時効取得者が所有権の時効取得を登記をしないでいる間に時効期間満了時の所有者から対象物につき物権を取得した第三者（たとえば設例25の[3]のX）に対しては、登記をしなければ時効取得を対抗できない、というものである（大連判大14・7・8民集4巻412頁、最判昭33・8・28民集12巻12号1936頁）。当事者準則との対比でこれを「第三者準則」という。第三者準則は、時効取得者と第三者を177条の対抗関係として捉えるものであり、対抗問題の一般的な理解に沿って、第三者が背信的悪意者であれば、取得時効を登記なくして対抗できる。しかも、ここでは時効取得の特性を考慮して、第三者は、取得時効の要件が備わっていることまで知らなくても、多年にわたる占有の事実を認識していれば悪意とされる（138頁の(b)の最判平18・1・17）。

　第4準則は、起算点固定準則である。すなわち、取得時効期間の起算点は占有開始時に固定される。起算点を任意に選択しあるいは時効期間を現在から逆算して、時効完成時を繰り下げて主張することは許されない、というものである（大判昭14・7・19民集18巻856頁、最判昭35・7・27民集14巻10号1871頁）。起算点の任意選択や時効期間の逆算を認めると、時効期間満了時点が動き、当事者準則と第三者準則の区分が不安定になるからである。たとえば、166頁の設例25の[3]の場合の起算点を1996年1月以後から10月の間としたり、現在時点である2016年10月からの20年の逆算を認めると、Xは時効期間満了前に登場したことになり、Yは登記がなくてもXに時効取得を対抗できることになってしまう。なお、二重譲渡の場合の第1譲受人が取得時効を主張する場合にも、その起算点は第2譲受人が登記を備えたことにより権利取得を対抗できなくなった時点ではなく、占有を開始した時点とされている（最判昭46・11・5民集25巻8号1087頁）。

　第5準則は、いわば敗者復活準則で、第三者準則によりいったん第三者に時効取得を対抗できなくなった者も、第三者の登記後に取得時効に必要な期間さらに占有を継続すれば、時効取得をこの第三者に対して登記なくして対抗できる、というものである（最判昭36・7・20民集15巻7号1903頁）。たとえば、設例25の[3]の場合にXの登記後も占有を続けるYが善意無過失であ

れば2026年1月に、悪意または善意でも過失があれば2036年1月に、登記なくして時効取得をＸに対抗できることになる。一度取得時効を援用して所有権を取得した者が、時効援用後に原所有者が設定した抵当権に対抗するため、起算点を後の時点にずらして取得時効を再度援用することはできないとする判例がある（最判平15・10・31判時1846号7頁）。しかし、さらに、再度の時効取得を認める判例（最判平24・3・16民集66巻5号2321頁）が出て、上記の最判平15・10・31やそれに類する判決（最判平23・1・21判時2105号9頁）は、時効期間が不足していたとみる余地がある事例判決と評価されることになろう（百選Ⅰ188頁［松岡久和］）。

> **所有権取得時期と当事者準則・第三者準則**
> 　Ｙの時効期間満了の直前に、Ｘが登記名義人Ａとの間で売買契約を締結したが、その契約で合意された所有権取得時期がたまたま時効期間満了後だった場合にはどうなるだろうか。判例は原則として所有権取得時期について債権行為時説を採っているが、所有権取得時期の特約も広く認めているため（89頁の③）、この問題は避けて通れない。
> 　Ｘは時効期間満了時の所有者ではないから、時効により所有権を失う当事者であるとする168頁の(1)の最判昭41・11・22の論理は当てはまらない。Ｘは買主の地位を譲り受けた者でもないから、168頁の(1)の最判昭56・11・24も妥当しない。そうすると、第三者準則が適用されることになりそうである。
> 　時効期間満了前後で登記の要否が正反対になるという大きな違いがあるだけに、両者を分ける基準がこのように未確定であることには批判がある（172頁の(3)①）。

(2) 正当化根拠

　中心となる当事者準則および第三者準則を時効期間満了時の前後で使い分ける問題処理の判例の分岐構造は、「取消しと登記」の問題における取消時の前後による問題処理（155頁以下の(a)）と同質である。

　まず、当事者準則は次のように根拠づけられよう。時効の効果は起算点に遡及するから（144条）、起算時に登記名義人であった所有者は取得時効の完成によって所有権を失い、起算時以降期間満了時までにその者から問題の不

動産を譲り受けた者も所有権を取得できない。このような理論的な根拠に利益衡量も加わる。すなわち、時効の要件である占有は公然の占有であるから、自分の前主以外の者が占有していることは、不動産を譲り受ける者が現地調査をすれば容易に知ることができた。譲受人は取得時効の可能性を考慮し、必要なら時効中断の措置を適時にとればよかったのであり、それを怠った不利益を受けてもやむをえない、と。他方、時効取得者は期間満了時まではまだ権利を取得していないから、登記を備えることができず、登記具備が可能なのにそれを怠ったことを理由とする対抗不能という不利益を課すことはできない。

これとの対比で第三者準則は、取得時効の完成により登記名義の取得が可能となった以上、権利主張に登記具備を求めても酷ではなく（下記の補足＊）、登記を備えなかった場合に対抗不能の不利益を受けてもしかたがない、という対抗要件制度の理解を基礎としている。ここでも、94条2項類推適用論が未発達の当時、適切な第三者保護の方策がなかったため、177条による問題処理が採用されたものと思われる。その判断は、変動原因無制限説により物権変動に広く177条を適用する基本的な考え方と親和的であった。

＊**取得時効を原因とする登記の具備方法** 取得時効が原始取得であることを強調すれば、既登記不動産について、本来は、時効取得による所有権保存登記および一物一権主義を理由とする従前の登記名義人の登記の抹消を行うことになりそうであるが、不動産登記法にはそのような手続は定められていない。そこで、判例は古くから原所有者から時効取得者への所有権移転登記の方式によるとしている（大判昭2・10・10民集6巻558頁など）。たとえば、166頁の設例25の[1]や[2]の場合のYは、Aではなく「当事者」であるXに移転登記を求めることができる。判例の大勢は、これは中間省略登記ではないとしている（山野目62頁は疑問視する）。

いずれにせよ登記の共同申請は不可能ではないが、登記名義人は通常は登記申請の協力要求に応じないので、判決による登記（不登63条1項）による。時効取得後の第三者の登場を防ぐためには、訴訟前に処分禁止の仮処分による登記（民保53条1項）を備えておくことが必要である（120頁のコラム）。

未登記不動産の場合には保存登記を行う（松久三四彦「取得時効と登記」鎌田薫ほか編『新不動産登記講座・第2巻 総論Ⅱ』（日本評論社、1997年）154頁。最判平23・6・3裁時1553号2頁）。

(3) 批　判

判例の問題処理枠組に対する批判は多岐にわたるが、おおむね次の5点に集約できる。

①第三者にとって調査が困難な時効期間満了時を基準に当事者準則（登記不要）と第三者準則（登記必要）を使い分けること自体、偶然的な事情により保護の可否が左右されて不合理である（170頁のコラム）。また、この振分処理は理論的に妥当でない。すなわち、一方で、時効の遡及効を考慮すれば、本来、当事者とされるべきは起算時の所有者であり、その後の時効期間進行中に登場した者を当事者扱いする当事者準則はおかしいとの批判がある。他方で、時効の遡及効を強調すれば、時効完成時の登記名義人は無権利者であり、期間満了後に登場した第三者は無権利者からの譲受人であって第三者準則は成り立たない、との逆方向の批判もある。

②たとえば166頁の設例25の[2]のように起算点から21年目の占有者Yと19年目に登場した第三者Xとの関係において、Yが善意で10年の短期取得時効が成立すれば第三者準則によりXが優先するのに対して、Yが悪意で20年の長期取得時効のみが適用されれば当事者準則によりYが優先する。また、時効取得者は、占有期間が長くなればなるほど第三者準則によって第三者に負ける可能性が高くなる。いずれにしても、悪意者の方が善意者より厚く保護されたり、長期の占有ほど保護が薄くなるのは時効制度の趣旨に反する。

③時効取得者、とりわけ善意の時効取得者は、紛争になるまでは時効に気付いておらず、登記を備えることを期待するのが酷なことが少なくないため、時効完成後直ちに登記の具備を求める第三者準則は不当である。

④第三者準則では、時効取得を知っていた第三者まで時効取得者に優先することになる（もっともこの難点は、135頁の(4)および169頁の第三者準則の箇所で触れたように、現在では背信的悪意者排除論の柔軟な運用によってかなり回避されている）。

⑤敗者復活準則は起算点固定準則と矛盾する。

3　学　説
(1) 全体の傾向

問題の所在で示したように、この問題は、取得時効制度と登記制度の調和

点を求めるものであり、それぞれの制度について多様な理解があることを反映して、きわめて多数の学説が複雑に対立している。深い理解を得るためには、末尾の参考文献を手がかりに、気になる学説の原典をじっくり読むことをお勧めするが、本書では、そのような理解の前提となる議論の全体像を理解することに主眼を置いて整理を行う。

学説は、古くは、上記の判例批判に基づいて、当事者準則（第2準則）と第三者準則（第3準則）のいずれかを徹底しようとする傾向が強かった。すなわち、時効完成時点の前後を問わず、当事者準則を重視し取得時効には登記を要しないとする考え方（占有尊重説など）、あるいは逆に、登記を必要とする第三者準則で統一する考え方（登記尊重説など）である。その後、登記懈怠の帰責性の有無などを考慮して類型的に区別する考え方が有力になったが、類型論にも批判があり、最近では判例を支持する見解も登場し、混沌とした議論状況が続いている。

(2) 当事者準則を重視する考え方

この考え方は、時効取得者は期間満了時の所有者に対して登記がなくても時効取得を対抗できるとし、166頁の設例25の[2]の場合はもとより[3]の場合にも、YをXに優先させるのを原則とする。その根拠は、時効制度が占有のみを要件とすること（狭義の占有尊重説）を根幹とする。さらに、177条は意思表示に基づく物権変動の優劣にのみ適用されるとの登記制度の理解（いわゆる対抗問題限定説。185頁の後半）や、時効制度の趣旨から時効期間は現時点を完成時として逆算するか起算点を任意に選択して時効期間がみたされればよいとする時効観によっても支えられる（川島267頁注64）。もっとも、これら3つの論拠は必ずしも必然的に結びつくものではない（たとえば鷹巣信孝『物権変動論の法理的検討』（九州大学出版会、1994年）157頁-164頁は法定証拠としての登記制度の位置づけから対抗問題は生じないとする）。利益衡量論に立って時効制度を分析する見解も取引利益に対する利用利益の優越から時効取得者の優位を基礎づける（水本浩「取得時効と登記(1)〜(3)」立教19号・20号・23号（1980年-1984年））。

これらの考え方に立っても、登記名義の残る原所有者と取引をした者の保護を無視することはできない。そこで、一方では、時効取得者に時効完成時から登記具備を期待することが困難なことを考慮し、判例の基準時を後にず

らす考え方が主張される。たとえば、時効援用時（滝沢101頁、近江111頁。独自の議論によるが石田231頁-232頁もこれに類する）、あるいは勝訴判決確定時（舟橋172頁-173頁）以降、取得時効の主張にも登記を要するとする（折衷説と呼ばれ、判例準則の微修正と位置づけられる）。他方で、時効の遡及効を徹底したり対抗問題限定説に立つと、この紛争は、対抗問題と構成するのは困難なので、無権利の登記名義人への権利帰属を信じた者の保護の問題として扱われる（94条2項類推適用説。加藤137頁-138頁、清水90頁）。

(3) 第三者準則で統一する考え方

この考え方は、占有者の取得時効期間の満了の前後を問わず、登記名義人であった所有者と取引をして権利を取得した者が登記を経た場合には、時効取得者は登記をしなければこの者に対抗できないとする（登記尊重説。我妻＝有泉118頁、川井47頁）。166頁の設例25においては、[3]はもとより[2]の場合にも、XがYに優先するのが原則となる。登記を信頼した取引を重視し、占有関係の煩雑な調査を必要とするべきではない、との取引観が背後にある。もっとも、この考え方も敗者復活準則は認めるので、占有者が登記の時点を起算点として取得時効の要件をみたせば新たな時効取得が認められ、時効取得は（その間にさらに別の第三者への取引と登記がなければ）登記がなくても当事者であるその時点での所有者には対抗できる。

第三者準則を重視する根拠は、主として、取引の安全のために原則としてすべての物権変動は公示されなければならないとする変動原因無制限説の発想にあるが、時効の遡及効から完成時点での振分けには意味がなく、時効取得には第三者の登場を許容する法定の制限が付いているとの理論構成もみられる（次頁の(4)）。さらに、時効を承継取得と位置づける一方で登記を法定証拠とする論理構成を採ったり（安達）、この場面の登記を失権を防ぐ保護要件と位置づけることにより（良永）、登記尊重説とほぼ同じ結論に至るものもある。

登記尊重説によっても、悪意の第三者まで保護する必要はないとして、背信的悪意者排除を緩やかに運用する判例（138頁の(b)と169頁の最判平18・1・17）に沿えば、占有尊重説と結論は近似してくる。このように相反する論理で徹底することで結論が近似してくる点も、「取消しと登記」の問題に関する学説状況と似ている。

(4) 類型的に処理を分ける考え方

以上の対立に新たな視角を持ち込んだのが事件類型毎に異なる処理をするべきだとする類型論である（山田、星野）。類型論の中にも種々の差異があるが、その中心は有効未登記型の二重譲渡類型と境界紛争類型の区別である。

すなわち、①166頁の設例25の[4]の前半のような有効未登記類型（二重譲渡類型）では、177条によって優劣を決するべきであり、登記を備えなかったことを取得時効で補うべきではないとする。たとえば、第1譲受人Yの占有開始の9年11か月後に（背信的悪意者ではない）第2譲受人Xが登記を備えてXの優先が決まったのに、1か月後にYの時効取得を理由に優劣が逆転するのはおかしい。それゆえ、この類型では時効完成の前後を問わず第三者準則が妥当し、Xの登記の時点から他人物の占有者として新たな時効が進行しうるにすぎないとするのである（起算点固定の準則に関連して第1譲受人の占有開始時から時効を起算する169頁の最判昭46・11・5にも反対）。もっとも、Yの主観的態様により10年または20年の時効を肯定するか（星野）、20年の長期取得時効の転用のみを認めるか（山田）、時効の存在理由に立ち返ってYの取得時効をいっさい認めないか（179頁の文献の草野230頁以下）など細部は一致しない。

②設例25の[5]のような境界紛争類型では、第三者から明渡しを求められるまで、時効取得者は越境の事実を認識していないことも多い。そのような場合、時効取得者が時効完成後に登記を行うことは現実的に期待できず、時効取得者の登記懈怠を責めるのは不可能を強いることになるため、時効完成の前後を問わず当事者準則が妥当し、10年または20年の取得時効が登記なくして第三者に対抗できる、とする（星野、草野173頁以下）。もっとも、時効取得者側に登記の懈怠を咎められるべき事情がある場合には、時効完成後は第三者準則が妥当し、時効取得者は登記を備えた第三者に対抗できないとされる余地がある（星野）。

以上のような整理に対し、登記具備の懈怠を中核とする類型論という点では同じであるが、発想が相当異なる見解もある（広中155頁-158頁）。すなわち、①境界紛争類型では177条適用の基礎を欠くとして善意の占有者は登記なくして取得時効を登記を備えた第三者にも対抗できる。②これに対して、二重譲渡類型も含めたそれ以外の類型では、時効完成の前後を問わず時効取得を第三者に主張するには登記を要する。ただし、占有者がすでに不動産を

現実に利用している場合には（時効が問題になる場合は通常、そのような現実の利用がある）、背信的悪意者排除を非常に緩やかに認めることで（現地調査をせずに長期間の占有利用を知らなかった重過失者も背信的悪意者と認定するべきだとする）、結局、登記をしなくても時効取得を第三者に対抗できる場合を広く認める。この考え方は、実質的には占有尊重説にきわめて近い結論を導くものであり、登記よりも占有の公示力を重視している点で、二重譲渡類型につき取得時効を認めないか強く制限する前者の類型論とは相当異質である。ただ、境界紛争類型について、登記を不要とする点は共通しており、最近の教科書等では共通認識になりつつある（田井ほか63頁［田井］、内田453頁、安永64頁、河上124頁-125頁）。星野説や草野説のような類型論を採用しても、判例のように背信的悪意の排除を広く認めれば（135頁の(4)および169頁）、広中説に近づいてくる。

　公信力説を前提にした類型論もある（鎌田164頁-165頁）。すなわち、二重譲渡類型では、第1譲受人の取得時効は、第2譲受人の登記具備により「他人の物」となって初めて開始するとする。この点では星野説に近いが、第2譲受人に善意（無過失）が要求されるため、取得時効を持ち出すまでもなく未登記だが占有している第1譲受人が優先することが多い。他方、それ以外の類型では、占有時から時効が進行し、時効期間満了時の所有者には登記なくして取得時効を対抗できる（判例の当事者準則と同様、時効進行中の譲受人は保護されないようである）。しかし、時効完成後に登記名義の残る者と取引した善意（無過失）の第三者に対しては、占有者は時効取得を対抗できない。177条の第三者に善意（無過失）を要求することで広中説よりいっそう占有者に有利な結論が導かれている。

(5) それぞれの難点と判例の再評価

　以上に紹介したように、この問題においては、時効の性質（長期取得時効と短期取得時効の制度趣旨、起算点の固定か逆算か、時効の遡及効の意味、原始取得という性質と登記具備方法、時効中断事由の趣旨など）、177条の適用される登記を要する物権変動の範囲、登記制度の機能（対抗要件に絞るかそれ以外に拡張するか）、取引観（登記への信頼重視か現地調査を当然視するか）、177条を適用するべき時期の区分、取得時効の類型的把握の是非（とりわけ、「他人の物」要件の問題を含む二重譲渡類型への取得時効の適用の可否や制限）、時効取得者の登記具備の期待度、

177条の第三者の主観的態様など、多数の考慮要素が複合的に相互に関連しつつ問題となる。これはいわば変数の多すぎる連立方程式のようなものであり、学説の解が複雑に対立し帰一しないのは当然とも思える。決定的な代替案がないという消極的な理由で判例を支持する見解（佐久間113頁、鈴木142頁など。とりわけ佐久間114頁-116頁の各説批判は鋭い）が登場していることにも理由がある。

重要点について本書の見解の概要を示す。

①時効制度の性質や長期・短期取得時効の存在理由から論理演繹的に結論を導くことには無理があり、通説的な多元説的理解にとどまらざるをえない。時効期間の逆算は長期取得時効には合理的だが、占有開始時の占有者の主観的態様を問題にする短期取得時効には妥当しない。時効の遡及効はこの問題を177条で処理することを妨げない。

②帰責事由が問題になる94条2項の類推適用より、登記具備が可能な限り登記をしなければ権利取得を対抗できないとする177条による問題の処理の方が、登記による取引の整序に整合する。

③登記のみを信頼した取引観は現行日本法では成り立たず、現地調査などの一定の調査が不可欠である（194頁以下の(2)）。それゆえ通常の取引に期待される注意を払った善意無過失の第三者のみを177条で保護すれば足る。背信的悪意者排除を広く運用するといっても限度があり、善意重過失者を背信的悪意者とする広中説は、もはや背信的悪意者排除説ではない。問題になるのは、端的に、不動産取引を行う者が一般的に求められる基本的な注意義務を遵守したか否かである（136頁以下の(6)）。

④取得時効による権利取得の特性から登記具備が期待できない場合が多いことや、取得時効の基礎となる占有の継続によって第三者が登記名義を信頼したと評価できる場合が少ないことが取得時効制度の特性である。これを典型的対抗問題との偏差として考慮するのが、両制度の調整のあり方として穏当である。時効期間満了直前に登場した第三者が時効取得者に劣後するとする当事者準則も、取得時効の要件である占有が第三者との関係で公示性を有すると評価できる限り正当化できる。慎重な取引者であれば売主以外が長期占有する不動産を購入することは控えるだろうし、あえて購入するのであれば、直ちに時効の中断・停止（改正案では更新・完成猶予）の措置を行ってしか

るべきであり、それをしなかったために劣後するとされてもやむをえまい。

⑤166頁の設例25の[5]が、境界にある係争地がAからXとYに二重譲渡された事例だとすれば、境界紛争類型と二重譲渡類型の間に交錯が生じるので、2類型を相反する2つの準則で分けて処理することには無理がある。そもそも、類型は2つに尽きず（星野は6類型を挙げていたが、検討材料となる判例が少なく他の4類型の処理は詰められていない）、さらに細かく問題処理を分岐させることは事態を必要以上に複雑化するだけである。むしろ、二重譲渡類型と境界紛争類型は登記具備の期待の有無や信頼の内容を考慮して177条をどう適用するかという問題として一括できる。そして、二重譲渡類型で取得時効の成立またはその援用を否定・制限することには賛成しがたい。二重譲渡類型においても第1譲受人が取得時効を原因とする登記が可能なのは時効期間満了時以降であり、有効な契約による登記を懈怠していたことは取得時効との関係では重要でない。また、契約が不存在や無効の場合であっても登記なくして短期取得時効を主張できることと対比すると、有効な取引により権利を取得した第1譲受人の保護がそれより弱くなることは妥当でない。取得時効を援用できるほどの長期間の占有を「自己の物」だからといって時効期間に算入しないのは、時効制度の趣旨や沿革にそぐわない。

以上要するに、本書の見解は、二重譲渡を典型とする177条の解釈において、第三者が準当事者に当たらず善意無過失であることを要すると解し、それが認められるのであれば、取得時効と登記について、判例準則による問題解決の基本枠組を維持してよいと思う。

V その他の所有権取得原因と登記

その他の所有権取得原因についても、変動原因無制限説により、原則として177条が適用され、登記をしなければ権利取得を第三者に主張できないとされている。以下では、それぞれの所有権取得原因のもつ特色と典型的な紛争類型を簡単に紹介する。

1 強制執行や担保権の実行による所有権取得

強制執行または担保権の実行による競売での所有権取得は、買受人が代金

を納付したときに生じる（民執79条・188条）。競売に先立ち差押えの登記が行われ、その処分禁止効により執行債務者はそれ以後対象物を有効に処分することができなくなる。また、差押債権者は「第三者」と扱われるため（127頁の(b)）、差押え以前に登記名義人である執行債務者から権利を取得していた者は、その登記を備えていなければ差押債権者に対抗できず、その後の買受人にはもちろん対抗できない。

競売実行による差押登記の抹消と買受人の所有権取得登記は裁判所書記官の嘱託によるため（民執82条・188条）、競売後、買受人の登記具備までの間に、これと対抗関係に立つ第三者が登場すること自体がほとんど生じない（よく引用される大判大8・6・23民録25輯1090頁は、取消しと登記に関するかなり特殊な事案で一般化は難しい）。

2 公用収用による所有権取得

公用収用は原始取得であるが、登記手続では移転登記の形式を採る（不登118条1項）。国が農地買収処分を行って農地の所有権を取得した後に、被買収者が残存した登記名義を利用して同じ土地につき売買予約をし、その（善意の）第三者が仮登記を備えた場合、国は登記がなければ第三者に所有権取得を対抗できず、仮登記の抹消を求めることができない（最判昭39・11・19民集18巻9号1891頁）。法律の規定による所有権取得についても対抗関係として処理される好例である。

◆文 献◆

「取得時効と登記」についても、新注民(6)627頁-642頁［原島重義＝児玉寛］および池田恒男「登記を要する物権変動」講座(2)143頁-162頁が基本文献である。時効制度の意義につき独自の見解を主張するものとして、草野元己『取得時効の研究』（信山社、1996年）があり、これについては筆者の書評・法時69巻2号78頁以下も参照。学習用の要領のよい整理として、ここでも鎌田151頁-166頁の「取得時効と登記」を推奨する。

第8節 対抗問題の総括

　この節では、第6節・第7節の議論を総括して、対抗問題全体をあらためて考える。具体的には、177条の適用に関する大審院時代の同日の2つの判決の関係と適用限定の基準を考える。次いで、典型的な対抗問題である所有権の二重譲渡の法律構成の問題を考察する。最後に、公示の原則と公信の原則の関係や登記の役割についても言及し、177条が適用されるべき紛争類型をどう考えるか、94条2項の類推適用などと177条の関係はどう整理するべきかなどを検討する。

ⅠⅠ 177条の適用に関する2つの基準

　大連判明41・12・15の2つの判決（141頁以下の2）は、一方で、あらゆる物権変動に登記を要するとして広く公示の要請に応えようとした（変動原因無制限判決）。他方で、具体的な紛争では、登記の欠缺を主張する正当の利益を有しない者との関係では、登記がなくても物権変動を主張できるとして、公平妥当な結果を確保しようとした（第三者制限判決）。この2つの判決は、相互に関連して、登記による取引の整序と個別の紛争解決の妥当性を調和させようとしたものである。以下では、本書の方針に従って「物権変動」一般ではなく、より具体的な「所有権移転」を思い浮かべたうえで、それぞれの基準について、判例とそれに対する学説の批判を検討する。そのうえで、最後に、両者を統合した基準を考える学説を紹介・検討する。

1　登記を要する所有権取得の基準
(1)　判　例
　「相続と登記」「取消し・解除と登記」「取得時効と登記」等を検討した結果を振り返ると、判例は、変動原因無制限説を基本としながら、紛争類型の一定の場面（相続放棄の場合、共同相続した持分権の主張の場合、取消しや解除前に第三者が登場した場合、取得時効期間満了前に第三者が登場した場合など）においては、登記名義人が無権利者であるとして、同人に対して所有権取得を主張するの

に登記を要しないとしている。

　ここでは、同一前主からの有効な承継取得者相互の優劣の関係（いわば枝分かれした権利取得の競争：対抗問題）に類比できる場合には177条を適用し、そうでない場合には、無権利者からは権利を取得できず、177条の問題とならない（すなわち、登記名義人は未登記の所有権取得者の権利主張に服さざるをえない：無権利の法理）、という問題処理の分岐が行われている（図表10）。

　問題は、判例自身が明示していないその分岐の基準である。判例は、変動原因無制限説を原則としつつ、①登記名義人に一度も所有権が帰属していない場合、または、②所有権取得者に登記具備を類型的に期待できない場合には、177条を適用しない例外処理をしているように思われる。

(2) 判例への批判

　判例への批判は、次の４点に集約されよう。①各制度に規定されている遡及効（相続放棄・遺産分割・取消し・解除・時効取得）を尊重すれば登記名義人は一度も所有者になっていなかったのであり、承継取得者間の競争関係とは構成できない（理論的な問題）。②この場合に、未登記を理由に差押債権者にも権利取得を対抗できないとすれば、差押債務者が有していた以上の権利を差押債権者に与えることになってしまい、権利取得を定めた規定の意義が損なわれる。③法律の規定による所有権取得者には登記具備を期待できない場合があり（たとえば150頁以下の５の特定遺贈が典型）、その場合に登記がないからといって権利主張ができないとするのは酷にすぎる。④法律の規定による所有権取得の事実を知りながら（無権利であるはずの）登記名義人と取引した者ま

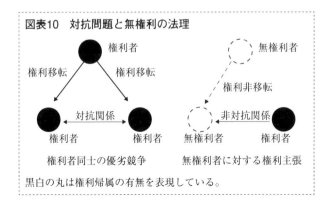

で先に登記すれば優先するとの結論は、平等な競争関係にない状況では不当である（②〜④は利益衡量による具体的結論の妥当性の問題）。

こうした批判をふまえて、対案が提示される。すなわち、判例による177条の広範な適用は、公信力の欠如による取引安全保護の不備を補うという性質を有していた。しかし、本来は、無権利の登記名義人に権利が帰属していることを信頼した者をどう保護するかという公信の保護が問題である。それゆえ、177条よりも、第三者保護規定、とりわけ昭和40年代以降に判例上発展した94条2項の類推適用による問題処理の方が望ましい、と。

(3) 検　討

判例に対する批判は必ずしも決定的ではない。①の批判の中核である遡及効は、対抗要件が問題になる場合には、そもそも177条により制約されていると考えることができる。②や④の批判には、差押債権者や悪意者を当然に177条の「第三者」と理解する前提自体に問題がある。二重譲渡のような典型的な場合において、差押債権者が「第三者」に含まれる理由を明らかにしたうえで、それが他の場合にも妥当するのかどうかを個別に検討しなければ、上記の②の批判は説得力を欠く。

また、177条の「第三者」を善意者（さらには善意無過失者）に限るならば、同条の適用に異論のない意思表示による場合のみならず、法律の規定による所有権取得の場合に拡張しても不都合は生じない。③の批判に対しても、具体的な登記具備の可能性を基準とすれば第三者の保護が不安定になる。変動原因無制限説から出発するのであれば、登記具備が法律上不可能でなければ、所有権取得の主張には登記を必要とする方が論理一貫する、などの反論が可能である。

逆に、94条2項の類推適用では、未登記の権利者に故意の権利外観作出と同視できる程度の重い帰責性が必要となり、こうした帰責性が欠ければ、第三者はたとえ善意無過失でも保護されないはずである。かといって第三者の保護を重視して帰責性を緩やかに解することは、権利を失う者と得る者の間の利益の均衡を失する。それは94条2項の類推適用を拡張する基本となった根拠を掘り崩すことになる。

また、94条2項の類推適用の場合には善意（あるいは善意無過失）を必要とする一方で177条の適用の場合には背信的でなければ悪意でも保護されると

すると、両条のいずれを適用するべきか微妙な場合に（たとえば、130頁の(a)の最判昭44・5・27）、第三者の保護の程度に大きな段差が生じる。94条2項の類推適用では保護されない悪意者が、177条が適用されれば背信的ではないとして保護されるのは、均衡を欠いた不公正な結論で妥当でない。

　以上のように考えると、問題の多くを94条2項の類推適用などの公信の保護に委ねてしまうよりは、広く177条を適用する判例の問題処理枠組の方が合理性がある。そして、その枠組の中で177条の適用が異論なく承認されている典型的な場合を再考し、（準当事者でない）第三者に善意無過失を必要とするのが妥当である。現地調査など、取引上通常要求される注意を怠った悪意者や過失者は保護に値しないからである。このような解釈は、背信的悪意者排除の実相を明らかにするだけで実現可能であり（135頁の(4)で指摘したとおり、現在でも判例の実質は悪意者排除であると評価できる）、判例をより合理的な方向に変えていく解釈として実現の可能性が高いと思われる。

　さらに、差押債権者を第三者に含める根拠は、譲渡人への責任財産の帰属を信頼した差押債権者を、詐欺的譲渡から保護することに求めることができる。そこから逆に、そのような詐欺的譲渡のおそれがないことが明白な法律規定による所有権取得の場合において、所有権取得者に登記を備えることが期待できないときには、差押債権者を第三者から除き、登記がなくても権利取得を差押債権者に対抗できるとする例外処理の余地が生まれる。そのような場合には差押債権者に十分保護するべき利益はないのである（129頁のコラム）。

　以上の思考方法は、変動原因無制限説と第三者制限説を組み合わせる判例の考え方（141頁以下の2）に沿う。

2　第三者を制限する基準
(1)　判　例

　判例は、「登記の欠缺を主張する正当の利益」を有するか否かを、177条の「第三者」を制限する基準とする。その特徴は、所有権の帰属を争う競合取引者の地位にあるかどうかという客観的要件の問題と、そのような客観的要件を備えた者が具体的な紛争で登記の欠缺を主張することが許されるかどうかという主観的態様の問題とを統合する包括的で柔軟な基準であり、紛争解

決基準としての登記の役割を広く捉えている点にある。

(2) 学 説

学説には判例に賛成するものもある（鈴木151頁や旧版から転換した新注民(6) 661頁［吉原節夫］）。しかし、判例では質的に異なる客観的資格と主観的態様の問題の区別が曖昧になる。さらに、登記によってしか解決できない問題（狭義の対抗問題）とそうでないもの（128頁以下の賃借人に対する賃料請求の場合や31頁以下の(c)の建物の登記名義人に対する妨害排除請求の問題）の構造的な違いや登記の対抗力と権利保護力の違い（116頁の1と118頁の4）を見失わせる。これらの点で判例の基準には批判的な見解がいまだに少なくない。

学説では判例の基準に代えてさまざまな基準が提案されている。「当該不動産に関して有効な取引関係に立つ者」（我妻＝有泉154頁）が代表的なものである。ただ、この基準は、不法行為者や不法占有者などを除く以上には限定機能を発揮しないため、判例と同様の曖昧さが残る。「第三者」であるかどうかは、主唱者自身が自認しているとおり、個別類型毎の利益衡量をふまえて判断せざるをえない（127頁以下の2の第三者の客観的要件）。

我妻説と並んで有力なのは、登記を要する物権変動の議論と第三者論を総合し、両立しえない物権変動相互の争いが生じている場合にのみ177条を適用すべきだとする対抗問題限定説である（注民(6)273頁以下［原島］、新注民(6)550頁以下［原島＝児玉］もこれを承継・展開）。この考え方では、「第三者」は、とくに限定基準を設けなくても、自ずからそのような物権変動を主張する者に限られる。ただ、対抗問題限定説は、論理的に明快である反面、177条を二重譲渡のような意思表示に基づく物権変動間の優劣問題にのみ限定的に適用する傾向が強く、177条の適用範囲を狭く絞りすぎる。その結果、多くの紛争が公信保護の問題として177条の対象外に放逐され、登記に公信力が認められない日本法の下で、32条や94条2項などの類推適用の肥大を招く（148頁の補足＊）。また、特定物債権者を物権取得者でないことを理由に「第三者」から除くとすれば硬直的すぎる（129頁の(d)）。

さらに、従来のほとんどの学説においては、主観的態様の問題が「第三者」の基準に含まれない。善意・悪意不問を原則とし、背信的悪意者排除は例外と見るからであろう。対抗問題限定説を基本に置くものではあるが、「物的支配を相争う相互関係に立ち、かつ登記に信頼して行動すべきものと

認められる者」(舟橋182頁) とする基準は、主観的態様を基準に盛り込む先駆的な試みとして評価できる。しかし、悪意者排除説から背信的悪意者排除説へと変化した後の舟橋の見解がこのような信頼保護の要素を含んだ第三者の定義と調和するのかは疑問である。また、「登記に信頼して」が登記のみを信頼すれば足り、登記に表れない権利変動を無視してかまわないという意味であれば問題である (194頁以下の(2))。

Ⅱ 対抗問題の法的構成

1 さまざまな法的構成
(1) 問題の所在
177条の適用が異論なく承認されている典型的な対抗問題である二重譲渡の場合、いったん第1譲受人Xに移転した所有権を譲渡人Aがどうしてさらに第2譲受人Yに譲渡できるのかが問われる。問題が意思主義・対抗要件主義の基本構造の理解にかかわるものであるだけに、学説には古くからさまざまな見解が見られる。これに対して、この問題は具体的な紛争の解決に論理必然的に結びつくものでないから、判例は、訴訟当事者の主張に応答する限りで論じているにすぎず、統一的な見解を示していない。

以下では、各説の概要と代表論者名のみをあげて詳細には立ち入らず、考え方の大きな違いを私の観点で整理するにとどめる。私自身がこの問題へのこだわりから研究者の道に入ったので、この問題の検討は民法学のおもしろさの一端に触れるよい機会と思う。自分の頭でじっくり考えた経験の蓄積が最も民法の理解を深める。読者の皆さんも、本書や196頁の文献を手がかりにいくつかの文献を読んで、いずれがより整合性が高く説得力に富むか、自分で考えてみていただきたい。

(2) 公信力説の登場以前の学説
公信力説の登場以前には、Xの取得した物権がなんらかの意味で不完全であるとしたり (山中の債権的効力説、川井の相対的無効説、柚木の否認権説、舟橋の反対事実主張説)、物権は完全だが物権変動が不完全である (すなわち排他性を欠く) と解することで (我妻の不完全物権変動説、於保の優先的効力説)、Aに第2譲渡の権利ないし権限が残ることを論証しようとする説が展開された。しか

し、未登記のＸの所有権取得を否定・制限することは176条の意思主義と矛盾する。Ｘの所有権取得を肯定する限り、Ｘとの関係ではもはや無権利者になった（少なくとも完全な所有権を有する者ではなくなった）はずのＡからＹが完全な所有権を承継取得できることを説明するのは難しい。

　そのため、問題を訴訟法の次元で解決しようとする考え方が登場した。すなわち、時間的に先行する譲渡が優先するため第２譲渡は実体法上は不可能であるが、登記はＸＹのどちらが優先する第１譲渡なのかを判定する法定証拠だと説明したり（安達、鷹巣の法定証拠説）、実体法規範のうえで衝突する観念的な所有権の優劣を次元の異なる裁判規範として決定する基準が登記であるとする（中村＝高島の訴訟法説）。

(3) 公信力説

　公信力説は、従来の諸説の難点を厳しく批判し、Ａの第２譲渡が不可能であることを端的に認めて、Ｙの所有権取得は無権利者Ａの登記をみてＡを所有者と誤信したＹを保護するための公信力による原始取得であり、Ｙの善意（あるいは善意無過失）が必然的に「第三者」の要件となると主張した（篠塚・石田喜久夫・半田正夫。両者未登記の場合の所有権の帰属や第三者の無過失の要否など細部では意見が分かれる）。177条に94条２項の類推適用を重ねることで、善意・無重過失のＹが原始取得するとする見解（米倉）も公信力説に近い。

(4) 公信力説以後の学説の展開

　公信力説は、登記公信力を一般的には否定しながら二重譲渡の根拠の説明にのみ用いるので混乱を招く、フランス法に沿革を有する日本民法の物権変動の説明とは整合しないなどと批判され、多数に支持されるには至っていない。

　ただ、公信力説の登場によって、Ａの二重譲渡権限を論証するのは困難であるとの認識が広がり、二重譲渡が可能となるのは177条という法規がそれを前提としているからだとする考え方が多数になっている（広義の法定制度説。公信力説すら177条を二重譲渡の根拠としているともいえる）。登記による公示を促進するため、177条は、本来権利を取得できないはずのＹが先に登記を備えれば、登記を怠ったＸは失権し、Ｙが権利者Ａから承継取得できることになると定める、と説明する見解（滝沢の法定的承継取得説）は、法定制度説を理論化する試みともいえる。対抗問題を物権や物権変動の競合ではなく、物

権変動原因である権原（売買契約等）の競合と構成する見解（規範構造説。新注民(6)540頁以下［原島＝児玉］）は、不完全物権変動説を異なる角度から補強するものと思われる。さらに、近時、未登記のＸへの所有権の移転を否定する見解も新たに登場している（石田137頁-140頁、清水14頁・75頁-76頁。加藤76頁-89頁は未登記の権利を債権同様の相対的効力しかもたない萌芽的物権と称し、登記によって完全な物権が移転する二段階物権変動説を主張するが、構造は石田説と類似する）。ただ、こうした新たな法的構成の試みは次第に少なくなっている。反対事実主張説（近江71頁）や不完全物権変動説に近い説明をするもの（安永44頁、内田436頁-437頁）も、理論的に突き詰めた主張というより、教育的な面でのわかりやすさを重視した一応の説明という感がある。むしろ、多くの見解は、二重譲渡が可能なのは177条の法規によるという以上の説明をしない（鈴木・槇・広中・好美・星野・稲本などの狭義の法定制度説。最近では、佐久間56頁-57頁、千葉ほか223頁［藤原正則］、河上86頁-89頁）。

2 検 討
(1) 従来の学説に対する批判

第１譲渡後も登記名義人Ａが第２譲受人Ｙに重ねて譲渡をする権利や権限を有するとすれば、意思主義により登記がなくてもＸに完全な所有権が移転することとは論理的に調和しがたい。のみならず、承継取得だからＹの善意・悪意を原則として問わないとの結論と結びつきやすく適切でない。債権的効力説は、Ｘが未登記の間はＡが所有者であり第２譲渡が当然にできるとするので論理的破綻を免れるが、意思主義と正面から衝突する。また、未登記のＸの保護を肯定するために、履行段階に関係なく特定物債権一般に妨害排除効を肯定したり（石田）、債権同様の相対効しかない萌芽的物権なる全く新しい概念を導入し債権者代位権の転用を広く用いるなど（加藤）、無理を重ねる必要があり賛成しがたい。

公信力説は論理的に明快で、法的構成と第三者の主観的態様の問題を連結する点で優れる。二重譲渡事例において、第１譲渡によってすでに所有権を失っている譲渡人が第２譲渡を行える根拠を問題にし、第２譲受人などの第三者に、信頼保護のための善意（あるいは善意無過失）が不可欠だとするものである。他方、公信力説は、無権利者の登記に対する信頼という意味での一

般的な公信力（116頁以下の2）を認めるべきだとは主張しておらず、対抗問題が生じる論理構造を問題にしているにすぎない。公信力説という名称は、この点で誤解と混乱を生じやすい。さらに、公信力説は、二重譲渡事例において、とりわけすでに引渡しを受けた未登記の第1譲受人の保護を重視する価値判断に基づいており、現地調査もしないで登記のみを基準として取引した者を保護するべきではないとしている。すなわち、登記による権利の公示機能は万全ではなく、登記のみを頼りとするだけでは、保護に値する信頼とはいえないのである。登記に対する信頼に重点を置くかのような名称は、主張内容とはまったく逆になっている。

(2) 本書の見解

第三者に善意無過失を必要とするとの価値判断を先行させた本書の考え方（136頁以下の(6)）では、主観的態様の問題を対抗問題の法的構成に組み込まないのは理論的に不備である（準当事者に対する権利主張に登記を要しないのは、所有権を移転する契約の当事者間と同じであり、特段の法的構成を用意する必要はない）。次の事例に即して具体的に説明する。

> **設例26**　2015年10月15日に、AはXに別荘の土地・建物（あわせて甲とする）を売却し、建物の鍵を引き渡したが、事情があってXへの移転登記は行われなかった。建物の合い鍵を残しておいたAは、同年10月20日に、Yに現地を案内して甲を買わないかと持ちかけた。Yが現地を見に来たおりに乗ってきた自動車乙が故障したため、YはAの了解を得て乙を甲の土地上に置いて帰った。同月27日、甲を気に入ったYは、Aと売買契約を結び代金を支払い、同月31日にAからYへの移転登記がされた。Xは、Yに対して甲の所有権を主張できるか。乙についてのXとYの法律関係は、Yの買受けや移転登記の前後で変わるか。

Xは、10月20日以降、Yが二重譲渡を受けて第三者として登場した27日以前には、登記を備えなくても、自己所有の土地を不法に占拠する自動車乙の所有者Yに対して妨害排除請求をすることができ、Yに故意・過失があれば損害賠償請求もできる。AY間に土地の使用貸借契約がされたと構成しても、その占有権原はXに対抗できない相対的な効力しかなく、YはXの所有権に基づく請求に服する。ここまではほぼ異論なく承認されている結論で

ある。

　ところが、177条の第三者につき善意・悪意不問を原則とし、例外的に背信的悪意者が排除されるにすぎないと解すれば、YがAX間の所有権移転を知りまたは通常の注意を払えば知り得たのに重ねて甲を譲り受けた場合であっても、未登記のXはYに所有権取得を対抗できず、遅くともYが登記した10月31日以降は、妨害排除請求権も損害賠償請求権も失われる。これは、YがAとの契約の締結によってXの権利・利益（所有権、債権または契約上の利益）を侵害する不法行為を構成する。Yの行為が違法でないとするためには、Yに故意・過失がないことが必要であり、Yが177条の第三者となるためにはこれと対応して善意無過失を必要とする、と解するのが整合的である。

　要するに、AがすでにXに所有権を移転したのに二重譲渡が成立するのは、譲渡の順序にかかわらずこの場合を取引者間の競争と扱い、登記の先後で優劣をつける177条という法規があるからである（法定制度説）。前頁の設例26では、177条の法定効果により、Yは10月27日の契約締結の時点で「第三者」としてXと同等の競争者となり（特定物債権者としてXへの所有権移転を争う地位に立てばよい。129頁の(d)）、同日の代金支払によって甲の所有権を取得する（95頁以下の(d)）。この段階では暫定的に優劣未定の所有権の二重帰属状態が生じるが、同月31日にYが先に登記をそなえることで優劣の決着がつき、二重帰属状態は解消される。

　ただ、そのようにAの処分権限が擬制される法定効果が生じるためには、Yは、「物的支配を相争う相互関係に立つ」競争者であるという客観的要件だけでなく、善意無過失という主観的要件をもみたさなければならない。Yが善意無過失という主観的要件をみたさなければ、客観的には第2譲受人という競争者ではあっても、登記制度によって保護されるに値する第三者ではない。それゆえ、Xは、登記がなくてもこのようなYには所有権取得を対抗できる（意思主義の貫徹）。この点でXの所有権取得は排他性をもち完全なものである。本書の見解は、このように法定制度説を基本としつつ不法行為的衡量を加味して第三者を限定するもので、公信力説とは理由付けが異なる。善意無過失の第三者が登場して権利取得を対抗できない可能性があるという意味では不完全物権変動と表現しても間違いではないのかもしれない。

しかし、悪意や過失のある第 2 譲受人に対しても当然に有効な譲渡を行う権限があることを論証しようとした不完全物権変動説と本書の見解とは発想が大きく異なるので、本書の見解を不完全物権変動説の一種であると位置づけるのは（石田130頁-132頁）適切でない。

なお、Y は A から所有権を取得したのであって、X から取得したのではないため、AX 間の所有権移転は、Y の登記具備により遡及的に失効すると解さざるをえない。登記の対抗力が31日以降にのみ生じるとすると、所有権の取得を主張できないはずの X に妨害排除請求権や損害賠償請求権が残ってしまっておかしい。

Ⅲ 登記の主張・立証責任

登記の存在は登記事項証明書により容易に立証できるため、事実の存否が不明な場合にどちらの当事者が不利益を負うのかという本来の意味での立証責任が問題になることは少ない。しかし、この問題は、対抗問題の法的構成と理論的に興味深い関係にあるので、簡単に触れておく。

債権的効力説など登記によって所有権移転の効力が発生するとする見解では、原告が、自己への所有権の帰属を根拠づけるため、登記の具備を請求原因の 1 つとして主張・立証しなければならない（請求原因説。被告は単純に未登記の所有権移転を否認すれば足りるので否認説とも呼ばれる）。被告（＝177条の「第三者」）の側から未登記物権変動の効力を積極的に否定する必要があるとする考え方（否認権説や不完全物権変動説の一部）によると、物権変動に登記が備わっていないことを被告が抗弁として主張しなければならない（大判大 7・11・14民録24輯2178頁。抗弁説。事実抗弁説とも呼ばれるが後に紹介する権利抗弁説と対置されるかのように誤解されかねないので適切な呼称でない）。これに対して、多数説によれば、被告は、競合する権利を取得したことなどを証明して、自分が177条の「第三者」に当たること（第三者の客観的資格）を明らかにすれば足り（次頁の補足＊）、原告が再抗弁として登記具備を主張・立証しなければならない（大判大 5・12・25民録22輯2504頁、大決昭 7・7・19新聞3452号16頁。再抗弁説）。

請求原因説は、登記を所有権移転の効力要件とする点で意思主義に反する。抗弁説は、双方未登記の間は相互に対抗できないとすること（その妥当

性については123頁以下の2）と整合しないうえ、所有権移転に登記が備わっていないという消極的事実の証明を被告の負担とする点でも妥当でない。これに対して、再抗弁説では、188頁の設例26において、自らが「第三者」であることを基礎づける事実—すなわちAとの契約の締結によりXの所有権取得を争う第2譲受人の立場にあること—をYが証明できなければ非対抗問題（物権的請求権の問題）となり、証明できれば対抗問題と扱われる、というように実体法の第三者論に沿った法律構成の分岐と立証責任の問題を対応させることができる。さらに、原告は登記具備の主張・立証に代えて、被告が背信的悪意者（本書の見解では、準当事者、悪意者、善意の過失者）であることを基礎づける事実を主張・立証してもよい、とすることにより、第三者の主観的態様の理論的位置づけが立証責任との関係で明確になる。主観的態様は、被告が、客観的資格をみたした第三者であるとの抗弁を認めたうえで、例外的にそれを阻止する再抗弁として登記具備と等しい位置づけになる（仮に第三者性の否認という位置づけをしても、それを基礎づける事実は、やはり原告に主張・立証責任が課せられよう）。

＊**「第三者性」の主張・立証責任**　　再抗弁説は登記の存在についての主張立証責任を問題にしているが、その前提として、被告が自らの第三者性を基礎づけるために抗弁として何を主張立証するべきかについて、見解がさらに分かれる。第三者抗弁説は、原告の所有権取得と両立しない法律上の地位を得た（同一前主との売買契約の締結など）との事実を主張するだけで足りるとする。これに対して、権利抗弁説は、このような事実に加えて、被告はこれに加えて「原告が登記を備えるまでは原告への物権変動を認めない」旨の権利主張を要するとする。登記とは異なる第三者性について立証責任を論じているので仕方がないとも思える反面、登記に関する再抗弁説に属する考え方を「〜抗弁説」という名称で表現するのは混乱を招く。第三者抗弁説を否認主張不要説、権利抗弁説を否認主張必要説と表現してはどうか。学説では否認主張不要説を支持する見解が多いが、裁判実務は否認主張必要説を採る。

　裁判所が釈明権を適切に行使すれば、多くの場合に両説で違いは生じない。しかし、否認主張不要説では、たとえば差押えに対する第三者異議の訴えの場合のように、原告が請求原因の中で被告の第三者性を基礎づける事実（差押債権者であるという事実）を主張している場合には、被告の権利主張を待たずに登記具備が請求原因にせり上がるため、原告が登記具備（またはそれに代わり

被告の主観的態様により「第三者性」が否定されることの評価根拠事実。あわせて「登記具備等」と略す）を立証しなければならない。これに対して、否認主張必要説では、被告が欠席したり明示的に争わないときは、せり上がりは生じず、原告は登記具備等を立証する必要がない。

　私的自治の尊重と処分権主義の観点から、登記の具備を問題にするか否かは被告の判断に委ねればよく、裁判所による釈明を要しないとして、否認主張必要説を擁護する考え方がある（松尾弘「対抗要件を定める民法の規定の要件事実論的分析」大塚直ほか編『要件事実論と民法学との対話』（商事法務、2005年）216頁）。しかし、上の2つの結論の違いは、私的自治の尊重とは関係が薄く、せり上がりを承認する方が筋が通る（新注民(6)518頁［原島＝児玉］）。

Ⅳ　公示の原則と公信の原則

1　対抗要件主義の基礎にある考え方

　まとめておこう。対抗要件主義は、公示を備えない所有権移転によって競争取引者に不測の損害が生じることを避けるため、および、責任財産としての譲渡人への帰属を信頼した差押債権者を詐害的な隠れた譲渡等から保護するため、対抗要件を備えない者は所有権の取得を主張することができない、とすることを主旨とする。対抗要件を備えない者が所有権の取得を主張できず結果的に所有権を失うのは、対抗要件を備えることができたのにそれを怠っていたからである。所有権移転の原因関係の当事者に準じる者（競争取引者としての資格を欠く者）、対抗要件を備えていない所有権移転を知っている者および当該種類に属する取引で通常必要とされる合理的な注意を払えばそれを知りうる者は、登記がされていなくても不測の損害を受けることはないから、保護に値しない。対抗要件主義により保護される第三者は、準当事者に当たらず、善意無過失でなければならない。

　典型的な場合における対抗要件主義を以上のように理解すれば、法律の規定による所有権移転に177条による問題処理を広げる場合の指針も明確になる。まず、所有権取得者が対抗要件を備えることが（少なくとも法律上は）可能でなければならない。また、法律の規定による所有権移転を偽装する詐欺的行為が行われる余地のない場合には、差押債権者を第三者に含まないという解釈を採ることができる。さらに、第三者は法律の規定による所有権移転

につき、準当事者に当たらず、善意無過失でなければならない。

このような理解をふまえると、公示の原則と公信の原則は、権利者からの枝分かれ型と無権利者の処分型に対応する（181頁の図表10）。公示の原則は「公示を備えない権利変動は存在しない」との消極的信頼を保護するもの、公信の原則は「公示を備えた権利（変動）は実際に存在する」との積極的信頼を保護するものと定義することができ、いずれも信頼保護の原則として共通するものと整理される。公示の原則を「公示を備えない権利変動は無視することができる」とする定義は（たとえば加藤110頁。未登記の権利に相対効しか認めないことと連動）、第三者の善意・悪意を原則として問わない考え方に結びつくが、公示に過度の意義を与え、未登記の権利取得の保護（意思主義の意義のひとつ）を著しく低下させるもので、妥当でない。

2 公示の原則の動揺？

本書の主張する公示の原則が、登記のみによる公示の原則とは異なることとその理由を補足しておきたい。

(1) 地震売買と特別法による対抗力付与

問題は、所有権移転にとどまらず、債権的利用権の対抗にも及ぶ。民法の起草者は、不動産賃借権の重要性を考慮し、賃借権は債権であるが、登記をすればその後の所有権取得者にも対抗できるとした（605条）。しかし、この規律は、登記による公示を拡張して本来は相対的な権利である債権に対第三者効を付与する特別の保護を内容とするとして、特約がないと登記請求権は発生しないとされた。経済力や社会的地位に格差のある賃貸借契約関係では、賃借人が賃貸人にこの特約を求めることは実際上不可能であった。そのため、賃借権は相対権にとどまり、賃借権の存在を知って買い受けた者も、前主の賃貸借契約には拘束されず、賃借人に対する明渡請求が可能であった。都市に労働力人口が集中し始めた明治末期には、不動産賃料が値上がりを続けていたため、いったん期間を定めずに貸した地主や家主は、賃料値上げを希望した。そして賃借人が値上げに応じない場合には、土地や建物の所有権を一時的に第三者に移転し（仮装の場合もあった）、新所有者から賃料値上げに応じなければ出ていけという形で、この法律関係が悪用された。土地の賃貸借の場合には、賃借人の所有する建物は新地主の収去請求に応じて取り

壊さざるをえなくなるため、あたかも地震が建物を壊すように建物が存続できなくなる。こういう土地の売買を地震売買と呼んだ。

解釈論として悪意者排除が最初に強く主張されたのは、地震売買を利用した賃料の理不尽な値上げを防ごうとする意図があった。しかし、善意・悪意不問が判例・通説であった当時、その解釈論は支持されず、特別法による立法的な解決が図られた。すなわち、「建物保護ニ関スル法律」（明42年法40号。「建物保護法」と略された。賃借人保護ではなく、使える建物が取り壊される国家的損失を防ぐという名目で地主層の多かった貴族院議員を説得した）は、賃借権の登記をしなくても、借地人が借地上に登記されている建物を所有することで借地権に対抗力を与えた。「借家法」（大10年法50号）1条は、借家人は借家の引渡しを受ければ借家権を新たな物権取得者にも対抗できるとした。これらは現在の「借地借家法」（平3年法90号）10条と31条に引き継がれている（さらに農地賃借権についても、引渡しによって対抗力が生じる。農地16条）。また、判例により、立木、未分離果実、温泉権などを土地から独立した取引対象とする取引慣行が肯定されたが、それらの対抗要件は登記ではなく、明認方法等である（222頁以下のⅣ）。こうした問題処理は、不動産の取引を行うには登記のみの調査では足りず、現地を調査する必要があることを、法的に裏付けることになった。

(2) 登記による公示の限界

我妻は、不動産関係の一切の法律関係を登記へ集約せしめることによって画一的に処理する登記制度の理想（我妻の師の鳩山秀夫がドイツ法をモデルに描いたもの）が遠のいたと嘆いて、こうした法現象を否定的に描いた（我妻栄「不動産物権変動における公示の原則の動揺」（初出、1939年、同『民法研究Ⅲ』51頁以下））。

しかし、そもそも不動産は、仕様や見本でも評価できる大量生産の動産とは異なってきわめて個性が強く、物理的性状はもとより日照・通風その他種々の住環境に至るまで、現地調査をしないとその正確な価値の評価は難しい。さらに不動産（とりわけ土地）は使用してこそ価値が実現する生産できない有限の財であるから、観念的な所有権よりも現実の占有・使用を法的に保護する必要性が高い（20頁以下の(3)）。それゆえ、登記効力要件主義を採るドイツ・イギリス・中国などにおいても、登記された権利に対して占有・使用を伴う登記のない権利を優先させる例外が認められている。引渡し等に対抗

力を与える特別法や判例の法的処理もそれと同趣旨である。

　たしかに、登記は、権利関係を公示する最も重要かつ適切な仕組みであり、対抗要件として競合する権利変動の優劣を決する最後の決め手である。しかし、不動産に関する情報を登記に一元的に集約することにはもともと無理があり、登記のみによる公示の原則は成り立たない。引渡し等への対抗力の付与や未登記地役権の対抗力の承認（137頁の(a)および242頁以下の(3)）は、公示の原則の動揺というより、むしろ現実の占有や利用形態という登記以外の公示方法への公示の原則の拡大として積極的に捉えられるべきである（この点で、登記主義を中心に据える121頁の文献の大場437頁以下の考え方とは対照的である）。

　もちろん占有の公示力は登記ほど十分ではないから、占有権原の有無やその詳細が占有だけでわかるわけではない。しかし、だからこそ占有者の占有権原の調査が必要になる。登記への信頼を語ってもよいが、それができるのは、通常人が払うべき合理的な注意を払って登記に現れない権利を調査したうえで登記名義人を所有者であると信じた場合、すなわち登記に対する根拠のある信頼がある場合に限られる。

3　総　括

　本書は、承継取得者間の所有権取得の優劣が問題になる二重譲渡を典型として、狭義の対抗問題・対抗関係を考える。しかし、狭義の対抗問題・対抗関係のみに177条の適用範囲を限定せず、2つの点でそれを拡張する。第1に、内容的に両立しない所有権取得者に限らず、対象物に利害関係を取得する特定物債権者も第三者に含める（129頁の(d)）。この場合をも含めて「物的支配を相争う相互関係に立つ者」であることを第三者の客観的要件とすることを本書は提案している。第2に、177条の適用を契約による所有権取得に限定することなく、所有権取得につき登記を備えることが期待できる類型について、本書は、登記の重要性を考慮して、可能な限り177条による問題処理を広げる（192頁以下の1）。そのように、原則として登記によって優劣を決定することが適切と考えられる類型を広義の対抗問題・対抗関係と考える。この意味での対抗関係に立たない第三者に対して所有権の取得を主張するには、登記を要しない（177条は適用されない）。

また、登記の公示力の限界を意識し、登記以外の公示方法にも配慮し、現地調査などの当該種類の取引上通常人が払うべき合理的な注意義務を守って他人の権利を侵害しない（同時に自分の利益をも確保する）行動をとる取引者のみを正当な競争者であると解し、対抗問題における「第三者」として保護する。それゆえ、客観的には第三者に該当する者であっても、準当事者、悪意者および善意の過失者に対する関係は対抗関係ではなく、これらの者に対しては、登記がなくても権利取得を主張できる（188頁以下の(2)）。

◆文　献◆

　登記を要する所有権移転の基準につき新注民(6)540頁-558頁［原島重義＝児玉寛］、第三者制限の基準につき同書658頁-661頁［吉原節夫］、対抗関係の法的構成につき、同書502頁-518頁［原島＝児玉］（主張・立証責任を含む）および鎌田61頁-75頁、公示と公信の関係につき、同22頁-36頁。対抗関係の法的構成に関する本書の見解の原型は、松岡久和「不動産所有権二重譲渡紛争について(2・完)」龍谷17巻1号（1984年）1頁以下。

第9節　動産所有権取得の対抗と即時取得

　この節では、動産所有権の取得について、対抗要件と即時取得を扱う。まず、Ⅰで対抗要件、Ⅱで即時取得について、基本的な仕組みと要件・効果を説明し、主要な対立点をできるだけ簡潔に整理する。占有改定および指図による占有移転と即時取得については、議論が複雑に対立するのでとくに取り上げて検討する。次いで、Ⅲでは、以上の整理をふまえて、動産の所有権取得における公示の原則と公信の原則の関係について、問題を提起して本書の見解を示し、読者の皆さんにも考えていただくようにする。最後に、Ⅳでは、判例法理によって展開された所有権移転の明認方法を扱う。

Ⅰ　動産所有権取得の対抗

　設例27　ＸはＡから古書甲を30万円で買う契約を結んだが、現金の持ち合わせがなかったので、翌日代金と引換えに引渡しを受けることを約した。ところが、少し後にＹが現われ、売約済だとしぶる店主Ａを説得し

て35万円で甲を買い受け、そのまま持ち帰った。X は Y に対して、甲の返還を求めることができるか。

設例28　X は A に700万円を貸し付ける際、その貸金債権の担保のため A 所有の製造機械甲（時価1000万円）の所有権を譲り受けた。その後、A の債権者 Y が、甲を差し押さえた。X は Y に対して、甲の所有権の取得を主張することができるか。

1　対抗要件制度の基本的な仕組み

(1)　177条との共通性

対抗問題の構造や効果については、基本的に、不動産の場合と同じように理解されている。すなわち、178条は177条と並んで対抗要件主義を採用する（もっとも、加藤180頁、石田247頁-248頁は、引渡しを効力要件とする解釈を主張する）。動産についても、意思主義（176条）により、何らの形式を備えなくても譲受人が所有権を取得するが、譲受人は対抗要件を備えなければ、所有権の取得を「第三者」には主張できない（178条は「譲渡の対抗要件」と表現するが、通常は譲受人が所有権の取得を主張するのであるから、本書では「取得の対抗要件」と表現している）。

(2)　177条との違い

まず、不動産（とりわけ土地）とは異なって、動産は新たに製造できるため無数というほど数が多く、比較的短期間で消費されたり効用を失い、価格も比較的低い。不動産登記のような公示手段を動産に設けることは、長い間技術的に難しかったし、費用に見合わない（次頁の補足＊）。そのため、ローマ法以来の伝統を引き継ぎ、動産の所有権の取得については、原則として引渡しを対抗要件とし、譲受人が引き渡された物を占有することで所有権の帰属を公示する仕組みが維持されている。

もう1つの違いは、177条がひろく物権の「得喪及び変更」について対抗要件を要するとしているのに対して、178条は「譲渡」に限っており、意思表示による所有権移転のみに対抗要件が必要なことである。すなわち、相続による承継取得や原始取得（時効取得、先占、遺失物拾得、埋蔵物発見、添付）などの意思表示によらない所有権の取得には、178条は適用されない。これらの多くの場合には所有権取得の要件自体に占有取得が含まれているうえ、占

有者を所有者であると誤信して取引をした第三者の取引の安全は、即時取得（204頁以下のⅡ）で保護されるため、不動産の場合のように対抗問題と構成する必要がないからである（下記の補足＊＊）。

＊さまざまな動産登記・登録制度　動産に一般的な登記制度がなかった理由は、比較的価格が低く無数に存在する動産については、技術的にも費用面でも無理であり、その需要も乏しかったからである。この理由を裏返すと、限定された種類の大型で高額の動産についての登記制度は、民法では認められていない抵当権を設定して融資を受けるとの需要があったし、技術的にも費用面でも可能であった。そのため、船舶（商687条・848条）、自動車（道路運送車両5条、自動車抵当3条・5条。軽自動車は対象外）、航空機（航空3条の3、航空機抵当3条・5条）、建設機械（建設機械抵当5条・7条）、農業用動産（農業動産信用12条・13条）には、登記・登録の制度や動産抵当制度が設けられている。

さらに、「動産及び債権の譲渡の対抗要件に関する民法の特例等に関する法律」（平16年法148号により改正され、法令名の冒頭に「動産及び」が追加された平10年法104号。以下、「動産債権譲渡特例法」と略す）は、一般的な動産譲渡登記制度を新設した。主として在庫商品など増減する流動動産を活用した企業の資金調達の円滑化を図るため、登記によって動産所有権の譲渡が公示できるようにしたのである。この登記制度は、情報の蓄積や検索に関する電子情報処理技術の発達によって可能となった。動産譲渡登記は、不動産登記とは異なり、譲渡に関する情報を集中的に東京法務局において電子ファイルに順次記録する人的編成主義によるもので（物的編成主義との対比につき、101頁のコラム）、登記連続の原則もない。登記できる動産の物権変動は、法人が譲渡人である所有権の譲渡に限定される。

＊＊復帰的物権変動と引渡し　178条の「譲渡」には、意思表示による所有権の移転（前頁の設例28のような譲渡担保も含む）のほか、取消しや解除による復帰的移転も含むとされる（163頁の補足＊の大判大10・5・17）。不動産の場合の取消後や解除後の第三者との関係と同じである（156頁および163頁の(1)）。取消しや解除の場合に動産譲渡登記の抹消を引渡しとみなす動産債権譲渡特例法3条3項は、こうした理解を前提にしている。ただ、この場合には第三者を即時取得（192条）で保護することも可能であり、178条と192条の関係が問題になる（219頁以下のⅢ）。

2 178条の適用に当たって問題となる点

(1) 動　産

不動産以外の有体物はすべて動産であり (86条2項)、その所有権の取得には原則として178条が適用される。しかし、次のような動産には178条は適用されない。

(a) 登記や登録のみを対抗要件とする動産　既登記・既登録の船舶・自動車・航空機・建設機械などについては、登記・登録のみが所有権譲渡の対抗要件となり、引渡しは対抗要件でない (前頁の補足*)。これに対して、所有権登記の存在しない農業用動産や未登記の建設機械には、178条が適用され、引渡しがその所有権譲渡の対抗要件である。また、動産譲渡登記は、法人による譲渡に限って引渡しと同等の対抗要件を備えることを可能とする制度である。譲渡登記がされた動産についても、引渡しが対抗要件として併存する (譲渡登記と引渡しが競合すれば時間的に先のものが優先する)。

(b) 貨物引換証・倉庫証券・船荷証券により表象される動産　証券の交付がその動産所有権譲渡の効力要件である (商573条-575条ほか)。なお、無記名債権は動産とみなされていたが (86条3項)、民法改正により、記名式所持人払証券に準じて、やはり証券の交付が証券の所有権および証券上の債権の譲渡の効力要件となる (新520条の20による新520条の13の準用)。

(c) 土地とは別個独立に取引される立木や未分離果実など　判例法によって認められた明認方法が対抗要件である (222頁以下のⅣ)。

(d) 金　銭　金銭は抽象的な価値を表現しているため、その物質的な個性に通常は意味がなく (英米法にも money has no ear-mark という法諺がある)、また、支払手段としての流通性を最も強く保障する必要がある。それゆえ、金銭を直接占有 (260頁以下の(1)) していない者に金銭の所有権に基づく主張を認めるべきではなく (それは一定額の金銭の支払を求める債権にすぎない)、現に直接占有している者が所有者とみなされる (最判昭39・1・24判時365号26頁。いわゆる「占有＝所有」理論)。その結果、原則として、現実の占有取得が金銭所有権の取得の効力要件となる。例外的に、特定番号の紙幣や記念硬貨のような種類物など、物として金銭を扱う場合は、通常の物と同じく、引渡しが対抗要件となる。

(e) 不動産の従物　主物である不動産の所有権移転につき登記がされ

れば、同時に処分された動産である従物の所有権譲渡は、登記によって対抗力を有するので、引渡しは不要と解される（大判昭8・12・18民集12巻2854頁。大判昭10・1・25新聞3802号12頁は引渡しが必要とするが、事案が不詳で大判昭8年・12・18との関係もわからない）。

　(2) 譲　　渡

　178条の「譲渡」については、すでに述べた（198頁および同頁の補足＊＊）。なお、所有権の譲渡以外では、被担保債権と共にする（既発生の）質権の譲渡（質権の最初の設定による取得では引渡しが効力要件であり（344条）これと混同しないこと）のみが引渡しを対抗要件としている。

　(3) 引渡し

　178条の「引渡し」は、占有の譲渡、すなわち、意思に基づく動産の事実的支配の移転を意味する。以下の(a)から(d)の4種をすべて「引渡し」に含むと解するのが判例・通説である。さらに、動産譲渡登記がされると（198頁の補足＊の後段）、178条の引渡しがあったものとみなされる（動産債権譲渡特例3条1項）。なお、「占有権」でなく「占有」と表現するべきことや、占有に関する用語については、占有の章（257頁以下）で説明する。

　(a) 現実の引渡し（182条1項）　　現実の引渡しは、占有移転の合意と物の所持の移転によって行われる引渡しの原則形態である。所持の移転は、社会通念からみて物の支配が移ったと評価されれば足り、現物の手渡しはもちろん、建物の鍵や権利証など物の支配を象徴するものの交付でもよく、留守宅の郵便受けへの郵便物の配達でも、その郵便物について現実の引渡しがあるとされる。支配を移転する合意があるだけで現実の引渡しが認められる場合すらある（大判大9・12・27民録26輯2087頁は、立木売買の両当事者が対象物を熟知しており、実地に臨む必要はないとする）。

　この現実の引渡しとの対比で、物の支配状態が譲渡前後で外見上変わらない以下の(b)から(d)までの場合を観念的な引渡しという。

　(b) 簡易の引渡し（182条2項）　　簡易の引渡しは、譲受人（またはその占有代理人）が現に対象物を所持しているときに、占有移転の合意のみで占有を移転することをいう。たとえば、賃借人が自ら使用している物を賃貸人から譲り受ける場合である。占有代理人の例は、賃借人が転貸している物を賃貸人＝所有者から譲り受ける場合であり、転借人が賃借人＝転貸人の占有代

理人である。譲渡人が譲受人（またはその占有代理人）から一度物の返還を受け、あらためて譲受人に現実の引渡しを行う（転貸の場合は再度転借人に引き渡す）という引渡しの往復や循環を行う無駄を省くのが、簡易の引渡しを178条の引渡しに含む趣旨である。簡易の引渡しの結果、譲渡人は占有を失い、所持の外形は変わらないものの、譲受人の占有は、所有の意思のない他主占有から所有の意思をもってする自主占有に変わる（自主占有と他主占有の区別につき267頁以下の[I]）。店員が店の商品を店主から譲り受ける場合のように、譲受人が独立の所持を有しない者（占有補助者）である場合にも、簡易の引渡しが認められる（最判昭39・5・26民集18巻4号667頁は、入院中の内縁の夫から妻への居住建物の贈与で、実印と建物買受時の契約書を交付した例）。

　(c) 占有改定（183条）　たとえば、売主が売却した物を引き続き買主から預かったり賃借して直接占有を継続する場合など、譲渡人（同条の「代理人」）が以後は譲受人（同条の「本人」）のために占有する意思を表示すれば、譲受人は占有（間接占有、260頁以下）を取得する。この占有移転の形式を占有改定という。譲受人に現実の引渡しをして、預託や賃貸のために譲渡人に現実にあらためて引き渡すという引渡しの往復を行う無駄を省くのが、占有改定を178条の引渡しに含む趣旨である。譲渡人の占有は、所持の外形は変わらないものの、自主占有から他主占有に変わる。動産の譲渡担保の通常の場合、判例によれば、所有権は担保目的で譲受人に移るが、引き続き譲渡人が対象物を占有するため、占有改定が認められる（特定動産につき最判昭30・6・2民集9巻7号855頁、集合物につき最判昭62・11・10民集41巻8号1559頁。詳しくは『担保物権法』320頁以下の(1)・361頁の(1)）。

　判例・通説は、占有改定を対抗要件に含める。観念的な引渡しの公示力が不完全であることによって脅かされる取引の安全は、即時取得（192条）によって保護される。もっとも、即時取得との関係では問題があり、後に検討する（213頁以下の**4**）。

　(d) 指図による占有移転（184条）　たとえば、物を預けたままで譲渡する場合、譲渡人である従来の間接占有者と譲受人（同条の「本人」と「第三者」）が占有移転の合意を行い、譲渡人が物を預かっている直接占有者（同条の「代理人」）に以後は譲受人のためにその物を占有することを命じれば足りる。このような引渡しの形式を指図による占有移転という。譲渡人が一度物の返

還を受けて、譲受人に現実の引渡しを行い、あらためて譲受人から従来の直接占有者にその物を現実に引き渡すという3回の引渡しを行う無駄を省くのが、指図による占有移転を178条の引渡しに含む趣旨である。

指図による占有移転は、債権譲渡の債務者対抗要件としての通知（467条1項）と類似している（指図も通知も一方的で、それを受ける者の同意を要しない）。ドイツ民法931条は、指図による占有移転に当たる場合を返還請求権の譲渡と構成している。

指図による占有移転も、178条の引渡しに含まれる（最判昭34・8・28民集13巻10号1311頁、最判昭61・11・18判時1221号32頁）。なお、倉荷証券（商627条）・貨物引換証（商575条）などが発行されている場合は、これらの証券の裏書交付により証券が表象する物の権利も占有も移転し（199頁の(b)）、直接占有者に対する指図を要しない。

(4) 第三者

引渡しを受けなければ動産所有権の譲渡が対抗できない「第三者」については、不動産の場合同様に客観的要件と主観的要件が問題になる。

(a) **第三者の客観的要件**　判例は、177条の解釈と同じように、178条の第三者も、対抗要件の欠缺を主張するにつき正当の利益を有する第三者に限る。物権取得者、差押債権者等が第三者に該当し、無権利者、転々譲渡の前主と後主、不法行為者や不法占有者などが第三者でないことには異論はないだろう。問題となっているのは、次の場合である。

判例は、賃借人は第三者に当たるとし、賃貸中の動産の譲受人が賃借人に所有権取得を主張するには、指図による占有移転（184条）を受ける必要があるとする（大判大4・2・2民録21輯61頁）。他方で、受寄者は請求次第でいつでも返還する義務を負担するから第三者に当たらず、寄託中の動産の譲受人は所有権を主張するのに指図による占有移転を要しない、としている（最判昭29・8・31民集8巻8号1567頁）。もっとも、後者は、売渡担保の実行による転得者が担保設定者＝受寄者に引渡しを請求した事例であり、転々譲渡の前主と後主の関係として、そもそも対抗問題にならなかったはずである。これに加えて、現在の譲渡担保論によれば、設定者は転得者の所有権取得を争えないが、清算金請求権を担保する留置権の主張が認められ、相応の保護を受けられる（『担保物権法』340頁以下の(1)）。

学説は対立している。契約上も物の占有を継続する権利があるか否か（賃借権はあるが「受寄権」という権利はない）の違いを反映しているとして判例を支持する見解もあるが（たとえば佐久間138頁）、有効な取引関係を基準に対抗問題を広く捉える見解では、どちらも第三者と考える（我妻＝有泉196頁-197頁。最近では、加藤177頁）。これに対して、対抗問題を両立しえない物権変動相互の争いに限定する見解（対抗問題限定説）では、いずれも第三者ではないとする（舟橋227頁-228頁。最近では近江147頁-149頁）。さらに、近時は、対抗問題ではないとの理解を基本としつつ、権利関係の明確化を図るための権利保護資格要件としていずれの場合にも指図による占有移転を必要とするとの考え方も有力である（河上155頁-156頁、山野目74頁-75頁・78頁-79頁）。

(b) 第三者の主観的要件　178条では第三者の主観的態様を争う判例は見当たらない。学説でも、善意悪意不問説が通説であり、背信的悪意者排除説を説く者は少ない（広中172頁は積極的）。不動産登記法5条のような背信的悪意者排除に関連して参考になる規定が動産には存在せず、実質的には、178条が適用される場合がきわめて狭いうえ（219頁以下の Ⅲ でその問題性を指摘する）、価格も不動産に比べて低い動産では訴訟までしてその物の帰属に固執する場面が少ないことが理由であろう。

3　具体例への適用

以上の判例・通説の理解を設例に当てはめてみよう。

196頁の設例27の場合、XA間で占有改定が認められるか否かが微妙である。占有改定が認められなければ、XはYに甲の所有権取得を対抗できない。Yが背信的悪意者と評価されればXは対抗要件なくして対抗できるが、背信的悪意者排除の法理が動産物権変動に適用されるかどうかが明らかでない（上記の(b)）。一方、占有改定が認められれば、178条の適用では先に対抗要件を備えたXがYに優先する。Yは192条により甲の所有権を取得できる可能性があるが（次頁以下の Ⅱ および219頁以下の Ⅲ で検討する）、この事例では、売約済だとAに告げられていたYは、すでにAが所有者でないことについて悪意であるから、即時取得は成立しない。

これに対して、197頁の設例28の場合、譲渡担保の設定は、通常、占有改定を伴うと認められること、および、差押債権者には即時取得の保護がない

ことから、占有改定により対抗要件を備えた X は、所有権の取得を Y に対抗でき、第三者異議の訴え（民執38条）によって差押えを排除できる（最判昭34・8・28民集13巻10号1336頁、201頁の(c)の最判昭62・11・10）。

II 即時取得

> **設例29**　Y は A から中古パソコン甲を 8 万円で買い受け、代金を支払って甲の引渡しを受けた。甲の真の所有者は X であったが、Y はそのような事情を過失なく知らなかった。次の場合、X は Y からパソコンを取り戻せるか。
> 　［1］A が X から借りていた甲を Y に売った場合
> 　［2］X が甲を「代金完済までは X に所有権を留保する」特約のある割賦販売で A に売ったところ、A が代金を完済する前に甲を Y に売った場合
> 　［3］X から甲を盗んだ A が Y に売った場合
> 　［4］X から盗んだ B が中古ショップ A に売り、Y が A から買い受けた場合

1　制度の趣旨と関連規定の構造

(1) 制度の趣旨

承継取得原則あるいは「何人も自己の有する以上の権利を譲渡できない」（＝無権利の法理）という法諺からすると、売買などの所有権移転を内容とする有効な契約を結んでも、譲渡人に所有権または処分権限（212頁の(5)）がなければ、譲受人は所有権を取得することができない。譲受人は、せいぜい取得時効によって所有権を得ることができるのみであり、安全な取引のためには、前主までの取引を遡って時効期間を経ていることを調査・確認しなければならない。しかし、動産はそもそも時効期間内に消費・滅失する寿命の短いものが多い。長期間使える動産でも、時を遡る面倒な調査をしなければならないとすれば、円滑・迅速な取引を阻害する。そのため、商品交換を核とする資本主義社会では、所有権の存在を推測させる占有を有する者を権利者であると過失なく信頼して取引し、取得物を占有するに至った者は、たとえ

処分をした前主が所有権も処分権限も有していなかったとしても、期待通りの権利を取得できる、という制度が必要となる。これが192条の即時取得の制度であり、動産について、取引の安全を保護する公信の原則を採用したものである。

＊**即時取得という名前と規定の位置**　192条が短期取得時効の162条2項と非常に似ていることを確認していただきたい。即時取得という名前は、この制度が時効取得から派生したという沿革に由来する。そのため、19世紀末の民法の立法過程の当初には、この制度は、動産につき時効期間を短縮したものという意味で即時時効と名付けられていた。しかし、さすがに時の経過による効力と言いながら即時に権利を取得するという表現は矛盾するとして避けられ、取得した占有権の効力と位置づけられて、現在の位置に規定が置かれた。名前も、取引の安全を保護する公信の原則であることを端的に表現する善意取得の方がふさわしい。規定の位置も物権変動の一環として178条の後が望ましい（松岡久和「物権変動法制のあり方」民法改正研究会『民法改正と世界の民法典』（信山社、2009年）81頁以下、とくに99頁-103頁）。

(2) 関連規定の構造

取引の安全を保護すれば、真の権利者の権利が失われる。動的安全と静的安全とをどのように調和させるかは難しい問題で、各国の法制には微妙な差がある。日本民法は、次のように4段階（民法以外を含めると5段階）に処理を分けていて、少々複雑である。

①原則は、不文の法理としての承継取得原則ないし無権利の法理である。
②例外として即時取得がある（192条）。前頁の設例29の[1]や[2]が典型的な場面である。
③対象物が盗品・遺失物である場合には、例外の例外として、被害者または遺失者は、占有者が192条の要件を備えていても、盗難・遺失時から2年間は返還請求ができる（193条。最判昭59・4・20判時1122号113頁によれば、192条の要件が不備の場合には、被害者または遺失者は、当然に返還請求ができる）。設例29の[3]はこの典型例である。

これは、中世から近代のゲルマン法の沿革を受け継いだものである。すなわち、ゲルマン法では、Hand wahre Hand（ハント・ヴァーレ・ハント）（「手は手を守れ」と訳される）の原

則により、物の返還請求は、自らが信頼して託した人のみを相手にすることができ、第三者に対する追及はできない、とされていた。この例外として、盗品・遺失物の場合は、第三者への追及が認められた。こうした扱いは、他人に物を託すことによって利益を得る者が人物選択の危険を負うのは当然であるが、この理屈は意思に基づかずに占有を失う盗品・遺失物には妥当しない、という考え方による。取引の安全をいっそう強調するイタリア法はこの例外を認めず、日本法でも、流通性のより高度の保護を要する有価証券や金銭には、盗品・遺失物の例外はない。

④盗品・遺失物であっても、競売や公の市場（店舗販売商人を意味する）または同種の物を販売する商人（行商人のような無店舗販売商人を指す）を信頼して買い受けた者は、前主に支払った取得代金の弁償を受けるまでは、所有者からの返還請求を拒絶することができる（194条。ドイツ法にはこれに類する規定がない）。すなわち、設例29の[4]のYは、[3]の場合のように無条件の返還請求に服するのではなく、8万円の償還を受け、経済的な損失を負わない限度で保護される。なお、占有者が代価の弁償を受けないまま占有物を返還しても、代価弁償請求権は必ずしも失われない（最判平12・6・27民集54巻5号1737頁）。設例29の[4]で甲の時価が8万円以下であるなど、代価弁償の額が高ければ、Xが回復請求を断念することが考えられ、その場合にはYに物の所有権が帰属する結果となる。

⑤古物商や質屋が占有者として所有者から回復請求を受けた場合には、盗難・遺失の時から1年間は、194条は適用されず、被害者・遺失者は無償で回復ができる（古物営業20条、質屋営業22条）。この規律は専門業者の責任を強化する特則である。

以上のように、公信の原則といっても信頼保護が一面的に強調されているわけではなく、権利者の帰責事由（信頼を裏切られた者か否か）と信頼保護の必要性の度合いに応じた段階的な衡量が行われているのである。盗難や遺失につき原所有者に大きな落ち度がある場合が考えられる一方、たとえば意思無能力者が物を交付したなど盗難や遺失以外にも原所有者に責められない事情がある場合も存在する。そのため、沿革的な切り分けが妥当かどうかは再考の余地がある。盗品・遺失物以外に帰責事由の実質に即して193条を柔軟に

拡張解釈する見解（安永119頁）があることも肯ける。

> **2年間の所有権の所在**
> 　盗品・遺失物の回復請求ができる2年間に所有権がだれに帰属しているのかには争いがある。判例は、2年間は即時取得が成立しないので、所有権は原所有者に残るとする（大判大10・7・8民録27輯1373頁）。学説は分かれている。判例を支持する者は、回復請求権を有するのは、所有者に限らず、盗難の被害者や遺失者であれば、賃借人や受寄者なども含まれるから（205頁の③の最判昭59・4・20）、非所有者が所有権を回復するのはおかしく、回復するのは占有だけだとしている。
> 　これに対して、多数説は、原所有者が回復を請求しない場合に占有取得時に遡って占有者に所有権が取得されたと構成するのは技巧的すぎると批判し、193条の回復請求権は、所有権と占有の両方の回復を内容とするという。193条では原所有者、194条では占有者と、所有権の帰属を分ける見解もある（内田479頁）。
> 　より問題なのは、返還までの果実や使用利益の返還責任の有無である。前頁の④の最判平12・6・27は、占有者は、代価弁償の提供があるまで盗品等の使用・収益を行う権限を有するとして、訴え提起後も189条2項によらず、使用利益の返還責任を否定した。元の所有者が回復をあきらめた場合には占有者が占有取得後の使用利益を享受しうることとの均衡を図り、代価弁償に利息が付かないこととの対比からも占有者は使用利益を享受できる、というのがその理由である（代価弁償義務は引渡しによって遅滞に陥るとして原審を破棄自判）。
> 　この問題は、不当利得法の難問であり、所有権の所在の問題とも関連して、学説の判例評価も分かれる。最近の検討として川角由和・ジュリ1428号18頁-20頁。

2　即時取得の要件

192条を分析すると、動産を対象物とした、（有効な）取引行為によって、平穏・公然・善意無過失で、その動産の占有を始めたことが要件である。以下の(1)から(4)では、各要件について問題となることを概説する。さらに、前主が所有者であれば即時取得に拠るまでもなく権利を承継取得できるよう

に思われるので、この点を(5)で検討する。

(1) 対象物としての動産

即時取得の対象物は動産である。不動産は即時取得できない（中国物権法のように不動産に即時取得を認める法制もあるが）。不動産登記には公信力が認められていないから、不動産取引の安全の保護は、96条3項のような善意者保護規定のほか、一般的には94条2項の類推適用による。以下では、動産について即時取得が適用されない場合を検討する。

(a) 登記・登録制度のある動産 登記・登録のみを対抗要件とする動産の場合において、登記・登録がされているときは、不動産と同様に、即時取得は適用されない（自動車につき最判昭62・4・24判時1243号24頁）。これに対して、登記・登録がされていない船舶・自動車・航空機・建設機械では、即時取得が認められる（登録制度のない軽自動車についても、最判昭44・11・21判時581号34頁は肯定）。

登記済動産の即時取得を認めるものとして、農業動産信用法13条2項があり、動産債権譲渡特例法の動産譲渡登記がされている場合も同様と解される（ただし登記があれば取得者の悪意や過失が認められやすい）。農業用動産の登記の場合には、所有者名は抵当権設定に付随して記載されるだけで、登記は所有権移転の対抗要件ではない。登記済という打刻をする義務がなく、登記を確認するべき動産かどうかがその物を見ただけではわからない。動産譲渡登記は引渡しと併存する対抗要件であり（200頁の(3)）、動産譲渡登記を備えた所有権取得者は、差押債権者や後続取引者に所有権取得を対抗できる。しかし、その種の取引に通暁しておらず譲渡登記を調査することを期待できない後続取引者は、動産譲渡登記がされていても、善意無過失要件をみたして即時取得することが可能である。いずれの場合も登記の公示性が不十分であり、占有に公示機能が残っているため、即時取得は否定されない。

さらに、登記済不動産の従物、立木登記がなされている立木、工場抵当権や財団抵当権の設定登記のある場合の工場備付動産や財団組成動産についても、登記による公示には限界があり、主物や財団から分離された物には即時取得が認められる（最判昭36・9・15民集15巻8号2172頁：工場財団を組成した顕微鏡）。一方、伐採前の立木や未分離果実は不動産の一部であり、即時取得は認められない（大判昭7・5・18民集11巻1963頁：仮差押え前の立木を仮差押え後に伐

採・搬出しても仮差押えには対抗できない)｡

　(b) 有価証券・金銭　　指図証券・記名式所持人払証券・無記名証券など多くの有価証券については、流通の安全をより保護するため、善意・無重過失で足り（新520条の5・520条の15・520条の20、会社131条2項、手形16条2項、小切手21条）、192条以下は適用されない。

　最高度に流通の安全が確保されるべき金銭には、「占有＝所有」理論が妥当し、受領者の主観的態様を問題にせず常に承継取得が成立するため、やはり192条以下は適用されない（199頁の(d)の最判昭39・1・24は、横領金銭も横領者の所有に帰したとして、その差押えに対する被害者の第三者異議を否定)｡もっとも、騙取金の悪意または重過失の弁済受領者は、不当利得責任を負うとされる（156頁の補足＊の最判昭49・9・26)。しかし、問題は、債権の対外的効力の問題として処理するべきである（41頁のコラム)。

　(c) その他の債権等　　その他の無体物を対象とする財産権については、準占有（民205条）を考えうるが、192条以下は準用されない（石田278頁は賃借権の即時取得を肯定)。即時取得を認めるだけの流通保護の要請がないことが実質的な理由である。手形に代わる機能を有する電子記録債権については、手形同様の善意・無重過失を要件とする即時取得が認められている（電子記録債権19条)。

　(2) 有効な有償の取引行為

　取引の安全を保護する即時取得制度の趣旨から、取引行為が必要である。取得時効との連続性を意識した旧規定ではその点が明らかでなかったので、2004年の改正の際に、「取引行為」の要件が追加された。取引行為には、売買・弁済・代物弁済・消費貸借の対象物（上記の(b)のとおり金銭を除く）の交付など所有権移転を内容とする契約や、債権に基づく給付の受領が含まれるほか、競買も含まれる（最判昭42・5・30民集21巻4号1011頁)。なお、所有権以外では質権設定契約が取引行為に当たる。これに対して、雑草木の伐採・採取などの事実行為や相続による取得には、即時取得は適用されない（大判大4・5・20民録21輯730頁)。

　また、信頼保護の目的から、取引行為は有効でなければならない。行為能力の制限違反、公序良俗・強行規定違反、意思表示の瑕疵、無権代理などにより取引行為が無効であったり、権利者本人に効果が帰属しない場合には、

即時取得は成立しない（無効な法律行為によって取得したものや債権がないのに受領したものは原則として返還しなければならない。新121条の2・703条・704条）。これらの無効な取引行為に基づく占有者は無権利者であり、その者からの転得者には即時取得の可能性がある。

　さらに、少数説であるが、贈与など無償行為は「取引行為」に当たらないとする見解がある（近江153頁-154頁・160頁、石田268頁-269頁、平野188頁注63）。取引の安全は、本来、自らが対価を払ったのに権利が期待通り取得できなければ大きな不利益を受ける、という事態を防ぐことに主眼がある。無償取得者は処分者の有していた以上の権利を取得できなかったとしても、そのような不利益を受けることはない。少数説を支持する。

(3) 平穏・公然・善意無過失

　即時取得の制度趣旨を取引安全の保護に置くならば、契約上の債務の履行にすぎない占有取得時ではなく、対象物について利害関係を持つに至った契約締結時を基準とする方が一貫する。しかし、沿革を引き継いだ192条の文言からは、占有取得時にこれらの要件がみたされる必要がある。

　(a) 平穏・公然　　取引行為による占有の取得であるから、時効取得の場合とは異なってこの要件が問題になることは少なく、諸外国の即時取得にはこの要件はない。債権回収のための暴力的な奪取や深夜の搬出の場合には、債務者の同意を得た取引行為による占有取得であってもこの要件が欠けることになろう（新注民(7)162頁［好美清光］）。

　(b) 善意無過失　　善意無過失とは、取引の相手方がその動産につき処分権限を持たないことを占有者が知らず（＝処分権限を信じ）、そのことに過失がないことをいう（最判昭26・11・27民集5巻13号775頁の定式を、後述(5)を考慮して修正）。法人の場合の善意無過失の有無は、代表機関について判断する（最判昭47・11・21民集26巻9号1657頁）。自然人・法人を問わず、代理人による取引については、原則として代理人について判断するが、本人が悪意であれば代理人が善意であったことは主張できない（101条）。

　過失の有無は、占有者の属する類型に属する合理人が、当該取引について通常払うべき注意を払っていたかどうかによって判断される。たとえば、その種の物の取引に通暁している者は調査をしないと過失がある（土木建設機械を扱う古物商につき最判昭42・4・27判時492号55頁、軽自動車を買い受けた質屋につき

208頁の(a)の最判昭44・11・21)。公売の場合には、債務者に所有権があり執行官に競売権限があると信じるのが普通であるから、第三者の所有であることを疑うに足る特段の事情がない限り、調査義務はなく、信じたことに過失はない（最判昭39・5・29民集18巻4号715頁）。また、消費者は実務上必要とされていないことを行わなくても過失はない（最判平14・10・29民集56巻8号1964頁は、輸入外車の新規登録に要しない外国の譲渡証明書や国内業者の証明書等は交付や確認を要しないとする）。

(4) 取引行為に基づく占有の取得

(a) 占有取得の要件の意義　即時取得が信頼を保護する制度であれば、占有していた前主に権利が帰属することを信頼して譲受人が取引関係に入ったことが重要であり、譲受人の占有取得は必ずしも必要でないはずである。しかも、引渡しが対抗要件である日本民法では、占有取得の要件は、原所有者の追及効を制限する占有の効力として規定された沿革のみが理由であり、立法論として妥当でないとの見解もあった。

しかし、日本法と同じく意思主義・対抗要件主義を採るフランス民法も、即時取得には占有の取得を要件としている。占有取得要件には実質的にも根拠がある。原所有者も占有取得者も無権限処分者に対する信頼を裏切られた点では同等と思われる。両者が同程度に保護に値する場合には、返還請求権を認めて現状を変更することによって正義がいっそう実現されるわけではなく、むしろ現状を維持する方が少なくとも返還の費用は節約される。逆に、返還請求を否定するには、譲受人が無権限処分者を信頼して取引関係に入っただけではなく、対象物の引渡しを受けて、現状変更によりさらなる不利益を受ける地位に立つに至ったことが必要となる。占有取得の要件は、たんなる沿革上の理由だけではなく、このような利益衡量に基礎づけられる（松岡久和「ベールの『価値追跡』説について」龍谷22巻2号（1989年）20頁で紹介しているベールの見解に依拠）。

(b) 4種の引渡しと要件充足の有無　現実の引渡しや簡易の引渡し（182条）がこの要件をみたすことには異論はない。占有改定（183条）や指図による占有移転（184条）がこの要件をみたすか否かについては、見解が激しく対立するので、別に取り上げる（213頁以下の4と217頁の5。占有に関する詳細は257頁以下の第4章）。

(c) **動産譲渡登記と要件充足の有無**　動産債権譲渡特例法による動産譲渡登記（198頁の補足＊の後段）は、譲渡担保の場合に占有改定に代わる対抗要件として利用されることが多いが、ほかの3種の引渡しの代わりとしても利用できる。

無権利者から譲り受けて動産譲渡登記を備えた者は即時取得の要件をみたすか。登記を178条の引渡しとみなすにすぎない同法3条1項は、192条の即時取得の要件である占有の取得を充たさないとの見解がある（山野目77頁）。しかし、本書が提案する解決策のように公示性のある占有改定による即時取得を認めるのであれば、引渡しと同等以上の公示性のある動産譲渡登記が備われば、占有取得要件は充たされていると解してよい（占有改定では公示性が欠けるとする佐久間151頁も肯定）。

(5) **処分者の処分権限の欠如**

処分者が所有権を有しない場合が即時取得の適用される典型例である。二重譲渡の場合において第1譲受人がすでに占有改定による対抗要件を備えているときの第2譲受人も本条で保護される（大判昭19・2・8新聞4898号2頁。196頁の設例27はこの事例に当たる可能性がある。詳しくは219頁以下のⅢで論じる）。たとえば抵当権を設定した工場財団に属する動産はその譲渡を禁止されており、抵当権者の同意がない限り所有者には処分権限がない。この場合の所有者の処分についても、即時取得により抵当権の負担のない所有権の取得が可能である（工場抵当5条および208頁の(a)の最判昭36・9・15）。

さらに、問屋・質権者・執行官などは所有者でないが他人の財産を処分する権限を有するところ、これらの者が処分権限を有しない物を処分した場合も、即時取得が可能である（最判昭39・5・29民集18巻4号715頁、最判昭41・6・9民集20巻5号1011頁）。

以上の点から、処分者が無権利者であったことという表現は不正確であり、処分者に処分権限がなかったこととするべきであり、所有権がない場合はこれに含まれる。

＊**即時取得の立証責任**　即時取得は、多くの場合、所有権に基づく動産の返還請求訴訟の被告である占有者が抗弁として主張する。対象物が動産であることや処分者に処分権限がなかったことという要件は、通常、原告の請求原因の

中にすでに現れている。また、善意・公然・平穏は、186条１項によって推定され、占有権原による適法な前主の占有を推定する188条と取引行為による前主からの占有の取得を合わせて、取得者の無過失も推定される。この無過失の推定が、有効な取引行為を介することを要件としていない時効取得の場合との違いである。それゆえ、即時取得の成立を争う原告が、占有者の悪意や過失を基礎づける事実を立証しなければならない。レンタルやリースや、所有権留保を伴う販売の隆盛などにより、非所有者が占有する場合が多い現代社会では、取引類型や状況により、この立証は容易なこともある（安永112頁）。

以上の結果、占有者が即時取得を主張するために立証するべき事実は、有効な取引行為とそれに基づく占有の取得で足りる。

3　即時取得の効果

取引行為により取得できる動産物権は所有権と質権に限られるため、即時取得も所有権と質権に限られる（なお319条は特別な即時取得）。要件をみたすと、占有者は、存在を信頼した権利を法律の規定によって原始取得する（石田278頁は契約内容次第で負担付の所有権が取得される場合もあるとして疑問を呈する）。その結果、原権利者は権利を失い、債務不履行、不法行為または不当利得に基づいて違法処分者の責任を追及するしかない。

無償の即時取得者に対しては、原権利者は不当利得責任を追及できるとする学説が有力であるが、無償取得者に保護の必要性が薄いという理由を強調するなら、制度趣旨から取引行為要件を有償の取引行為に限り、即時取得自体を否定する方が徹底する（209頁の(2)の後段）。

4　占有改定と即時取得

> **設例30**　Xは古書セット甲を価格査定のため古書店主Aに預けた。ところがAの仕入れてきた商品だと勘違いした従業員の店番Bが甲を店頭に置いたところ、Yが買い受けて、翌日取りに来ると約して帰った。その日の夕方、Aからの連絡により、Yは、XがAに預けていたことを知った。甲の所有権はXとYのいずれに帰属するか。
>
> **設例31**　Xは古書店主Aから古書セット乙を買う契約を結び代金を支払ったが、重いので持って帰れず、翌日取りに来ることにした。ところが、Xに売却済みであることを知らなかった従業員の店番Bは、その直後に、

やはり事情を知らないYに乙を売った。Yも代金を先払いし翌日取りに来ると約して帰った。その日の夕方、Aからの連絡により、Yは、Xが甲を先に買い受けていたことを知った。乙の所有権はXとYのいずれに帰属するか。

設例32 AはXから製造機械丙を借りて工場を営んでいたところ、経営資金に行き詰まったため、丙を自分の所有物だと偽り、担保として所有権を移転すると約して、Aの言を信じたYとZから相次いで借金をした。丙は現在もAの工場で稼働中である。その後、YやZは丙がXからAに賃貸されていたものであることを知った。丙の所有権はX・Y・Zのいずれに帰属するか。

(1) 判例・学説の概要

設例30から32までのように、無権利者A（設例30・31のBはAの代理人か使者であり契約当事者はAである）から所有権を譲り受けたYやZは、所有権を即時取得できるだろうか。占有改定時に即時取得の他の要件がすべてみたされている場合、占有改定によって占有取得の要件がみたされるかどうかが即時取得の成否の鍵である。

判例・裁判例には、占有改定による即時取得を肯定するものもあるが、傍論であるか特殊な事例であって一般化はできず（新注民(7)165頁［好美］）、判例は全体として否定説を採ると解されている（代表的なものとして大判大5・5・16民録22輯961頁、最判昭32・12・27民集11巻14号2485頁）。その理由として、即時取得が認められるためには、譲受人は「外観上従来の占有状態に変更を生じる」ような占有を取得することが必要であるとして、占有状態の外観に何の変化も生じない占有改定では、即時取得は成立しないとする。

これに対して、学説では、次頁の(2)で説明する否定説・肯定説・折衷説の3説が対立している。このほかにも紛争類型毎の利益衡量により判断を分ける説や迅速を要する商事取引の場合にのみ肯定する説なども主張されているが、類型区分や結論に十分な説得力があるとはいえないので、詳細には立ち入らない。

学説には変遷がある。民法制定後しばらくは否定説が多数であったが、いったんは肯定説が有力となった。その後再び否定説が多数を回復し現在に至っているが、折衷説も有力である。

(2) 主要3説

(a) 否定説　多数説（舟橋245頁-247頁、新注民(7)167頁-169頁［好美］、最近では山野目84頁。安永114頁-115頁は折衷説には触れず否定説を採る）は、占有改定では即時取得は成立しないとする。否定説を採っても現実の引渡しを受けた時に要件（現実に問題になるのはほぼ善意無過失のみ）をみたせば、その時点で即時取得することができる（たとえば、譲渡担保実行による現実の引渡しの事例につき、名古屋高判昭46・9・20下民集22巻9・10号947頁）。しかし、213頁以下の設例30から32までのYやZは、占有改定時には善意無過失であったとしても、その後にXの権利について悪意となっているので、現実の引渡時に要件がみたされず、即時取得の保護を受けることができない。それゆえ設例30から32までにおいてXが所有者であり続ける。

理由として挙げられるのは次のとおりである。

①占有改定では従来の支配状態に外観上の変化がなく、間接占有者である原所有者の信頼が裏切られたことが顕在化していない。そうした不明確な占有改定で原権利者から権利を剥奪するのは酷である。肯定説では、設例30から32においてXから返還請求を受けたAがY（設例32ではZ）の即時取得を理由に返還を拒むことができ、さらにXがAから対象物の返還を受けて直接占有を回復してもY（設例32ではZ）が所有権に基づきXから返還を請求できることになるが、この結論は不当である。

②直接占有者（占有代理人）が従前の間接占有者（原所有者）以外の者のために新たな占有改定を行うことは間接占有の消滅事由（204条、285頁）には含まれないため、それによっては原所有者の占有は失われない。占有改定によって重ねて間接占有が取得されることはないので（218頁のコラム）、結局、占有の取得という即時取得の要件がみたされない。

③設例31のような二重譲渡事例で第2譲受人Yに即時取得を考える必要があるのは、第1譲受人Xの占有改定という対抗要件（178条）に公示性が乏しいことを補完するためである。即時取得の要件に占有改定を含めるのは、対抗要件制度と即時取得制度の機能的な差異や補充関係を見誤っている。

④ドイツ法もフランス法も即時取得の要件に現実の占有取得を必要としている。

(b) 肯定説　かつては有力であった肯定説は、占有改定でも即時取得を認める（最近では、引渡しを所有権取得の効力要件と解する立場を前提とする石田275頁）。

肯定説の論拠は、取引安全を保護する即時取得制度の機能を強調するところにある。すなわち、即時取得は沿革的には取得された占有の効力として認められてきたが、現在では、取引安全を保護する制度であり、むしろ前主の占有という外観によるその所有権（や処分権限）の帰属への信頼が重要である、という。

(c) 折衷説　折衷説は、占有改定でも一応即時取得が成立するが、これによる所有権取得は確定的ではなく、先に現実の引渡しを受けた者が優先するとする（我妻＝有泉223頁-224頁、鈴木213頁-214頁。最近では、加藤197頁、内田476頁など）。

折衷説は、動産譲渡担保の二重設定の場合を念頭に置いている（譲渡担保については、『担保物権法』307頁以下に詳しいが、さしあたり下記の補足＊）。すなわち、214頁の設例32のような動産譲渡担保では、通常、占有を設定者の下にとどめ、譲渡担保権者（＝所有権を取得する債権者）は、占有改定により引渡しを受ける。譲渡担保を設定した融資時に善意無過失であれば権利取得の信頼があり、担保の実行のために現実の引渡しを受けた時に競合する権利者がいることを知ったとしても保護するべきである、とする。

さらに、折衷説は、肯定説を批判する否定説の①の論拠に反論し、逆に否定説では、占有改定時に善意無過失であった設例のYやZが現実の引渡しを受けてもその時に善意無過失でなければ、原権利者Xが返還を請求できることになり、その結論は妥当でないと批判する。折衷説は、占有を委託した者に裏切られた213頁の設例30のような場合も含め、紛争を二重譲渡に類比できる同等の競争者間の優先争いとみたてて、先に現実の占有を取得した者を勝たせる扱いが妥当とするのである（226頁の文献の槇324頁以下の整理も参照）。

＊譲渡担保　譲渡担保とは、債権者が債務者に対して有する債権の回収を確実にするため、すなわち債権担保の目的で、設定者が権利（所有権が代表的だが債権や知的財産権などでも可能）を債権者に移転し、債権が弁済されれば権利を債権者から設定者に返還すると約するものであり、判例法によって認められ

た慣習法上の担保物権である。

　譲渡担保は、抵当権や質権という民法が定める典型担保と異なって、民事執行法による執行手続を経ない簡易な方法で債権の回収を図ることができるほか、典型担保では担保化できない財産についても担保化できる点に特徴がある。とりわけ、動産については、質権と異なって担保設定者が対象物の占有を債権者に移さず使用を続けられるので、機械・備品・在庫商品など営業に使用する動産を担保として融資を受けることができる点に重要な意義がある。

5　指図による占有移転と即時取得

　判例は肯定説に立つようにみえるが (212頁の(5)の大判昭19・2・8、最判昭57・9・7民集36巻8号1527頁)、否定的な判決もあり (大判昭8・2・13新聞3250号11頁)、不明確な状況にある。譲渡人が占有を失い、そのことが直接占有者に対する指図によって表示されることから、以前は肯定説が通説であった。しかし、従来の支配状態に外観上の変化がないことを理由とする否定説もあり、さらに最近では、判例の分析をふまえて、類型的な考察を要するとの指摘 (新注民(7)176頁-181頁［好美］) が支持を集めつつある (安永116頁、山野目90頁など)。

　すなわち、AがXから賃借した物をBに無断で寄託しYに売却して指図による占有移転によってYに引き渡した場合には、Bに寄託したことで占有状態に外観上の変化があり、Xの信頼が裏切られたことが顕在化するから、Yの即時取得を認めてもよい。これに対して、AがXから賃借した物をBに売却して占有改定による引渡しを行った後、Bがさらにその物をYに売却し指図による占有移転によって引き渡した場合には、Aの直接占有の状態が続いていて占有状態に外観上の変化がないから、占有改定によるBの即時取得が認められないのと同様に、Yの即時取得も認められない。

二重の占有代理関係不成立の「ドグマ」？

　新注民(7)166頁［好美］は、自らは否定説を支持するものの、否定説の②の根拠（215頁）について、「二重の占有代理関係は成立しえないとのドグマは、現在では克服されている」と批判して、大判昭12・9・16新聞4181号14頁や舟橋246頁を挙げる。

　まず、「ドグマ」について説明しておこう。ドグマ Dogma は、ギリシア語に由来する宗教用語で、確立された教義を意味する。聖書などの記述を動かしがたい前提として、それと整合するように教義を体系づけようとしたのが、キリスト教神学などの教義学という学問であった。近代法および法解釈学は、教会法と共にその学問的方法を受け継いだため、ドイツでは今でも法教義学 Rechtsdogmatik と表現される。この場合の法教義学という言葉には、必ずしも批判や非難の意味は含まれない。

　しかし、日本で「ドグマ」という言葉を使う場合には、実定法規を不動の前提としてそこから論理的に導かれる解釈を疑いようのないものとする態度（法実証主義と呼ばれる）を批判し、根拠に乏しい独善的・硬直的なものとの非難の意味が込められることが多い。最もよく使われるのは、「特定物の性質は合意内容とならないため、瑕疵のある物を給付しても瑕疵のない完全な履行である」と考える見解を批判して「特定物のドグマ」という場合である。

　冒頭の引用文は、二重の代理占有関係は成立しないという考え方には根拠がないという批判である。しかし、引用されている昭和12年判決は、指図による占有移転について二重の代理占有関係が成立することを認めているが、結論的に即時取得を否定しているため、二重の占有代理関係の成立を認める部分は傍論である。また、舟橋は、Xのためにする意思と、Yのためにする意思との併存は可能であり、XYのそれぞれのために、Aを直接占有者とする二重の占有代理の関係が成立しうるとする。たしかに、1人の代理人が複数の者を同時に代理することは一般的に可能であるが、Xを所有者として物を支配する意思と、Yを所有者として物を支配する意思は、所有権の排他性から両立しないとも考えられる。そのため、二重の占有代理関係を不成立とすることは、ドグマと非難されるほど説得力に欠けるわけではない。

III 動産所有権取得における公示の原則と公信の原則

> **設例27（196頁の再掲載）**　ＸはＡから古書甲を30万円で買う契約を結んだが、現金の持ち合わせがなかったので、翌日代金と引換えに引渡しを受けることを約した。ところが、少し後にＹが現われ、売約済だとしぶる店主Ａを説得して35万円で甲を買い受け、そのまま持ち帰った。ＸはＹに対して、甲の返還を求めることができるか。
>
> **設例28（197頁の再掲載）**　ＸはＡに700万円を貸し付ける際、その貸金債権の担保のためＡ所有の製造機械甲（時価1000万円）の所有権を譲り受けた。その後、Ａの債権者Ｙが、甲を差し押さえた。ＸはＹに対して、甲の所有権の取得を主張することができるか。

1　問題提起

判例・学説の解釈には、公示の原則と公信の原則の関係につき、いくつかの問題点がある。譲渡担保固有の問題は補足＊と『担保物権法』に譲って、ここでは、担保目的でない通常の所有権譲渡の場合に絞って検討する。

＊譲渡担保における折衷説とそれへの批判　折衷説は、譲渡担保を形式に従った所有権移転ではなく、実質に即して担保権設定として理解し、譲渡担保の多重設定を認める傾向にある。すなわち、ある動産に第１の譲渡担保が設定されて占有改定による対抗要件が備えられた後も、その動産の担保価値の残り、すなわちその動産の価値から第１の譲渡担保権者の被担保債権額を差し引いたもの、に第２の譲渡担保を設定することができる。原則として対抗要件を備えた時間的な順により第１の譲渡担保権者が優先するが、占有改定による即時取得を認める折衷説に立てば、第２の譲渡担保権者が占有改定時に善意無過失であり、譲渡担保権を先に実行して現実の引渡しを受ければ順位が逆転することになる（たとえば、加藤198頁）。

これに対して、譲渡担保を先に実行した者が優先することには、疑問や批判がある（佐久間150頁-151頁、清水105頁-106頁。ただし、佐久間は譲渡担保以外では折衷説に好意的であるのに対し、清水は占有改定を限定的に解したうえで肯定説を採る）。

(1) 178条と192条の機能分担関係

設例27で、特定物の売買契約の場合に所有権は原則として契約締結時に直ちに移転するという判例の考え方（債権行為時説。90頁の(a)）を採れば、その時点でAは所有者となったXのために占有改定による引渡しを行ったと認定されやすい。そうするとYの保護はもっぱら即時取得の成否によることになる。設例28のようにAの債権者Yが甲をAの所有物だと過失なく信じて差し押さえたとしても、対抗要件を備えたXは、Gに対して所有権取得を対抗でき、差押えを排除できる（203頁以下の3）。

この結論は、第1に、典型的な対抗問題と考えられる二重譲渡型紛争の解決が、対抗要件を定める178条ではなく192条によることになり、178条の存在意義を著しく狭める。第2に、公示性の乏しい占有改定による引渡しでも第三者に対抗できるとすることにより、差押債権者に不測の損害を与え、対抗要件の意義の相当部分が失われてしまう。

(2) 主観的要件の落差

178条と192条の適切な機能分担が確保できるとしても、判例・通説では、前頁の設例27の場合のYの保護に大きな段差が生じてしまうという問題が残る。すなわち、仮にXへの占有改定による引渡しが認められなければ、XとYはAから二重譲渡を受けた買主の立場にあるから、Yが設例27のようにXの所有権取得について悪意であっても（背信的悪意者排除が認められるかは不明。203頁の(b)）、178条により、現実の引渡しを受け対抗要件を備えているYがXに勝つ。これに対して、逆にXへの占有改定による引渡しが認められれば、AX間の売買と対抗要件の具備によって完全に無権利者となったAが甲をYに処分したことになり、Yが所有権を得るためには即時取得の要件をみたす必要がある。しかし、Yは悪意であるため即時取得は成立せず、Xは甲を持ち帰ったYに返還を請求できることになる。

XとYの紛争が、実質的にはほぼ同じ動産所有権の二重譲渡紛争であるにもかかわらず、Xへの占有改定による引渡しの認定の有無という微妙な判断によって、結論がこれほどまでに大きく違うことは、正当化できないと思われる。

(3) 対抗できない対抗要件？

第3の問題は占有改定の弱さである。設例27でXに占有改定による引渡

しが認められたとしても、即時取得が成立すれば、Xは結局権利を失う。占有改定が対抗要件として意味を持つのは、せいぜい悪意者（設例27のYはこの例）、善意の過失者および差押債権者との関係にとどまり（差押債権者はそもそも当然に保護に値するわけではない。129頁のコラム）、典型的な対抗問題であるはずの二重譲渡紛争の多くの場合に、占有改定は「対抗できない対抗要件」という不完全な効力しか持たないことになる。

　この問題点はどの説にも当てはまるが、とりわけ折衷説では、178条と192条の関係がより厳しく問われよう。すなわち、折衷説では、Yは占有改定によって即時取得しても不確定的な所有権しか取得できず、相互に対抗できない所有権の多重帰属状態が生じる。そのような状態は、不動産の場合の両者未登記の二重譲受人間の関係と同様であり、優劣を決する現実の引渡し（およびこれと同視できる現実的支配の獲得）のみが対抗要件であるとする解釈と変わらなくなってしまうのである。

2　解決案

　従来、十分論じられてこなかった問題であるだけに、いろいろな考え方ができるが、本書の解決案は以下の通りである。読者の皆さんには批判的に検討していただきたい。

　まず、178条と192条を適切に機能分担させるためには、占有改定の認定を、所有権移転後に、厳格に行う必要がある。即時取得による保護のない差押債権者の保護を考慮し、かつ、占有改定が弱い効力しか持たないという問題を回避するには、①占有改定を178条の対抗要件に含まないとする、または、②ネームプレートなどの明認方法（次頁以下のⅣ）により一定の公示性を備えた占有改定のみを178条の引渡しと認める（清水99頁・106頁）という対応策が考えられる。

　①案のように占有改定を一般に178条の対抗要件から除外しても、現実の引渡しの往復をされれば対抗力を認めざるをえないとすれば（山野目84頁は対抗力を否定）、無駄な手間が増えるだけで、現実的で妥当な解決にはならない。そこで、②案のように占有改定に一定の公示性を要求するとともに、主観的要件の落差の問題も含めて統合的に解決を図るべきだと思われる。

　すなわち、そもそも主観的要件の落差の問題の根源は、177条の場合と同

様、178条の第三者の主観的態様に関して、公示の原則と公信の原則を断絶する解釈にある。この問題を解決する処方箋は、178条の第三者についても、192条との整合性を考慮し、その主観的要件として善意無過失を必要とする解釈を採ることである。そのうえで、占有改定に一定の公示性が要求されれば、善意無過失の第三者が登場すること自体が少なくなり、差押債権者を害する事態や譲渡担保の多重設定の場合の順位逆転も生じにくくなる。このように占有改定を限定的に捉えれば、現実の引渡しに近い公示性と支配性を帯びるため、占有改定による即時取得を認めてもよい。

2点の補足をしておく。①213頁の設例30における甲についてのXの間接占有にも公示性が欠けている。しかし、Aの債権者が甲をAの所有物として差し押さえても、Xは第三者異議を主張できる。この場合には、Xが甲をAに預けるのは所有権移転とは関係がないため、178条の占有改定は問題にならず、また、この場合には差押債権者は保護されなくてもやむを得ない。

②信頼保護を徹底して善意無過失は契約締結時に備わればよいとする解釈がある（石田275頁）。しかし、192条によれば占有取得時に善意無過失である必要があり、契約締結時に直ちに占有改定を認めるのは妥当でないため（220頁の(1)）、この解釈には無理がある。しかし、立法論として、占有取得要件を維持しつつ（211頁の(a)）、善意無過失の基準時を契約締結時とすることはありうる。

Ⅳ　明認方法による所有権取得の公示と対抗

1　概　説

不動産物権変動についての登記、動産物権変動についての引渡しや動産譲渡登記以外に、所有権移転を公示し第三者に対する対抗要件となるものがある。そのうち重要なのは、判例法によって認められた明認方法である。

明認方法は、土地の一部である立木や未分離果実などにつき、土地とは独立してその所有者を公示するものである（以下では立木の場合に絞って説明する）。土地とは独立して立木を売買したり、立木のみに抵当権を設定することを可能にするため、1909（明治42）年に立木法が制定された。しかし、抵

権設定を行う予定のない立木や比較的早期に伐採する予定の立木については、費用と手間をかけて立木登記を行うことがない。明認方法は、立木登記がされていない立木について、慣習により発達した（石田253頁-255頁。川井76頁は慣習性に疑問を呈するがその根拠は示されていない）。

2 明認方法の内容

明認方法は、木の皮を削って所有者名を墨書することによるもの（大判大9・2・19民録26輯142頁）が多いようであるが、この他に、製炭設備を現場に設け伐採に着手することや（大判大4・12・8民録21輯2028頁）、山林入口の公示札や作業小屋・伐木への刻印などの事情を総合して明認方法として認めた例がある（最判昭30・6・3判タ50号24頁）。逆に、樹木の伐採に着手したことや（大判大8・5・26民録25輯892頁）、仮処分命令の執行として立木の占有を執行吏（現在の執行官）に移し処分禁止の公示をさせただけでは足りないとされている（最判昭38・11・7民集17巻11号1330頁）。明認方法によって対抗できる権利変動は、その公示方法の技術的制約によって所有権の移転・留保・復帰のみであり、現在の所有者を示すにとどまる。通説によれば、抵当権設定は立木登記によるしかない（近江167頁は明認方法による抵当権設定も可能とするがそのような慣習はない）。なお、立木の譲渡担保は所有権移転形式によるため可能である。

3 明認方法の一般的効力

明認方法を備えなければ、立木所有権の変動につき正当な利害関係を有する第三者に対して、それを対抗できない。明認方法を備えれば、立木所有権の変動に対抗力が生じ、あらためて引渡しを受ける必要はない（大判大9・7・20民録26輯1077頁）。しかし、明認方法は、登記とは異なって時の経過や第三者の行為などによって消失する危険がある。第三者が利害関係を取得した時点で公示機能を果たさなくなっていた場合には、対抗力は認められない（最判昭36・5・4民集15巻5号1253頁）。

4 明認方法と登記の効力の優劣

山林の地盤を売買した場合には、通常、売買契約の対象物に立木も含まれるから（大判明38・5・15民録11輯724頁）、土地の所有権取得登記によって、土

地の一部である立木についても所有権取得の対抗力が備わる。一方、立木のみを譲り受けた場合の明認方法の効力は登記に準じ、土地登記との間に優劣はなく、立木所有権について、地盤の譲受人と立木のみの譲受人の優劣は、土地登記と明認方法の先後によって定まる（大判大10・4・14民録27輯732頁）。次頁の図表11のイの場合には、明認方法を先に施せば、Xが立木の所有権を取得し、Yは地盤の所有権を取得できるにすぎない。

　立木とその地盤の所有権を共に譲り受けたか、または立木を地上権・賃借権などの利用権の設定と共に譲り受けた者が立木に明認方法を施したにとどまる場合、立木の所有権取得を対抗できるかについては、肯定（前頁の2の大判大4・12・8）と否定（大判昭9・12・28民集13巻2427頁）が分かれる。立木の明認方法は、立木を独立して取引するための公示方法であって、土地の所有権や利用権の対抗要件にはならない。しかし、本書の見解では、立木の明認方法があれば、多くの場合に土地の占有権原について第三者は悪意者あるいは過失者とされて、結果的に立木所有権と占有権原の取得をこの第三者に対抗できる場合が広がる。

5　復帰的物権変動

　判例はない。取消し・解除と登記の問題（153頁以下の□）の処理を考慮すると、取消しや解除による立木所有権の復帰は、明認方法を備えなければ取消しや解除後に登場した第三者には対抗できない、という帰結が推論される（図表11のロの場合）。なお、解除前に登場した第三者は明認方法を施さなければ545条1項ただし書による保護を受けられない（最判昭40・2・23集民77号563頁。163頁の補足＊も参照）。

6　立木所有権の留保

　地盤を譲渡した者が立木の所有権を留保する場合にも明認方法を施さないと、立木を地盤と共に買い受けて登記をした転得者に対抗できない（最判昭34・8・7民集13巻10号1223頁）。この判決は、地盤と立木が一体として移転するのが原則であるから、図表11のハのように、Xの立木所有権の留保を、Aにいったん移転した立木所有権のXへの復帰的物権変動に類比し、立木の二重譲渡に見立てて処理をしている。

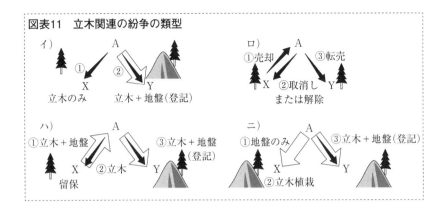

図表11 立木関連の紛争の類型

7 未登記の土地に植栽した立木所有権の対抗

　地盤を買い受けた者が所有者として立木を植栽し明認方法を施しても、明認方法の消滅後に、同一売主から山林を買い受けて土地の所有権取得登記をした第2買主には、土地所有権取得はもとより立木の所有権取得も対抗できない（79頁の(b)の最判昭35・3・1。図表11のニの場合）。対抗要件が必要だとする理由は、立木所有権の地盤所有権からの分離は、立木が地盤と一体として移転する本来の物権変動の効果を立木について制限することになるからという。これは、明認方法が立木所有権移転の対抗要件であるにとどまらず、その前提として立木を土地とは独立して処分対象とするためにも必要だとする理解である（加藤205頁。石田259頁は反対）。

　ただし、この事例は、第2買主の取得対価がかなり低く、現在では背信的悪意者排除論の適用がありうる。第三者の善意無過失を必要とする本書の見解では、第1買主の保護はより厚くなる。

8 小　括

　学説には、223頁以下の4から6の場合の第三者Yは、立木については無権利者からの取得者であり、公信保護の規定がない以上、転得者は立木の所有権を取得できないはずである。とりわけ図表11のニの場合には立木の二重譲渡の図式を描けない。また、対抗問題扱いは悪意のYをも過大に保護すると批判し、94条2項の類推適用などにより善意の第三者のみを保護するべ

きであると主張する者が少なくない（石田259頁、山野目94頁-95頁）。しかし、本書の見解では、公示の原則と公信の原則は連続する面を有し、対抗問題一般について第三者に善意無過失を必要とするから、主観的要件を厳しくすることで判例の問題処理を大筋で支持してよいと考える。

＊立木と伐木　明認方法は立木のままの取引にのみ適用があり、伐採後初めて利害関係に入った者に対しては明認方法がなくても、伐木の引渡しがあれば、所有権取得を対抗できる（178条）。しかし、伐木の占有・刻印等をしても、伐採前からすでに利害関係のあった第三者の登場当時に明認方法を施していなければ、この者には対抗できない（最判昭37・6・22民集16巻7号1374頁）。他方、不動産の一部である立木には即時取得は成立せず、善意者保護は94条2項の類推適用によるが（通説。川井80頁は即時取得を肯定）、伐木になれば即時取得が可能である。このように、立木と伐木では扱いに差があるが、不動産と動産であり外観も異なるからやむを得ない（田山・旧116頁-117頁）。

◆文　献◆

　対抗要件につき、新注民(6)768頁-788頁〔徳本鎮〕、即時取得につき、安永正昭「民法192条〜194条（動産の善意取得）」百年Ⅱ457頁-501頁、新注民(7)124頁-228頁〔好美清光〕、明認方法につき、新注民(6)751頁-767頁〔徳本鎮〕。このほか、やや難解だが、槇悌次「即時取得」講座(2)299頁-328頁は理論的な示唆に富む。沿革をふまえた最近の研究として平田健治「観念的な占有移転方法が即時取得においてもつ意味の再検討」阪法 65巻2号（2015年）367頁-392頁がある。事例に則して考えを深めるには、田髙80頁-92頁をお勧めする。

第10節　所有権の消滅

　所有権は、対象物の滅失、放棄（ただし、第三者を害する廃棄物などの所有権放棄は権利濫用となり所有者としての責任を免れない。30頁以下の(b)）、譲渡、原始取得（162条・192条-194条・195条・239条・240条・242条-248条、土地収用法等による公用収用）の反射的効果、没収（刑9条・19条等）などにより消滅する。所有権は制限物権や債権とは異なり消滅時効にかからない（167条2項＝新166条2項）。

　不動産所有権の譲渡による消滅は、177条の「得喪」の「喪」に当たるた

め、文言どおりに読めば登記をしなければ第三者に対抗できない。判例は、土地を不法占有していた建物の所有権を自らの意思で譲渡しながら登記名義を譲受人に移転していない者は、所有権の喪失を主張できず、建物収去義務を免れないとした（31頁の最判平6・2・8）。しかし、これは両立しない権利取得の優劣を対抗要件の先後で解決する本来の対抗問題ではない（195頁の3）。

第３章　用益物権と物権法定主義

　一定の期間だけ土地を利用したい場合や地下鉄のように土地の一部だけを利用したい場合、そのためにその土地の所有権を取得しなければならないとすれば、費用が必要以上にかかったり、所有者が売ってくれないなどの問題がある。賃貸借契約によって所有者から借りるという方法もあるが、契約上の債権は契約当事者およびその包括承継人にしか実現を求められないという相対性が弱点になる（13頁の(2)の後段）。所有権のようにすべての人に対して主張できる物権として、他人の土地を目的の範囲内で自由に利用できる安定した強い権利が求められており、その需要をみたすのが用益物権という制度である。

　本章は、まず、第１節で、他人の土地を利用する物権である民法上の４つの用益物権について概説する。４種のうち地役権以外の３種の用益物権は、現在、あまり使われておらず（http://www.e-stat.go.jp/SG1/estat/List.do?lid＝000001153178 の表15-00-4に最近10年間の土地に関する登記件数の表がある。用益物権全部と賃借権の登記件数を合わせても、売買による移転の登記の件数の５％程度である）、裁判上の紛争になることも少ない。そこで、前章で論じた所有権の場合との法的処理の違いに重点を置いて各用益物権の特色を説明し、本章により用益物権制度全体を大づかみに理解してもらうことを目標とする。

　次いで、第２節では、他人の土地を利用する権利という共通点を有する地上権と賃借権の違いをふまえて、両者をまとめて借地権として規律する借地借家法の特色を簡単に整理する。

　最後に、第３節では、用益物権のような物権が、法律に定めた類型と内容のものに限られるという物権法定主義の意義と根拠を説明したうえで、物権や物権的効果がどういう場合に認められるのかを検討する。

第1節　用益物権

I　制度の全体像

　用益物権は他人の土地を利用する物権である。自己所有の土地は所有権に基づいて利用できるから、自己所有の土地には用益物権は成立しないし、所有者と用益物権者が同一になった場合には、用益物権は混同消滅する（179条。用益物権が自己所有地にも成立・存続する例外的な場合はある。3頁の補足＊）。

　所有権は不動産にも動産にも成り立つが、用益物権は、不動産、それも土地のみに成立する。用益物権を有する者は、所有権を取得しなくても、所定の目的の範囲内では所有者と同様に土地を利用することができるのみならず、原則として、所有者の同意や承諾を要することなく、その用益物権を譲渡することもできる。他方、土地の所有者は、用益物権を設定することで自らの所有権に用益物権の負担を受けその使用に制約を受けるが、通常は利用の対価を収受することができ、そのような収益を内容とする（用益物権の負担付の）所有権を譲渡することができる。対抗力を備えた用益物権には対世効があるから、所有者が変わっても新所有者に対して利用権を主張できる。このように、用益物権制度は、所有者以外の者による土地利用を物権として強力に保障して、土地の利用を安定化・効率化することに資する。

　民法上の用益物権は、地上権（265条-269条の2）、永小作権（270条-279条）、地役権（280条-293条）、入会権（263条・294条）の4つのみが存在する。特別法が定めたものや慣習によって成立し判例が認めたものを除けば、当事者が新しい類型の用益物権を創り出すことも、法律で定められた用益物権の内容を変更することも許されない（物権法定主義。249頁以下の第3節）。

　以下では、この4つの類型の用益物権の内容を概観する。

II　地上権

1　意　義

　地上権は、工作物または竹木を所有する目的で、他人の土地を排他的に利用する権利である（265条）。土地に投下した資本を回収するに足る長期の利用を保障する趣旨で物権とされている。地上権は、完全な支配権である所有権の権能のうち、使用・収益権能を目的と時間を限って分与するものと理解できる。設定時の権利金の授受や地代支払の約定がされることが多いが（法定地上権の場合には地代支払が必要。388条後段）、永小作権や賃借権と異なって無償であってもよい。

　工作物には、建物、道路、地下街、塔、モノレールなど地上・地下の一切の建造物を含む。建物所有目的の場合には借地借家法の特別な規律がある（247頁以下の第2節。本節では個別には言及しない）。竹木の種類に文言上の限定はないが、長期の育成期間を要する林業を念頭に置いた規律である（設定行為で木の種類を限定することは可能）。これに対して、果樹や茶など比較的短期間で果実や葉などを収穫する木を植えることは耕作であり、それを目的とする物権的利用権は永小作権である（237頁以下のIII）。

　地上権は、土地の所有権と同様、土地の上下に及ぶ（207条）と解されてきた。しかし、土木建築技術の進展に伴い、トンネル、地下鉄、地下街、高架道路や高架鉄道、モノレール、空中回廊などが登場した。これらの工作物に必要な土地の上下の空間の一部の層だけを利用できれば、利用権設定の対価が安くなる。また、地下街の地表部分や高架下の土地などその土地の他の層は、その利用権と牴触しない限り他の目的での利用と併存できる。このような土地の立体的な効率的利用の要請に応えるため、1966（昭和41）年に民法に追加されたのが区分地上権である（269条の2）。地表を利用する一般の地上権（区分地上権との対比で普通地上権という）があまり利用されていないのに対して、区分地上権は比較的よく使われている。

　＊**地下地上権？**　　地下鉄や地下街のために用いられる区分地上権をどう表現するかは問題である。地下地上権では概念矛盾のようで文字を見ても意味がわからない。地下権とか地中権というのも用益物権であることが伝わりにくい。

同様に、空中回廊やモノレールなどのために用いられる区分地上権も、空間地上権、空間権、空中権ではしっくり来ない。区分地上権という総称に地下・空間を付けて、地下区分地上権、空間区分地上権では長すぎる。このように名称問題は未解決である。

2　成立要件と対抗要件
(1)　成立要件
　地上権は、土地所有者と利用権者の契約によって設定できる。この契約を物権契約とする見解もあるが、物権行為の独自性を認めず（94頁以下の(c)）、所有権取得時期について有償性説を採るのであれば（95頁以下の(d)）、地上権の設定も所有権移転の場合と同様に考えることになる。すなわち、地上権を設定する債権契約が結ばれ、設定対価の支払（前頁の1で述べたようにこれがない無償の設定契約もある）・設定登記・引渡しのいずれかによって債務が履行されて地上権が成立する。

　契約のほか、遺言によっても地上権は設定できる（実例を聞かないが）。この場合に遺言者の死亡時に地上権が成立するのか遺言執行を待って成立するのかは、遺言の効力の理解次第である。

　さらに、法律の規定によって地上権が成立する場合が（法定地上権。388条、民執81条、税徴127条など）実際には重要である。この場合には、法の定める要件がみたされた時に地上権が成立する。なお、賃借権と同様に、土地の継続的な用益という外形的事実と、それが意思に基づくことが客観的に表現されていれば、地上権は、時効取得することが可能である（163条。最判昭46・11・26判時654号53頁）。

(2)　対抗要件
　地上権は物権であり、その得喪および変更は、登記をしなければ第三者に対抗できない（177条、不登78条）。地上権は所有権の負担として乙区に記録され、登記済の地上権の移転は付記登記による（不登4条2項）。地上権者には、当然に登記請求権が認められる。地上権の登記があれば、地上権者は、明認方法や立木登記がなくても、地上の工作物や竹木の所有権が自己に帰属することを第三者に対抗できる（山野目189頁）。

3　存続期間

　当事者が存続期間を定めたときはそれに従う（登記事項である。不登78条3号）。最長期間・最短期間とも民法には定めがないため、問題になる。

　「永久」の地上権も有効であるとの判例があり（大判明36・11・16民録9輯1244頁）、通説も賛成する（舟橋400頁、我妻＝有泉352頁など）。たしかに、永小作権の278条のように地上権に50年の上限を設けようとした立法時の原案は否決されたが、その趣旨は鉄道敷地のように工作物が存続して利用が継続しているのに利用権を失わせるのが妥当でないとの判断が多数を占めたからである。一方で永久の地上権を認めると所有権の全面的な支配権としての基本的な性質に反するため妥当でない（加藤304頁-305頁、石田435頁）。運炭車の軌道のため無期限との定めがある地上権について、炭鉱営業が存続する限りという不確定期限の定めと解した判例（大判昭16・8・14民集20巻1074頁）のように処理すれば足りよう。

　最短期間についても民法には制約はない。借地借家法が適用される地上権の場合には、最短期間は、一般の借地権につき30年、事業用定期借地権につき10年である（借借3条・23条2項）。借地借家法が適用されない地上権の場合において、その設定の趣旨と相容れない短い期間の約定は、地代据置期間などと解釈できなければ無効とするべきであろう。

　存続期間の定めがない場合には、慣習があればそれに従い、慣習もなければ当事者の請求によって、裁判所が20年から50年の範囲で、工作物または竹木の種類および状況その他地上権設定当時の事情を考慮して、その存続期間を定める（268条2項）。

4　効　力
(1) 使用・収益・処分の権限

　使用の内容は、設定行為の定め（契約・遺言）や規定の目的（法定地上権の場合）により定まる。地上権者は、その範囲内で自ら使用しても、他人に賃貸して収益してもよい。また、地上権を譲渡したり、その上に抵当権を設定することもできる（369条2項）。これらの使用・収益・処分には、所有者の同意や承諾を要しない。このことは、地上権が対象土地（の使用価値）を直接支配する物権と構成されることの帰結と解されている。

また、永小作権の272条ただし書に相当する規定がないため、地上権の譲渡を禁じる特約をしても登記による公示はできない（11頁の(1)の後段の所有権の処分制限特約と同様）。特約違反は、当事者間で債権的効力（債務不履行を理由とする損害賠償責任）を生じるにとどまり、譲渡を無効とする物権的効力を有しない。

地上権は土地を所有者に代わって排他的に利用する権利であるため、隣地の所有者または地上権者との間には相隣関係の規定が準用される（267条。ただし書の意味は、練習として自分で考えてみよう）。

(2) 地代に関する規律

定期の地代（年払いが多い）を支払う約定がある場合には、永小作権に関する274条から276条までの規定と賃貸借に関する規定が準用され、不可抗力により収益ができず損失を受けても地代の減免を請求できない（266条・274条）。

地代は登記事項であるから（不登78条2号）、少なくとも登記を対抗要件とする民法上の地上権については、地代の登記がなければ土地の所有者は、地代の負担がないと過失なく信じた地上権の譲受人に対しては地代の請求ができない（なお、借借10条によって対抗力を有する地上権については地代を登記する方法がないため、請求を肯定してよい）。地上権譲受人の地主への照会義務や地上権の内容が承継されることを理由として、地代の登記がなくても地代請求を肯定する見解もあるが（松尾＝古積211頁［松尾］、山野目183頁）、地主が誤った情報を提供したり情報提供を拒絶する場合に、公示のない権利内容を対抗できる結果となり疑問である。

反対に土地所有権の譲受人は地代の登記がなくても地代の請求ができる（大判大5・6・12民録22輯1189頁）。なぜなら、地上権者は地代の負担を自らの意思で引き受けており、登記がないことを理由に地代支払義務を免れる正当な利益を持たないからである。

(3) 第三者に対する関係

地上権者は占有侵奪や妨害があれば、侵害者等に対して自ら直接に妨害排除や返還を内容とする物権的請求権を行使でき、故意・過失のある侵害に対しては損害賠償を請求できる（所有権の場合の26頁以下の第2節）。無権限の侵害者は、177条の第三者ではないため、登記は、これらの請求権を主張する要件ではない（131頁の(c)）。地上権を設定した所有者およびその包括承継人

は、地上権設定契約の当事者であり、これらの者に対して地上権を主張する場合にも、登記を要しない。

　登記を必要とする場合は、所有権の取得に準じて考えることになる（121頁以下の第6節から第8節まで）。

　すなわち、地上権の得喪・変更は、それが設定された土地につき、地上権とは相容れない権利を取得した（善意無過失の）第三者に対する関係でのみ登記を要する。地上権が取得された土地について所有権・地上権・抵当権などの物権を取得した者、差押債権者等、賃借人、特定物債権者などは所有権取得の場合と同様に177条の第三者である。このほか、設定された地上権の処分の対抗が問題となる場面として、地上権の二重譲渡、地上権の譲渡と地上権の差押え、地上権の譲渡と地上権上の抵当権設定の場合にも、地上権の譲受人は、登記をしないと二重譲受人、差押債権者、抵当権者に対抗できない。第三者を準当事者でない善意無過失者に限定する本書の見解（136頁以下の(6)）では、客観的要件をみたす第三者に対しても、その悪意または過失を主張して地上権の取得を対抗できる余地がある。

　地上権が契約によって得喪・変更された場合には、上記の第三者に対して登記をしないと対抗できない。遺言や法律の規定によって得喪・変更が生じた場合においても、本書の見解（188頁以下の(2)）では、地上権の設定や移転などの変動を登記することが期待可能であって、同一前主からの権利取得の優劣という構成を採りうる限り、登記をしなければ上記の第三者には対抗できないという177条の規律が適用されることになる。

5　消滅と事後処理
(1)　地上権の消滅原因
　所有権同様に、対象物の滅失、地上権の譲渡、所有権の原始取得の反射的効果などによって消滅する（226頁以下の第10節）。以下では、所有権とは異なる規律についてのみ説明する。

　(a)　消滅時効　　地上権を行使できる時から20年間行使しないときは、地上権は時効により消滅する（167条2項＝新166条2項）。

　(b)　混　同　　所有権とそれを対象とする制限物権が同一人に帰属するに至った場合には、自分に対する権利を残しておく必要がないため、原則と

して制限物権が消滅する（179条1項本文）。たとえば、地上権者が地上権の設定された土地の所有権を取得した場合、土地の利用は所有権に基づけば足りるから、自己の所有地上の地上権は消滅する。これを混同消滅という。所有権以外の物権と、それを対象とする他の権利とが同一人に帰属した場合も同様であるが（同条2項本文）、この場合の説明は、抵当権の個所に譲る（『担保物権法』170頁の(2)）。

　混同消滅の例外として、自分に対する制限物権を残しておく必要があれば、例外が認められる（同条1項ただし書・2項ただし書）。たとえば、地上権に抵当権が設定されている場合、土地の所有者が地上権を相続しても地上権は消滅しない。抵当権者が実行によって競売できるのは、地上権であって土地（の所有権）ではない。

　(c) **存続期間の満了**

　(d) **放　棄**　　期間の定めがない地上権は、別段の慣習がない限りいつでも放棄できるが、地代支払義務があれば、所有者の期待を保護するため、1年前の予告または期限未到来の地代1年分の支払を要する（268条1項）。さらに、竹木の所有のための地上権については、不可抗力によって引き続き3年以上収益がないか、5年以上地代より少ない収益しか得られないときは、地上権者は、期間の定めがあっても、予告や地代1年分の支払をせずに地上権を放棄できる（266条1項による275条の準用）。

　地上権が抵当権の対象である場合には、地上権者が地上権を放棄しても、抵当権者には地上権の消滅を主張できない（398条）。

　(e) **土地所有者の消滅請求**　　地代支払義務がある場合に、地上権者が引き続き2年以上地代の支払を怠ったときは、土地所有者は地上権の消滅を請求することができる（266条1項による276条の準用）。地上権者に用法違反がある場合については明確な規定はないが、賃貸借契約と同様、違反行為をやめるよう催告しても応じない場合（541条類推）、違反が契約当事者間の信頼関係を破壊するほどのものである場合（催告を要しない）には、土地所有者は地上権設定契約を解除できよう（信頼関係破壊の法理については、賃貸借契約に関する債権各論の教科書等に譲る）。さらに、工作物や竹木が消滅して利用が再開されないなど土地利用の必要がなくなった場合や不相当に長い期間が経過すれば、仮に「永久」と約定されていても、所有者からの消滅請求を認めるべ

きであろう（石田435頁）。

(f) 地上権より優先する担保権の実行　地上権はこの担保権に対抗できないので、担保権が実行されて競売される際に消滅する（民執188条・59条2項）。

(2) 工作物等に関する地上権者の収去権・土地所有者の買取権

地上権消滅後の工作物等の処理は、まず合意があればそれにより、合意がなければ慣習による（269条2項）。慣習もない場合には、地上権者は、地上権が消滅した時に、土地を原状に復する義務を負い、工作物や竹木を収去することができる（同条1項本文）。

しかし、その時の土地所有者（地上権設定後に土地が譲渡される場合もあるので地上権設定者とは限らない）が時価相当額でこれらを買い取る旨を通知すれば、地上権者は正当な理由がなければ拒めない（同条1項ただし書）。土地所有者の買取権という形成権の行使により売買契約が成立する（代金と工作物等の付着した土地の返還は同時履行となる。533条）。

収去が困難な場合には、必要費や有益費の償還請求を認めるべきであろう。有償の地上権では賃貸借の608条が準用される。無償の地上権では使用貸借の595条を類推適用することになろう。いずれも土地所有者の望まない利得の押付けを避けるため、有益費では増価額を厳格に評価するべきである（添付の効果である償金請求権と同様。82頁の補足＊）。

III　永小作権

1　意義

永小作権は、耕作または牧畜のために小作料を払って他人の土地を利用する権利である（270条。竹木の植栽は地上権による。231頁のII）。立法時から永小作権を広くは認めない方向が採られていたうえ（新注民(7)904頁-911頁〔髙橋寿一〕）、第2次世界大戦後の農地改革で小作農が自作農化して所有権に基づく耕作に転換し、永小作権の多くがなくなった。これと前後して、民法制定時の永小作権は、最長存続期間の50年が経過したため（278条・民施47条）、ほとんど消滅した。現在では、新たな永小作権の設定は、近親者への耕作権付与の場合くらいだと言われている（稲本362頁。ここ数年は登記件数がゼロか1桁であ

る)。さらに、農地法（昭27年法229号）の規律により、農地賃借権と合わせて規律されるため、民法の規定は補充的にのみ適用される（地上権への準用に現実的な意味がある）。

以下では、地上権との違いに重点を置いて説明する。

2　成立と対抗要件

地上権と異なって永小作権の設定契約は必ず有償契約であり、無償の利用は使用貸借契約に基づく。この場合には物権的な利用権は発生しない。契約は諾成的に成立するが、その履行としての永小作権の設定や移転は、農業委員会の許可を得なければ、効力を生じない（農地3条。所有権移転や賃借権設定も同様）。永小作権の対抗要件は登記である（177条、不登79条）。農地賃貸借同様、引渡しによっても対抗要件が備わると解する見解もある（農地16条の類推適用。川井206頁、河上356頁）。立法論としては賛成であるが、第三者に大きな影響を及ぼすため、解釈論としては、第三者に善意無過失を要求することでほぼ同様の結論を導くにとどめるべきであろう（193頁以下の2および3で述べた基本姿勢の応用）。

3　存続期間

永小作権の存続期間は20年以上50年以下とされ、50年を超える期間を定めても50年が上限となる（278条1項）。更新は可能であるが、その場合も上限は更新の時から50年である（同条2項）。存続期間の合意がなければ、慣習に従い、慣習もなければ30年となる（同条3項）。

4　効　力

永小作権による土地の利用においては、特約や慣習があれば別だが、土地に回復不能の損害を生じるような変更はできない（271条）。また、永小作権の譲渡や賃貸は、物権の原則に従い自由であるが、特約で禁じることができ（272条。抵当権の設定は妨げられない。369条2項)、この特約の効力は登記（不登79条3号）をすることで第三者にも対抗でき、土地の所有者は特約違反の譲渡や賃貸の効力を否定できる。こうした処分制限は立法時の地主層の利益を反映した規定であるが、その合理性には疑いがある。遊休農地について中間管

理権を設定して利用を認める裁定が行われた場合には、永小作権や賃借権の譲渡制限は適用されない（農地40条3項）。

　永小作権設定契約は常に有償契約なので、賃貸借に関する規定が広く準用される（273条。312条・615条・616条・620条等が準用される。また、農地20条に借借11条・32条と似た賃料等の増減額請求権の特則がある）。不可抗力による収益不能の場合にも小作料の減免がないという274条の特別な規律は（賃貸借の609条に相当）なおも生きている。同条は農地法上の小作料減額請求権（平成21年法57号による改正前の農地旧22条）により修正されていたが、小作料水準が最低水準以下に下落していて減額請求の意味がなくなった等の理由で農地法の規定が廃止されたからである。もっとも、不可抗力による減収は農業共済制度により補填されるため、減額請求権の行使が必要になる場面は少ないようである。

　第三者との関係は地上権の場合と同様に処理される（234頁以下の(3)）。

5　消滅と事後処理

　永小作権の消滅原因と事後処理は、放棄（275条）、消滅請求（276条）、工作物の収去等（279条）につき規定があるが、地上権と同様である（235頁以下の5）。

Ⅳ　地役権

1　意　義

　地役権は、設定行為（契約や遺言）で定めた目的に従って、他人の土地を自己の土地の便益のために利用する権利である（280条）。有償か無償かは問わない。負担を承（う）ける他人の土地を承役地、便益を享受する地役権者の所有地を要役地という。便益の例として、通行、用排水（通水）、見晴らし（観望地役権という）、日照（一定の高さ以上の建物を建てないとの登記が可能。昭54・5・9民三2863号民事局第三課長回答・先例追Ⅵ655頁）、空中の電線架設などがある。

　地役権は、他人の土地を占有して排他的に使用・収益するものではない点で地上権や永小作権とは異なり、占有権原とはならない。承役地の所有者は、地役権者の利益を妨げない範囲では、自由に土地や地役権のために設けられた工作物を使用できる（288条1項）。たとえば、通行地役権を設定して

も自らも通行できるし、通行の妨げとならない範囲で通路に物を置くこともできる。地役権者の排水管を使って排水することも可能である。地役権者と所有者は土地を共同利用する。

地役権と同じ効果は、契約（賃貸借契約や使用貸借契約、あるいは見晴らしや日照を妨げないという有償または無償の無名契約）によっても達成できる。しかし、契約上の債権は、契約当事者にしか主張できず、承役地の所有者が代わってしまうと新たに契約を結び直さなければならないし、その者が新たな申込みを承諾してくれる保障はなく、安定性に欠ける。その点、物権である地役権は、承役地の所有権の物的な負担となるため、承役地の所有者がだれになっても主張できる点に最も重要な意味がある。

また、地役権は要役地の便益のため、要役地に付随する権利である。すなわち、要役地の所有権が移転すれば地役権も移転し、要役地に地上権や抵当権が設定されれば、地役権もそれらの権利の対象となる（281条1項本文）。もっとも、要役地を第三者に処分すれば地役権は消滅するという特約などにより、特定人のための権利（他国の法制にみられる人役権の一部に相当するもの）とすることは可能である（同項ただし書。不登80条1項3号）。地役権だけを要役地から分離して処分することはできない（同条2項）。以上のような性質を地役権の付従性という。

さらに、要役地や承役地が共有の場合、地役権の取得や消滅は、共有者全員について一体として扱われる（282条・284条・292条）。これを地役権の不可分性という。

2 成立要件と対抗要件

(1) 成立要件

要役地所有者と承役地所有者の間の設定契約の履行により地役権が成立する。承役地所有者の遺言による設定もできるとされている。相隣関係上の隣地使用権・囲繞地通行権・通水権（209条・210条・214条・220条など）は、約定によらない法定地役権と理解することができる。

地役権の設定契約は、黙示で行われていることが少なくない（とりわけ通行地役権）。この場合には、明確な証拠がなく、登記もされていないため、承役地所有者やその承継人が地役権の存在を争う紛争が発生する。こうした紛争

では、地役権の時効による取得を認めたり、登記の欠缺を補って公平を図る必要性が高い。

継続的に行使され、外形上認識することができる地役権は、時効取得が可能である（283条）。判例は、通行地役権の時効取得には、通路が要役地所有者によって開設されたことを必要としている（最判昭30・12・26民集9巻14号2097頁）。通路が開設されないか承役地所有者によって開設された場合には、通行は地役権の行使としてではなく、承役地所有者の好意によることが少なくなく、時効中断行為を期待しにくいため、妥当な結論である（我妻＝有泉421頁、舟橋432頁など反対説も多い。田山輝明「最判平6・12・16判批」リマークス12号21頁以下）。

(2) 対抗要件

登記が対抗要件であり（177条、不登80条）、地役権者には当然に設定者に対する登記請求権がある。しかし、(1)で述べたとおり、黙示の設定の場合には登記はされておらず、承役地の譲受人が通行地役権を否定する紛争が多い。

3　存続期間

存続期間は設定行為で定めることができるが登記事項ではない（不登80条1項）。そうした合意がない場合の存続期間は規定されていない。要役地の便益が存続する間は無期限または不確定期限が付されているものと解されよう。

4　効　力

(1) 地役権者の使用権と承役地所有者の義務

地役権者は、設定行為で定められた目的に従って、承役地を使用することができる（280条）。この使用は、目的を達成するために必要な範囲で、承役地所有者に最も損害の少ない方法に限られる。

承役地所有者は、地役権の行使を妨げない消極的義務を負うにすぎないが、設定行為や別契約によって、たとえば通路の開設などの工作物の設置や修繕の積極的義務を負う特約も可能である（286条）。もっとも、地役権者が承役地所有権の特定承継人に対して特約上の権利を主張するには、その特約

事項の登記を要する（不登80条1項3号）。

(2) 対　価

地役権の設定対価や定期的な地代を支払う特約があれば、地役権者は所有者に対する支払義務を負う。地役権の設定対価の特約は、地役権の要素ではなく、当事者間での債権的な効力しかないとする判例がある（大判昭12・3・10民集16巻255頁）。しかし、きわめて疑問である（山野目204頁も結果同旨）。地代の特約は登記事項ではないから地役権設定者の登記の懈怠を責めることはできない。法定地役権の場合の償金支払義務（212条）が物的負担と解されることと不均衡であり、地役権の特定承継人は、その権利内容を調査する義務を負ってしかるべきである。

(3) 第三者との関係

基本的には所有権や地上権の場合と同じ考え方による。地役権者は妨害があれば物権的請求権によってその妨害の排除を請求できるが（最判平17・3・29判時1895号56頁：道路上の恒常的な違法駐車による通行妨害）、排他的な占有を権利の内容としないため、自己への返還請求はできない。故意・過失のある侵害に対しては損害賠償を請求できる（709条）。これらの請求には地役権の登記を要しない。

地上権の成立や移転を争ういわゆる対抗問題については、注目するべき判例がある（137頁の(a)の最判平10・2・13）。この判例は、承役地の譲渡の時に承役地が地役権者によって使用されていることが客観的に明らかであり、譲受人がそのことを認識していたか、または認識することが可能であったときは、譲受人は、特段の事情がない限り、地役権設定登記の欠缺を主張するについて正当な利益を有する第三者にあたらない、とした。すなわち、紛争の特殊性を考慮して、原審の採用した背信的悪意者排除ではなく、善意の過失者を排除したものと考えられている。しかし、安全な取引のために必要となる現地調査等を必要とするという形で、不動産取引一般に影響を及ぼすことになろう（137頁の(a)および194頁以下の(2)）。

さらに、このような場合には、通行地役権者は、現在の承役地所有者に対して地役権設定登記を請求できる（112頁の最判平10・12・18）。この登記請求は、抹消登記に代わる移転登記と類似しており（真正な登記名義の回復登記。111頁以下の(2)）、一種の便法である（八木一洋「本件解説」最判解民平成10年度(下)

1040頁は理論構成が研究課題だとする)。

　以上は地役権と承役地の譲受人との関係についてである。これに対して、地役権は要役地所有権に原則として付従するので (281条)、地役権の移転を第三者に対抗するには、要役地所有権の移転登記があれば足り、地役権移転の付記登記を別途行う必要はない (大判大13・3・17民集3巻169頁)。

5　消滅と事後処理

　地役権の消滅原因と事後処理については、基本的には地上権と同様であるが (235頁以下の5)、いくつかの特別な規定がある。

　第1に、積極的な工作物設置・修繕義務を免れるために承役地の所有者が地役権に必要な土地の部分の所有権を地役権者に移転する (287条) ことによって、地役権は混同消滅する (179条1項)。

　第2に、承役地が地役権の行使を妨げる占有態様で時効取得されれば、地役権は原則として消滅する (289条)。ただし、承役地の時効取得者が地役権の行使を容認しているか (大判大9・7・16民録26輯1108頁)、地役権者が権利を行使して地役権の消滅をもたらす取得時効を中断すれば (290条。同条の「消滅時効」の語は、抵当権に関する397条と同様に解するべきであろう)、地役権の負担付の承役地所有権が時効取得され、地役権は消滅しない。

　さらに、民法総則の規定による消滅時効があり (167条2項＝新166条2項。松尾＝古積227頁-228頁［松尾］は不行使による消滅時効は物権の本質にそぐわないとして289条と併せて特殊な消滅時効とする)、その特則が定められている。すなわち、起算点は、継続的でなく行使される地役権については最後の行使の時、継続的に行使される地役権についてはその行使を妨げる事実が生じた時と分岐する (291条)。要役地が共有されている場合には、消滅時効の中断・停止は (改正民法では更新・完成猶予)、その一人に対して行えば全員について効果が生じる (292条)。地役権者がその権利の一部を行使しないときは、不行使の部分だけが時効消滅する (293条)。

　最後に、地役権消滅後の事後処理については規定がない。地上権に関する269条 (237頁の(2)) を性質の許す範囲で類推適用するべきであり、明確化のためには、準用規定を置くことが望ましい。

Ⅴ 入会権

1 意　義

　入会権とは、一定の集落（入会集団）の住民が、山林・原野等において、団体の規律や慣習に従って雑草・雑木・石材等を採取するなど使用・収益を行う物権的利用権である。ここにいう集落は、生活共同体を構成していた自然集落を指し、行政上の町村よりはるかに小さい。入会権は、山林・原野の効率的利用促進や取引社会への対応と、零細農業や農村社会秩序の温存との妥協の産物であった（稲本394頁）。

　民法は、土地の所有権が入会集団に帰属している「共有の性質を有する入会権」（263条）と土地の所有権が入会集団以外に帰属する「共有の性質を有しない入会権」（294条）とに二分し、それぞれ共有や地役権に関する規定が適用または準用されているが、具体的な権利内容は、土地の所有権の所在とは関係なく、入会集団の規律や慣習で定まる（加藤雅信『「所有権」の誕生』（三省堂、2001年）124頁以下は、土地の生産性の差による利用実態の分岐という理解を示す）。後者は、地役に類するものと考えられていて、土地の排他的な占有を認める特段の慣習がある場合を除いて、当然に占有権原とはならない（山野目181頁）。

　入会権が共有の性質を有するとされても、その権利の内容は、実質的には入会集団の所有となっている土地について、入会集団構成員が有する（必ずしも排他的ではない）共同利用権にすぎず、各人に排他的な所有権（共有持分権）が帰属するわけではない。すなわち、土地は集団構成員の総有と解され（64頁の最判昭41・11・25。総有については、63頁以下の(2)および72頁以下の5）、実質的には集団の単独所有である。個々の構成員はその資格を有する限りで集団の規律に沿って利用することができるだけであって、狭義の共有のような持分権を持たず、分割請求もできない（64頁の最判平15・4・11は、入会地の売却代金債権も分割債権にならないとする）。共有の性質を有しない入会権は、他人の所有する土地を対象とする利用権であるが、地役権というより人役権に近い性格を持ち、その利用権も通常の準共有とは異なって、入会権者に準総有的に帰属する。すなわち、実質的には入会団体に帰属する利用権を入会権者が団

体の規律や慣習に従って行使できる。

入会権は農業の生産様式と深く関わっていた。市町村制への移行や産業構造・住構造の変化に伴って入会団体が解体・再編されると共に、共同的利用の必要も少なくなり、消滅しつつある。また、慣習によって規律されることによる権利内容の不明確さゆえに、林野の流動化や担保化の妨げとなると考えられた。そこで、「入会林野等に係る権利関係の近代化の助長に関する法律」(昭41年法126号) は、入会権者の合意により、入会権を個人の (共有を含む) 所有権や地上権・賃借権などの利用権に再編することができるものとし、同法によって入会権の解体が促進された。地域の環境や自然資源を保存するために入会権を活用しうるとして解体に批判的な見解もあるが (松尾＝古積232頁〔松尾〕)、環境や自然資源の保護は権利形態の明確化の問題とは直結しないように思われる。

2　成立と対抗要件

慣習によって成立する。入会権は登記できず、登記がなくても第三者に対抗できる。総有地の場合、団体代表者の共有登記も虚偽表示でない (最判昭43・11・15判時544号33頁)。

3　効　力

要点だけを簡単にまとめる。

管理・運営の主体は権利能力のない入会団体であり、個々の入会権者には入会団体の構成員資格がある限りで使用・収益権能だけが帰属する。資格の得喪や具体的利用方法も慣習によって決まるが、入会集団の規則等に明文化されている場合もある (資格を男子孫に限定する会則が公序良俗に反して無効とされた沖縄の入会権の例として最判平18・3・17民集60巻3号773頁)。

入会地の処分は原則として入会権者全員の合意を要するが、慣習による例外は公序良俗に反しない限り許される (役員会全員一致による処分を有効とした最判平20・4・14民集62巻5号909頁)。

利用形態も慣習により定まる。団体による制約下で構成員が個別的に利用する古典的な利用のほか、団体直轄の利用、分割を受けた構成員が単独で行う利用、さらには契約による団体から第三者への利用許諾など、利用形態は

多様化している。

　第三者による入会権の侵害に対しては、各入会権者が単独で自らの使用収益権の確認や妨害排除の請求をすることができる（最判昭57・7・1民集36巻6号891頁。ただし、無権利者の登記名義があるだけでは個々の使用収益権は妨害されていないとして抹消登記請求は棄却）。入会権者同士の争いにおいて、構成員であることの確認請求も同様に、争う者を相手に各人が単独で訴えを提起することが可能である（最判昭58・2・8判時1092号62頁）。

　これに対して、実質的に集団に帰属する入会権全体を主張する訴訟は、入会権者全員が訴訟当事者となる固有必要的共同訴訟である（64頁の最判昭41・11・25、最判平20・7・17民集62巻7号1994頁：不同調者は被告に加えればよい）。もっとも、団体が権利能力のない社団に該当し（その一般的な要件については最判昭39・10・15民集18巻8号1671頁。詳しくは民法総則で学ぶ）、その総会議決等による授権があれば、団体名で総有権の確認を求める訴訟の原告適格が授権された者に認められる。さらに、団体の規約等によって総有不動産の登記名義人となる権限を授与された者は、登記手続訴訟を追行する権限をも授与されていると解され、入会団体の代表者でなくても原告適格を有する（最判平6・5・31民集48巻4号1065頁）。

4　消　滅

　入会地の一部が「分け地」として特定の団体構成員に分配され、独占的に使用・収益し、譲渡することが許されるに至っていれば、入会団体による統制がなくなっており、この「分け地」について入会権は消滅したものとされる（最判昭32・9・13民集11巻9号1518頁）。他方で、入会地が「分け地」として構成員に分割されても、使用収益権の割当てにとどまるときには入会権は消滅しない（最判昭40・5・20民集19巻4号822頁）。入会地の利用形態が産物採取の直轄利用形態から、第三者への賃貸等による契約利用形態に移行し、入会団体の構成員の資格の得喪に変化があっても、入会団体の統制下にあって資格の得喪と使用収益権の得喪の結びつきが残っていれば、入会権は消滅したとは認められない（上記の最判平6・5・31）。

　明治初年の地租改正の際の官民有区分により入会地が国有地に編入された場合、かつては入会権は消滅するとされたが（大判大4・3・16民録21輯328

頁)、最高裁は当然消滅を否定した (最判昭48・3・13民集27巻2号271頁)。

なお、共有の性質を有する入会権は所有権の総有であり時効消滅しないが、共有の性質を有しない入会権については、用益物権として消滅時効を考えうる (167条2項＝新166条2項。245頁の3の最判平20・4・14は、総有から用益物権に転換していないとして入会権の消滅時効を否定した)。

第2節　地上権・賃借権・借地権

　立法者は、土地の長期的な利用には安定的で強力な物権である地上権が、短期の利用には権利内容を柔軟に形成できる債権である賃借権が、それぞれ利用されることを期待した。さらに、「地上権ニ関スル法律」(明33年法72号) により、同法施行日 (1900 (明治33) 年4月16日) より前から存在した土地利用権は地上権である、と推定された。しかし、地主層は所有権の負担となる地上権を嫌ったため、立法者の構想は実現しなかった。そのため、経済的地位が弱く不利益を押し付けられやすい賃借人の保護のための立法が必要となった。

　まず、1909 (明治42) 年の建物保護法が、建物の所有を目的とする地上権と賃借権を借地権として一括し、地上権や賃借権の登記がなくても、借地上に登記した自己所有の建物があれば、対抗力を備えるものとした。地震売買対策である (地震売買については193頁以下の(1))。次いで、1921 (大正10) 年の借地法は、借地権の長期の存続を保護し、契約が更新されない場合に借地権者からの建物買取請求を認めて投下資本の回収を保障した。他方、地代や借賃が長期間固定されてしまう地主の不利益を緩和するための地代・借賃の増減額請求権 (物価が上昇を続けている時代には増額請求権としてしか機能しなかった) や地主の先取特権を認めることで、当事者の利益の均衡・調整が図られた。同年制定の借家法も建物賃借人の保護を強化しているが、土地利用権を扱うここでは立ち入らない。

　借地法は数次の改正の後、建物保護法・借家法と合体・再編され、1991 (平成3) 年に現行の借地借家法となった。借地借家法では、更新のない3種類の定期借地権制度が導入されたが (同法22条-24条)、定期借地権の場合には、譲渡や担保化を容易にするため地上権が使われるようになってきている

(山野目182頁・191頁・193頁)。

主要な点を図表12にまとめているので、条文を読んで確認していただきたい。債権各論で賃借権を学んでもう一度振り返ると理解が深まるだろう。

図表12　地上権と（土地）賃借権の相違および借地借家法の借地権の規律

	地　上　権	（土地）賃借権	借　地　権
使用目的	工作物または竹木の所有（265条）	制限なし	建物所有
対　価	有償または無償	有償（601条）	民法から変更なし
存続期間	上限なし（永久は可？）特約や慣習がなければ20年以上50年以下（268条）	20年以下（604条）。新604条は50年以下に改正。最短期間の制限なし	30年以上（普通借地権、借地借家法3条。定期借地権は50年以上、事業用定期借地権は30年以上50年未満と、10年以上30年未満の2種。借借22・23条）
更　新	規定なし	更新拒絶は自由（604条2項本文の反対解釈）	更新拒絶には正当事由が必要（借借6条）
対抗要件	登記（177条）登記請求権あり	登記（605条）特約がないと登記請求権なし	地上の登記建物所有。建物滅失後の一定期間は掲示（借借10条）
譲渡・賃貸	自由にできる	賃貸人の承諾を要する（612条）	賃借権譲渡の場合に賃貸人の承諾に代わる裁判所の許可（借借19・20条）
抵当権の設定	可能（369条2項）	不可。ただし、建物抵当権は従たる権利として賃借権に及ぶ	民法からの変更なし
清　算	地上権者の収去権　土地所有者の買取権（269条）	借主の収去権（616条・598条、改正後は新622条・新599条）	借地権者の建物買取請求権（借借13条）

> **用益物権を再構成する立法論**
> 　現在の用益物権制度はうまく機能していない。そこで、民法の物権編の改正が提案されている（山野目章夫「第4章　新しい土地利用権体系の構想―用益物権・賃貸借・特別法の再編成をめざして」民法改正研究会編『民法改正と世界の民法典』（信山社、2009年）109頁-127頁）。
> 　その主要な主張は、①古めかしい永小作権を農用地上権へと名称変更し、特殊な地上権の一種と位置づけて地上権の章に再編する。②存続期間の長短を基準として、長期の存続を予定するものについては物権である地上権、短期の利用には債権である賃借権という機能分担関係を明確化する（現行民法の立法者の構想の再生）。③より合理的な土地利用の多様性を開くため、特定人のための利用権である人役権を特別法で設定する可能性を認める。
> 　これ以外にも、借地借家法や農地法など特別法の規定の一部を民法へ取り込むなど、細かな改正提案がされている（民法改正研究会（代表　加藤雅信）『民法改正　国民・法曹・学界有志案　仮案の提示』法律時報増刊（2009年）153頁-159頁）。

第3節　物権法定主義

I　意義と根拠

1　意　義

　物権の類型と内容は、法律（政令や命令を含まない）が定めたものに限り、当事者には法律が定めた物権類型の選択の自由のみが認められる。すなわち、契約で新しい物権を創り出したり、法律の定めと異なる物権の内容を定めることは、原則として禁じられている（256条1項ただし書のように法律が当事者に決定を委ねている部分は特約で決められる）。これを**物権法定主義**（175条）といい、175条は強行規定である。

　物権法定主義は、契約の自由、とりわけ契約内容決定の自由と好対照であ

る。約束どおりの内容を実現させる契約上の債権は、原則として契約当事者間で効力を生じるにすぎず、第三者には影響しない。それゆえ、強行規定や公序良俗に反しない限り、法律に定められていない権利を創設することも、任意規定の定める内容とは異なる合意をすることも、契約では自由にできるのである（物権法定主義に反する契約もその当事者間では債権的効果を生じうる。その場合には対第三者効は認められないが、債務不履行責任が問われる）。

2　根　拠

　物権法定主義が採用されたことには主として2つの理由があった。1つは、封建的な負担を免れた所有権を確立し、市場の成立基盤を整えるためであり、もう1つは、これと重なる部分も多いが、物権を公示して取引の予測可能性を保障するためであった。いずれも民法制定当時に発展しつつあった資本主義経済社会の要請に応えるものであった。以下ではこうした理由を少し立ち入って説明する。

(1) 自由な所有権の確立

　民法施行前には土地上に複雑な封建的権利関係が存在しており、それは目に見えない政治的な支配関係や身分関係と結びついて、人々を土地に縛り付け、土地の所有権にもさまざまな負担が付着していた。自由な商品取引を基盤として成り立つ資本主義経済が成立・発展すると、封建的な制約を免れた自由な所有権の必要性が強調されたのである（19頁以下の(1)の近代的所有権概念）。「慣習上物権ト認メタル権利ニシテ民法施行前ニ発生シタルモノト雖モ其施行ノ後ハ民法其他ノ法律ニ定ムルモノニ非サレハ物権タル効力ヲ有セス」（民施35条）と定められたのも、このことを示していた。

(2) 物権の公示

　物権は、その性質上、絶対性・排他性が認められているから、対象物の上に物権が存在することが公示されなければ、他人に不測の損害を与えるおそれがある。**(1)**で触れた目に見えない封建的な物的負担も問題であるが、新しい物権の創設も、この点では問題がある。すなわち、所有権以外の物権は、占有によってはその権利内容を関係当事者以外に正確に示すことはできず、また、すべての物や権利に正確な公示手段としての登記制度を設けることは技術的にも費用対効果の面でも限界があるからである。

第 3 節　物権法定主義　251

II　特別法上の物権

　民法が定めている10種の物権（1頁以下のII）のほか、特別法にも多くの物権が定められている。担保物権についての詳細は『担保物権法』に譲り（仮登記担保につき『担保物権法』9頁以下の(1)・287頁の第6章以下、特殊な抵当権につき209頁以下の第12節、権利質の種類につき217頁以下の2・221頁以下の2〜4等、商事留置権について241頁の補足、特別法上の先取特権につき262頁以下の2、企業担保権について267頁の補足）、本書では担保物権以外の物権を説明する。

1　創設された新種の物権
　特別法上明確に物権と規定されているのは、漁業権・入漁権（漁業23条1項・43条1項）、鉱業権・租鉱権（鉱業12条・71条）、特定鉱業権（「日本国と大韓民国との間の両国に隣接する大陸棚の南部の共同開発に関する協定の実施に伴う石油及び可燃性天然ガス資源の開発に関する特別措置法」6条）、採石権（採石4条3項）、ダム使用権（特定多目的ダム20条）、公共施設等運営権（「民間資金等の活用による公共施設等の整備等の促進に関する法律」24条）に限られる。
　漁業権や鉱業権は、天然資源の所有権を一定の地域（漁場や鉱区）を限って独占的・排他的に獲得する権利であり、所有権に類する支配権（入漁権・租鉱権は漁業権・鉱業権の使用権）である。これらの権利には、土地または不動産に関する規定が準用される。天然資源にはそもそも所有権が成立せず、これらの支配権は一定の資格者にのみ国等の許可により期間を限って存続する点で所有権と異なる。採石権は、他人の土地から岩石・砂利を採取する権利であり、地上権に類似するため地上権に関する規定が準用される。採石目的以外の土地利用と両立しうる点で、法制定当時に民法に規定のなかった区分地上権（269条の2）に相当する。ダム使用権は、多目的ダムによる一定量の流水の貯留を一定の地域において確保する権利として、所有権類似の支配権的性格を持ち、不動産に関する規定が準用される。支配客体たる流水が常に変転して特定せず、その上には通常の所有権が成立しないため、独自の物権とされている。公共施設等運営権は、複数の財産からなる施設を対象にして公共施設等運営事業を実施する権利であり、一物一権主義の例外を構成する。い

ずれも登記または登録によって権利変動が（その結果としての権利の帰属も）公示される。

2 物権的効力の付与

物権とは明示していないが、優先や排他的・独占的支配など第三者に対する一定の物権的効力が法律によって認められるものがある。

(1) 民法によるもの

不動産売買（または再売買）の予約完結権（556条）、買戻権（579条）、条件付不動産物権（128条・129条を参照）のように、登記（付記登記）または仮登記による公示をすることで、一定の優先的権利を確保できる仕組みがある（仮登記につき118頁以下のⅤ）。このような権利は、物権取得期待権と表現することもできる。

(2) 特別法によるもの

建物所有を目的とする土地賃借権は、地上権と一括して借地権と称され、物権化したと言われる（247頁以下の第2節）。程度の差があるものの、同様に強化された賃借権として、建物賃借権（借借26条以下）、農地賃借権（農地16条以下）がある。なお、登記船舶の賃借権についても対抗力が拡張されている（商703条）。

物権取得期待権に類するものとして、罹災地域内の建物賃借人には優先的土地賃借権・借地権優先譲受権・優先的建物賃借権が、罹災借地権の対抗力の存続と同じく、公示なくして第三者に対する優先を認められていた（「罹災都市借地借家臨時処理法」2条・3条・14条）。しかし、これらの優先権は、復興目的を超える過ぎた優遇であるとの批判を受け、「大規模な災害の被災地における借地借家に関する特別措置法」（平25年法61号）により廃止された。なお、公法上も一定資格者に優先的な権利取得を認める規定がある（たとえば、「大都市地域における住宅及び住宅地の供給の促進に関する特別措置法」86条など）。

河川管理者の許可を得れば、流水の占有、河川区域内の土地の占有・使用・掘削や土石等の採取等が認められ、許可を要するがこれらの権利は譲渡も可能である（河川23条以下）。これらが私法上の権利と認められるか否かについては議論があるが、特別法による物権と見て、慣習法上の水利権の根拠の1つに加えることもできる。

無体物についても、一定の独占的支配が認められ（特許権・実用新案権・意匠権・商標権などの工業所有権や著作権・出版権。まとめて知的所有権または知的財産権と呼ばれる）、権利者は、不法行為法や不当利得法により帰属の保護を受ける。ただ、情報財が複数人による同時使用可能なものであるなど（有体物を競合財と呼ぶのに対して非競合財と称される）、対象が有形的な存在でなく、権利自体の性質も多様である。それゆえ、それぞれの特別法によって有体物に関する物権とは異なる特有の規律が定められ、これらの権利について民法の物権編の規定が適用・準用されることはほとんどない（金井高志『民法でみる知的財産法〔第2版〕』（日本評論社、2012年）9頁は、知的財産法が民法の一般理論の応用であることを強調し、知的財産法上の規定を欠く場合には民法の規定に頼らざるをえないとする。民法の一般的な考え方とその偏差として理解することは重要だが、少なくとも物権編の規定の適用・準用はないだろう）。

III　慣習法上の物権

1　物権法定主義の課題

　175条や民法施行法35条を定める際に、旧来の慣行による物権的権利に対して配慮が欠けていた。旧慣を意識的に整理縮小したとみる評価（清水5頁注4））と、慣習の多様性ゆえに規定を置けなかったにすぎないとする評価（川島武宜「近代法の体系と旧慣による温泉権」法協76巻4号36頁以下を援用する舟橋19頁）とが対立している。物権法定主義には、さらに、限定された物権の種類では時代の変遷に伴って変化した取引の要請に応えることができず、しかも民法の改正はもとより特別法の制定や整備も必ずしも迅速には行われない、という問題点があった。それゆえ、慣習によって生じてきた物権（少なくとも一定の物権的効力の付与）を認める必要がある。この要請を、175条や民法施行法35条および「公の秩序又は善良の風俗に反しない慣習は、法令の規定により認められたもの又は法令に規定されていない事項に関するものに限り、法律と同一の効力を有する。」と規定する「法の適用に関する通則法」3条（平18年法78号。略称は「法適用通則法」。同規定の前身は法例2条）の整合的な解釈を保ちつつ、どのような基準でどこまで認めるかが課題となってきた。

2　判例の展開

たとえば開墾をした者が有する地表のみの所有権という上土権(うわつちけん)は、まさしく物権法定主義が解消しようとした階層的・封建的な所有権秩序を表すものとして否定された（大判大6・2・10民録23輯138頁：登記どおり地上権として扱い、地主の地代増額請求の慣習をも肯定）。これに対して、判例は、同じように旧来からの物権的権利であっても、鉱泉採酌権（大判明28・2・6民録1輯83頁）、流水使用権（大判明38・10・11民録11輯1326頁）、温泉権（大判昭15・9・18民集19巻1611頁は温泉専用権という。ほかにも湯口権(ゆぐちけん)、泉源権、源泉権など多様な名称があるが、本書では温泉権と呼ぶ。補足＊も参照）など土地とは別に水（温水を含む）を一定量独占的に使用する権利を物権として承認するか、少なくとも一種の明認方法による帰属決定や妨害排除請求権の肯定などの物権類似の処理を認めている。民法施行後の慣習によって、主として展開の著しい金融担保の分野で、根抵当、仮登記担保、譲渡担保、所有権留保などが（『担保物権法』195頁以下の第11節、287頁以下の第6章、307頁以下の第7章、373頁以下の第8章）、新しい物権として承認され、あるいは少なくとも他の債権者への優先という物権的効力を付与されてきた。

このうち、根抵当権については1971（昭和46）年の民法改正で第2編第10章第4節（398条の2-398条の22）が加えられ、仮登記担保権については1978（昭和53）年の「仮登記担保契約に関する法律」（略称は「仮登記担保法」）が制定されることで、慣習法上の物権が法律上の物権として追認され、その規律が精緻化された。

> ＊**温泉権と明認方法**　温泉権は、泉源地の土地所有権から独立して、温泉水を排他的に利用する権利である。その権利は、慣行により、登録、温泉の採取・利用・管理の施設の設置、立て札による権利者の表示などによって公示される。これらには、立木や未分離果実の明認方法（222頁以下のⅣ）と同様の公示方法としての効力が認められている（上記の大判昭15・9・18）。

3　法律構成

学説も、かつては慣習法上の物権を否定する見解もあったが、現在では、第三者に対して主張する権利の内容が明確で、そのことが利害関係を有する者に対して何らかの形で適切に公示されていれば、慣習法による物権の成立

を認めてよいとする点で一致し、判例の結論をおおむね支持している。

　法律の解釈としてその結論をどう整合的に説明するかについては、さまざまな見解が説かれてきたが（詳しくは、新注民(6)219頁-220頁［徳本鎮］）、現在では、おおむね次のように説かれる。物権法定主義の根拠（250頁の2）から逆に、175条は、自由な所有権の確立という方針に反することなく、一定の公示性を備えた慣習法上の物権の成立を否定するものではない。慣習法による物権の成立は、175条の禁じた「創設」に該当しない。そうすると、慣習法による物権の成立は、「法令に規定されていない事項に関するもの」（法適用通則3条）として肯定される、と。

　◆文　献◆
　　用益物権と水利権について詳しくは、新注民(7)489頁-577頁［中尾英俊］（入会権）、849頁-967頁［渡辺洋三ほか］（入会権以外の用益物権）、578頁-594頁［中尾英俊＝江渕武彦］（水利権）。物権法定主義については、新注民(6)216頁-223頁［徳本鎮］。温泉権についての最近の研究として、北條浩＝村田彰『温泉権の歴史と温泉の集中管理』（御茶の水書房、2013年）がある。

第4章　占　有

　自転車を手元に置いて実際に使っている場合には、使用者がその自転車を現実的に支配している。民法は、物権編「第2章　占有権」において、このような物の事実的支配に対して、その支配を正当化する根拠の有無を問わず、多様な効果を与えている。これが占有という制度である。

　占有の効果が多様であることから、これをひとまとめに理解しようとするとどうしても無理が生じる。そこで、本書は、占有制度をその機能に即して考察し、強いて「占有権」として統一的に把握する必要がないとの理解を基本に置いている。この方針に沿って、民法の占有権の章に置かれている条文（通常の体系書・教科書などは占有権の個所で扱っている）のかなりの部分は、関連する制度と結び付けた説明に譲っている。

　本章で扱うのは、占有の意義と機能、所持の取得、効果のうちで取得時効と結びついた諸規定、占有保護請求権（いわゆる占有訴権）、占有保護の根拠、消滅、準占有である。

第1節　意義と機能

I　意　義

　民法は、種々の物権を規律する物権各則のそれぞれの冒頭に、その物権の内容を示す定義規定を置いている（206条・265条・270条・280条・295条・303条・342条・369条・398条の2）。これに対して、占有権には定義規定がない（入会権の定義がないのは、その内容が慣習によって決まるためで、占有権の定義がないこととは意味が異なる）。そこで、占有権の章にある規定を手がかりに占有の定義を考えることから始めよう。

1 「占有権」の中核としての所持

180条は、自己のためにする意思（これを占有意思という）をもって物を所持すれば占有権を取得できると規定している。これは、占有の取得につき、占有意思（主観的要件）と所持（客観的要件）の双方を必要とする立法主義である（フランス法にならう。より新しいドイツ法やスイス法は客観的要件のみで足りるとする）。しかし、実際には所持の有無の方が重要であるから、まずは所持から説明しよう。

(1) 保護の対象としての所持＝事実的支配

所持についても民法上は定義がない。民法のさまざまな規定から、判例・学説は一致して、所持は有体物に対して社会通念上独立した事実的支配を及ぼしていることを指すと解している。

事実的支配の典型として、建物に住んでいる場合や自転車を手元に置いて実際に使っている場合を考えればよい。このような有体物の現実的な支配が認められる典型的な場合は、その自転車の使用者がそれを所有している場合である。しかし、そのような場合ばかりではない。所有者から借りている（有償なら賃貸借契約、無償なら使用貸借契約による）場合や預かっている（寄託契約や倉庫契約による）場合にも事実上の支配がある。それどころか、たとえば盗人や賃貸借契約終了後の賃借人のように、自転車を所有者に無断で使っている場合にすら事実的な支配がある。これらの場合をまとめて考えると、支配を正当化できる法的な根拠（「占有正権原」、「占有権原」あるいは単に「権原」という。所有権や賃借権などがこれに当たる。法律関係の変動を生じさせることができる地位または資格の意味での「権限」とは、音が同じで意味も似ているが、厳密には異なるので間違わないように注意）の有無や内容にかかわらず、現に物を支配している状態が保護の対象になっているのである。

(2) 所持の有無の判断

所持は、手元に置いて使っているなど目に見える形の物の支配がある場合だけではなく、社会通念上、現に支配している状態があると評価されればよいとされる。たとえば、定められた駐車用区画を借りている者には、自動車を運転中で駐車場に居なくても、土地のその区画の所持が認められる。留守宅の郵便受けに配達された郵便物についても同様に所持が認められる。空き家の隣家に居住し出入口を監視して他人の侵入を制止できる状態にあった場

合に空き家の所持を認めた例がある（最判昭27・2・19民集6巻2号95頁）。

　逆に、たとえば、食事中の客が食器を手にしていても、支配は一時的なものであり、所持しているのはレストランであって、客には独立した所持はないと考えられている。建物壁面の広告用工作物の所有者には建物部分の独立の所持がないとして建物収去の強制執行に対する第三者異議を否定した例がある（最判昭59・1・27判時1113号63頁）。

2　占有意思

　占有意思は、占有によって利益を受けようという意思を意味し、他人の物を借りて使っている場合や他人のために物を管理する場合（たとえば運送人。大判大9・10・14民録26輯1485頁）なども含まれるため、所有者としての利益を受けようとする所有の意思より広い。占有意思は、元来は客観的な事実的支配だけでは占有を認めないための主観的要件であった。しかし、現に行われている事実的支配を広く保護するものとして占有制度を理解すると、占有意思を厳密に認定する必要はない。そこで、現在の判例・通説は、占有意思は、所持者の内心の意思ではなく、所持を成立させた原因の性質（次頁の補足＊）により客観的に認められれば足りるとする。賃貸借契約が無効であっても賃借人には、他人の物を自己の利益のために使用する意思がある。つまり、占有意思は、一般的・概括的・潜在的な意思でも足り、その不存在が占有を成立させないという意味で消極的要件と解されるにとどまる。

　さらに進んで、占有意思をまったく問題にしない純客観説も有力である（代表的なものとして鈴木108頁-109頁）。しかし、純客観説では、隣地から岩石が崩落し自己所有の土地にある場合の土地の所有者（岩石は知らない間に客観的にはその支配圏内に入っている）に占有の効果（とくに妨害除去義務）を課すことになりかねず、妥当でない（36頁以下の(d)も参照）。

　もっとも、判例・通説によっても、占有意思がないから占有が取得できないとされる場合はきわめて少なく、占有意思が占有の成立を限定する役割はごく限られている。たとえば、意思無能力者や機関が欠けた法人の占有取得は、判例・通説では否定され、純客観説では肯定される。ただ、意思無能力者に後見人などの法定代理人がいる場合には、代理人を通じて意思無能力者本人も占有を取得する（次頁の3の代理占有。意思無能力者本人の占有意思は不要）。

両説の違いは、占有取得時に意思無能力者に法定代理人がいないとか法人に機関が欠けている場合に限られる。

また、占有意思を積極的に放棄した場合にのみ占有が消滅するとされるので（203条本文前段）、占有意思は占有の継続の要件ではなく、占有取得後に占有者が意思能力を失ったり機関が欠けても、占有権は失われない。

＊**泥棒や横領者の占有**　他人の物を盗んだり、無断で使用する者も、所有者のように物を所持し、使用・収益・処分する意思（所有の意思）があると解される。それゆえ、泥棒や横領者にも占有が認められ、泥棒の占有を奪えば窃盗罪が成立し、占有を奪われた泥棒には占有訴権による保護がある。なお、無効な契約関係や窃取・横領に基づいて支配する者にも占有意思が認められるという結論はよいとしても、占有を生ぜしめた原因をも「権原」と称する（我妻＝有泉468頁など）のは、占有正権原という意味での権原との間で混乱を招く不適切な用語法である。無効な契約関係に基づく占有者や泥棒・横領者には占有はあるが権原はない。

3　代理占有・占有補助者・占有機関

以上の所持と占有意思の関係を、代理占有・占有補助者・占有機関についても考えて見よう。

(1) 直接占有と代理占有＝間接占有

目に見える形で物を直接に支配している者以外にも占有が認められる場合がある。駐車用区画の例（258頁の(2)）では、賃借人を介して、賃貸人も駐車場の土地を占有していると評価される（181条）。すなわち、このような場合には、1つの物について二重の占有が認められるのである。民法は、この場合の占有関係を代理占有、この賃借人のような直接占有者を占有代理人、賃貸人を本人と表現している。

しかし、こうした二重の占有関係の典型である賃借人・受寄者・運送人と、賃貸人・寄託者・送り主との間には、必ずしも代理の関係はない。また、占有や所持は事実的支配を内容としており、民法総則で規定されている意思表示の代理の規定は原則としてこの法律関係には適用されない（もっとも、大判大11・10・25民集1巻604頁は、占有代理人が占有取得時に悪意なら本人にも短期取得時効は成立しないとして101条を類推適用した）。その意味で代理占有は用語法として不適切なので、多くの学説は、ドイツ民法にならって、この場合を

間接占有と表現する。これに対して、実際に物を使っている賃借人の占有は、直接占有と呼ばれている。自己占有と表現されることもあるが、自主占有と紛らわしいので、本書はできるだけ使用しない。

(2) 間接占有の成立要件

間接占有の成立には、直接占有者（占有代理人）の占有に加えて、直接占有者が間接占有者のためにする意思が必要である（我妻＝有泉476頁。佐久間261頁はこれも不要とするが占有意思必要説と調和するか疑問）。もっとも、この意思も、直接占有者の内心の意思ではなく、間接占有者への将来の物の返還を予定しつつ直接占有者の他主占有を基礎づける法律関係（代理占有関係と呼ばれるがやはり適切な用語法ではない）の性質により客観的に認められれば足りるとされている。ここには、地上権や永小作権など用益物権関係、賃貸借・使用貸借・寄託・運送などの契約関係、親権者による未成年者の財産管理関係などのほか、契約の終了や無効に伴い受領した物を返還するべき関係も含まれる、と解されている。

さらに、直接占有者を介して占有を取得する間接占有者の占有意思をも必要とする考え方もある（河上203頁・210頁）。しかし、親権者が意思能力のない幼少の子供の財産を管理する場合にも子供が間接占有を取得し、時効取得の起算点となりうることを認める必要がある。それゆえ間接占有者の占有意思は必要ない（我妻＝有泉477頁）。

(3) 間接占有の効果

間接占有の効果は、直接占有と間接占有という二重の占有が成立することにある。具体的には、直接占有者と間接占有者の双方について、時効取得（162条）、占有取得による対抗要件の具備（182条・183条）、占有保護請求権（197条以下）の原告および被告となりうること、物権的請求権の被告となりうること、土地工作物責任（717条）などについて、占有の効果が認められる。占有改定による間接占有者の即時取得（192条）の成否については争いがあり、本書が限定的な肯定説に立つことはすでに述べたとおりである（221頁以下の2）。

(4) 占有補助者・占有機関

間接占有者と似ているが異なる扱いを受ける占有補助者または占有機関というものが認められている。たとえば、親と同居している子供や住み込みの

使用人などには居住する建物の独立した所持はなく（最判昭35・4・7民集14巻5号751頁）、もっぱら親や雇い主だけが所持者＝占有者だとされる。また、会社の代表取締役が会社の機関である代表者として土地を所持する場合には、土地の占有者は会社自身であり、取締役個人には、個人のためにも所持するものと認めるべき特別の事情がない限り、直接占有はないとされている（29頁の最判昭32・2・15）。

このように目に見える形で物を支配しているように見えても独立した所持、したがって占有がないとされる者を、占有補助者または占有機関と表現し、二重に占有が成立する直接占有・間接占有とは区別している。これらの者に占有が否定されるのは、親や雇い主や会社にだけ占有を認めれば十分であり、独自に同様の保護を与えたり責任を負わせる必要はないからである。

もっとも、直接占有者と占有補助者の境界線は微妙であり、紛争経過中の和解による占有という特段の事情を認めて、宗派の僧籍を剥奪されて寺院の代表役員の地位を追われた僧侶に、個人としての寺院建物等の占有を認め、実力で奪われた占有の回復請求を肯定した例がある（最判平10・3・10判時1683号95頁）。

以上にみてきたように、占有は、たしかに事実的支配を内容とするが、その事実的支配の有無は、社会通念および問題となる効果を認めるのにふさわしいか否かという法的な評価によって判断される。

II 機　能

1　占有と占有権原

すでに触れたが、占有の背後にあって事実的支配を正当化する法律上の原因を「占有（正）権原」や「権原」と呼ぶ（258頁の(1)）。「本権」や「占有すべき権利」という表現も同義である。以下では「占有権原」で統一する。所有権や地上権、質権などの物権だけではなく、賃貸借契約や寄託契約などの契約関係も占有権原となる。占有は、現に有体物を支配している状態を指し、背後に占有権原があるか否かを問題としない。

占有と占有権原は、重なることも多いが異なるものである。たとえば、売買契約によって所有権という占有権原をすでに取得した買主は、引渡しがな

されて事実的支配を得るまでは占有を取得していない。逆に、財布を道で落として行方がわからなくなれば、遺失物としてその占有は失われるが、その占有権原である所有権はそれだけではただちに失われない（遺失物の処理につき、77頁の(2)）。間接占有や占有補助者による占有が認められる点で、占有は観念化しているが、あくまで事実的な支配を基礎としており、占有権原が実際に事実的な支配をしていなくても存在するという意味で観念的な存在であることとは対照的である。

通常の教科書等では、事実的な支配がなぜ保護を受けるのかを、占有を説明する最初の総論の個所で説いているが、具体的な制度を理解してから抽象的な原則等を考える本書の方針に従って、それは最後に占有制度全体を振り返って考えることにする。

2 占有と占有権

民法は「占有権」という表現を用い、物権編に所有権や制限物権と並べて規定している。たしかに、占有権は物に対する支配であり、だれに対しても主張できる対世効が認められている。しかし、それは、他の物権のように物の価値の支配から得られる利益を占有者に排他的に割り当てて利益の享受を積極的に正当化するものではない。対抗問題では一般に物権取得者を177条や178条の第三者と解しているが（127頁の(a)）、占有者は占有権原を持たなければ不法占有者であって177条や178条の第三者ではない（131頁の(c)）。占有の内容は事実的支配そのものであり、そうした事実的支配に対して次に3で見るような多様な（物権的な対世効を含む）効力が与えられているにすぎない。占有（事実的支配）の取得により占有権が取得され占有権にさまざまな効力が与えられる、という迂遠な説明は必要ではなく、占有（事実的支配）にさまざまな効力が与えられている、と説明するのが簡明である。

以上のように、占有は、他の物権とはまったく異質である。このため、近時の学説の多くは、「占有権」と呼ばず、「占有」と表現する（たとえば山野目は6頁-7頁でこの旨を示し、占有訴権を除いて物権法講義の対象から占有のまとまった記述を外す徹底した姿勢を見せる）。少なくとも物権を論じる際に、「占有権」の特殊性は十分意識しておく必要がある。本書もこうした考え方に従っている。

3 占有に結び付けられた多様な効果

ローマ法に由来する規定とゲルマン法に沿革をもつ規定が日本民法には混在しており（補足＊）、占有の効果には多様なものがある。機能面に着目して分類すると、次のように整理することができる。すなわち、

①占有は、取得した本権を公示し、占有の移転を意味する引渡しが動産所有権および質権の取得の対抗要件や成立要件となる（182条-184条・178条・344条。200頁以下の(3)）。

②占有は、占有権原の存在や適法性などの推定の基礎となり、時効取得や即時取得を成立させるための占有者の証明責任を緩和する（186条・188条。269頁以下の 2 ）。

③果実・損害・費用について、占有権原に基づいて返還請求をする者と請求を受ける占有者との間の利益調整を行う（189条-191条・196条。39頁以下の 2 ）。

④占有は、所有権その他の占有権原の原始取得の要件となる（162条の取得時効。192条-194条の即時取得。204頁以下のⅡ。195条の家畜外の動物の取得、239条の無主物先占、240条の遺失物拾得、241条の埋蔵物発見。76頁以下の 2 ）。

⑤占有は、いわゆる占有訴権制度による保護の対象となる（197条-202条・302条・353条。274頁以下の第 4 節）。

⑥占有は、占有権原の侵害者として返還義務を負う要件や（28頁以下の(a)）、特別な不法行為責任を課する要件となる（717条・718条。河上200頁はこれを義務負担機能と呼ぶ）。

占有を扱う本章では、このうち、②・④（取得時効との関連に重点を置く）・⑤を説明し、その他の説明は、上記の各個所に譲っている（不法行為責任に関しては債権各論に譲る）。

＊ポッセッシオーとゲヴェーレ　ポッセッシオー possessio は、ローマ法で占有を意味するラテン語である。それは、ローマ市民権をもたず所有権を取得できなかった属国の人にも、占有訴権によって所有権に類する保護を与える必要があったことから、所有権とは異なる概念として発展した。

他方、ゲヴェーレ Gewere（フランス法ではこれに相当するものはセジーヌ saisine と呼ばれた）は、近代以前のドイツ（ゲルマン社会）で生成した観念で、占有移転行為から転じて、物の事実的支配を意味した。ゲルマン法では、ゲヴ

ェーレは所有権などの本権と対立するものではなく、本権と不可分に結びつき法的保護の対象となる「権利の衣」と解された。

第2節　占有の取得

I 原始取得と承継取得

　占有の中核である有体物の事実的支配は、新たに占有意思を伴って所持を開始することによって取得される（180条。258頁以下の１）。これは占有の原始取得と表現することができる。無主物先占・遺失物拾得・埋蔵物発見等は、こうした占有の取得である。しかし、売買契約に基づいて売主から買主に、対象物の支配を移す場合を考えると、支配状態が引き継がれる承継取得も観念できる（187条）。「占有権」の観念は、権利の承継取得という考え方を用いて説明するには便利であるといえる。

　承継取得の場合には、自らが原始取得する占有と前主から承継取得する占

図表13　占有移転の４態様と占有関係の変化

占有移転の態様	事　例	占有移転前	占有移転後
現実の引渡し（182条１項）	AからBへの対象物の一般的な売却	A：直接占有・自主占有 B：占有なし	A：占有消滅 B：直接占有・自主占有
簡易の引渡し（182条２項）	賃貸人Aの賃借人Bへの対象物の売却	A：間接占有・自主占有 B：直接占有・他主占有	A：占有消滅 B：直接占有・自主占有
占有改定（183条）	AからBへの対象物の売却後もAが占有を継続	A：直接占有・自主占有 B：占有なし	A：直接占有・他主占有 B：間接占有・自主占有
指図による占有移転（184条）	Cに預けた対象物のAからBへ売却	A：間接占有・自主占有 B：占有なし C：直接占有・他主占有	A：占有消滅 B：間接占有・自主占有 C：直接占有・他主占有

＊自主占有と他主占有の区別については、267頁以下のIを参照。

有の両方を考えることができる。このように考えることは、とりわけ取得時効の成否において、占有期間の算定の際に意味を持つ（187条1項。271頁の1）。

　民法は、事実的支配の移転による占有の承継取得につき4つの態様を規定しており（182条1項および2項・183条・184条）、これらはいずれも178条の引渡しとして、動産物権の承継取得の対抗要件となる。これらの具体的な説明はすでに行っているので（200頁以下の(3)）、ここでは、占有移転の前後でその占有関係がどう変わるかを整理する図表13を前頁に示すにとどめる。

II　相続による占有の承継取得

　占有の相続については、民法に明文の規定はない。事実的な支配を引き継ぐ行為がされておらず、相続人が相続の開始を知らない場合にも、占有が承継取得されるとすることには疑念もある。しかし、相続の効果は人の死亡時に発生し（882条）、相続人は、一身専属権を除いて、被相続人の財産に属した一切の権利義務を承継するとされているから（896条）、財産的な利益を有する占有も直ちに包括承継されると考えてよい。むしろ、そのように理解しないと、相続人が相続財産につき現実的な支配を開始するまでの間、人の死亡という偶然的な事情によって、占有が中断して時効取得が妨げられたり、占有を不法に奪われても救済されないことになってしまう。所持自体が社会通念に沿った法的評価であることからも、相続による占有の承継は肯定できる。大審院以来の判例（大判明39・4・16刑録12輯472頁、最判昭28・4・24民集7巻4号414頁。ただし、後者の具体的な解決には疑問も呈されている。河上227頁）・通説である。

　他方、この場合にも、承継取得される占有と相続人が新たに開始した占有が並立し、取得時効の成否に関して意味を持つことになる（271頁の1）。

第3節　取得時効に関連する占有規定

Ⅰ　自主占有と他主占有

1　定　義

　所有の意思をもった占有を自主占有といい、所有の意思をもたない占有を他主占有という。自主・他主の「主」という字は所有者を表現しており、自主占有は所有者としての占有、他主占有は他に所有者がいることを前提とする占有を示す。他人物売買の場合の悪意の買主も、所有権の取得を目的とする売買契約に基づいて占有しており、自主占有者である（最判昭56・1・27判時1000号83頁）。他主占有は、所有の意思をもたない占有だが、「自己のためにする意思」（＝占有意思。180条）は備えている（両者は非常に混同しやすいので注意が必要である）。賃貸借契約や使用貸借契約など利用契約を介して他人の物を占有している場合や、運送契約や寄託契約など他人の物を運んだり預かるために占有している場合が他主占有の典型例である。

　もっとも、すでに述べたように、占有は、それを正当化する根拠である占有権原（262頁の1）を背後に有するとは限らない。それゆえ、たとえば、売買契約が無効であってもその契約に基づいて引渡しを受けた買主は自主占有を有する（もっとも、無効が判明した後で受領物の返還を合意すれば、現実の引渡し前に売主が間接占有を取得し（181条）、直接占有する買主は他主占有者になったと考えられる）。また、利用契約や寄託契約が実際には無効であってもそのような契約に基づいて引渡しを受けた者は、他主占有を有する。

2　相　違

　自主占有と他主占有の区別が最も意味をもつのは、時効取得される権利の違いである。他人から借りた物や預かった物は、いくら長期間占有を続けても、所有権を時効取得することができない。自主占有が所有権の取得時効の要件だからである（162条）。

　これに対して、他主占有に基づいて所有権以外の権利を時効取得する可能

性がある（163条）。地役権には時効取得を認める明文の規定がある（283条）。判例は、賃借権（最判昭43・10・8民集22巻10号2145頁）や地上権（232頁の(1)の最判昭46・11・26）も283条と類似の要件をみたせば時効取得できるとしている。

II 瑕疵のある占有と瑕疵のない占有

1 瑕疵

　占有権原を有していない占有者について、悪意（占有権原のないことを知っていること。補足＊も参照）、過失（善意であることに過失があること）、強暴（平穏でない占有、すなわち、暴行・強迫によって取得した占有）、隠秘（公然でない占有、すなわち、密かに隠れて取得した占有）のいずれかの性質を帯びる占有を、瑕疵のある占有という。これに対して、善意無過失・平穏・公然の占有を瑕疵のない占有という。占有権原を有している占有者については、通常は、善意・悪意や過失の有無は問題にならない（占有権原が対抗力を欠く場合は例外）。

　瑕疵のある占有と瑕疵のない占有の区別は、時効取得や即時取得の成否、占有者の責任や保護の強弱（189条-191条・196条。39頁以下の2。占有保護請求権においても占有者の善意・悪意に意味がある。277頁以下の(2)）に影響する。すなわち、瑕疵のない占有があれば、短期時効取得が可能である（162条2項・163条）。これに対して、平穏・公然の占有でないと、およそ時効取得は認められず、悪意や過失のある善意の占有では、長期時効取得だけが可能となる（162条1項と2項を対比）。即時取得も瑕疵のない占有の取得を要件としている（192条）。

　　＊**善意・悪意**　法律学では、問題となる事実を知らないことを善意、知っていることを悪意と呼び、それ自体には倫理的・道徳的な判断を含まない。善意の場合には、善意であることについての過失の有無が別途問題となる。
　　これに対して、占有権原の存在に疑いを抱いている者は悪意占有者であるとするかのような古い判例（大判大8・10・13民録25輯1863頁）があり、それにならう学説が通説とされている。しかし、条文において善意・悪意とは別に過失の有無が問題とされていることからみて、このような解釈は不自然である。また、この判決は、186条が無過失の推定をしないことを主眼としているから、占有に関してのみ善意の中に過失の有無をも問題にしているとこの判決を読む

のは、判旨の誤読と思われる。たしかに、たとえば189条1項や現代用語化前の478条などのように、法文上は善意のみが要件とされていても、解釈により善意無過失が必要であると解しうる。しかし、それは善意概念の拡張によるのではなく、各条文の趣旨に基づき無過失要件を追加していると理解するほうがよい。それゆえ、善意・悪意は、一般的な知・不知と同じように解すればよい（『新注民(7)』71頁［稲本洋之助］、石田521頁）。

2　2つの推定

取得時効制度は長期間の占有継続を要件としている。短期取得時効は、さらに、占有開始時に瑕疵のない占有を開始したことを要件としている。これらの厳密な証明を占有者に課したのでは、取得時効制度は実際にはほとんど機能しないことになってしまう。そこで、民法は、2つの推定規定を設けている。

(1) 占有態様に関する推定

まず、占有者は、所有の意思をもって、善意で、平穏に、かつ、公然と占有をするものと推定される（186条1項）。それゆえ、所有物の返還を主張するなど、取得時効を争う側が、反対の証拠を挙げなければならない。所有の意思の推定については、相続を介した場合が多いため後でまとめて論じ（272頁以下のⅣ）、ここでは、善意・平穏・公然の推定について説明する。

判例（大判大6・2・28民録23輯322頁、最判昭46・11・11判時654号52頁）・通説は、取引行為によって占有が承継取得される必要がある即時取得の場合（192条。209頁以下の(2)および212頁の補足＊）とは異なって、原始取得した占有を根拠に取得時効が主張される場合もあることを考慮して、186条1項の条文の文言どおり無過失は推定されないと解している。それゆえ、取得時効を主張する占有者が、客観的な状況からみて占有権原がなかったことに疑いを抱かなかったのが当然であるという事情を証明する必要がある。これに対して、186条または188条の解釈として無過失まで推定されるとの見解（舟橋298頁など）も有力である。

(2) 占有継続の推定

次に、過去のある時点の占有と後の別の時点の占有の証拠があれば、その間は占有が継続したものと推定される（186条2項）。その間の占有の中断によって取得時効が中断している（164条）と主張する者が、中断を証明しなけ

ればならない（203条ただし書につき、278頁の(2)の末尾も参照）。

> **法律上の推定と事実上の推定**
> 　186条や188条の推定が法律上の推定か事実上の推定かが争われている。両者は、反対事実の証明責任が相手方に転換されるか否かの違いであり、推定を覆すために必要とされる証明度が異なる。通説は、これらを法律上の推定と解し、たとえば186条1項の所有の意思の推定では、それを否定したい側が積極的に他主占有であることを立証できないと自主占有と認定される、とする。これに対して、所有権に基づかない他主占有も広く存在するため、この推定を事実上の推定と解し、自主占有を疑わしいと思わせる程度の反証で足りるとする説もある（たとえば藤原弘道『時効と占有』（日本評論社、1985年）122頁-124頁、石田520頁）。
> 　理論的にはともかく、判決文に心証度が述べられることは少ないので、具体的事案における本証と反証の証明度の違いは明確でない。

Ⅲ　2つの占有の選択

> **設例33**　Xが所有する甲土地を現在Yが権原なく占有している。次の場合、XはYに甲の明渡しを請求できるか。
> 　[1]　AがXの所有であることを知りつつ13年間甲の占有を続けた後で、Yがそのような事情を過失なく知らずにAとの売買契約によって甲の引渡しを受け、8年間占有を続けた場合
> 　[2]　AがXの所有であることを知りつつ13年間甲の占有を続けた後で、Yがそのような事情を過失なく知らずにAとの売買契約によって甲の引渡しを受け、6年間占有を続けた場合
> 　[3]　AがXの所有であることを過失なく知らずに8年間甲の占有を続けた後で、Yがそのような事情を知りつつAとの売買契約によって甲の引渡しを受け、6年間占有を続けた場合
> 　[4]　AがXの所有であることを過失なく知らずに13年間甲の占有を続けた後で、Yがそのような事情を知りつつAとの売買契約によって甲の引渡しを受け、6年間　占有を続けた場合

1　占有期間の合算と瑕疵の承継

以下の説明は他主占有の承継にも当てはまるが、わかりやすい自主占有の承継を例にして説明する。たとえば、Aが自主占有していた物が、売買によってYに承継取得された場合、先に述べたように (265頁以下の[1])、Yには新たに自らが原始取得した占有とAから承継取得した占有の両方が考えられる。それゆえ、Yは、自己の占有のみを主張してもよいし、Aの占有期間を合算して主張してもよい (187条1項)。Aのさらに前主や前々主に遡り、その者以降の占有をすべて合算することもできる (大判大6・11・8民録23輯1772頁)。占有の承継は、このような場合に当事者の交代により時効取得が妨げられないようにするための工夫である。ただ、前主の占有も併せて主張する場合には、その占有の瑕疵をも承継する (同条2項。瑕疵については268頁の1)。

なお、判例は、古くは、包括承継人は前主の地位をそのまま引き継ぐだけで独自の占有の主張は許さないとして、187条の適用を特定承継に限定していた (大判大4・6・23民録21輯1005頁。被相続人が悪意の場合に相続人の短期取得時効の主張を否定)。しかし、占有の二面性が肯定されている現在では、相続の場合 (最判昭37・5・18民集16巻5号1073頁) や権利能力なき社団が法人格を取得した場合 (最判平元・12・22判時1344号129頁) などの包括承継でも、同条の適用が認められ、承継人は自己固有の占有の主張ができる。

前頁の設例33を使って具体的に説明しよう。[1]の場合、Yは、自己の8年の占有だけでは、短期取得時効の要件をみたさないが、Aの占有も併せて21年の占有を主張することによって、長期取得時効の要件をみたすことができる。これに対して、[2]の場合には、合算によって占有期間は19年になるが、Aの悪意を承継するので、Yは短期取得時効を主張できない。Yは、もう1年間占有を続ければ長期取得時効を、4年間占有を継続すれば自らの占有だけを根拠に短期取得時効を、それぞれ主張することが可能になる。

2　瑕疵のない占有の承継？

争いがあるのは、設例33の[3]のような場合である。判例 (最判昭53・3・6民集32巻2号135頁) は、Aの瑕疵のない占有を承継するので、Yに短期取得時効の主張を認める。これに対して、Yの短期取得時効を認めずYがXの請求に服するとしても、前主AはYから責任 (560条以下) を追及されることは

ないと解釈できるから、悪意のYを保護する必要は乏しく、187条2項は瑕疵のない占有の承継まで認めているものでない、としてYの短期取得時効を認めない見解がむしろ多数である（最近では、内田414頁-415頁や河上225頁。ただし、河上は包括承継の場合にはYの悪意は問題にならないとする）。

しかし、270頁の設例33の[3]の事例において、善意無過失のZがYから甲を譲り受けてさらに5年間占有した場合はどうなるだろう。無瑕疵の占有の承継を否定する多数説によれば、ZはYの瑕疵ある占有を承継する。したがって、善意のAとZの占有期間は合計13年継続しているが、中間者Yの悪意に阻まれて、Zには短期取得時効が認められない。また、設例33の[4]の場合において、Aの下では短期取得時効が完成していたにもかかわらず、Yはそのことを自己に有利に援用できない可能性がある（内田415頁は別問題とする）。こうした結論の妥当性には疑問があり、判例の考え方を支持する（批判的な事例の摘示を含め、石田540頁-541頁）。

Ⅳ　他主占有から自主占有への転換と相続

> **設例34**　Aは、Xが所有する甲建物を預かって管理していたが、死亡してYがAの財産を相続した。しかし、Yは、甲はAがXから贈与されたものであると聞かされており、以後所有の意思をもって10年以上占有を続けた。XはYに甲の明渡しを請求できるか。

1　他主占有から自主占有への転換

他主占有者が所有者に占有物を返還する意思がなくなっても、それだけで自主占有に転換するわけではない。しかし、今までAがBの物だと思って他主占有をしていたところ、自分の物であるとの証拠が出てきたため、Aが以後は自主占有する旨の意思をBに対して表示した場合や、真の所有者と思われるCが現れたのでAがCからその物を買い取るなど新しい権原（この場合にはAC間の売買契約により取得した所有権）によって所有の意思をもって占有を始めた場合には、その時点から自主占有への転換が認められる（185条。前者の場合は、285頁以下のⅡで説明する204条1項2号による間接占有の消滅と表裏の関係にある）。AC間の契約が有効でなくても自主占有への転換が認められ、Aには所有権の取得時効の可能性が開かれる（無権代理人との契約の場合につき最判昭

51・12・2民集30巻11号1021頁、農地所有権移転の要件である許可や承認がない場合につき最判昭52・3・3民集31巻2号157頁）。

2　他主占有の相続による承継

問題は、前頁の設例34のYのように他主占有者Aから占有を相続した者に、自主占有が認められるかである。相続が包括承継であることを重視すれば、他主占有者の相続人は何年経っても他主占有者であり、所有権を時効取得することができない（大判昭6・8・7民集10巻763頁）。しかし、その後、まず抽象論として相続は新権原に当たりうるものと変更された（最判昭46・11・30民集25巻8号1437頁。ただし、この事例では新たな自主占有が認められないとして時効取得を否定）。次いで、相続人の事実的支配が外形的客観的にみて独自の所有の意思に基づくものと解される事情を証明できた場合に、相続人による所有権の時効取得が肯定された（最判平8・11・12民集50巻10号2591頁）。

学説では、判例を支持する者が多数と思われる。これに対して、自主占有への転換は認めるものの、相続自体は新権原ではなく転換のきっかけに過ぎず、間接占有関係を抜け出し、これを否定する態度が示されたと評価できるだけの外形的・客観的事情や185条前段の意思の表示を必要とするものがある（287頁の文献の辻『所有の意思と取得時効』やこれを支持する河上231頁、石田519頁-520頁）。自主占有への転換を考えるにあたっては、所有者の保護も考える必要がある。事情の変化が認識できない以上、所有者は他主占有が続いていると考えて、占有者の使用に異議を述べないのが通常であろう。所有者に占有状態の変化を認識させる機会を与える必要があるとする後者の見解が、関係者の利益衡量としてより精細で優れている。

3　自主占有の推定との関係

一般的には占有は自主占有と推定されるが（186条1項）、占有取得が他主占有権原（267頁の1）に基づくこと、または、外形的・客観的にみて占有者が他人の所有権を排斥して占有する意思を有していなかったものと解される事情（他主占有事情）が証明されれば、この推定は破られる（最判昭58・3・24民集37巻2号131頁）。もっとも、解除条件付売買で条件が成就して契約が失効しても、引渡しを受けて開始した買主の占有が遡って自主占有でなくなるも

のではない（最判昭60・3・28判時1168号56頁）。また、占有者が長期間にわたり移転登記を求めず固定資産税も負担していなかったことは、他主占有事情の存否の判断について、常に決定的な事実ではない（最判平7・12・15民集49巻10号3088頁）。

これに対して、他主占有者の相続人の場合には、所有の意思の推定は働かず、一般の場合とは逆に、占有者が、客観的外形的にみてその占有が独自の所有の意思に基づくことを伺わせる事情（自主占有事情）を立証しなければならない（前頁の2の最判平8・11・12）。この場合の占有者の所有の意思の有無は、占有者と所有者の事情を総合して判断されている。占有者の事情として、登記済証の所持・使用対価の不払・不動産の保守管理・固定資産税の継続納付・第三者からの賃料の収取や独占など、所有者側の事情として、そのような独占的な占有を知りながら異議を述べなかったり容認したことなどが、自主占有事情とされる（上記の各判決のほか、最判昭47・9・8民集26巻7号1348頁、最判平6・9・13判時1513号99頁）。

第4節　占有保護請求権

設例35　XがAから資材置き場として借りている甲土地に、YがXにもAにも無断で自動車を常時駐車しているため、甲の使用の妨げとなっている。XがAに賃料を支払って借りている場合と無償で借りている場合とで、Yに対して主張できる権利は異なるか。

設例36　A社団法人の代表役員であったXが、A所有の絵画乙を預かっていたところ解任され、乙を実力でBに奪われ、乙はさらにBからYに賃貸され、引き渡された。XはYに乙の返還を求めることができるか。

設例37　XがAから預かって管理している丙土地と隣地の境界線について、隣地所有者Yとの間で争いが生じ、Yは、Xが留守をした1日の間に、Xの主張している境界線から50センチ以上食い込む形でプレハブ物置の据付工事を行った。XはYに物置の収去を請求できるか。

I　いわゆる占有訴権

　197条から202条に規定されている占有の訴えを、伝統的に占有訴権と呼んでいる。これは、たとえば、前頁の設例35から設例37までの場合のように事実的支配が侵害されたり、あるいはそのおそれがあるときに、侵害者や侵害を生じさせるおそれのある者に対して、妨害の停止・予防・物の返還を求める占有者の請求権である。占有訴権という呼び名は、沿革に由来し、訴訟によって行使するべき実体法上の占有保護請求権（広中313頁以下）を簡略に表現するものである。占有者は、さらに、占有の訴えを本案訴訟として、民事保全法による仮処分を用いて現状を維持することができる。

II　請求権の種類と特徴

1　3種類の請求権と共通の特徴

(1)　3種類の請求権

　まず、3つの請求権に共通する性質を所有権に基づく請求権（26頁以下の第2節）との異同の観点から簡単に説明する。

　①設例35や設例37のように占有を全部奪う以外の形で占有を部分的に侵害された場合には、占有者は、妨害の停止および損害賠償を求める占有保持の訴え（198条）を提起できる。所有権に基づく妨害排除請求権に相当する。

　②占有者がその占有を妨害されるおそれがある場合には、妨害の予防または将来の損害賠償を確保するための担保（保証人を立てたり担保物権を設定したり金銭を供託するなどの措置）を求める占有保全の訴え（199条）が可能である。これは所有権に基づく妨害予防請求権に相当する。

　③設例36のように占有物の占有全部を奪われた場合には、占有者は、対象物の返還および損害賠償を求める占有回収の訴え（200条1項）を提起できる。これは所有権に基づく返還請求権に対応する。

(2)　故意または過失の要否および損害賠償請求権との関係

　占有保護請求権は、特定の者（債務者）に対してのみ給付による権利の実現を請求できる債権とは異なり、不特定の者を相手にする点で、やはり物権

的な権利であると解されている。占有保護請求権は、客観的に占有が侵害されるかそのおそれがあれば発生し、現に占有を侵害している者や侵害を生じさせるおそれのある者に故意や過失を要しない点で、物権的請求権と同じである。

損害賠償請求権は、本来、占有保護請求権の効果ではなく、不法行為(709条以下)に基づくものであり、その発生には一般的には侵害者の故意または過失を要する(717条では土地工作物の設置保存の瑕疵で足りる)。占有の訴えの個所に損害賠償請求権が併せて規定されたのは、損害賠償請求権が、占有保護請求権と両立または選択可能であることを示すとともに、不法行為の一般的な規定(724条の3年または20年)より短い1年の期間制限(201条1項・3項)に服するとする趣旨である。なお、妨害除去等の請求権の内容は、法文が明記しているとおり行為請求権と考えられ、物権的請求権の場合のような学説上の争いは見られない。

(3) 占有保護請求権の当事者および期間制限

原告となりうるのは占有者であり、直接占有者でも間接占有者でもよい(197条後段を参照)。これに対して、独立した所持を持たない占有補助者は、原告となることも被告となることもできない(最判昭32・2・22判時103号19頁)。それゆえ、274頁の設例36のXのような法人の機関は通常は独立した占有者でない。しかし、同時に個人のためにも所持するものと認めるべき特別の事情がある場合には、その物について個人として占有の訴えを提起することができる(262頁の最判平10・3・10。僧籍剥奪処分の効力をめぐる訴訟中、訴訟の決着まで現状の占有を認めるとの別件和解に反して一方当事者が占有を奪った事例で占有回収の訴えを認容)。

占有の侵害から時間が経つと新たな事実的支配が確立してしまいそれ自体が保護に値するものとなることから、物権的請求権とは異なって権利行使期間に1年の制限がある(201条各項。2項はただし書の場合)。

2 各請求権の特徴

(1) 占有保持の訴えと占有保全の訴え

占有保持の訴えは、妨害が続く間か、妨害が終わった後1年以内に提起しなければならない(201条1項本文)。占有保全の訴えは、妨害の危険が存在す

る間に提起する必要がある (同条2項本文)。いずれも、工事によって占有物に損害が生じるかそのおそれがある場合には、着工後1年を経過するか工事が完成すると、権利行使ができなくなる (同条1項・2項の各ただし書)。では、274頁の設例37のXは、据付工事が終わっているプレハブ物置の収去を請求できなくなるのだろうか。法律家としてのセンスが問われる問題である。

　この規律が設けられたのは、工事着手後に相当期間を経過するか工事完成後に成果物を撤去すると社会的・経済的に損失が大きく、占有者の利益と相手方の利益との間で、暫定的保護という制度の趣旨に沿った均衡を図る必要があるからである。この趣旨から逆に、201条にいう工事は、ある程度の費用・労力・日数を要する相当の規模以上のものに限定されると解される (東京高判昭50・11・27判時803号66頁。広中341頁-342頁)。このような解釈は、規定の趣旨に即して文言を縮小解釈する目的論的制限解釈の好例である。これによれば、設例37においてわずか1日の間におこなわれたプレハブ物置の設置工事は、201条1項ただし書にいう工事には該当しないと解され、同項本文の期間内においてXはYに物置の収去を請求できることになる。

(2) 占有回収の訴え

　占有回収の訴えは、侵奪、すなわち意思に反して占有を奪われたことを要件とする。所有権に基づく返還請求権とは異なり、自然力や第三者の行為によって占有物がだれかの支配領域に移動しても侵奪ではない。また、自らの意思で占有を移転した場合には、たとえ騙し取られたとしても侵奪には当たらないから、占有回収の訴えは提起できない (大判大11・11・27民集1巻692頁)。

　さらに、占有回収の訴えの相手方となる (被告適格がある) のは、原則として、侵奪者とその包括承継人 (相続人や合併会社など) である (200条2項参照)。設例36のYのような特定承継人は、侵奪の事実を知っていた場合にのみ被告とすることができる (同項ただし書)。判例 (最判昭56・3・19民集35巻2号171頁) は特定承継人の過失の有無を問わないが、192条との均衡から過失のある善意者も返還責任を免れないと解するべきである (広中352頁)。Yが善意 (または善意無過失) であれば、Yには対象物の直接占有を返せとはいえないため、侵奪者Bに対して、指図による占有移転の形で間接占有を返還するよう求めることになる (大判昭5・5・3民集9巻437頁)。善意 (・無過失) 者に占有がすべて特定承継されると占有物返還請求権は失われ、その後に悪意者が占有を

取得しても、この悪意者を相手に占有回収の訴えを起こすことはできない（大判昭13・12・26民集17巻2835頁）。

占有回収の訴えは、侵奪時から1年以内に提起しなければならない（201条3項）。この訴えに勝訴して占有を回復すれば、占有は消滅せず（284頁のⅠ）、占有は所持を奪われていた期間も継続していたものとみなされる（203条ただし書。最判昭44・12・2民集23巻12号2333頁は、1年以内の提訴がなかったとして占有の継続を否定した例）。この擬制は、とりわけ取得時効の自然中断（164条・165条）が生じないことに意味がある。占有を奪った者から訴訟によらずに和解等によって1年以内に占有を回復したときも、同条を類推適用して、占有が継続していたものと扱うべきであろう（加藤239頁）。

交互侵奪

　AがBから借りた自転車をCに盗まれた。Aがその場でCから自転車を奪い返せば適法な自力救済となるかどうかの問題である。Aが数日後にその自転車を発見し、占有回収の訴えによらずに、Cに無断で持ち帰ったとしよう。このような事例を交互侵奪と呼んでいる。最初の侵奪者CがAに対して占有回収を請求できるのかが問題となる。大判大13・5・22民集3巻224頁は請求を認容した。

　これに対して、最近の多数説は、最初のCの侵奪から1年以内であれば、Cに占有回収請求を認める必要はないとする。すなわち、この期間内には、AはCに対して占有回収の請求ができ（201条3項）、Cはいまだ安定した占有を確立していない。また、仮にCの占有回収請求を認めても、その実現を条件にAもまたCに占有回収の請求ができるから、結局、自転車はAのところに戻ることになる。Cの占有回収請求を認めることは、訴訟上不経済である。

　なお、所有者BはCに対して所有権に基づく返還請求が可能であり、この請求権には期間制限はない（返還請求の相手方について28頁の(a)）。

Ⅲ　占有保護請求権と本権に基づく請求権の関係

　たとえば、所有者が所有物の占有を奪われた場合は、所有権に基づく返還請求権と占有回収の訴えが両方成り立ちうるが、両者は独立しているので、

所有者はいずれを行使してもよい (202条1項)。次に、無権原占有者Xが占有している物を、その所有者Yが実力で奪ったとしよう。XはYに対して占有回収の訴えを提起できるが、YもXが占有を回復すれば所有権に基づく返還請求ができる。この場合も、両者は独立しているので、占有回収の訴えに対して、Yが所有権を有することを抗弁として主張することはできない (同条2項)。もっとも、判例は、占有保護請求の訴えの被告となったYが、所有権に基づく返還請求権の反訴を提起することは許されるとした (最判昭40・3・4民集19巻2号197頁)。この場合には、両請求とも認容されて、最終的には物は本権者に戻ることになる。あるべき権利状態を内容とする本権と現状維持を内容とする占有が対立する場合、最終的に本権が優先するのは当然であろう。

第5節　占有保護の根拠

Ⅰ　議論の混迷

　事実的な支配にすぎない占有が保護される根拠として、自力救済の禁止と引換えに現状をそのままにして平穏な社会秩序を維持することがあげられる。ある人が自分には占有権原があると主張して占有者に土地の明渡しを求める場合も、逆に占有者が占有を奪われたと主張して現占有者に返還を求める場合も、相手方には言い分があるから、公的な手続によらずに主張どおりの自力救済を許せば、実力行使が横行して平和な秩序を保てない。占有保護請求権の行使により、元の占有状態をとりあえず回復させて、別途、本権に基づく訴訟で決着をつけるのがよいと考えられたのである。
　しかし、現状の平穏な社会秩序の維持や迅速な保護は、むしろ刑事法や仮処分制度に期待するべきものとも考えられる。占有訴訟がフランス法のように本権の訴訟とは別に簡易・迅速な審理を保障する仕組みになっていれば、それは迅速で暫定的な秩序維持を目的とするとの位置づけができたかもしれない。だが、特別な占有訴訟制度は設けられず、第二次世界大戦前に占有訴訟を区裁判所の管轄とした裁判所構成法も戦後廃止されて、かすかにあった

特別訴訟的な性格はまったく消えてしまった。

本権の存在の証明が困難なこと（下記のコラム）を回避し背後にある本権を保護することも、占有の保護の根拠としてあげられる。しかし、証拠方法が充実し、本権推定規定や時効取得・善意取得による占有者の本権取得の制度（これらも占有の効果である！）が確立した現代では、本権の存在の証明は太古のローマ法時代のような困難なものではない。本権に基づく保護が可能であれば占有保護請求権を持ち出す必要は乏しい。

債権的な利用権など対世効を欠く本権の保護の不足を補完するのが占有保護請求権であるという説明は、制度の現代的機能を重視した鋭い観察といえる。ただ、この議論の提唱者である川島武宜が念頭に置いていたと思われる不動産賃借権については、その後の判例の展開により、対抗要件を備えれば賃借権自体に基づく妨害排除が可能であるとされ（最判昭28・12・18民集7巻12号1515頁。新605条の4で明文化されたが対抗要件を欠く場合については解釈に委ねられている）、所有者の妨害排除請求権を代位行使する債権者代位権の転用も認められたので（最判昭29・9・24民集8巻9号1658頁）、占有保護請求権に頼る必要が減じている。さらに、本権保護の観点によっては、泥棒その他の不法占有者のように本権を欠く占有者であることが明らかになった者まで保護されることは説明しにくい（平穏な社会秩序の維持に伴う不可避の副作用というほかないだろう）。

占有に結びつけられた機能は多様であることから、それぞれの機能に応じて考える必要があり、1つの根拠だけで統一的に占有の保護を説明しようとすることには無理がある。

> **悪魔の証明 probatio diabolica**
> 　ローマ法においては、現在所有権があることを証明するためには、売買や相続などの有効な所有権取得原因（権原）によって前主から所有権を承継取得したことを証明しなければならなかった。前主の所有権はその前主（現在の所有者からみれば前々主）から、同様に承継取得したことで証明される。このように考えると、動産を最初に作り出したり、国家から不動産所有権の払下げを受けた時点まで、延々と遡って権原の連鎖を明らかにしないと、現在の所有権の帰属は証明できない。時の経過による証拠の散逸を考えると、この証明を要するとすることは不可能を強

いることになるので、「悪魔の証明」と呼ばれた。取得時効や即時取得は、所有権の原始的な取得を認めて、それ以上時を遡ることを不要とする制度であり、権利推定規定は、所有権帰属の証明の困難を緩和するものである。

Ⅱ 実証的な試論

　少し角度を変えて、最近ではどういう事例が占有の訴えによって争われているのかを実証的に考察してみる。具体的には、平成以降に占有保護請求権を問題にする判例・裁判例を TKC 判例検索システムを用いて調べてみた。キーワードは「占有保持」or「占有保全」or「占有回収」or「占有訴権」とし、民事事件かつ民事法編の範囲で要旨と全文の双方を検索すると、43件がヒットした（2016年3月末時点。2012年2月の連載時点は29件だった）。LLI 統合型法律情報システムでは56件がヒットし（連載時から検索のインターフェイスが大きく変わっているが、連載時のヒットゼロは検索の日時指定の仕方が誤りだったためかもしれない）、WestLaw JAPAN では3つまでしか or で条件指定できないので「占有保持」or「占有保全」or「占有回収」を指定すると連載時も今回も100件超となり、大きな差が生じた。このこと自体が興味深いが、その検討は別の機会に行うとして、本書では連載時に用いた TKC の検索結果を更新し、LLI の検索結果をも加味した。占有保護の請求が事件とは関連の薄いものを除き、同一事件は審級が異なっても1件と数えると、283頁の図表14の31件が占有保護請求権を論じている。連載時に取り上げた17件に比べて約4年間で件数が倍に近くなっているが、これは TKC も LLI も独自に収集した未公刊の東京地裁判決を多数収録しているためである。

　最も多いのは、団体内部の抗争で解任され、管理していた建物等から追い出された元役員等が役員の地位や占有の回復を求める事例で6件である（⑮⑲⑳㉔㉖㉗。マンション規約や管理委託の有効性が争われ、追い出された元自称管理者が占有回復を請求している⑰もこれに類する）。次いで、土地・建物等の賃借人や転借人（③⑤⑭㉒㉙。ビルのテナントを含む）が占有保護請求をしている事例が5件ある。夫婦等の関係の悪化から一方が居室の鍵を取り替えるなどして他方

を閉め出した事例が3件（⑪⑯㉓）あり、これと一部重なるが、共同相続関係を含めた共有持分権者間での占有保護請求事例も3件ある（②㉑㉓）。これら以外には、競売手続の違法・無効を主張して占有の回復を求める事例（①⑦。いずれも執行手続は適法として棄却）、土地区画整理事業の仮換地の承継人の妨害排除請求（⑥）、占有権原不明の居室の過去の占有者がする占有回復請求（④。期間徒過で訴え却下）、建物の建築請負人＝留置権者の占有回復請求（⑧⑱）、無権原で教室等を占有している学生自治会の掲示板使用に対する妨害予防請求（⑩）、道路管理権を有する地方自治体の妨害排除請求（⑫㉚）、土地を不法占拠していた工作物の占有者に対する妨害排除請求（成田空港反対闘争関連の㉕㉘）、土地利用権を有する周辺住民の妨害予防請求（⑨。圏央道工事差止訴訟）、定年引き下げにより研究室を追い出された教授の占有回復請求（㉛）と多様であるが、共通する特徴がある。

　いずれの事例も、所有権など本権に基づく請求権の主張が困難な場合に当たることである。すなわち、団体内部抗争という事件類型では、本権である所有権は団体に帰属していることが明らかで、本権に基づく請求権は原告にはない。留置権は占有を失うと消滅し留置権に基づく請求ができず（302条）、占有回収の訴えのみが可能である。⑫の事例の地方自治体は道路敷地の所有権を有していなかったし、本書でも取り上げた背信的悪意者からの転得者を論じた著名な判例（138頁の(a)の最判平8・10・29）の第1審である㉚の事例の地方自治体は、道路所有権取得の登記を欠いていて所有権に基づく主張が困難であった。共有者間でも共有持分権に基づく他の共有者の全面排除はできない（52頁）。占有を失って対抗力を欠く賃借人等の利用権者には賃借権自体に基づく妨害排除等の主張はできない（280頁）。

　本権の保護が主張できる場合に暫定的な仮の保護である占有保護請求権をそれだけであるいは主位的に主張する事例はない。そのような場合には、占有保護請求権は、本権の主張が認められない場合に備えて予備的に主張されている（⑬。取得時効が成立しない場合の主張）。また、本権と占有保護請求権が対立する紛争では（278頁以下のⅢ）、本権に基づく主張を優先させたり（㉒は契約解除を認め占有保護請求権を否定、㉙は占有保護請求権を被保全権利とする仮処分申請を、本案の敗訴の蓋然性から保全の必要性を欠くとして否定）、相互認容の結果、最終的に本権者を勝たせる結論が採られている（⑤㉛は占有を回復したときはそ

図表14　平成年間の占有保護請求事件

No.	判決年月日（新しいもの順）	掲載誌
①	東京地判平27・5・28	TKC 文献番号25530334
②	東京地判平26・9・1	TKC 文献番号25521473
③	東京地判平26・4・17	TKC 文献番号25519062
④	東京地判平25・6・20	TKC 文献番号25513648
⑤	東京地判平24・11・27	TKC 文献番号25497304
⑥	東京地判平24・1・17	判タ1384号176頁
⑦	東京地判平23・12・9	TKC 文献番号25490844
⑧	横浜地判平20・6・27	判時2026号82頁
⑨	東京地八王子支判平19・6・15	TKC 文献番号25464247
⑩	東京地判平19・3・26	LLI 判例番号 L06231351
⑪	東京地判平18・3・15	LLI 判例番号 L06130244
⑫	最判平18・2・21	民集60巻2号508頁
⑬	東京地判平17・9・27	LLI 判例番号 L06033543
⑭	東京地判平17・7・22	LLI 判例番号 L06032920
⑮	東京地判平17・3・31	LLI 判例番号 L06031453
⑯	東京地判平17・3・22	LLI 判例番号 L06031156
⑰	東京地判平15・11・17	LLI 判例番号 L05834732
⑱	東京高判平14・2・5	判時1781号107頁
⑲	最判平12・1・31	判時1708号94頁
⑳	最判平10・3・10	判時1683号95頁
㉑	東京高判平10・2・12	判タ1015号154頁
㉒	名古屋高判平9・6・25	判時1625号48頁
㉓	東京地判平6・8・23	判時1538号195頁
㉔	高松地観音寺支判平6・1・14	判タ860号189頁
㉕	千葉地判平5・10・29	判時1485号102頁
㉖	大阪高判平3・2・22	判時1394号79頁
㉗	横浜地判平3・1・29	判タ768号231頁
㉘	東京高判平2・11・29	判時1367号3頁
㉙	東京地平2・2・21	金判858号12頁
㉚	松山地判平2・2・19	金判1026号17頁
㉛	東京地判平元・7・10	労判543号40頁

れを明け渡せと命じた)。

　こうした事例から見ると、占有保護請求権は、本権に基づく請求ができないか困難な場合に、意思に基づかずに乱された占有秩序を回復させる機能を有し、平穏な占有秩序を実力による破壊から守るというかなり限定的なものであることになる。この結論は、川島武宜や鈴木禄弥の見解を展開した主張 (加藤244頁-247頁) とほぼ同じである。

　なお、効果も含めて興味深いのは、夫とその母親が共有名義人となっているマンションの居室から閉め出された妻に占有回収の訴えを認容し、さらに損害賠償請求をも認めた事例である (⑯)。ここでは、妻を夫の占有補助者ではなく、夫との共同占有者だとして、現在は第三者に賃貸されているその居室の共同占有（間接占有）を回復する限度で請求が認容されている。

第6節　消　滅

Ⅰ　一般的な消滅原因

　占有も他の物権同様に、対象物が滅失すれば消滅する。これに対して、混同によっては消滅せず (179条3項)、消滅時効にもかからない。占有特有の消滅原因として、占有の成立要件 (180条) に対応して、主観的要件である占有意思か客観的要件である所持のいずれかが欠けると消滅する (203条本文)。

　もっとも、占有意思の欠如による占有の消滅は積極的に放棄する場合に限られているし、所持を継続したままで占有意思だけを放棄することは考えにくい。

　所持を失ったかどうかも、所持の認定と同様、社会通念に照らして判断される。震災で建物が焼失して所有者が一時行方不明になっても、土地の所持は失われないとされた例がある (大判昭5・5・6新聞3126号16頁)。また、占有回収の訴え (200条) を起こして勝訴し、所持を回復すれば、占有は所持を奪われていた期間も継続していたものとみなされ (203条ただし書。278頁の(2)の後段)、占有は侵奪によっては消滅しない。

II 間接占有の消滅

　まず、間接占有は、間接占有者が直接占有者（＝占有代理人）に占有させる意思を放棄することで消滅する（204条1項1号）。この点では占有意思が考慮される。また、直接占有者が所持を失えば、直接占有が消滅するだけでなく、直接占有者を介した所持もなくなるので、間接占有も消滅する（同項3号）。この規定は、間接占有についても、一般的な消滅原因の考え方が妥当することを確認したものである。

　間接占有の独自の消滅原因として、直接占有者が、占有をさせた間接占有者（＝本人）に対して自己または第三者のために対象物を所持する意思を表示すれば、本人のために所持する意思がなくなるから、本人の間接占有は消滅する（同項2号）。今までAがBの物だと思って占有していたところ、自分あるいはCの物であるらしい証拠が出てきた（相続を介在していると稀にはこういうこともありうる）というような場合がこれに当たる（272頁以下の1）。

　これに対して、たとえば賃貸借契約や寄託契約が解除されて直接占有者の占有権原が消滅しても（204条2項の「代理権の消滅」はこのことを指す）、間接占有者に返還するまで対象物を支配する関係が存在するので、元賃借人や元受寄者の直接占有が存続すれば、間接占有は失われない。

ゴミ問題と所有権および占有

　回収に費用を要する古い家具を、回収業者に引き取ってもらう手配をして自宅玄関前の道路に置いたところ、それを無断で持ち去った者がいるとしよう。業者に損害が出るだけでなく、場合によってはプライバシーにもかかわるため、感情の問題だけではすまない。ゴミを持ち去った者に対して、法的に何らかの主張ができないだろうか。

　自宅の敷地内に置いたにとどまれば、ゴミは支配圏内にあって少なくとも占有は続いているようにみえる。これに対して、路上にゴミ出しをすれば、所有権と占有を放棄する意思が外形的にも現れているとされよう。この場合にも、捨てる者は、回収業者や自治体による回収を予定しているので、回収されることを条件とした所有権の放棄があったと構成することになろうか。そう解することができれば、予定しない者によっ

て持ち去られたゴミは、所有権に基づいて返還請求することができる。所有権を根拠にした請求ができないとすれば、端的にプライバシー侵害の不法行為を理由とする保護（損害賠償や差止め）を考えるべきことになろう。

廃棄物についての責任（30頁の(b)および81頁の補足＊）とも関係して、容易には結論の出ない難問である。

第7節　準占有

205条は、自己のためにする意思をもって有体物の支配以外の形で財産権を行使する場合を準占有と呼び、権利などの無体物に対する事実的支配を占有に準じて広く保護しようとしている。しかし、準用によって解決できる問題は、ほとんどない。債権の準占有者への弁済（478条）は、準占有者の保護ではなく、債権者の外観を信じて弁済した者の信頼を保護する制度である。しかも、準占有者の権利については適法推定（188条）も適用されず、弁済者が自らの善意無過失を立証しなければならない。

数少ない判例として、通行地役権者に準占有を理由とする妨害の停止や予防の請求を認めたものがあるが（大判昭12・11・26民集16巻1665頁）、端的に、地役権自体に基づく妨害排除請求を認めれば足りる（242頁以下の(3)も参照）。債権や知的財産権を有する外観をもつ者を準占有者であるとしても、これらの者からの即時取得（192条）は認められない。即時取得は、占有により権利を公示する動産について取引安全を図るものであり、占有により権利を公示するわけではない債権や知的財産権にこれを拡張適用することは妥当ではないからである。

◆文献◆

歴史をも含めて占有制度全般につき、田中整爾『占有論の研究』（有斐閣、1975年）と新注民(7) 1頁-299頁［稲本洋之助、田中整爾、好美清光、広中俊雄＝中村哲也、水辺芳郎］が最も詳しいが、初学者にはやや難しいであろう。また、最近の傾向とは異なり、所有権との権利構造の異同を対比しつつ占有権の権利性を強調する鷹巣信孝『所有権と占有権』（成文堂、2003年）も面白い

が、かなり難解である。最近の教科書では河上197頁-254頁が丁寧でわかりやすく、基本文献の案内も詳しい。相続と新権原については辻伸行『所有の意思と取得時効』（有斐閣、2003年）。交互侵奪については田髙93頁以下が具体的なよい演習である。三ヶ月章「占有訴訟の現代的意義」同『民事訴訟法研究第3巻』（有斐閣、1966年）は、占有保護請求権と本権に基づく物権的請求権の関係を考える上で必読の記念碑的な論文であり、舌鋒の鋭さが快い。

第5章　物権と債権

　本書は前章までにおいて狭義の物権法を扱ってきた。すでに述べたように、用益物権は、不動産所有権の使用権能の一部が独立したものであり（2頁の2、229頁以下の第3章）、各物権の性質に応じた特則が若干置かれているものの、所有権を念頭に置いた物権総則の規定が（175条-179条）、各物権の性質の許す限り適用される。

　これに対して、占有は、たしかに、所有権や用益物権と同じく有体物の支配を内容とし、すべての人に対して主張できる絶対性（13頁の(2)）を有している。だからこそ物権法に規律が置かれている。しかし、所有権や用益物権とは異なって、占有は、有体物の事実的支配を暫定的に保護する制度であり、有体物の価値の支配を積極的に正当化する権利ではない（263頁以下の2）。それゆえ、本書は占有を占有権とは呼ばず、本章において物権一般を論じている場合にも、占有を除外し、所有権を念頭に置いて考えていただければよい。

　所有権と用益物権はいずれも有体物を対象としており、物権概念を有体物に限定しても深刻な問題は生じない。無体物上の所有権その他の物権の成否は、権利の上にも成立する担保物権をどう理解するかという問題と密接にかかわる。本書は担保物権を扱っていないので、物権概念の再検討は、担保物権の各論の検討をふまえた『担保物権法』（389頁以下の第9章）に譲る。

　本書が、本章で狭義の物権法のまとめとして扱うのは、物権と債権を対照的な権利として理解することの当否および問題性である。本章は、まず、通説的見解が形成されてきた議論の推移を概観したうえで、復習を兼ねた具体例に即して、物権と債権を峻別することに対する問題提起を行う（第1節）。次に、物権と債権を対照的な権利として理解することの当否について、やはり本書を通じて学んだことの復習を兼ねた具体例を検討することで、考察を深めたい（第2節）。

第1節　従来の議論と問題点

[I] パンデクテン体系と物権・債権峻別論

現行民法の物権・債権の編別は、フランス民法にならった旧民法の方式(財産編・財産取得編・債権担保編・証拠編・人事編という構成)から、当時最新のドイツ民法のパンデクテン体系に変更したものである。この考え方は、財産権を、物に対する支配権である物権と人(の行為)に対する請求権である債権に二分した。権利などの無体物を物とすると、債権の所有権などが成立することになり、物権と債権の区別に混乱が生じ、人に対する支配権を認めることになりかねない。こうして、物権の対象は、人以外の有体物に限定された(17頁のコラムも参照)。

この考え方を徹底すると、物権と債権は、互いに相容れない対照的な性質を有する権利であるから、直接支配性、(追及効を含む)絶対性、排他性、優先性など物権に特徴的な効力は(11頁以下の2)、債権には認められない。債権侵害の不法行為の成立要件も物権に比べると非常に限定的である(故意に加えて強い違法性を要する)。故意・過失を要せず権利侵害だけで成立する物権的請求権を公示のない債権にも認めると、行動の自由を妨げ社会が混乱するという考慮からも物権と債権の峻別は支持された。さらに、物権の変動を生じる法律行為(物権行為)は、債権の変動を生じる法律行為(債権行為)とは別個・独立に扱われ(物権行為の独自性と無因性。84頁以下の(b))、公示と緊密に結び付けられている(なお、ドイツ法の債権譲渡には公示や対抗要件がなく、意思主義＝時間順原則による点で形式主義を採る物権変動とは全く異なる)。こうした徹底した考え方を物権・債権峻別論と呼ぶ。

しかし、ドイツ民法も、仮登記に基づく債権や占有を伴う賃借権には第三者に対する効力を認めており、物権・債権峻別論は必ずしも徹底されてはいなかった。また、債権侵害の不法行為をより広く認めたり、不動産賃借権をより手厚く保護する要請は強く、次第に物権概念や物権的効力を柔軟に拡張する議論が有力となって、物権・債権峻別論は克服するべきものと考えられ

るに至っている（赤松秀岳『物権・債権峻別論とその周辺』（成文堂、1989年））。

Ⅱ　日本における物権・債権論

1　学説状況の概要

　日本民法は編別構成こそドイツ流のパンデクテン体系を採るが、具体的な規定はフランス民法に由来する旧民法の規定を簡略化したものが多く、ドイツ法の嫌った公示のない多数の先取特権を残し、無体の権利上の担保物権を広く認めている。日本民法は、物権変動においても債権譲渡においても意思主義・対抗要件主義を採用しており、多数説は物権行為の独自性・無因性を否定して物権変動は債権契約の効力により生じるとしている（85頁以下の(2)）。不法行為についても権利侵害による責任が広く成立する包括的な規定（709条）を置いている。

　こうした法典上の特徴を反映して、ドイツ民法学の圧倒的影響を受けた学説継受期を除き、判例・学説における物権と債権の区別は一応の基準として承認されるものの、峻別までには至らなかった。ドイツにおける物権・債権峻別論への反省の契機と同様に、仮登記を備えた不動産物権取得権の効力（不登109条。118頁以下のⅤ）の位置づけや不動産賃借権の対世的保護（299頁以下の2）が問題になったことに加えて、物権変動に対抗要件が備わらない場合の物権は、特定物債権と大きくは異ならないと考えられたためである。

　現在では、両者の区別を認めつつ、その関係をいっそう柔軟に捉える見解が通説的であり（鈴木437頁のほか、内田485頁-486頁、河上14頁-16頁）、両者の共通性を重視し、その保護を連続的で段階的な違いでしかないと見る見解（加藤270頁-274頁。次頁の図表15を参照）も登場している。

2　債権の保護の強化と物権の性質・効力論の変遷

　立法当時は、いずれに力点を置くかの違いはあったものの、物権と債権との違いは、直接支配性や絶対性の有無に求められた。物権・債権峻別論では、債権は債権者・債務者間の相対的な権利であり、債務者以外の第三者によっては侵害されることがなく、債権者は第三者に対する損害賠償や妨害排除の請求ができない、と考えられた。

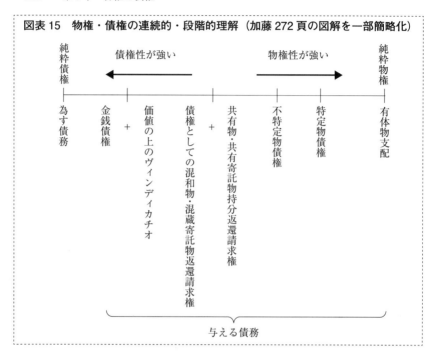

図表15　物権・債権の連続的・段階的理解（加藤272頁の図解を一部簡略化）

　しかし、まず、不法行為責任について、権利として認められている限り、侵害に対する保護が認められるべきであるという「権利の通有性としての不可侵性」理論（末弘厳太郎『物権法上巻』（有斐閣、1921年）19頁-20頁）が判例に受け入れられた（大判大4・3・10刑録21輯279頁、大判大11・8・7刑集1巻410頁。いずれも刑事裁判の附帯私訴）。この考え方では、不可侵性や絶対性は物権に特有のものではないとされ、物権の支配権性から排他性、優先的効力および物権的請求権が説明された。これが現在の通説的見解（我妻＝有泉9頁-11頁）に至る。
　次に、生活・生産の基盤として重要な不動産賃借権を第三者の不法な占有等による侵害から守ることが日本でも課題となった。賃借人がすでに占有を取得していれば占有保護請求権（197条-202条。274頁以下の第4節）、占有未取得であれば賃貸人の有する所有権に基づく妨害排除請求権の代位行使（423条の債権者代位権の転用。280頁の最判昭29・9・24）により救済が可能である。これに対して、賃借権が競合する場合において、劣後するはずの賃借人Yが対象

不動産を占有しているときには、優先するべき賃借人Xは、占有保護請求権を使えない。所有者A自身がYに賃貸していてYに対する所有権に基づく妨害排除請求権を主張できないため、Aの権利の代位行使もできない。これは、賃借権自体に基づく妨害排除請求によってXの保護を図ることができるかどうかが先鋭に問われる場面である。

判例は、罹災都市借地借家臨時処理法10条により、対象土地について権利を取得した第三者に対して、対抗要件を備えなくても賃借権が対抗できる場合には、そのような賃借権はいわゆる物権的効力を有する、として妨害排除請求を肯定した（280頁の最判昭28・12・18）。この結論を支持する通説的見解によれば、物権と債権の違いは、絶対性の有無ではなく、直接支配性と排他性の有無に求められる（加藤28頁-29頁のように絶対性を重視する考え方もある）。すなわち、対抗要件（605条、借借10条・31条）を備えるか、法律の規定（罹災都市10条）により対抗力を備えた賃借権には排他性があるから、直接の妨害排除請求ができるとするのである（以上の理解の変遷については、競争の自由の確保という観点をも加える瀬川信久「物権・債権二分論の意義と射程」ジュリ1229号104頁以下が詳しく、七戸4頁-9頁が簡潔である）。債権総論において、債権の第三者に対する保護として議論されるので、そちらでももう一度より詳しく学んでいただきたい。

Ⅲ 通説的見解の問題点

通説的見解にはいくつかの問題点がある。

第1に、物権と債権の中間的な権利が例外として認められるとの結論は支持できるとしても、そうした例外がどのような根拠で認められるのかは十分明らかになっていない。根拠を十分示すことがないままで物権と債権の区別の相対化・柔軟化が進めば、例外が増えて物権と債権を区別することの意味は乏しくなる。

第2に、権利はすべて人と人の関係であり、物権を物（や権利）に対する権利というのは、権利主張が物を介する構造になる点を捉えた比喩的で簡便な表現であるにすぎない。およそ権利は非権利者との関係では一定の利益について、権利者にある意味で排他的な支配を認めるものである。二重の出演

契約などを例に出して、債権には排他性がないと説明されることが多いが、AがBに対する100万円の金銭債権をCDEに次々に譲渡した場合、Bに対して100万円の支払を請求できるのはCDEのいずれかであり、CDEが同時に債権者になるわけではない。言い換えればこの金銭債権はCDEのだれかに排他的に帰属する（467条2項の確定日付のある証書による譲渡の通知もしくは承諾または債権譲渡登記の先後により決まる。物権変動と同様に、対抗要件による優劣決定がされる）。このように考えるとすれば、物権と債権の区別はますます危ういものに感じられる。区別を維持するのであれば、説得的な根拠が示されなければならない。

第3に、区別を相対化しつつも、通説的見解は、所有権と契約上の金銭債権のような物権と債権の典型には、区別や対比が基本的に妥当するとしている。しかし、その帰結が適切なのかは疑わしい。例を用いて説明しよう。

> **設例38** Aは所有する建物（すでに担保物権が設定されており余剰価値はない）の中に、200万円相当の雑穀甲と現金100万円を所有していた。AがXの鞄乙と雑穀丙（50万円相当）と現金10万円を盗み、雑穀丙と現金10万円はAの所有していた甲および現金100万円と区別がつかなくなってしまった。
> 　Aに対して500万円の債権を有しているYが、雑穀（甲・丙の混和物）と乙と現金110万円をAの所有物と信じて差し押さえた。XはYに対して差押えの排除（民執38条の第三者異議の訴え）を主張できるか。

鞄乙については、Xの主張が認められる。乙はXの所有物でありAの責任財産を構成しない。Yが善意・無過失であっても、差押えには即時取得は適用されず（差押えは取引行為ではない）、虚偽の外観の作出につきXには帰責性がないから94条2項の類推適用も不可能であり、Yの差押えは空振りに終わる。

混和した雑穀については微妙である。甲と丙の「主従の区別をすることができない」と解されると、混和物について価格割合による共有が成立し（244条・245条。80頁の(3)）、Xは共有持分権を理由に第三者異議の訴えができる（52頁の(a)）。Aの責任財産を構成するのは混和物である雑穀全部ではなく、その上の共有持分権にすぎないからである。これに対して、価格差を考慮して甲が主たる動産だと判断されると、合成物はAの単独所有物となり

（243条・245条）、XはAに対する50万円相当の償金請求権（248条）という債権を取得する。Yの差押えは、すべてAの責任財産に対するものであって適法であり、Xは第三者異議の主張ができない。それどころかXはYに対する債務名義も取得できていないのが普通であるから、平等弁済すら主張する余地がなく、Xには無価値になった債権だけが残って、50万円分、Xの犠牲の下でYを利する結果となる。こうした不合理な結論を避けるため、付合や混和の場合には、合成物をできるだけ共有とする解釈が選ばれる。特定物債権や不特定物債権より共有物返還請求権の物権性が弱く見える292頁の図表15の整理は、この点で誤解を招き妥当でない。

　金銭については、通説的見解によると、Xにとってより厳しい結果となる。金銭は、占有を離れて所有を語ることができず（「占有＝所有」理論。199頁の(d)）、法律上の原因がなくても占有が移転すれば所有権も移転する、と無因的に扱われる（87頁のコラム）。Xの10万円の所有権はAに移転して110万円全部がAの責任財産になってしまう。XはAに対する不当利得返還債権（703条・704条）または不法行為を理由とする損害賠償債権（709条）を取得するが、Yの差押えを排除できず、債務名義がないため実際には平等どころかYに劣後して無価値な債権のみが残る。雑穀である合成物が共有にならない場合と同じように、妥当性に疑問の残る結論が導かれる。

　金銭債権、とりわけ抗弁権の付着していない金銭債権は、債務者に資力がある限り、手元に金銭（の所有権）があるのと同程度に高い財産価値を持つ。しかし、前頁の設例38のように債務者の責任財産が不足すれば、債権者平等の原則に服し、その価値を実現できない。金銭債権には排他的・独占的な支配は保障されておらず、金銭債権は価値の支配権ではない。

　以上のように、所有権と比べて金銭債権の保護は著しく弱い。XがAに金銭を貸し付けたのであれば、この結論も致し方ない。貸付時に担保（担保物権や保証債権）を取得して自衛することもできたのにしなかったことで、XはAに無担保で信用を付与したものと評価され、Aの責任財産が足りなくなってXの債権が回収できない危険（無資力危険という）を覚悟するべきだといえるからである。これに対して、設例38のXは、その意思によらずに金銭の占有を失っており、担保を得る余地もなく、Aに無担保で信用を付与したのではない。他方、そもそも差押債権者は権利取得者ほど当然に保護に

値するわけではない（129頁のコラム）。Yは、むしろ明らかに期待できなかったはずの「棚からぼた餅」（略して「棚ぼた」）の利益をXの犠牲によって得ることになる。このような事例において、Xの権利が、その意思に基づかずに物権から債権へと変わることによってその保護が著しく低下する結果は、公平・妥当とはいえない（筆者は、これを物権から債権への「格下げ問題」と呼んでいる）。

　かといって、金銭は個性のない価値そのものであり最高度の取引の迅速・安全が要請されるだけに、手元を離れた金銭にXの所有権が残るとするのは適切でない。また、問題は金銭だけにとどまらず、物の所有権を観念できない場合（たとえば、294頁の設例38で雑穀全体がAの所有物とされる場合）、さらには誤振込により名宛人の口座残高が増える場合（88頁の最判平8・4・26：第三者異議を否定）などにも広がる。しかし、通説的な見解では、このような問題への対処が非常に難しい。かといって、金銭についてのみ物権的価値返還請求権を考えるだけでは足りず、金銭債権に対してどういう要件でどれだけの優先権を認めることができるかという問題としてとらえるべきである（41頁のコラム）。このように考えると、一定の場合に他の債権者に対する優先を認める担保物権（とりわけ約定によらない先取特権や物上代位）の制度との関係をふまえた検討を必要とする。それゆえ、本書では、添付の問題の復習を兼ねた問題提起にとどめ、検討は『担保物権法』に委ねる。

第2節　物権と債権の対置の再評価

I　物権の絶対性と債権の相対性

　通説的見解は物権の絶対性と債権の相対性を強調しなくなっているが、本書は、この区別は物権と債権の根本的な権利構造の違いとして維持するべきだと主張する。すなわち、物権が対象についての独占的・排他的な支配権であり、対象から得られる利益の享受をだれに対しても主張できるという意味で絶対的な権利であるのに対して、債権は債務者の給付行為を求める請求権

であり、債務者にしか権利の実現や利益享受の正当性を主張できない相対的な権利である。例を使って説明しよう。

> **設例39**　AはYに建物甲を賃貸する契約を結び、甲をYに引き渡した。しかし、甲はXが建築したX所有の建物であった。Xは、Yに甲の明渡しを求めることができるか。

　Xの所有物についても、AY間の他人物賃貸借契約は有効に成立する（559条を介した他人物売買の規律の賃貸借への準用）。それゆえ、設例39のYは、Aに対する賃借権（601条。約束どおり甲を使用・収益できるように求める権利）という債権を取得する。Yは、Aに対してその履行を請求することができるし、引き渡された甲の保持は債権によって正当化されるため、Aから甲の返還を求められても拒むことができる。しかし、YのAに対する債権は、契約関係にない甲の所有者Xを拘束できない。言い方を変えれば、対象を占有していても、賃借権があるというだけでは対象の独占的・排他的使用を正当化することはできず、所有者等（所有者もしくは用益物権者などの対象物の使用・収益権能を有する者またはこれらの者から賃借権設定の権限を与えられた者）との契約により対象物の使用価値の支配権能を承継する場合にのみ、甲の支配の正当性を主張することができるのである。他方、Xの所有権はYに対しても主張できる。賃貸借契約では即時取得も問題にならず、XY間の関係は対抗関係ではないから、Yが対抗要件（借借31条による甲の引渡し）を備えても意味がない。
　それゆえ、Yは、Aが所有者でなかったことを過失なく知らなかった場合であっても、占有正権原の抗弁を主張できず、Xからの返還請求を拒めない。これは、物権の絶対性と債権の相対性の対比からの帰結である。

II　債権の効力としての所有権の承継

　債権には相対効しかないというのは、債務者以外の第三者が債権の効力を無視できるということではない。物的支配を相争う相互関係（＝対抗関係。195頁以下の3）に立たない第三者は、債権の効力としての物権変動を否定する

ことはできない。所有権やその権能が債権の効力として承継される（これは物権と債権を峻別する理論では採りえない論理である）。言い換えれば、第三者に該当しない者に対しては、物権変動は対抗可能なのである。このことを2つの例で説明しよう。

1　対抗要件未具備の所有権取得者 vs 不法占有者

> **設例40**　AはXに建物甲を売却する契約を結び代金を受領したが、Xへの移転登記はまだ行われていなかった。その後、Yが権原もないのに甲を占有し、現在も使用している。Xは、Yに甲の明渡しを求めることができるか。

　設例40のXは、甲を所有者Aから買い受けて所有権を取得したことを証明できれば（88頁以下の2）、登記（177条）を備えていなくても、不法占有者Yに対して甲の引渡しを請求できる。Yが甲を滅失・損壊した場合、不法行為の要件（709条）がみたされれば、未登記でもYに損害賠償請求ができる。Xの所有権取得は、たしかにAX間の売買契約上の債権に基づくものであるが、177条の第三者に当たらないYは、AX間の契約が有効である限り、債権の効力によるXの所有権取得を争えない（131頁の(c)）。

　以上のことは債権の相対効とは矛盾しない。Xは、Yに対して売買契約上の債権の履行を請求しているのではなく、債権の効力により所有権をAから承継したことを主張するものであるから、設例39のYのように他人物賃借人が債権のみを有していて所有権の権能を承継していない場合（物的支配を相争う相互関係（＝対抗関係。195頁の3）に立たない場合とも表現できる）とは場面が異なる。また、所有権取得者は、対抗要件を備えていなくても、177条の第三者以外には対象不動産の自己への排他的帰属を主張することができ、特定物債権者とは権利の性質も保護のあり方も異なる。このように、物権と債権の区別は維持される。

2　対抗要件未具備の賃借権取得者 vs 不法占有者

> **設例41**　AはXに建物甲を賃貸する契約を結んだが、Xへの引渡しはまだ行われていなかった。その後、Yが権原もないのに甲を占有し、現在も使用している。Xは、Yに甲の明渡しを求めることができるか。

判例・多数説によれば、設例41のXは、甲の引渡しを得ていないため対抗要件（借借31条）を備えておらず、賃借権自体に基づく妨害排除請求としての明渡しは認められない。しかし、Aが甲の所有者であれば、AのYに対する妨害排除請求権を代位行使することで明渡しを求めることができる（債権者代位権の転用。280頁の最判昭29・9・24）。この代位構成は、実は、賃借権だけを根拠としたのでは甲の使用価値の支配権能がXに帰属することを認めることはできないが、所有者Aと賃貸借契約を結んで所有権の権能の一部を承継しているXには妨害排除請求が認められる、と解しているものと読み解くこともできる。判例・多数説が、対抗要件を備えることが賃借権の物権化（賃借権への物権的妨害排除効の付与）に不可欠だとしているのは、相手方Yが対抗関係にある者である場合の優劣決定基準を、そうでない場合にも不当に一般化するものである。不法占有者に対しては、所有者と有効な契約を結んだ賃借人には妨害排除請求を認めてよく、それが妨害排除請求権の代位行使の要件や他人物賃借人には妨害排除請求を認めない設例41の場合の問題処理とも整合する（使用借人は対抗力を有しないが、新593条により諾成契約化されて、貸主に対する引渡請求権を認められるため代位請求を認める余地が生じており、賃借人の場合と同様、所有者からの使用借人には妨害排除請求も認めうる）。

Ⅲ　対抗関係における債権の相対性

Ⅱの場合とは対照的に、同一の前主からの権利取得の競争関係に立つ者は、債権の効力としてすでに物権変動が生じていることを否定することができる。対抗要件は、その結果、相対効しか主張できなくなった者同士の間で、権利取得の時間順に代わって優劣を決定する紛争解決基準である（123頁以下の2および188頁以下の(2)）。この場合についても、主張立証責任の所在を意識しつつ、不動産所有権の取得者と同一不動産の賃借人の関係を問題にす

る2つの例で説明しよう。1と2は対抗要件の先後で分けており、1は賃借人の対抗要件具備が買主の対抗要件具備よりも先の場合、2は逆に買主の対抗要件具備が賃借人の対抗要件具備よりも先の場合である。

1 賃借人 vs 買主

> **設例42** AはXに建物甲を売却する契約を結び代金を受領したが、Xへの移転登記はまだ行われていなかった。その後、その事情を知らないYがAとの間で甲を賃借する契約を結び、甲の引渡しを受けて占有している。Xは、Yに甲の明渡しを求めることができるか。

設例42のYによる甲の占有・利用は債権に基づくものであるが、設例39から設例41までの場合とは異なって、Aからの権利や権能の承継の優劣をXと争う対抗関係にあり（XがYの賃借権を認めて賃料請求をしている場面ではない）、XYは互いに177条の第三者に当たる（127頁以下の(c)。Yは善意であるので背信的悪意者排除の問題も生じない。下記の補足＊）。そのため、Yは、Xが移転登記を備えるまではXの所有権取得を否定できる。さらに、Xが移転登記を備えても、それより先に自らが甲の引渡しを受けたこと（借借31条の対抗要件の先具備）を立証すればYが優先し、XはYの賃借権取得を否定できない。Xは賃借権の負担のある所有権を取得したことになり（賃貸人の地位を結果的に承継する）、Yの占有正権原の抗弁の対抗を受けて、甲の明渡しを請求できない。

＊第三者の主観的要件の問題と本節の議論の関係　本書が強調してきた点の1つに、対抗問題における第三者は、準当事者でなく、善意・無過失でなければならない、という主張がある。①対抗要件を兼ねる公示は、権利の帰属について正当な利害関係を有する競争取引者に不測の損害を免れさせるためのものであり、一定の調査義務を尽くしても権利変動を知り得なかった取引者のみが保護に値すること、および、②登記や引渡しによる権利変動の公示は不完全なので、取引者は自分の身を守るためにも権利関係の調査を行う必要があり、それを義務と解しても調査が取引に通常必要とされる合理的な範囲に限られれば、むしろそのような義務を守って他人の権利を侵害しない取引者だけを適正に保護することになること、が善意・無過失を必要とする主たる実質的な根拠である。

さらに、第三者でなくXの賃借権取得を争えなかった者（設例41のY）は、Xの権利取得を知っていたり知り得ていれば不法行為責任さえ負うはずだったのである。それにもかかわらず、Aと売買や賃貸借などの契約を結ぶとそれを争えるようになり、不法行為責任を否定できる（設例42のYに変貌する）とすることは、正当化できない。不法行為責任を負う者は第三者に含まれるべきではないという価値判断が、177条・178条の解釈に反映される。すなわち、故意も過失もないことが、善意・無過失という主観的要件となる。逆に、第三者は悪意でもよいという解釈は、対抗要件未具備の所有者は特定物債権者とほとんど変わらないという理解と結び付いていて、物権・債権の区別の曖昧化を支えているように思われる。

2　買主 vs 賃借人

> **設例43**　AはXに建物甲を売却する契約を結び、Xへの移転登記が行われた。しかし、その後その事情を知らないYは、Aとの間で甲を賃借する契約を結び、甲の引渡しを受けて占有している。Xは、Yに甲の明渡しを求めることができるか。

設例43では設例42と同様、Yは、177条の第三者に当たるため、Xが対抗要件を備えるまではXの所有権取得を否定できる。しかし、Xが対抗要件を備えた以上、Yがそれより先に対抗要件（借借31条）を備えたことを立証できない本件では、XがYに優先する。Aから使用価値の排他的支配を承継していないYは、占有正権原の抗弁を主張できず、Xの明渡請求に服する（297頁の設例39と同じ構造になる）。

事項索引

ア 行

悪意者排除説 …………………… 132
悪魔の証明 ……………………… 280
遺産分割 ………………… 64, 143, 149
意思主義 ……… 84, 89, 187, 189, 193, 197
遺失物 …………………………… 77, 205
意思表示に基づく所有権の取得 …… 83, 140
一物一権主義 …………………… 18
囲繞地通行権 …………………… 24
入会権 ………………………… 2, 64, 244
請負契約 ………………………… 97
上土権 …………………………… 254
永小作権 ………………………… 3, 237
温泉権 …………………………… 254

カ 行

解除と登記 ……………………… 162
「格下げ問題」 …………………… 296
加工 ……………………………… 81
果実 …………………………… 39, 207
瑕疵のある占有 ………………… 268
家畜 ……………………………… 77
貨物引換証 …………………… 199, 202
仮処分による登記 ……… 120, 158, 171
仮登記 ………………………… 102, 118
簡易の引渡し …………………… 200
慣習法上の物権 ………………… 253
間接占有 ……………… 29, 260, 285
管理組合 ………………………… 67
起算点固定準則 ………………… 169
規範構造説 ……………………… 187
規約 ……………………………… 69
94条 2 項類推適用 …… 117, 148, 152, 159, 162, 174, 182, 225
協議による分割 ………………… 55
狭義の共有 ……………………… 43
強制執行による競売 …………… 178
共同所有 ………………………… 43
共同所有の 3 分類説 …………… 72
共同申請主義 …………………… 103
共同相続 ………………… 64, 143, 147
共有関係自体の主張 …………… 54
共有関係の解消 ………………… 55
共有者間の争い ………………… 51
共有者間の内部関係 …………… 44
共有者の償還請求権 …………… 50
共有の対外的関係 ……………… 52
共有の弾力性 ………………… 46, 148
共有の発生原因 ………………… 44
共有物に関する費用負担 ……… 50
共有物の使用および管理 ……… 47
共有物の分割 …………………… 55
共有物の変更 …………………… 48
共有物の保存 ………………… 48, 53
共用部分 ………………………… 67
漁業権 …………………………… 251
金銭 …………… 41, 87, 199, 206, 209, 295
金銭債権 ……………………… 7, 295
金銭と無因性 …………………… 87
近代的所有権 ………………… 19, 250
禁反言則 ……………………… 134, 165
区分所有 ………………………… 66
区分地上権 ……………………… 231
組合 ……………………………… 59
「組合の」債務 ………………… 61
倉荷証券 ………………………… 202
形式主義 ………………………… 84
形式的審査主義 ………………… 104
契約時移転説 …………………… 90
権原 …………… 79, 258, 260, 262, 272
原始取得 ……………………… 75, 265
現実の引渡し …………………… 200
現代的所有権 …………………… 20
権利能力のない社団 …………… 62
権利の放棄 …… 30, 81, 226, 236, 239, 285

事項索引　303

権利部 …… 100
権利保護資格要件 … 118, 124, 128, 156, 203
合意解除と登記 …… 162
行為請求権 …… 35, 276
広義の共有 …… 43
鉱業権 …… 251
交互侵奪 …… 278
公示の原則 …… 99, 116, 121, 192, 219, 226
公信の原則 …… 116, 192, 205, 219, 226
公信力説 …… 176, 186
合有 …… 62, 72
公用収用 …… 179
効力要件主義 …… 84
固有必要的共同訴訟 …… 54, 56, 246
混同消滅 …… 3, 230, 236, 243
混和 …… 80, 294

サ 行

財貨 …… 5
債権 …… 11, 289
債権行為 …… 84, 290
債権行為時説 …… 90, 93, 96, 220
債権的形式主義 …… 85
債権の登記請求権 …… 108
債権の相対性 …… 13, 25, 229, 296, 299
採石権 …… 251
裁判による分割 …… 56
材料主義 …… 97
差押債権者 …… 127, 129, 152, 183
指図による占有移転 …… 201, 217, 265, 277
時効取得 …… 138, 232, 241, 243, 267, 273
時効の遡及効 …… 172, 174, 176
事実上の推定 …… 117, 270
自主占有 …… 267
自主占有事情 …… 274
地震売買 …… 193, 247
支配権 …… 2, 6, 11, 251, 296
借地権 …… 247, 252
借地借家法 …… 194, 247
借地法 …… 247
借家法 …… 194
従物 …… 199, 208

主登記 …… 102
取得時効 …… 138, 166, 267
取得時効と登記 …… 166
順位保全効 …… 119
準共有 …… 58
準占有 …… 286
準当事者 …… 135
承役地 …… 239
償金請求権 …… 82, 295
承継取得 …… 75
譲渡 …… 198, 200
譲渡担保 …… 216, 219, 254
使用利益 …… 39, 207
所持 …… 258, 284
処分権限 …… 204, 212
所有権 …… 1, 9, 289
所有権取得の時期 …… 88, 170
所有権に基づく請求権 …… 27
所有権の社会性 …… 20
所有権の取得 …… 75
所有権の消滅 …… 226
所有権の制限 …… 22
所有権の対象 …… 14
所有の意思 …… 259
自力救済の禁止 …… 279
侵害利得返還請求権 …… 34
真正な登記名義の回復 …… 111, 242
侵奪 …… 277
人的編成主義 …… 101
制限物権 …… 2
生前相続 …… 144
静的安全 …… 117, 205
責任財産 …… 294
責任説 …… 36
絶対性 …… 13, 290, 296
絶対的構成 …… 139
善意・悪意 …… 268
善意悪意不問説 …… 132, 203
善意取得 ⇒ 即時取得
善意無過失 …… 136, 177, 188, 210, 268
先占 …… 76
全面的価格賠償 …… 56

304　事項索引

占有 …………………………………… 257, 289
「占有＝所有」理論 …………… 199, 209, 295
占有意思 ………………………… 259, 267, 284
占有回収の訴え ……………………… 275, 277
占有改定 …………………………… 201, 213, 220
占有機関 ⇒ 占有補助者
占有期間の合算 ……………………………… 271
占有継続の推定 ……………………………… 269
占有権 ………………………………………… 4, 263
占有権原 ………………………………… 258, 262
占有者の保護 ………………………………… 39
占有取得 ……………………………………… 211
占有訴権 ……………………………………… 275
占有尊重説 …………………………………… 173
占有態様に関する推定 ……………………… 269
占有代理人 …………………………………… 260
占有の瑕疵の承継 …………………………… 271
占有の原始取得 ……………………………… 265
占有の効果 …………………………………… 264
占有の承継取得 ……………………………… 265
占有の消滅 …………………………………… 284
占有の相続 …………………………………… 266
専有部分 ……………………………………… 67
占有保護請求権 ………………………… 274, 279
占有保護の根拠 ……………………………… 279
占有保持の訴え ……………………………… 276
占有補助者 ………………………… 29, 201, 261
占有保全の訴え ……………………………… 276
相続介在二重譲渡 …………………………… 144
相続させる遺言 ……………………………… 151
相続と登記 …………………………………… 142
相続放棄 ……………………………………… 146
相対的構成 …………………………………… 138
双方未登記 …………………………… 123, 190
総有 …………………………… 63, 64, 72, 74, 244
相隣関係 …………………………… 23, 234, 240
即時取得 ……………………………… 204, 220

タ　行

代価弁償請求権 ……………………………… 206
対抗関係 ……………… 156, 169, 179, 195, 297, 299
対抗不能の意味 ……………………………… 122

対抗問題 ………… 122, 150, 157, 160, 163, 177, 180, 185, 195, 220
対抗問題限定説 ……………………… 173, 184, 203
対抗要件主義 ………………………… 121, 192, 197
第三者準則 ……………………………… 169, 174
第三者制限説 ………………………… 126, 142, 183
「第三者性」の主張・立証責任 …………… 191
第三者の客観的要件 ………………… 127, 195, 202
第三者の主観的要件 ………………… 132, 203, 300
第三者保護規定 …… 117, 144, 146, 148, 153, 155, 157, 162, 163, 182
第三者無制限説 ……………………………… 126
対象 ……………………………………………… 2, 14
対世効 ……………………………… 13, 95, 230, 263
タイムシェアリング型共有 ………………… 49
代理占有 ………………………………… 218, 260
他主占有 ………………………………… 267, 272
他主占有事情 ………………………………… 273
建前 …………………………………………… 98
建物 ………………………………… 16, 19, 97, 141
建物区分所有 ⇒ 区分所有
建物収去・土地明渡請求 …………………… 32
建物保護法 ……………………………… 194, 247
ダム使用権 …………………………………… 251
段階的移転説 ………………………………… 90, 92
団体的制約 …………………………………… 69
単独申請 ………………………… 104, 108, 119, 152
担保権の実行による競売 …………………… 178
担保物権 ……………………………………… 3
地役権 ………………………………………… 239
地上権 ………………………………… 3, 231, 247
中間省略登記 …………………………… 110, 115
注文者帰属説 ………………………………… 97
直接支配性 …………………………… 12, 290, 293
直接占有 ……………………………………… 260
賃借権に基づく妨害排除請求 ………… 293, 299
賃借権の物権化 ………………………… 128, 252, 299
通行地役権 …………………………… 24, 137, 239, 286
定型的審査主義 ……………………………… 104
定着物 ………………………………………… 16
添付 …………………………………………… 78
登記 …………………………………… 99, 112, 194

事項索引　305

登記義務者 ……………………………… 103
登記原因証明情報 ………………… 105, 110
登記権利者 ……………………………… 103
登記識別情報 …………………………… 105
登記申請の手続 ………………………… 103
登記請求権 ……………… 107, 193, 232, 241
登記尊重説 ……………………………… 174
登記の権利推定力 ……………………… 117
登記の権利保護力 ………………… 118, 184
登記の公信力 ……………… 116, 153, 182
登記の実体的有効要件 ………………… 114
登記の主張・立証責任 ………………… 190
登記の種類 ……………………………… 102
登記の対抗力 ……………… 116, 119, 124, 184
登記のできる権利 ……………………… 101
登記の手続的有効要件 ………………… 113
登記の有効性 …………………………… 112
登記引取請求権 ………………………… 109
登記簿 …………………………………… 99
登記をした権利の順位 ………………… 105
登記を要する不動産所有権の取得 …… 140
動産 ……………………………… 17, 199, 208
動産譲渡登記 ……………… 198, 208, 212
動産所有権取得の対抗 ………………… 196
動産抵当 ………………………………… 198
動産登記・登録制度 ……………… 198, 208
当事者準則 ………………………… 168, 173
動的安全 …………………………… 116, 205
盗品・遺失物 …………………………… 205
特定遺贈 ………………………………… 150
特別縁故者への財産分与 ……………… 46
特別法上の物権 ………………………… 251
ドグマ …………………………………… 218
土地 ……………………………… 15, 18, 20
取消しと登記 …………………………… 154
取消しの遡及効 ……………… 154, 157, 159
取引行為 ……………………… 209, 211, 213

　　　　ナ　行

なし崩し的移転説 ……………………… 90
二重譲渡 ……… 131, 144,, 175, 185, 195, 220
忍容請求権 ……………………………… 36

　　　　ハ　行

廃棄物 ……………………………… 30, 286
敗者復活準則 …………………………… 169
背信的悪意者からの転得者 …………… 138
背信的悪意者の類型 …………………… 134
背信的悪意者排除説 ……… 132, 156, 203
排他性 ……………………… 13, 250, 290, 292
パンデクテン体系 ……………………… 290
引渡し ……………………… 198, 200, 211, 265
必要費 ……………………………… 40, 237
177条の「第三者」の範囲 ……………… 125
表見相続人からの譲受人 ……………… 145
表示に関する登記 ……………………… 100
表題部 …………………………………… 100
不可分性 ………………………………… 240
不完全物権変動説 ……………………… 185
付記登記 ………………………………… 102
付合 ……………………………………… 79, 80
付従性 …………………………………… 240
復帰的物権変動 …… 154, 156, 160, 162, 164, 165, 198, 224
復旧・建替え …………………………… 70
物権 ……………………………… 1, 5, 249, 289
物権・債権峻別論 ……………………… 290
物権から債権への「格下げ問題」 …… 296
物権行為 ……………………………… 84, 290
物権行為時説 …………………………… 90, 94
物権行為の独自性 …… 84, 86, 95, 154, 232, 290
物権行為の無因性 ……… 85, 86, 154, 290
物権取得期待権 ………………………… 252
物権的価値返還請求権 ………………… 41
物権的請求権 ……… 27, 33, 110, 234, 242
物権的登記請求権 ……………………… 110
物権法 …………………………………… 6
物権法定主義 ……………… 230, 249, 253
物上請求権 ⇒ 物権的請求権
物的編成主義 ……………………… 100, 101
不当競争 ………………………………… 135
不動産 ……………………… 15, 140, 194
不動産賃借権 … 101, 127, 193, 247, 280, 292

不動産登記 ⇒ 登記
不動産登記簿 ⇒ 登記簿
不分割特約 …………………………………… 55
平穏・公然 …………………………… 210, 268
返還請求権 ………………………… 28, 33, 38
変動原因無制限説 ………… 141, 144, 157, 167, 178, 180
妨害建物の登記名義人 …………………… 31
妨害排除請求権 …… 30, 38, 93, 110, 254, 280, 292, 299
妨害予防請求権 ……………………… 32, 39
法定制度説 …………………………… 186, 189
法律上の推定 ……………………………… 270
本権 …………………………… 262, 278, 282
本登記 ……………………………………… 102

マ 行

埋蔵物 ………………………………………… 78
未分離果実 …………………… 16, 199, 208, 222
無因主義 …………………………………… 85
無記名債権 …………………………… 17, 199
無権利の法理 ………… 146, 152, 159, 181, 204
無効と登記 ………………………………… 161

無主物 ……………………………………… 76
無資力危険 ………………………………… 295
無体物 ……………… 7, 14, 209, 253, 286, 290
明認方法 …… 16, 140, 194, 199, 221, 222, 254
黙示の使用貸借 …………………………… 65
目的論的制限解釈 ………………………… 277
持分権 …… 45, 52, 57, 60, 63, 64, 67, 72, 244, 294
持分割合 ……………………………… 45, 67

ヤ 行

有因主義 …………………………………… 85
有益費 ………………………………… 40, 237
有価証券 ……………………………… 206, 209
有償性説 ………………………… 90, 95, 119, 232
優先的効力 ……………………… 13, 25, 292
有体物 ………………………………………… 6, 14
要役地 ……………………………………… 239
用益物権 ………………………… 2, 3, 229, 249, 289

ラ 行

立木 ……………………… 16, 140, 199, 208, 222, 226
類型論 ……………………………………… 175

判例索引

[明治28年～明治43年]
大判明28・2・6民録1輯83頁 ……………… 254
大判明32・6・7民録5輯6巻17頁 ………… 130
大判明34・3・22民録7輯3巻69頁 ………… 130
大判明36・11・16民録9輯1244頁 ………… 233
大判明37・6・22民録10輯861頁 …………… 97
大判明38・5・15民録11輯724頁 …………… 223
大判明38・10・11民録11輯1326頁 ………… 254
大判明39・4・16刑録12輯472頁 …………… 266
大連判明41・3・17民録14輯303頁 ………… 111
大判明41・7・8民録14輯859頁 ……………… 88
大判明41・9・22民録14輯907頁 ……………… 88
大連判明41・12・15民録14輯1276頁（第三者制限判決） ………………… 126, 133, 142
大連判明41・12・15民録14輯1301頁（変動原因無制限判決） ……………………… 141, 180
大判明43・4・9民録16輯314頁 …………… 146

[大正4年～大正15年]
大判大4・2・2民録21輯61頁 ……………… 202
大判大4・3・10刑録21輯279頁 …………… 292
大判大4・3・16民録21輯328頁 …………… 246
大判大4・5・20民録21輯730頁 …………… 209
大判大4・6・2刑録21輯721頁 ……………… 81
大判大4・6・23民録21輯1005頁 …………… 271
大判大4・7・12民録21輯1126頁 …………… 131
大判大4・10・16民録21輯1705頁 …………… 88
大判大4・12・8民録21輯2028頁 ……… 223, 224
大判大5・4・1民録22輯674頁 ……………… 109
大判大5・5・16民録22輯961頁 …………… 214
大判大5・6・12民録22輯1189頁 …………… 234
大判大5・9・12民録22輯1702頁 …………… 110
大判大5・11・8民録22輯2078頁 …………… 88
大判大5・12・25民録22輯2504頁 ………… 190
大判大6・2・10民録23輯138頁 …………… 254
大判大6・2・28民録23輯322頁 …………… 269
大判大6・3・23民録23輯560頁 ……………… 29
大判大6・6・28刑録23輯737頁 ……………… 81
大判大6・11・8民録23輯1772頁 …………… 271
大判大7・2・28民録24輯307頁 ……………… 88
大判大7・3・2民録24輯423頁 …………… 168
大判大7・4・15民録24輯690頁 …………… 112
大判大7・11・14民録24輯2178頁 ………… 190
大判大7・12・19民録24輯2342頁 ………… 141
大判大8・2・6民録25輯68頁 ……………… 115

大判大8・5・26民録25輯892頁 …………… 223
大判大8・6・23民録25輯1090頁 …………… 179
大判大8・10・13民録25輯1863頁 ………… 268
大判大9・2・19民録26輯142頁 …………… 223
大判大9・7・16民録26輯1108頁 …………… 243
大判大9・7・20民録26輯1077頁 …………… 223
大判大9・7・23民録26輯1171頁 …………… 115
大判大9・8・2民録26輯1293頁 …………… 108
大判大9・10・14民録26輯1485頁 ………… 259
大判大9・12・27民録26輯2087頁 ………… 200
大判大10・3・18民録27輯547頁 ……………… 53
大判大10・4・14民録27輯732頁 …………… 224
大判大10・5・17民録27輯929頁 ……… 163, 198
大判大10・6・13民録27輯1155頁 ………… 111
大判大10・6・29民録27輯1291頁 ………… 150
大判大10・7・8民録27輯1373頁 …………… 207
大判大10・7・11民録27輯1378頁 …………… 109
大判大11・2・20民集1巻56頁 ……………… 51
大判大11・8・7刑集1巻410頁 …………… 292
大判大11・10・25民集1巻604頁 …………… 260
大判大11・11・27民集1巻692頁 …………… 277
大連判大12・7・7民集2巻448頁 ……… 113, 114
大判大13・1・30刑集3巻38頁 ……………… 81
大判大13・3・17民集3巻169頁 …………… 243
大判大13・5・22民集3巻224頁 …………… 278
大連判大13・10・7民集3巻509頁 …………… 19
大連判大14・7・8民集4巻412頁 ………… 169
大連判大15・2・1民集5巻44頁 …………… 145
大判大15・4・30民集5巻344頁 ……… 88, 115
大判大15・6・23民集5巻536頁 …………… 108

[昭和2年～昭和9年]
大判昭2・10・10民集6巻558頁 …………… 171
大判昭3・11・8民集7巻970頁 ……………… 33
大判昭4・2・20民集8巻59頁 ……………… 156
大判昭5・5・3民集9巻437頁 ……………… 277
大判昭5・5・6新聞3126号733頁 ………… 284
大判昭5・10・31民集9巻1009頁 ……………… 35
大判昭6・5・29民集10巻361頁 …………… 127
大判昭6・6・13新聞3303号10頁 …………… 131
大判昭6・8・7民集10巻763頁 …………… 273
大判昭7・1・26民集11巻169頁 ……………… 88
大判昭7・5・9民集11巻824頁 ……………… 97
大判昭7・5・18民集11巻1963頁 …………… 208
大決昭7・7・19新聞3452号16頁 ………… 190

大判昭 7・11・9 民集11巻2277頁 ……………… 30
大判昭 8・2・13新聞3250号11頁 ……………… 217
大判昭 8・5・9 民集12巻1123頁 ……………… 128
大判昭 8・12・18民集12巻2854頁 …………… 200
大判昭 9・3・6 民集13巻230頁 ………………… 133
大判昭 9・5・1 民集13巻734頁 ………………… 123
大判昭 9・5・11新聞3702号11頁 ……………… 127
大決昭 9・11・26民集13巻2171頁 ……………… 108
大判昭 9・12・28民集13巻2427頁 ……………… 224

[昭和10年～昭和19年]
大判昭10・1・25新聞3802号12頁 ……………… 200
大判昭10・10・1 民集14巻1671頁 ………… 16, 141
大判昭10・10・5 民集14巻1965頁 ……………… 22
大判昭10・11・29民集14巻2007頁 …………… 130
大判昭11・1・14民集15巻89頁 ………………… 133
大判昭12・3・10民集16巻255頁 ……………… 242
大判昭12・6・29民集16巻1014頁 ……………… 14
大判昭12・11・19民集16巻1881頁 ……………… 32
大判昭12・11・26民集16巻1665頁 …………… 286
大判昭13・2・12民集17巻132頁 ………………… 61
大判昭13・12・26民集17巻2835頁 …………… 278
大判昭14・7・7 民集18巻748頁 ………………… 163
大判昭14・7・19民集18巻856頁 ……………… 169
大判昭15・9・18民集19巻1611頁 …………… 254
大判昭16・3・4 民集20巻385頁 ……………… 110
大判昭16・8・14民集20巻1074頁 …………… 233
大判昭17・9・30民集21巻911頁 ………… 156, 157
大判昭19・2・8 新聞4898号2 頁 ……… 212, 217

[昭和24年～昭和29年]
最判昭24・10・20刑集 3 巻10号1660頁 ………… 80
最判昭25・11・30民集 4 巻11号607頁 ………… 124
最判昭25・12・19民集 4 巻12号660頁 ………… 131
最判昭26・4・19民集 5 巻 5 号256頁 …………… 60
最判昭26・4・27民集 5 巻 5 号325頁 …………… 38
最判昭26・11・27民集 5 巻13号775頁 ………… 210
最判昭27・2・19民集 6 巻 2 号95頁 …………… 259
最判昭28・9・18民集 7 巻 9 号954頁 ………… 129
最判昭28・12・18民集 7 巻12号1515頁 … 280, 293
最判昭29・1・28民集 8 巻 1 号276頁 ………… 115
最判昭29・4・8 民集 8 巻 4 号819頁 ……… 52, 65
最判昭29・6・25民集 8 巻 6 号1321頁 ………… 114
最判昭29・8・31民集 8 巻 8 号1567頁 ………… 202
最判昭29・9・24民集 8 巻 9 号1658頁
　　　　　　　　　　　　　　……… 280, 292, 299

[昭和30年～昭和39年]
最判昭30・5・31民集 9 巻 6 号793頁 …………… 65

最判昭30・6・2 民集 9 巻 7 号855頁 ………… 201
最判昭30・6・3 判タ50号24頁 ……………… 223
最判昭30・6・24民集 9 巻 7 号919頁 ……………19
最判昭30・7・5 民集 9 巻 9 号1002頁 …… 110, 111
最判昭30・10・25民集 9 巻11号1678頁 ……… 127
最判昭30・12・26民集 9 巻14号2097頁 ……… 241
最判昭31・5・10民集10巻 5 号487頁 …………… 53
最判昭31・5・25民集10巻 5 号554頁 ………… 113
最判昭31・6・19民集10巻 6 号678頁 ………… 79
最判昭32・2・15民集11巻 2 号270頁 …… 29, 262
最判昭32・2・22判時103号19頁 ……………… 276
最判昭32・6・7 民集11巻 6 号936頁 ………… 119
最判昭32・9・13民集11巻 9 号1518頁 ……… 246
最判昭32・9・27民集11巻 9 号1671頁 ……… 113
最判昭32・12・27民集11巻14号2485頁 ……… 214
最判昭33・6・14民集12巻 9 号1449頁 ……… 163
最判昭33・6・20民集12巻10号1585頁 ………… 86
最判昭33・7・22民集12巻12号1805頁 ………… 61
最判昭33・8・28民集12巻12号1936頁 ……… 169
最判昭33・10・14民集12巻14号3111頁 … 145, 150
最判昭34・1・8 民集13巻 1 号 1 頁 ………… 117
最判昭34・2・12民集13巻 2 号91頁 ………… 130
最判昭34・7・24民集13巻 8 号1196頁 ……… 113
最判昭34・8・7 民集13巻10号1223頁 ……… 224
最判昭34・8・28民集13巻10号1311頁 ……… 202
最判昭34・8・28民集13巻10号1336頁 ……… 204
最判昭34・11・26民集13巻12号1550頁 ………… 50
最判昭35・3・1 民集14巻 3 号307頁 …… 79, 225
最判昭35・3・22民集14巻 4 号501頁 …………… 89
最判昭35・4・7 民集14巻 5 号751頁 ………… 262
最判昭35・4・21民集14巻 6 号946頁 ………… 115
最判昭35・6・17民集14巻 8 号1396頁 ………… 31
最判昭35・6・24民集14巻 8 号1528頁 ………… 89
最判昭35・7・27民集14巻10号1871頁 ……… 169
最判昭35・10・28集民45号535頁 ………………… 88
最判昭35・11・29民集14巻13号2869頁 ……… 163
最判昭36・4・27民集15巻 4 号901頁 ………… 130
最判昭36・5・4 集民15巻 5 号1253頁 ……… 223
最判昭36・7・20民集15巻 7 号1903頁 ……… 169
最判昭36・9・15集15巻 8 号2172頁 …… 208, 212
最判昭36・11・24民集15巻10号2573頁 ……… 109
最判昭37・3・15民集16巻 3 号556頁 …………… 24
最判昭37・5・18民集16巻 5 号1073頁 ……… 271
最判昭37・5・24民集16巻 7 号1251頁 ……… 114
最判昭37・6・22民集16巻 7 号1374頁 ……… 226
最判昭38・2・22民集17巻 1 号235頁 …… 51, 147
横浜地判昭38・3・25下民集14巻 3 号444頁 … 39
最判昭39・5・29民集18巻 4 号715頁 ………… 211
最判昭38・5・31民集17巻 4 号588頁 …………… 89

判例索引　　309

最判昭38・10・8民集17巻9号1182頁 ……… 120
最判昭38・10・29民集17巻9号1236頁 …… 79, 80
最判昭38・11・7民集17巻11号1330頁 ……… 223
最判昭39・1・23集民71号275頁 …………… 48
最判昭39・1・24判時365号26頁 ……… 199, 209
最判昭39・2・13判タ160号71頁 …………… 130
最判昭39・2・25民集18巻2号329頁 ……… 48
最判昭39・3・6民集18巻3号437頁
　………………………………… 127, 150, 151
最判昭39・5・26民集18巻4号667頁 ……… 201
最判昭39・5・29民集18巻4号715頁 ……… 212
最判昭39・10・15民集18巻8号1671頁 …… 246
最判昭39・11・19民集18巻9号1891頁 …… 179

[昭和40年〜昭和49年]
最判昭40・2・23集民77号563頁 …………… 224
最判昭40・3・4民集19巻2号197頁 ……… 279
最判昭40・3・9民集19巻2号233頁 ……… 22
最判昭40・3・11判タ175号110頁 ………… 88
最判昭40・5・4民集19巻4号797頁 ……… 115
最判昭40・5・20民集19巻4号822頁 ……… 246
最判昭40・5・20民集19巻4号859頁 ……… 52
最判昭40・5・27判時413号58頁 …………… 51
最判昭40・9・21民集19巻6号1560頁 …… 110
最判昭40・11・19民集19巻8号2003頁 …… 89
最判昭40・12・21民集19巻9号2221頁 … 133, 134
最判昭41・3・3判時443号32頁 …………… 51
最大判41・4・27民集20巻4号870頁 …… 115
最判昭41・5・19民集20巻5号947頁 ……… 52
最判昭41・6・9民集20巻5号1011頁 …… 212
最判昭41・11・22民集20巻9号1901頁 …… 168
最判昭41・11・25民集20巻9号1921頁
　……………………………………… 64, 244, 246
最判昭42・1・20民集21巻1号16頁 ……… 146
最判昭42・4・27判時492号55頁 ………… 210
最判昭42・5・2判時491号53頁 ………… 128
最判昭42・5・30民集21巻4号1011頁 …… 209
最判昭42・7・21民集21巻6号1643頁 …… 168
最判昭42・10・27民集21巻8号2136頁 …… 114
最判昭43・6・13民集22巻6号1183頁 …… 80
最判昭43・8・2民集22巻8号1571頁 …… 133
最判昭43・10・8民集22巻10号2145頁 …… 268
最判昭43・11・15民集22巻12号2671頁 …… 134
最判昭43・11・15判時544号33頁 ………… 245
最判昭44・5・2民集23巻6号951頁 …… 115
最判昭44・5・27民集23巻6号998頁 … 130, 183
最判昭44・9・12判時572号25頁 …………… 97
最判昭44・11・21判時581号34頁 …… 208, 210
最判昭44・12・2民集23巻12号2333頁 …… 278

最判昭45・3・26判時591号57頁 ………… 165
最判昭45・9・22民集24巻10号1424頁 …… 117
最判昭45・11・6民集24巻12号1803頁 …… 56
最判昭46・1・26民集25巻1号90頁 ……… 149
最判昭46・3・5判時628号48頁 …………… 97
最判昭46・7・16民集25巻5号779頁 …… 127
名古屋高判昭46・9・20下民集22巻9・10号947頁
　……………………………………………… 215
最判昭46・11・5民集25巻8号1087頁 … 169, 175
最判昭46・11・11判時654号52頁 ………… 269
最判昭46・11・16民25巻8号1182頁 ……… 150
最判昭46・11・26判時654号53頁 …… 232, 268
最判昭46・11・30民集25巻8号1437頁 …… 273
最判昭47・6・2民集26巻5号957頁 ……… 63
最判昭47・6・22民集26巻5号1051頁 …… 115
最判昭47・9・8民集26巻7号1348頁 …… 274
最判昭47・11・21民集26巻9号1657頁 …… 210
最判昭47・12・7民集26巻10号1829頁 …… 31
最判昭48・3・13民集27巻2号271頁 …… 247
最判昭48・10・9民集27巻9号1129頁 …… 63
神戸地判昭48・12・19判時749号94頁 …… 134
最判昭49・3・19民集28巻2号325頁 …… 128
最判昭49・9・26民集28巻6号1213頁 … 156, 209

[昭和50年〜昭和63年]
最判昭50・2・28集民29巻2号193頁 …… 165
最判昭50・7・15金法764号34頁 ………… 114
最判昭50・11・7民集29巻10号1525頁 …… 65
東京高判昭50・11・27判時803号66頁 …… 277
最判昭51・2・27金法793号24頁 ………… 168
東京高判昭51・5・27判時827号58頁 …… 60
最判昭51・9・7判時831号35頁 ………… 52
最判昭51・12・2民集30巻11号1021頁 …… 272
最判昭52・3・3民集31巻2号157頁 …… 273
最判昭52・9・19家月30巻2号110頁 …… 49
大阪高判昭52・10・11判時887号86頁 …… 52
最判昭52・12・12判時878号65頁 ………… 17
最判昭53・3・6民集32巻2号135頁 …… 271
最判昭54・1・25民集33巻1号26頁 ……… 98
最判昭54・9・11判時944号52頁 ………… 119
東京高判昭55・12・15判時993号51頁 …… 134
最判昭56・1・27判時1000号83頁 ………… 267
最判昭56・3・19民集35巻2号171頁 …… 277
最判昭56・11・24判時1026号85頁 ……… 168
最判昭57・2・18判時1036号68頁 ………… 141
最判昭57・7・1民集36巻6号891頁 …… 246
東京高判昭57・8・31下民集33巻5-8号968頁
　……………………………………………… 138
最判昭57・9・7民集36巻8号1527頁 …… 217

最判昭58・2・8判時1092号62頁 ……………… 246
最判昭58・3・24民集37巻2号131頁 ………… 273
最判昭58・7・5判時1089号41頁 ……………… 163
最判昭59・1・27判時1113号63頁 ……………… 259
最判昭59・4・20判時1122号113頁 ……… 205, 207
最判昭60・3・28判時1168号56頁 ……………… 274
最判昭61・3・17民集40巻2号420頁 ………… 89
最判昭61・11・18判時1221号32頁 ……………… 202
最判昭61・12・16民集40巻7号1236頁 ………… 17
最判昭62・4・10刑集41巻3号221頁 …………… 77
最大判昭62・4・22民集41巻3号408頁 …… 55, 56
最判昭62・4・23民集41巻3号474頁 ………… 151
最判昭62・4・24判時1243号24頁 ……………… 208
最判昭62・11・10民集41巻8号1559頁 … 201, 204
最判昭63・5・20判時1277号116頁 ………………… 52

[平成元年～平成9年]
最判平元・2・7判時1319号102頁 ……… 128, 129
東京地判平元・7・10労判543号40頁 ………… 283
最判平元・9・19民集43巻8号955頁 …………… 26
最判平元・11・24民集43巻10号1220頁 ………… 46
最判平元・12・22判時1344号129頁 …………… 271
松山地判平2・2・19金判1026号17頁 ………… 283
東京地判平2・2・21金判858号12頁 …………… 283
最判平2・11・20民集44巻8号1037頁 …………… 26
東京高判平2・11・29判1367号3頁 …………… 283
横浜地判平3・1・29判夕768号231頁 ………… 283
大阪高判平3・2・22判時1394号79頁 ………… 283
最判平3・4・19民集45巻4号477頁 ………… 151
最判平4・1・24判時1424号54頁 ………………… 56
最判平5・7・19判時1525号61頁 ……………… 148
最判平5・10・19民集47巻8号5061頁 …………… 98
千葉地判平5・10・29判時1485号102頁 ……… 283
高松地観音寺支判平6・1・14判夕860号189頁
 ……………………………………………………… 283
最判平6・2・8民集48巻2号373頁 …… 32, 227
最判平6・5・31民集48巻4号1065頁 ………… 246
東京高判平6・8・23判時1538号195頁 ……… 283
最判平6・9・13判時1513号99頁 ……………… 274
最判平7・6・9判時1539号68頁 ………………… 33
最判平7・7・18民集49巻7号2684頁 …………… 53
最判平7・12・15民集49巻10号3088頁 ……… 274
東京高判平8・3・18判夕928号154頁 ………… 30
最判平8・4・26民集50巻5号1267頁 …… 88, 296
最判平8・10・29民集50巻9号2506頁 … 138, 282
最判平8・10・31民集50巻9号2563頁 …… 56, 65
最判平8・10・31判時1592号59頁 ……………… 56
最判平8・11・12民集50巻10号2591頁 … 273, 274
最判平8・12・17民集50巻10号2778頁 ………… 65

名古屋高判平9・6・25判時1625号48頁 …… 283

[平成10年～平成19年]
東京高判平10・2・12判夕1015号154頁 ……… 283
最判平10・2・13民集52巻1号65頁 …… 137, 140
最判平10・2・26民集52巻1号255頁 …… 47, 66
最判平10・3・10判時1683号95頁 … 262, 276, 283
最判平10・3・24判時1641号80頁 ………………… 51
最判平10・12・18民集52巻9号1975頁 … 112, 242
最判平11・11・9民集53巻8号1421頁 …………… 54
最判平12・1・31判時1708号94頁 ……………… 283
最判平12・4・7判時1713号50頁 ………………… 51
最判平12・6・27民集54巻5号1737頁 … 206, 207
東京高判平14・2・5判時1781号107頁 ……… 283
最判平14・6・10判時1791号59頁 ……………… 152
最判平14・10・29民集56巻8号1964頁 ………… 211
最判平15・4・11判時1823号55頁 ………… 64, 244
最判平15・7・11民集57巻7号787頁 …………… 53
最判平15・10・31判時1846号7頁 …………… 170
東京地判平15・11・17LLI判例番号L05834732
 ……………………………………………………… 283
東京地判平17・3・22LLI判例番号L06031156
 ……………………………………………………… 283
東京地判平17・3・31LLI判例番号L06031453
 ……………………………………………………… 283
最判平17・3・29判時1895号56頁 ……………… 242
東京地判平17・7・22LLI判例番号L06032920
 ……………………………………………………… 283
東京地判平17・9・27LLI判例番号L06033543
 ……………………………………………………… 283
最判平17・12・15判時1920号35頁 ………………… 51
最判平18・1・17民集60巻1号27頁 …… 138, 169
最判平18・2・21民集60巻2号508頁 ………… 283
最判平18・2・23民集60巻2号546頁 ………… 117
東京地判平18・3・15LLI判例番号L06130244
 ……………………………………………………… 283
最判平18・3・16民集60巻3号735頁 …………… 24
最判平18・3・17民集60巻3号773頁 ………… 245
東京地八王子支判平19・6・15TKC文献番号
 25464247 ……………………………………… 283

[平成20年～平成28年]
最判平20・4・1民集62巻5号909頁 ………… 245
横浜地判平20・6・27判時2026号82頁 ……… 283
最判平20・7・17民集62巻7号1994頁 …… 54, 246
最判平21・3・10民集63巻3号385頁 …………… 32
最判平22・6・29民集64巻4号1235頁 …………… 63
最判平22・10・8民集64巻7号1719頁 …………… 59
最判平22・12・16民集64巻8号2050頁 ……… 111

最判平23・1・21判時2105号9頁 ……………… 170
最判平23・6・3裁時1553号2頁 ……………… 171
東京地判平23・12・9 TKC 文献番号25490844
……………………………………………………… 283
東京地判平24・1・17判タ1384号176頁 ……… 283
最判平24・3・16民集66巻5号2321頁 ………… 170
東京地判平24・11・27TKC 文献番号25497304
……………………………………………………… 283
東京地判平25・6・20TKC 文献番号25513648
……………………………………………………… 283

最判平25・11・29民集67巻8号1736頁 ………… 65
最判平26・2・25民集68巻2号173頁 ………… 59
東京地判平26・4・17TKC 文献番号25519062
……………………………………………………… 283
東京地判平26・9・1 TKC 文献番号25521473
……………………………………………………… 283
東京地判平27・5・28TKC 文献番号25530334
……………………………………………………… 283
最大判平28・12・19裁判所 WEB サイト …… 59, 65

「法学叢書」刊行にあたって

　「戦後」といわれ続けて、早や半世紀が経った。昭和21年（1946年）11月3日に新憲法が成立し、それと前後して各種法的制度が整備され、これらが「戦後」日本の社会的経済的発展を支える基礎となった。そして今、半世紀の間に大きく変貌した社会的経済的環境は、随所で、これら諸制度の意義や存在理由の再検討を、われわれに迫りつつある。

　明治憲法時代に既に大きな蓄積をみていたわが国の法律学は、新しい日本国憲法の下で、さらに豊かな発展をとげた。また、科学技術の驚異的発達を背景とする、社会の高度複雑化と国際化に伴い、法律学の対象範囲は拡大するとともに、その専門分化が進展した。そして、２１世紀への展開を目の前にして、法律学は、諸学問分野と交流を深める中で、総合的かつ原理的な視座を確立しつつ、直面する諸課題に的確に対応しうる方法と体系を編み出す必要に迫られている。

　現代の法律学が抱えているこうした課題の難しさは、研究教育の場で、われわれが日頃痛感しているところである。結局のところ、われわれは、先人の労苦から生まれた貴重な知識や体系を継承しつつ、自己の置かれた歴史的環境と真剣に交わる中で、みずからの答えを見出して行くほかはない。われわれは、こうした日頃の経験と思いを同学諸氏と折に触れて論じる機会をもっているが、各自の学問的個性に応じた考え方を体系化し世に問うことが、研究教育に携わる者の責務であると考え、ここに本叢書を企画した。

　　　平成7年（1995年）7月

　　　　　　　　　　　　　　　　　編集委員
　　　　　　　　　　　　　　　　　佐　藤　幸　治
　　　　　　　　　　　　　　　　　鈴　木　茂　嗣
　　　　　　　　　　　　　　　　　前　田　達　明
　　　　　　　　　　　　　　　　　森　本　　　滋

著者紹介

松 岡 久 和（まつおか　ひさかず）

1956年　滋賀県に生まれる
1979年　京都大学法学部卒業
1983年　京都大学大学院法学研究科博士後期課程中途退学
1983年　龍谷大学法学部講師
　　　　同・助教授・教授、神戸大学法学部教授
1999年　京都大学大学院法学研究科教授
2017年　立命館大学大学院法務研究科教授

主要著作

http://matsuokaoncivillaw.private.coocoan.jp/ の業績一覧に要旨付で著書・論文を研究領域毎に分類して掲載している。

物権法　　　　　　　　　　　　法学叢書 9

2017年 3 月17日　初　版第 1 刷発行
2018年12月10日　初版第 2 刷発行

著　　者　　松　岡　久　和
発 行 者　　阿　部　成　一

〒162-0041　東京都新宿区早稲田鶴巻町514番地
発 行 所　　株式会社　成　文　堂
電話 03(3203)9201　FAX 03(3203)9206
http://www.seibundoh.co.jp

製版・印刷　シナノ印刷　　　　　製本　弘伸製本
© 2017 Hisakazu Matsuoka　　Printed in Japan
☆落丁本・乱丁本はおとりかえいたします☆
ISBN978-4-7923-2700-2　C3032　　　検印省略

定価（本体2800円＋税）

「法学叢書」案内

亀本　洋著
法哲学　　　　　　　　　　　　A5判上製／4500円

佐藤幸治著
日本国憲法論　　　　　　　　　A5判上製／4500円

初宿正典著
憲　法2 基本権［第3版］　　　　A5判上製／3700円

前田達明編著
民法総論　　　　　　　　　　　A5判上製／　近　刊

辻　正美著
民法総則　　　　　　　　　　　A5判上製／3800円

松岡久和著
物権法　　　　　　　　　　　　A5判上製／2800円

高橋　真著
担保物権法［第2版］　　　　　　A5判上製／2800円

鈴木茂嗣著
刑法総論［第2版］　　　　　　　A5判上製／3500円

岡村忠生著
法人税法講義［第4版］　　　　　A5判上製／　近　刊

（価格本体）